中華大藏經續編 178

漢傳撰著部（一） 第四册

中華書局

第一七八册目録

○九三五　三論玄義……［隋］吉藏撰　一
三論源流系譜……一
三論玄義卷上……二
三論玄義卷下……一七
○九三六　大乘玄論……［隋］吉藏撰　三五
大乘玄論目次……三五
大乘玄論卷第一……三六
大乘玄論卷第二……六二
大乘玄論卷第三……八六
大乘玄論卷第四……一二九
大乘玄論卷第五……一五五
○九三七　二諦義……［隋］吉藏撰　一九一
補刻二諦章敘……一九一
鐫二諦章敘……一九一
二諦義卷上……一九二
二諦義中卷……二三六
二諦義卷下……二五五
○九三八　大乘三論略章一卷……二八一
第一明二諦義……二八一
二智義……二八四
般若義……二八七
真應義……二八八
涅槃義……二九〇
佛性義……二九三
二河義……二九四
二種次第義……二九五
正像義……二九六
金剛三昧義……二九八
生法二空義……二九九

涅槃義……二九九
真應二身義……三〇〇
常無常二鳥義……三〇一
半滿義……三〇一
佛性義……三〇二
〇九三九　三論遊意義……［隋］碩法師撰　三〇四
〇九四〇　無依無得大乘四論玄義記……［唐］均正撰　三一一
無依無得大乘四論玄義記目次……三一一
無依無得大乘四論玄義記卷第二……三一三
大乘四論玄義記卷第五……三六八
無依無得大乘四論玄義記卷第六……四〇〇
無依無得大乘四論玄義記卷第七……四三三
無依無得大乘四論玄義記卷第八……四六四

三論玄義（二）

三論源流系譜

隋吉藏撰

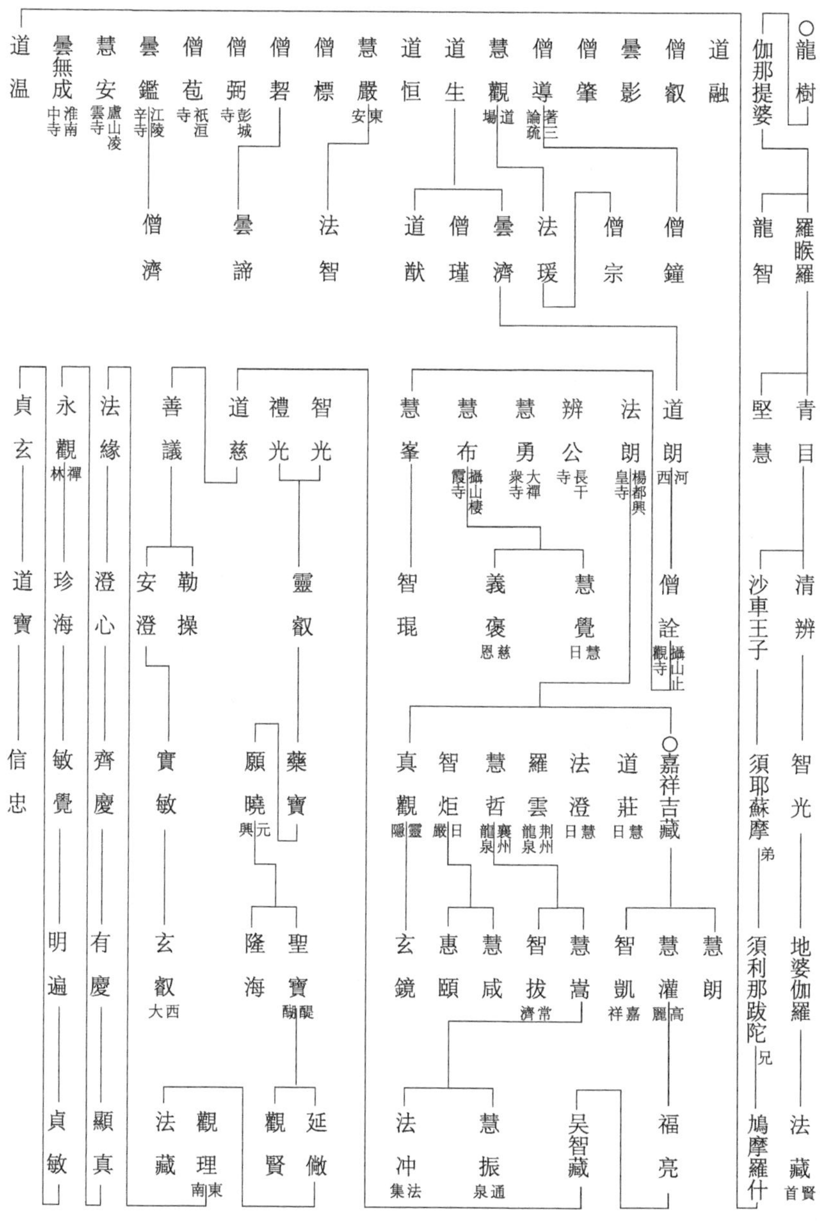

○龍樹 — 羅睺羅 — 青目 — 清辨 — 智光 — 地婆伽羅 — 法藏（賢首）

伽那提婆 — 龍智 — 堅慧

沙車王子 — 須耶蘇摩（弟） — 須利那跋陀（兄） — 鳩摩羅什

道融　僧叡　曇影　僧肇　僧導（著三論疏）　慧觀（道場）　道生　道恒　慧嚴（東安）　僧標　僧䂮　僧弼（彭城寺）　僧苞（祇洹寺）　曇鑑（江陵辛寺）　慧安（廬山淩雲寺）　曇無成（淮南中寺）　道温

僧鐘　僧宗　法瑗　曇濟　僧瑾　道猷　法智　曇諦　僧濟

道朗（河西） — 僧詮（攝山止觀寺）

法朗（楊都興皇寺）　辨公（長干寺）　慧勇（大禪衆寺）　慧布（攝山棲霞寺）　慧峯

慧覺（日慧）　義褒（慈恩）　智琨

○嘉祥吉藏　道莊（日慧）　法澄（日慧）　羅雲（荊州龍泉）　慧哲（襄州龍泉）　智炬（日嚴）　真觀（靈隱）

慧朗　慧灌（高麗）　智凱（嘉祥）　慧嵩　智拔（常濟）　慧成　惠頤　玄鏡

福亮　吴智藏　慧振（通泉）　法冲（法集）

智光　禮光　道慈　善議

靈叡 — 藥寶

願曉（元興）

聖寶（醍醐）　隆海

延僘　觀賢

勤操　安澄 — 實敏 — 玄叡（西大）

觀理（東南）　法藏

法緣 — 澄心 — 齊慶 — 有慶 — 顯真

永觀（禪林） — 珍海 — 敏覺 — 明遍 — 貞敏

貞玄 — 道寶 — 信忠

校勘記

〔一〕底本據《卍續藏》，校本據《大正藏》。

三論玄義卷上

隋慧日道場沙門吉藏奉命撰

總序宗要，開爲二門：一、通序大歸，二、別釋衆品。初門有二：一、破邪，二、顯正。

夫適化無方，陶誘非一，考聖心，以息患爲主；統教意，以通理爲宗。但九十六術栖火宅爲淨道，五百異部縈見網爲泥洹，遂使鹿苑坵墟，鷲山荆棘，善逝以之流慟，薩埵所以大悲，四依爲此而興，三論由斯而作。但論雖有三，義唯二轍：一曰顯正，二曰破邪。破邪則下拯沈淪，顯正則上弘大法。故振領提綱，理唯斯二也。但邪謬紛綸，難可備序。三論所斥，略辨四宗〔二〕：一、摧外道，二、折毗曇，三、排《成實》，四、呵大執。問：以何義故，偏斥衆師？答：論主究其原，盡其理也。一源不究，則戯論不滅；毫理不盡，則至道不彰。以無源不究，羣異乃息；無理不盡，玄道始通，是以斯文偏排衆計。問：既無法不究，無言不盡，應偏排羣異，何故但斥四宗耶？答：初一爲外，後三爲内，内外並收。毗曇明有，《成實》辨空，空有俱攝。斯二爲小，方等稱大，大小該羅。略洗四迷，則紛累都盡耳。問：此之四執，優降云何？答：外道不達二空，横存人法。毗曇已得無我，而執法有性。跋摩具辨二空，而照猶未盡。大乘乃言究竟，但封執成迷。自淺至深，四宗階級。問：外道邪言，可得稱破，餘爲内教，何得亦破？答：總談破顯，凡有四門：一、破不收，二、收不破，三、亦破亦收，四、不破不收。言不會道，破而不收。説必契理，收而不破。學教起迷，亦破亦收，破其能迷之情，收取所惑之教。諸法實相，言忘慮絶，實無可破，亦無可收。泯上三門，歸乎一相；照斯四句，破立皎然。自此以來總明申破，從此已去別斥四宗。

所言摧外道者，夫至妙虛通，目之爲道，心遊道外，故名外道。外道多端，略陳其二：一、天竺異執，二、震旦衆師。

總論西域九十六術，別序宗要，則四執盛行：一計邪因邪果，二執無因有果，三立有因無果，四辨無因無果。問：云何名爲邪因邪果？答：有外道云：大自在天能生萬物，萬物若滅，還歸本天，故云自在天若瞋，四生皆苦；自在若喜，則六道咸樂。然天非物因，物非天果，蓋是邪心所畫，故名邪因邪果。自在既爾，七計例然。難曰：夫善招樂報，惡感苦果，蓋是交謝之宅，報應之場。以不達義理，故生斯謬。又夫人類生人，物類生物。人類生人，則人還似人；物類生物，物還似物。蓋是相生之道也。而謂一天之因，產萬類之報，豈不謬哉？問：云何名爲無因有果？答：復有外道，窮推萬物，無所由籍，故謂無因，而現覩諸法，當知有果。例如莊周魍魎問影，影由形有，形因造化，造化則無所由。本既自有，即末不因他，是故無因而有果也。問：無因、自然，此有何異？答：無因據其因無，自然明乎果有。約義不同，猶是一執。難曰：夫因果相生，猶長短相形，既其有果，何得無因？如其無因，何獨有果？若必無因而有果者，則善招地獄，惡感天堂。問曰：有人言：自然有因，自然無因，萬化不同，皆自然有，故無同前過。答曰：蓋未審察之，故生斯謬。如其精究，理必不然。夫論自者，謂非他爲義，必是因他，則非自矣。故自則不因，因則不自，遂言因而復自，則義成枘楯。問：云何名爲有因無果？答：斷見之流，唯有現在，更無後世。類如草木，盡在一期。難曰：夫神道幽玄，惑人多昧，義經丘而未曉，理涉旦而猶昏，唯有佛宗，乃盡其致。經云：如雀在瓶中，羅縠覆其口，縠穿雀飛去，形壞而神走。匡山慧遠釋曰：火之傳於薪，猶神之傳於形；火之傳異薪，猶神之傳異形。前薪非後薪，則知指窮之術妙；前形非後形，則悟情數之感深。不得見形朽於一生，便謂識神俱喪；火窮於一木，乃曰終期都盡矣。後〔三〕學稱黄帝之言曰：形雖糜而神不化，乘化至變無窮。雖未彰言三世，意已明未來不斷。問：云何名爲無因無果？答：既撥無後世受果，亦無現在之因，故六師云：無有黑業，無有黑業報；無有白業，無有白業報。四邪之間，最爲尤弊，現在斷善，後生惡趣。問：斯之紛謬，起自何時？答：釋迦未興，盛行天竺。能仁既出，殄斯謬計。佛滅度後，柯條更繁。龍樹後興，重加剪伐。

次排震旦衆師。一、研法，二、覈人。

問曰：天竺四術既是外言，震旦三玄應爲内教？答：釋僧肇云：每讀老子、莊周之書，因而歎曰：美則美矣，然期〔三〕神冥累之方，猶未盡也。後見《淨名經》，欣然頂戴，謂親友曰：吾知所歸極矣。遂棄俗出家。羅什昔聞三玄與九部同極，伯陽與牟尼抗行，乃喟然歎曰：老莊入玄，故應易惑耳目。凡夫之智，孟浪之言，言之似極，而未始詣也；推之似盡，而未誰至也。略陳六義，明其優劣：外但辨乎一形，内則朗鑒三世；外則五情未達，内則説六通窮微；外未即萬有而爲太虛，内説不壞假名而演實相；外未能即無爲而遊萬有，内説不動真際建立諸法；外存得失之門，内冥二際於絶句之理；外未境智兩泯，内則緣觀俱寂。以此詳之，短羽之於鵬翼，坎井之於天池，未足喻其懸矣。秦人疑其極，吾復何言哉？問：伯陽之道，道曰太虛；牟尼之道，道稱無相。理源既一，則萬流並同。什、肇抑揚，乃諂於佛。此王弼舊疏，以無爲爲道體。答：伯陽之道，道指虛無；牟尼之道，道超四句。淺深既懸，體何由一？蓋是子佞於道，非余諂佛。問：牟尼之道，道爲真諦，而體絶百非；伯陽之道，道曰杳冥，理超四句。彌驗體一，奚有淺深？此梁武帝新義，用佛經以真空爲道體。答：九流統攝，《七略》該含，唯辨有無，未明絶四。若言老教，亦辨雙非。蓋以砂糅金，同盜牛之論。周弘政、張機並斥老有雙非之義也。

㝹人第二。問：佛名大覺，老曰天尊。人同上聖，法俱妙極。苟欲存異，將非杜不二之玄門，傷得一之淵府哉？蓋是道士用《三洞》《靈寶》等經立義。答：悉達處宮，方紹金輪聖帝；能仁出俗，遂爲三界法王。老爲周朝之柱史，清虚是九流之派。子若欲令人一法同，何異塠阜共安明等高，螢燭與日月齊照？問：同人者之五情，異人者之神明。迹爲柱史，本實天尊。據實而談，齊之一貫。答：《漢書》亦顯品類，以伯陽爲賢，何晏、王弼稱老未及聖。設令孔是儒童，老爲迦葉，雖同聖迹，聖迹不同。若圓應十方，八相成佛，人稱大覺，法名出世，小利即生人天福善，大益即有三乘賢聖，如斯之流，爲上迹也。至如孔稱素王，説有名儒，老居柱史，談無曰道，辨益即無人得聖，明利即止在世間，如此之類，爲次迹矣。

折毗曇第二。一、立宗，二、破斥。

有薩衛門人序其宗曰：阿毗曇者，名無比法。無漏慧根，會理隔凡，其功冠絶，故云無比。超四執之外，越三界之表，羣聖之所讚歎，六道之所歸宗，敢有抗言，當屈之以理。問：夫欲立理，先須序宗源，未知毗曇凡有幾種？答：部類甚多，略明其六：一者如來自説《法相毗曇》，盛行天竺，不傳震旦。二者鄰極亞聖名舍利弗，解佛語，故造《阿毗曇》，凡二十卷，傳來此土。三者佛滅度後三百餘年，有三明六通大阿羅漢，姓迦旃延，造《八犍度》，凡二十卷，傳來此土。所言八者：一雜，二使，三智，四業，五大，六根，七定，八見。言犍度者，翻之爲聚，以其八義各有部類，目之爲聚也。四者六百年間，有五百羅漢，是旃延弟子，於北天竺共造《毗婆沙》釋《八犍度》。《毗婆沙》者，此云廣解，於西涼州譯出，凡有百卷，值兵火燒之，唯六十卷現在，止解三犍度也。五者七百餘年，有法勝羅漢，嫌《婆沙》太博，略撰要義，作二百五十偈，名《阿毗曇心》，凡有四卷，亦傳此土。六者千年之間，有達磨多羅，以《婆沙》太博，四卷極略，更撰三百五十偈，足四卷，合六百偈，名爲《雜心》也。其間復有《六分毗曇》、《釋論》云目連、和須密及餘論師共造，並不傳此土。唯《衆事分毗曇》，是六内之一，此土有之。復有《甘露味毗曇》二卷，未詳作者，並傳此土。毗曇雖部類不同，大宗明見有得道也。

破斥第二。凡有十門：一、乖至道，二、扶衆見，三、違大教，四、守小筌，五、迷自宗，六、無本信，七、有偏執，八、非學本，九、蔽真言，十、喪圓旨。蓋無比之名有餘，所明之理不足，非但遠乖方等，亦近迷三藏。略舉十門，顯其虚實。乖至道者，夫道之爲狀也，體絶百非，理超四句，言之者失其真，知之者反其愚，有之者乖其性，無之者傷其體，故七辨輟音，五眼冥照，釋迦掩室，淨名杜口，豈可以有而爲道哉？第二、扶衆見。然道實非有，遂言見有得道，乃是見有，非見道也。故《淨名》云：法名無染，若染於法，乃是染著，非求法也。又夫見有者，名爲有見，非見道矣。故《法華》云：入邪見稠林，若有若無等，依止此諸見，具足六十二。問：若執有無，此有何失？答：《正觀論》云：淺智見諸法，若有若無等，是則不能見，滅見安隱法。於彼有大過矣。第三、違大教。《思益經》云：於未來世，有惡比丘，說有相法，得成聖道。佛垂此勅，懸誡將來。既曰惡人，理是邪說。違背大教，宜須破之。第四、守小筌。夫爲未識源者，示之以流，令尋流以得源；未見月者，示之以指，令因指以得月。窮流則唯是一源，亡指則但是一月，蓋是如來說小之意也。而毗曇之徒執固小宗，不趣大道，守筌喪實，故造論破之。第五、迷自宗。諸聖弟子有所述作，本爲通經。而《阿含》之文親說無相，故善吉觀法空而悟道，身子入空定而佛歎。阿毗曇人但明見有，故自迷本宗。第六、無本信。《文殊問經》云：十八及本二，皆從大乘出，無是亦無非，我說未來起。十八者，謂十八部異執也。及本二者，根本唯二部：一、大衆部，二、上座部。而阿毗曇是十八部内薩婆多部，從大乘出，即大爲小本。而執小之流，聞大乘不信，是以破之。問：何以知執小之人不信大法耶？答：《智度論》云：旃延弟子答龍樹云：我聞大乘，心不都信。故外國執小乘者與學大乘人分河飲水。第七、有偏執。《大集經》云：雖有五部，並不妨如來法界及大涅槃。而阿毗曇人保執自宗，排斥他説，便違法界，拒大涅槃。累障既深，宜須傷歎。第八、非學本。《大品經》云：欲知四緣，當學般若。外人問龍樹云：欲學四緣，應學毗曇，云何乃學般若？論主答曰：初學毗曇，似如可解，轉久推求，則成邪見。問曰：學毗曇云何乃成邪見？答：若言四緣生諸法者，誰復生於四緣？若四緣更從他生，則他復從他，如是無窮。若其四緣自然而有，不從他生者，萬物亦應不由四緣，當墮無因。故從則無窮，窮則無因。由此二門，則不信因果，故久學毗曇成於邪見。第九、蔽真言。《大集經》云：甚深之義不可説，第一義諦無聲字，陳如比丘於諸法，獲得真實之知見。《本起經》云：頞鞞沙門，即五人之一，爲身子説偈云：一切諸法本，因緣空無主，息心達本源，故號爲沙門。身子聞之，即得初果。尋大小二經，皆明見空成聖，而阿毗曇謂觀有得道，故隱覆真言。第十、喪圓旨。《涅槃經》云：欲令衆生深識真諦，是故如來宣説於俗。若使衆生不因俗諦而識真者，諸佛如來終不説俗。毗曇之流雖知俗有，不悟真空。既惑真空，亦迷俗有，是故真俗二俱並喪。

排《成實》第三。一、立義，二、破斥。

有訶梨跋摩高足弟子序其宗曰：《成實論》者，佛滅度後九百年内，有訶梨跋摩，此云師子鎧之所造也。其人本是薩婆多部鳩摩羅陀弟子，慨其所釋近在名相，遂徙轍僧祇，大小兼學，鑽仰九經，澂汰五部，再卷邪霧，重舒慧日。於是道振罽賓，聲流赤縣。成是能成之文，實謂所成之理。二百二品，十六卷文，四諦建章，五聚明義。説既精巧，歸衆若林。問：跋摩既排斥《八犍》，陶汰五部，《成實》之宗，正依何義？答：有人言：擇善而從，有能必録，弃衆師之短，取諸部之長。有人言：雖復斥排羣異，正用曇無德部。有人言：偏斥毗曇，專同譬喻。真諦三藏云：用經部義也。檢《俱舍論》經部之義，多同《成實》。

破斥第二。問：《成實》爲是小乘之論，爲是大乘，爲含大小？答：有人言是大乘也，有人言是小乘，有人言探大乘意以釋小乘，具含大小。夫珉玉精麤，蓋是耳目所覩，尚有昏明殊鏡，況妙道真僞，言忘慮絶，豈易識哉？今以十義證，則明是小乘，非大乘矣：一、舊序證，二、依論徵，三、無大文，四、有條例，五、迷本宗，六、分大小，七、格優降，八、無相即，九、傷解行，十、檢世人。舊序證第一[四]。昔羅什法師翻《成實論》竟，命僧叡講之。什師没後，叡公録其遺言，製論序云：《成實論》者，佛滅度後八百九十年，罽賓小乘學者之匠鳩摩羅陀上足弟子訶梨跋摩之所造也。其論云：色、香、味、觸，實也。地、水、火、風，假也。精巧有餘，明實不足，推而究之，小乘内之實耳，比於大乘，雖復龍燭之於螢耀，未足喻其懸矣。或有人言：此論明於滅諦，與大乘均致。羅什聞而歎曰：秦人之無深識，何乃至此乎！吾每疑其普信大乘者，當知悟不由中，而迷可識矣。《成實》是羅什所翻，僧叡爲講論之始，後學不應孤負前匠。依論徵第二。《成實》文云：諸比丘異論種種，佛皆聽故，我欲正論，三藏内實義。訶梨自云正論三藏，故知《成實》理是小乘。若言斯論亦明大者，過在門人，非跋摩之咎。問：何以知三藏是小乘耶？答：《法華》云：亦不親近小乘三藏學者。恐大照未圓，小法容染，故智形宜隔，行止勿共。誡於大士，勿親近小人。則知三藏非大乘矣。《智度論》云：迦葉、阿難結集三藏，文殊、彌勒集大乘藏。外人問云：何故不於三藏内集大乘耶？論主答云：小乘不受大，不應小内而集大。以此推之，但是小乘耳。無大文第三。原夫作論皆引佛言，如龍樹釋大，而還引大經。訶梨解小經，唯將小證，二百二品並探四《阿含》，十六卷文竟無方等。以此詳之，即可知矣。有條例第四。問：若《成實》釋小，不許兼明於大，亦應三論解大，不應兼明於小。答：義有條例，不應相濫。佛經有二：一者小乘，二者方等。若明大乘，必兼辨小；若辨小乘，不兼明大。故大乘經初有小乘衆，小乘經首無菩薩僧。示大能包小，小不含大。佛經既爾，在論例然。大乘之論兼明小乘，小乘之論不兼明大。若弟子之論探大釋小，如來之經義亦應然，則巨細互兼，何名大小？迷本宗第五。問：《成實論》文盛辨生、法二空，與《大品》明四諦平等，義既無異，故知應是探大釋小。答：四《阿含》教内有二空，論明二空，則還釋三藏，云何乃言探大解小？又《身子毗曇》亦辨二空，而是小非大，訶梨之論義亦應同。問：《身子毗曇》亦探大釋小，與《成實》例同。彼既探大，則此非專小。答：身子所造，還釋《佛毗曇》，佛説既是小乘，彼論寧言探大？分大小第六。問：小明一空，大辨二空，可有差别。既同其二空，大小何異？答：雖同辨二空，二空不同，略明四種：一者，小乘拆法明空，大乘本性空寂。二者，小乘但明三界内人、法二空，空義即短；大乘明三界内外人、法並空，空義即長。三者，小乘但明於空，未説不空；大乘明空，亦辨不空。故《涅槃》云：聲聞之人，但見於空，不見不空，智者見空及以不空。空者一切生死，不空者謂大涅槃。四者，小乘名爲但空，謂但住於空；菩薩名不可得空，空亦不可得也。故知雖明二空，空義有異，故分大小。格優降第七。龍樹釋《般若・累教品》云：善吉觀生、法二空，欲比菩薩二空，譬如毛孔之空比十方空。即小空爲淺，大空爲深。《成實》所明但是聲聞空，非大士所得耳。無相即第八。《法華・信解品》云：四大聲聞自述所得空云：我等長夜，修習空法，無生無滅，無小無大，無漏無爲，於佛智慧，不生貪著。《成實》所辨，與此全同，故知非大也。問：何以知然？答：《法華》之文，辨聲聞證空，不能即空觀有，即有觀空，故無相即。《成實》所説，亦無相即。若明相即，應空、有並觀。若空、有並觀，與大乘何別？問：何以知小乘義無相即耶？答：《釋論》云：小乘内不明生死即畢竟空，唯大乘乃説。故知爾也。傷解行第九。《涅槃經》云：若以聲聞、辟支佛心，言無布施，是即名爲破戒邪見。小乘人入於空觀，不見布施，破大乘行，故云破戒；破大乘解，故云邪見。而《成實》明不見布施是實法空，以爲宗極。欲爲大乘，勿起小心也。檢世人第十。秦弘始七年，天竺有剎利浮海至長安，聞羅什作大乘學，以《正觀論》等諮而驗之。什公爲其敷折，爲頂受絶歎，不能已已，白什公曰：當以此明震暉天竺，何由蘊此摩尼乃在邊地？我在天竺聞諸論師深怪罽賓小乘學者。鳩摩羅陀自稱朗月之照，偏智小才，非此喻也。而訶梨惜其師以才自傷，以智自病，故作此論，以辨有法之實，明其依實之假，故以《成實》爲名。用天竺剎利之言驗之，跋摩師資，皆小乘學也。爰至齊司徒文宣王，誠信三寶，每感嘉瑞，以齊永明十年十月，延請名德五百餘人，於普弘寺敷講。文宣王每以大乘經論爲履道之津涯，正法之樞鍵，而後生弃本崇末，即請諸法師抄此《成實》以爲九卷，命周顒作序，恐專弘小論，廢大乘業。自爾已後，爰至梁武，盛弘大乘，排拆《成實》爲衆師，不可具記。問：若以十義證《成實》爲小乘者，與毗曇優劣云何？答：求那跋摩遺文偈云：諸論各異端，修行理無二，偏執有是非，達者無違諍。又《釋論》云：有四種門：一者阿毗曇門，二者空門，三者昆勒門，此云篋藏，四者非空非有門。不得般若、方便，學毗曇門，則墮有見。學於空門，則墮空見。學昆勒門，則墮亦空亦有見。學非空非有門，則墮愚癡論。若得般若，心無染著，隨機適化，通道利人，無相違背。而《成實》、毗曇各執空、有，互相排斥，障道增見，皆失佛旨也。問：會空斷結，方得道耳，鑒有之心，何能隔凡？故知毗曇乖宗，《成實》得理。答：若言見空成聖，有不隔凡，三藏教門，應無得道，釋迦小乘一化，徒然虚設，待《成實》後興，方有大利，豈可然乎？問：毗曇但明人空，《成實》具明二空，云何兩論無有優劣？答：於小乘内分三品：一者俱不得二空，如犢子部云四大和合有於眼法，五陰和合別有人法，此下根人也。二者薩衞之流，但得人空，不得法空，爲次根人也。三者譬喻訶梨之流，具得二空，爲上根人也。約空義淺深，則毗曇爲小乘之劣，《成實》爲小内之勝也。問：《釋論》云：佛滅度後分爲二分：一、但信人空，不信法空。二、俱信人、法二空。但應有二，何得分三？答：犢子入真觀故，則見我空；出於俗諦，別有人體。龍樹約其入觀義邊，故但分二也。問：三論斥外道、毗曇，斯事可爾。而龍樹前興，訶梨後出，時節遥隔，何由相破？答：俱令執著，即便被破，何論前後？若前論不破後迷，亦應古方不治今病，扁鵲之術，末世無益矣。問：若法勝、訶梨著小論以通三藏，馬鳴、龍樹作大教以弘方等，巨細分流，何俟相破？答：佛説小乘，本爲詮大，保冥之徒守指忘月，經自斥之，故論主依佛。問：有人言：《成實論》探大釋小，此有何過？答：上已明之，必有此迷，今當更述[五]。探大釋小，則小、大不收，進不馳於白牛，退失駕於羊鹿，驟論之言，驗之久矣。

呵大執第四。初立宗，次破斥。

大乘師曰：四術、三玄，並爲外教，毗曇、《成實》，蓋是小乘，明理不周，在文不足，既障大乘，理宜須破。自方等紘宗，衆聖軌轍，教稱滿字，理曰無餘，信之則獲福無邊，毀謗招莫大之罪，但須伏膺甘露，頂戴法橋，不應破矣。問：必是夜光，宜應頂受。正恐多雜僞寶，須陶汰之。若謂無瑕，可陳其要。答：大乘博奧，不可具明，統其樞鍵，略標二意：一者辨教莫出五時，二者隔凡宗歸二諦。言五時者，昔《涅槃》初度江左，宋道場寺沙門慧觀仍製經序，略判佛教，凡有二科：一者頓教，即《華嚴》之流，但爲菩薩具足顯理。二者始從鹿苑，終竟鵠林，自淺至深，謂之漸教。於漸教内開爲五時：一者三乘别教，爲聲聞人説於四諦，爲辟支佛演説十二因緣，爲大乘人明於六度，行因各别，得果不同，謂三乘别教。二者《般若》，通化三機，謂三乘通教。三者《淨名》《思益》，讚揚菩薩，抑挫聲聞，謂抑揚教。四者《法華》，會彼三乘，同歸一極，謂同歸教。五者《涅槃》，名常住教。自五時已後，雖復改易，屬在其間。教雖五時，不出二諦，三假爲俗，四忘爲真。會彼四忘，故有三乘賢聖。

破執第二。前責五時，次難二諦。問：既有五時，云何分於大、小？答：初一爲小，後四爲大。問：道理爲有大乘，爲無大耶？如其有大，則是有見，若言無大，何所立耶？又若謂有大異小，則有小異大，名爲二見。《大品》云：諸有二者，無道無果。《涅槃》云：明與無明，愚者謂二。又若實有大乘者，名有所得。有所得者，爲魔眷屬，非佛弟子。又有所得者，不動不出，無有乘義，不名爲乘。又大乘之宗，永斷生死，名爲斷見；涅槃是常，即是常見。乃爲斷常，何大之有？次難五時。前總難，次别責。難曰：但應立大小二教，不應制於五時，略引三經三論證之。《大品經》云：諸天子歎曰：我於閻浮見第二法輪轉。龍樹釋云：鹿苑已轉小輪，今復轉大法輪。《法華經》云：昔於波羅捺轉於四諦，今在靈鷲山説於一乘。《涅槃經》云：昔於鹿林轉小，今於雙樹説大。故知教唯二門，無五時也。《智度論》云：佛法有二：一者三藏，二者大乘藏。《地持論》云：十二部經名聲聞藏，方等大乘名菩薩藏。《正觀論》云：前爲聲聞説生滅法，次爲菩薩説無生滅法。以經論驗之，唯有二藏，無五時矣。問：若乃皆是菩薩藏者，《華嚴》《般若》《法華》《涅槃》，此四何異？答：須識四句，衆經煥然：一、但教菩薩，不化聲聞，謂《華嚴經》也。二、但化聲聞，不教菩薩，謂三藏教也。三、顯教菩薩，密化二乘，《大品》以上《法華》之前諸大乘教也。命小乘人説於大法，謂顯教菩薩。密示此法，以爲已任，如付窮子財，謂密化聲聞也。四、顯教聲聞，顯教菩薩，《法華》教也。菩薩聞是法，疑網皆已除，化菩薩也。千二百羅漢悉亦當作佛，化二乘也。四句之中，三義屬菩薩藏内開之，但化二乘爲三藏教矣。次別難五時。問：若立五時，有何過耶？答：五時之説，非但無文，亦復害理。若言第一名三乘別教，是義不然。依毗曇宗，三乘則同見四諦，然後得道；就成實義，但會一滅，方乃成聖；據大乘宗，同契無生，然後隔凡。是則初教亦通，何以言別？次云《大品》是三乘通教，是亦不然。《釋論》云：般若不屬二乘，但屬菩薩。若《大品》是三乘通教，則應通屬，何故不屬二乘？問：若依《釋論》明般若但屬菩薩，在經何故勸三乘同學般若？答：般若有二種：一者摩訶般若，此云大慧，蓋是菩薩所得，故不屬二乘。若以實相之境名爲般若，則三乘同觀，故勸三乘，令並學之。經師不體二種之説，便謂《般若》是三乘通教。次云《淨名》是抑揚教者，是亦不然。《大品》呵二乘爲癡狗，《淨名》貶聲聞爲敗根，挫小既齊，揚大不二，何得以《大品》爲通教，《淨名》爲抑揚？次《法華》爲同歸，應無所疑，但在五時之説，雖辨同歸，未明常住。而天親之論釋《法華》初分，有七處佛性之文；解後段《壽量品》，辨三身之説，斯乃究竟無餘，不應謂爲不了之教。次《涅槃》爲常住教者，然常與無常皆是對治用門。若論涅槃，體絶百非，理超四句。舊宗但得用門，未識其體，故亦失旨也。次難二諦。迷失二諦，凡有三人：一者毗曇，執定性之有，迷於假有，故失世諦；亦不知假有宛然而無所有，復失一真空。二者學大乘者，名方廣道人，執於邪空，不知假有，故失世諦；既執邪空，迷於正空，亦喪真矣。三者即世所行，雖具知二諦，或言一體，或言二體。立二不成，復喪真俗也。問：真俗一體，此有何過？答：若俗與真一，真真俗亦真；若真與俗一，俗俗真亦俗；若真真俗不真，則俗與真異；若俗俗真不俗，則真與俗異。故二途並塞，一體不成。問：一既有過，異應無咎。答：經云：色即是空，空即是色。若言各體，相即便壞；若有雙即，便二體不成。故進退無通，異義亦屈。然五時不立，真俗又傾，大乘之宗，言將何寄？

顯正第二。

自上已來破外道、毗曇、《成實》、大乘，從此已後，序前四宗，斥於三論，故通其邪難，顯明正理。上既遍斥四宗，於時羣難競起，咸疑龍樹非是正師，所造之論應爲邪法，是故此章次明顯正義。正義雖多，略標二種：一明人正，次顯法正。言人正者，《楞伽經》大慧菩薩問：世尊滅度後，是法何人持？佛説偈答：於我滅度後，南天大國中，有大德比丘，名龍樹菩薩，住初歡喜地，爲人説大乘，能破有無見，往生安養國。次《摩耶經》云：摩耶問阿難曰：佛滅度後，何人持法？阿難答曰：如來正法五百年，第一百年優婆掘多説法教化，住持正法。次二百年，尸羅難陀比丘於閻浮提度十億人。次三百年，青蓮華眼比丘説法教化，度半億人。次四百年間，牛口比丘演説法要，度一萬人。第五百年，寶天比丘度二萬人，八萬衆生發菩提心，正法便滅。六百年間，九十六種邪見競興，破滅佛法，馬鳴比丘摧此外道。七百年間，有一比丘，名曰龍樹，善巧説法，燃正法炬，滅邪見幢。尋大、小乘經，親記龍樹破邪顯正。今内、外並呵，大、小俱斥，何所疑哉？又馬鳴、龍樹佛有誠記，尚復生疑，法勝、訶梨無經所印，云何輒受？問：法勝乃未見誠文，訶梨亦有明據。《阿含經》云：實名四諦，是故比丘當成四諦。佛垂此敕，懸鑒有在。逮兹像末，允屬訶梨，爲成是法，故造斯論。紘宗若斯，豈虛搆哉？答：蓋是通指像末，豈別主訶梨，故非所據也。

顯法正第二。問：龍樹著述部類甚多，三論偏空，似非究竟。答：僧叡昔在什公門下，爲翻譯之宗，其《論序》云：夫百梁之搆興，則鄙茅茨之仄陋；覩斯論之紘博，則知偏悟之鄙倍。故偏主小乘，正歸此論。又如前云，天竺十六大國，方八千里，有向化之緣，並爲委誠龍樹爲無相佛。敢預學者之徒，無不翫味斯論，以爲喉衿。若是偏空，豈爲諸國所重？又羅什本執小乘，因此論而迴轍正觀，厥後衆師，藉斯文而曉迷。以此詳之，蓋是究竟無餘之説。問：若內、外並呵，大小俱斥，此論宗旨何所依據耶？答：若心存內、外，情寄大、小，則墮在偏邪，失於正理。既失正理，則正觀不生。若正觀不生，則斷、常不滅。若斷、常不滅，則苦輪常運。以內、外並冥，大、小俱寂，始名正理。悟斯正理，則發生正觀。正觀若生，則戲論斯滅。戲論斯滅，則苦輪便壞。三論大宗，其意若此。蓋乃總衆教之旨歸，統羣聖之靈府，味道之流，豈不栖憑斯趣耶？問：若內、外並除，大、小俱斥，乃爲斷見，何名正宗？答：既內、外並冥，則斷、常斯寂。二邊既捨，寧非正宗耶？難曰：夫有斷有常，故名之爲有；無斷無常，目之爲無。既其是無，何由離斷？答：既斷、常斯寂，則有、無等皆離，不應更復謂染於無。難曰：雖有此通，終不免難。夫有有有無名之爲有，無有無無始是大無。既其墮無，何由離斷？答：本對有病，是故説無。有病若消，空藥亦廢。則知聖道未曾有無，何所滯耶？難曰：是有是無，名爲兩是；非有非無，名爲兩非。既墮是非，還同儒、墨。答：本非二是，故有雙非。二是既亡，雙非亦息，故知非是亦復非非。難曰：非是非非，還墮二非，何由免非？答：二是生乎夢虎，兩非還見空華。則知本無所是，今亦無非。難曰：若無是無非，亦不邪不正，何故建篇章稱破邪顯正？答：夫有非有是，此則爲邪；無是無非，乃名爲正，所以命篇辨破邪顯正。難曰：既有邪可破，有正可顯，則心存取捨，何謂無依？答：爲息於邪，强名爲正。在邪既息，則正亦不留，故心無所著。難曰：若邪正並冥，豈非空見？答：《正觀論》云：大聖説空法，爲離諸見故，若復見有空，諸佛所不化。如水能滅火，今水還出火，當用何滅？斷、常爲火，空能滅之。若復著空，即無藥可滅也。難曰：既著空病，何故不服有藥而言息化？答：若以有化，還復滯有，乃至忘言，便復著斷。如此之流，何由可化？問：心有所著，有何過耶？答：若有所著，便有所縛，不得解脱生、老、病、死、憂、悲、苦、惱。故《法華》云：我以無數方便引道衆生，令離諸著。《淨名》云：不著世間如蓮華，常善入於空寂行，達諸法相無罣礙，稽首如空無所依。三世諸佛，爲六道衆生心有所著，故出世説經；四依開士，爲大、小學人心有所依，故出世造論。故有依有得爲生死之本，無住無著爲經論大宗。難曰：若内、外並冥，佛經何故説大、小兩教？答：《法華》云：是法不可示，言辭相寂滅。如來於無名相中，强名相説，故有大、小教門，欲令衆生因此名相悟無名相。而封教之徒，聞説大、小，更生染著，是故造論，破斯執情，還令了悟本來寂滅，故四依出世爲如佛也。問：此論名爲《正觀》，正有幾種？答：天無兩日，土無二王，教有多門，理唯一正，是故上來破斥四宗。《華嚴》云：文殊法常爾，法王唯一法，一切無畏人，一道出生死。但欲出處衆生，於無名相法，强名相説，令稟學之徒，因而得悟，故開二正：一者體正，二者用正。非真非俗名爲體正，真之與俗目爲用正。所以然者，諸法實相言忘慮絶，未曾真俗，故名之爲體；絶諸偏邪，目之爲正，故言體正。所言用正者，體絶名言，物無由悟，雖非有無，强説真俗，故名爲用；此真之與俗，亦不偏邪，目之爲正，故名用正也。問：既云真俗，則是二邊，何名爲正？答：如因緣假有，目之爲俗，然假有不可言其定有，假有不可言其定無，此之假有，遠離二邊，故名爲正。俗有既爾，真無亦爾。假無不可定無，假無不可定有，遠離二邊，故目之爲正。問：何故辨體用二正耶？答：像末鈍根，多墮偏邪，四依出世，匡正佛法，故明用正。既識正教，便悟正理，則有體正。但正有三種：一、對偏病，目之爲正，名對偏正；二、盡淨於偏，名之爲正，謂盡偏正也；三、偏病既去，正亦不留，非偏非正，不知何以美之，强嘆爲正，謂絶待正也。在正既然，觀、論亦爾。因於體正，發生正觀，名爲體觀；藉二諦用，生二諦觀，名爲用觀，故觀具二也。觀辨於心，爲衆生故，如實説體，名爲體論；若説於用，名之爲用論，故論具二也。正既有對偏、盡偏、絶待，觀、論亦然，類前可知。

三論玄義卷上

校勘記

〔一〕「宗」，底本作「安」，據校本改。

〔二〕「後」，底本前衍「問曰」二字，據校本删。

〔三〕「期」，疑後脱「栖」字。

〔四〕「舊序證第一」，底本脱，據校本補。

〔五〕「述」，底本作「迷」，據校本改。

三論玄義卷下

隋慧日道場沙門吉藏奉命撰

次明經論相資。《大品經》云：雖生死道長，衆生性多，菩薩應如是正憶念：生死邊如虚空，衆生性邊亦如虚空，此中無生死往來，亦無解脱者。然既無生死，亦無涅槃，則知亦無衆生及以於佛，寧有經之與論耶？故内、外並冥，緣、觀俱寂。然雖非生死涅槃，而於衆生成生死，故《大品》云：諸法無所有，如是有。既有衆生，故有諸佛。既有諸佛，便有教門。既有諸佛教門，則有菩薩之論。諸佛爲衆生失道，是故説經；菩薩爲衆生迷經，是故造論。然經有通、别，在論亦爾。所言經通者，通爲息衆生顛倒，通爲開顯道門。所言論通者，諸聖弟子造一切論，亦通爲息迷教之病，申明正道。所言經别者，赴大、小二緣，説大、小兩教。所言論别者，爲破大、小兩迷，申大、小兩教，故有大、小二論也。然就經論之中具有能、所之義，經以二智爲能説，二諦爲所説；論以二慧爲能説，言教爲所説，斯則經論各有能、所也。

次明經論能、所絞絡。有四句不同：一者經能爲論所，二者經所爲論能，三者論能爲經所，四者論所爲經能。經能爲論所者，如來二智即是論主所悟，故《法華》明今昔兩教爲直往菩薩及迴小向大之人，並令悟入佛慧。故《涌出品》云：是諸衆生始見我身，聞我所説，即便信受，入如來慧。此明昔教爲直往菩薩入佛慧也。次云：除先修習學小乘者，我今亦令得聞是經，入於佛慧。此明今教迴小之人入於佛慧。故今昔兩教同明爲入佛慧，則知佛慧是所悟也。次明經所爲論能者，經所即是二諦，能發生論主二慧故，佛之二諦爲能生，論主二慧爲所生也。次明論能爲經所者，論主二慧由經發生也。次明論所爲經能者，論主言教能申佛二諦也。次會四句爲二句，經若能若所並是能資，論若能若所皆是所資；又論若能若所悉爲能申，經若能若所悉是爲所申，故合成一能一所也。次泯一句以歸無句，以能而爲所，則能非定能；以所而爲能，則所非定所。以能非定能，是則非能；所非定所，是則非所。故非能非所，非經非論，非佛非菩薩，不知何以目之，故稱正法，强名中實也。問：能非定能，是則非能；所非定所，是則非所，出何文耶？答：《中論·然可然品》云：若法因待成，是法還成待，今則無因待，亦無所成法。即其證也。

次别明造論緣起。然所以造論者，如上所明，如來爲失道故説經，論主爲迷經故造論。爲失道故説經，此是根本失；論主爲迷經故造論，此是枝末失。又佛爲失道者説經，此失謂一往失；論主爲迷經故造論，此失即失中更起失。所以然者，以其迷道，此是一失；如來説經，爲令入道，而復迷經，故是失中失也。一往之失，謂利根人，聞經即悟。失中之失，謂鈍根人也。問：何等是迷經之人？答：即是諸部異執。言諸部異執者，或二部，或五部，或十八部，或二十部，或五百部。言二部者，如來二月十五日入涅槃，諸聖弟子四月十五日於王舍城祇闍崛山中結集三藏，爾時即有二部名字：一、上座部，謂迦葉爲上座，迦葉上陳如一夏，爲佛以法付屬迦葉，名上座部也。迦葉所領但有五百人，依《智度論》則有千人。二、大衆部，即界外大衆，乃有萬數，婆師波羅漢爲主，此云淚出，常悲苦衆生而淚墮也，即五比丘中之一人。而年大迦葉，教授界外大衆，所以有二衆。迦葉有五百羅漢，前入界内，結集三藏。後多人來結集三藏，迦葉並不許之。有二因緣：一者五百皆聰明人故，二者已羯磨竟故。依《智度論》，阿闍世王但設千人食，故餘人來不得。從是以來，至佛滅度後百一十六年，但有二部名字，未有異執。百一十六年外，有舶主兒，名摩訶提婆，端正聰明，作三逆罪，後入佛法。凡有二事：一者取諸大乘經，内三藏中釋之，諸阿羅漢結集法藏時，已簡除此義，而大衆部用此義，上座部不用之，因爾起諍，遂成二部。二者摩訶提婆自作偈言：餘人染汙衣，無明疑他度，聖道言所顯，是諸佛正教。以此一偈安置戒後，布薩誦戒竟，亦誦此一偈。此偈有五事：一、餘人染汙衣者，提婆不淨出汙衣，而誑弟子言：我是阿〔二〕羅漢，實無不淨，但是天魔女以不淨汙羅漢衣。故云餘人染汙衣。然此一語，有虚有實。其實是凡夫誑弟子，説如上事，是故爲虚；魔女實能以不淨汙羅漢衣，是故爲實。其衆諍其所説，或虚或實，故分二部。二、云無明者，然羅漢乃無三界受生無明，而有無知習氣無明，故云無明。時衆或言羅漢有無明，或言無無明，因此起諍，故分二部。三、云疑者，須陀洹果乃於三解脱門無疑，而於外事有疑，故云疑也。四、他度者，鈍根初果而不自知得初果，問善知識，善知識爲説於三寶、四諦，無疑是初果相，其自觀察方知得初果，故云他度。五、聖道言所顯者，然得聖道時，亦有言所顯，如身子當口誦偈時即得初果，故云言所顯。時衆諍此五義，或是或非，故成二部也。問：此二部執何義異耶？答：義異乃多，今略明其一，大衆部執生死涅槃皆是假名，上座部執生死涅槃皆是真實。至二百年中，從大衆部又出三部。于時大衆部因摩訶提婆移度住央崛多羅國，此國在王舍城北。此部將《華嚴》《般若》等大乘經雜三藏中説之，時人有信者，有不信者，故成二部。不信者，唯言阿難等三師所誦三藏，此則可信，自三藏外諸大乘經皆不可信。復有信大乘者，有三因緣：一者爾時猶有親聞佛説大乘法者，是故可信；二者自思量道理，應有大乘，是故可信；三者信其師故，是故可信。言三部者：一、一説部。此部執生死、涅槃皆是假名，故云一説。二、出世説部。此部言世間法從顛倒生業，業生果，故是不實；出世法不從顛倒生，故是真實。三、灰山住部。前二從執義受名，此因住處爲因，此山有石堪作灰，此部住彼山中修道，故以爲名。其執毗曇是實教，經、律爲權説，故彼引經偈云：隨宜覆身，隨宜飲食，隨宜住處，疾斷煩惱。隨宜覆身者，有三衣佛亦許，無三衣佛亦許。隨宜飲食者，時食佛亦許，非時食亦許。隨宜住處者，結界住亦許，不結界亦許。疾斷煩惱者，佛意但令疾斷煩惱。此部甚精進，過餘人也。至二百年中，從大衆部内又出一部，名多聞部。大衆部唯弘淺義，棄於深義。佛在世時，有仙人值佛得羅漢，恒隨佛往他方及天上聽法。佛涅槃時，其人不見，在雪山坐禪。至佛滅度後二百年中，從雪山出，覓諸同行，見大衆部唯弘淺義不知深法。其人具足誦淺深義，深義中有大乘義，《成實論》即從此部出。時人有信其所説者，故別成一部，名多聞部。於二百年中，從大衆部更出一部，名多聞分別部。佛在世時，大迦旃延造論解佛《阿含經》。至二百年，大迦旃延從阿耨達池出，更分別前多聞部中義。時人有信其所説者，故云多聞分別部。於二百年滿，有一外道，名大天。爾時摩伽陀國有優婆塞大弘佛法，諸外道爲利養故，皆剃頭出家，便有賊住比丘，大天爲賊住主。大天身自出家，所度弟子依大天衆出家受戒。爾時衆人共諍斯事。上座部云：和上無戒及破戒，闍梨有戒，大衆亦有戒，受戒則得，戒從大衆得。大衆知和上無戒，而與共受戒者，大衆得突吉羅罪。問：戒既不從和上得，何故稱和上名？答：欲令受戒後和上攝録，教誨弟子耳。薩婆多用此解。餘部言：和上無戒及破戒，大衆有戒則不得戒，戒從和上得故。因此諍論，遂不容大天。徒衆因爾別住山間，於此山間執義又異，故有支提山部及北山部。佛得道及轉法輪處，大衆處名支提，此處有山，名支提山。於彼山北別有山，名北山部也。大衆部合別數，或五，或七，或八。言五部者，初一説部，二出世説部，三灰山住部，此初破成三也。次多聞部，次多聞分別部，故成五部。言七部者，因外道分成二部，謂支提山部及北山部。前五因内執起，後二因外道起，故成七部。言八部者，則數根本大衆部也。

次上座弟子部者，佛滅度後，迦葉以三藏付三師，以修多羅付阿難，以毗曇付富樓那，以律付優婆離。阿難去世，以修多羅付末田地，末田地付舍那婆斯，舍那婆斯付優婆掘多，優婆掘多付富樓那，富樓那付寐者柯，寐者柯付迦旃延尼子。從迦葉至寐者柯，二百年已來無異部。至三百年初，迦旃延尼子去世，便分成兩部：一、上座弟子部，二、薩婆多部。所以分成二部者，上座弟子但弘經，以經爲正，律開遮不定，毗曇但釋經，或過本，或減本，故不正弘之，亦不棄捨二藏也。而薩婆多謂毗曇最勝，故偏弘之。從迦葉至掘多正弘經，從富樓那稍棄本弘末，故正弘毗曇，至迦旃延大興毗曇。上座弟子部見其棄本弘末，四過宣令遺其改宗，遂守宗不改，而上座弟子部移往雪山避之，因名雪山住部。三百年從薩婆多出一部，名可住子弟子部，即是舊犢子部也。言可住子弟子部者，有仙人名可住，有女人是此仙人種，故名可住子；有阿羅漢是可住女人之子，故名可住子；此部是此羅漢之弟子，故名可住子弟子也。舍利弗是羅睺羅和上，羅睺羅是可住子和上，此部復是可住子之弟子。舍利弗釋佛《九分毗曇》，名《法相毗曇》，羅睺羅弘《舍利弗毗曇》，可住子弘羅睺羅所説，此部復弘可住子所説也。次三百年中，從可住子部復出四部，以嫌《舍利弗毗曇》不足，更各各造論，取經中義足之，所執異故，故成四部：一、法尚部，即舊曇無德部也。二、賢乘部。三、正量弟子部。有大正量羅漢，其是弟子，故名正量弟子部。此三從人作名。四名密林部，從住處作名也。三百年，從薩婆多部復出一部，名正地部。有婆羅門是國師，名正地部，善解四《韋陀》，出家得羅漢，取四《韋陀》好語莊嚴佛經，執義又異。時人有信其所説，故別爲一部。三百年中，從正地部又出一部，名法護部。其本是目連弟子，得羅漢，恒隨目連往色界中，有所説法，皆能誦持，自撰爲五藏，三藏如常，四呪藏，五菩薩藏。有信其所説者，故別成一部也。三百年中，從薩婆多部又出一部，名善歲部。迦留陀夷是其父，及多比丘尼是母，七歲得羅漢，值佛聞法，皆能誦持，撰集佛語，次第相對，破外道爲一類，對治衆生煩惱復爲一類。時人有信其所説者，故別爲一部也。三百年中，從薩婆多部又出一部，名説度部。謂五陰從此世度至後世，得治道乃滅。亦名説經部，謂唯經藏爲正，餘二皆成經耳。從上座部都合有十一部，大衆部有七部，合成十八部，足根本二部，爲二十部。而《羅婆多傳》有異世五師，有同世五師。

異世五師者：一、迦葉，二、阿難，三、末田地，四、舍那婆斯，五、優婆掘多。此五人持佛法藏，各得二十餘年，更相付屬，名異世也。同世五師者，於優婆掘多世，即分成五部，一時並起，名同世五師。一、曇無德，二、摩訶僧祇，三、彌沙塞，四、迦葉維，五、犢子部。又《大集經》亦明五部，而《文殊師利經部執論》及羅什《分別部論》，此三皆明二十部。所以有五部，復有二十部不同者，取其始終異執，故有二十，取其當世盛行，故但説五部。而言五部一時起者，則與上二十部義相違，或可見聞各異故也。所言五百部者，《智度論》釋《般若・信毁品》云：佛滅度後五百歲後，有五百部，不知佛意爲解脱故，執諸法有決定相，聞畢竟空如刀傷心。龍樹、提婆爲諸部異執失佛教意，故造論破迷也。問[三]：論主爲並破諸部，亦有不破耶？答：凡有四句：一、破而不取。若是諸部所説，乖大、小乘經，自立義者，則破而不取。故《智度論》呵迦旃延弟子云：三藏無此説，摩訶衍中亦無此説，蓋是諸論義師自作是説。即是其事。二、取而不破。如《文殊問經》云：十八及本二，皆從大乘出，無是亦無非，我説未來起。三、亦破亦取。破諸部能迷執情，收取諸部所迷之教。四、不破不取。就正道門，未曾有破，亦無所取也。

次明諸部通、別義。論有二種：一者通論，二者別論。若通破大、小二迷，通申大、小兩教，名爲通論，即《中論》是也。故前二十五品破大迷，申大教，後兩品破小迷，申小教。二者別論，別破大、小迷，別申大、小教，名爲別論。如《攝大乘論》《地持論》等，謂大乘通論。《十地論》《智度論》等，大乘別論。如《成實論》等，通申三藏，謂小乘通論。馬鳴菩薩師名脇比丘，造四阿含優婆提舍，別釋修多羅藏；《善見毗婆沙》別釋毗尼藏。《智度論》云：八十部律，八十部毘婆沙釋之。《善見律》別釋師子國要用《十誦律》，舍利弗別釋佛《九分毘曇》。如此別釋三藏故，是小乘別論。就三藏中復有通、別，若具釋一藏，名爲通論；別釋一藏中一部，名爲別論也。問：《中論》既通釋大、小，應名大、小通論，不得名爲大乘論也。答：雖釋大、小，但爲顯大，故是大乘論。所以然者，以初分明大乘，中分明小乘，後分還明大乘故，以是義故，名大乘論耳。問：《十二門論》是何論耶？答：是大乘通論。以始終破於大迷，通申大教，無破小迷，別申於小教，故是大乘通論也。問：《百論》復云何？答：《百論》通破障大、小之邪，通申如來大、小兩正，故是大、小通論。但始終爲明大乘，故屬大乘通論耳。

次明衆論立名不同門。衆論立名，凡有三種：一、從法爲名，如《成實論》等。實謂四諦之理，成謂能成之文，故云：爲成是法，故造斯論。謂從法立名也。二、從人立名，如《舍利弗阿毘曇》等，《智度論》云：犢子道人受持此《毘曇》，亦名《犢子毘曇》也。三、從喻立名，如《甘露味毘曇》等，亦如訶梨跋摩師鳩摩羅陀造《日出論》等也。四、論立名，並是從法，非人非喻，就中自開四種：《大智度論》從所釋之經立名，大謂摩訶，智謂般若，度謂波羅蜜，論釋經題，故從所釋爲名；《中論》從理實立名；《十二門》從言教爲目；《百論》從偈句爲稱也。若通而爲言，四論通顯中道理實，並得就理立名；四論同有言教開通理實，並得以教爲稱；同有偈句，通得從偈立名。今欲互相開避，故有四部差別，所以立名不同也。

次明衆論旨歸門。通論大、小乘經，同明一道，故以無得正觀爲宗。但小乘教者，正觀猶遠，故就四諦教爲宗。大乘正明正觀，故諸大乘經，同以不二正觀爲宗。但約方便用異，故有諸部差別。如明應説不應説，今昔開會，名爲《法華》；破斥八倒，辨常無常用，名爲《涅槃》。至論不二正道，更無別異。在經既爾，在論亦然。雖諸部有異，同用不二正觀爲宗。又經論同宗，佛説正觀爲經，論申正觀爲論，經論用異，正觀無別。故《無量義經》云：如水洗穢，義同，約井池爲異。自昔及今，一切諸教，同治斷、常之病，同開正道，但約今昔教用異耳。今四論約用不同，故辨四宗差別。《智度論》正釋大品，而龍樹開《大品》爲二道，前明般若道，次明方便道。此之二道，即是法身父母，故《大品》以實慧、方便慧爲宗。論申經二慧，還以二慧爲宗。如《中論》申二諦，還以二諦爲宗也。問：《大品》何故前明般若，後明方便耶？答：般若、方便實無前後，而作前後説者，般若爲體，方便爲用，故《智度論》云：譬如金爲體，金上精巧爲用。故前明其體，後辨其用也。又非凡夫行，非賢聖行，是菩薩行。般若超凡，方便越聖。要前超凡，後方越聖，故前明般若，後辨方便。又衆生起見凡有二種：一者有見，二者無見。般若破其有見，方便斥其無見，故前明般若，後辨方便。若明次第者，三藏多説有教，以破外道，而封執三藏之有，故般若次説空；惑者著般若之空，故次説方便，令其離空。故《智度論・序》云：知邪病之自起，故《阿含》爲之作；以滯有之爲患，故般若爲之照。即斯意也。若約位而言，般若配於六地，故前明之；方便在於七地，故後説也。問：舊亦明《大品》二慧爲宗，與今何異？答：今明聖心未曾二，爲衆生故無二説二，欲令因二悟於不二，故與舊不同。又雖明二慧，與舊亦異。舊義實慧但照空不達有，漚和但照有不達空，蓋是限局聖心，便成二見。今明至人體無礙之道，故有無礙之用，般若既照空即能鑒有，方便既涉有即能鑒空，具如二智中説。

次明《中論》以二諦爲宗。所以用二諦爲宗者，二諦是佛法根本，如來自行、化他，皆由二諦。自行由二諦者，如《瓔珞經・佛母品》，明二諦能生佛，故二諦是佛母。蓋取二智爲佛，二諦能生二智，故以二諦爲母，即是如來自德圓滿由於二諦。化他德由二諦者，如來有所説法，教化衆生，常依二諦，故《中論》云：諸佛依二諦爲衆生説法也。問：何以知自、他兩德並由二諦耶？答：《十二門論》云：以識二諦故，即得自利、他利及以共利。即其事也。以二諦是自行化他之本，故申明二諦，以爲論宗，即令一切衆生具得自、他二利也。問：何人迷二諦，論主破迷申二諦耶？答：有三種人迷於二諦：一者小乘五百部。各執諸法有決定性，聞畢竟空如刀傷心，此人失第一義諦。然既失第一義諦，亦失世諦。所以然者，空宛然而有，故有名空有，方是世諦。彼既失空，亦是迷有，故失世諦，故五百部執出如來二諦之外。二者方廣道人。謂一切諸法如龜毛兔角，無罪福報應，此人失於世諦。然有宛然而空，故空名有空。既失空有，亦失有空，如斯之人亦失二諦。又諸外道亦失二諦，如有見外道迷於真諦，空見外道迷於世諦。又凡夫著有，故迷真諦；二乘滯空，迷世諦也。第三人得二諦名，而失二諦旨。斯執甚多，今略出二種：或言二諦一體，或言二諦異體，並不成二諦之義。具如疏初序之。今破此之失，申明二諦，故用二諦爲宗也。問：何以得知此論用二諦爲宗耶？答：略有三種：一者《瓔珞經・佛母品》，明二諦不生不滅，乃至不來不去。今論正明八不，故知即是辨於二諦，故以二諦爲宗。二者青目序論意，明外人失二諦，龍樹菩薩爲是等故，造此《中論》，即知破外迷失，申明二諦，故以二諦爲宗也。三者關内曇影《中論・序》云：此論雖無理不窮，無言不盡，統其要歸，會通二諦。今還述舊釋，故知二諦爲宗也。問：既名《中論》，何故不用中道爲宗，乃以二諦爲宗耶？答：即二諦是中道，既以二諦爲宗，即是中道爲宗。所以然者，還就二諦以明中道，故有世諦中道、真諦中道、非真非俗中道。但今欲名、宗兩舉故，中、諦互説，故宗舉其諦，名題其中。若以中道爲名，復以中道爲宗者，但得不二義，失其二義故也。問：經何故立二諦耶？答：此有兩義：一者欲示佛法是中道故。以有世諦，是故不斷；以第一義，是故不常，所以立於二諦。又二慧是三世佛法身父母，以有第一義故生般若，以有世諦故生方便，具實慧、方便慧，有十方三世佛，是故立二諦。又知第一義是自利，知世諦故能利他，具知二諦，即得共〔三〕利，故立二諦。又有二諦故，佛語皆實，以世諦故，説有是實，第一義故，説空是實。又佛法漸深，先説世諦因果教化，後爲説第一義。又成就得道智者，説第一義，無有説世諦。又若不先説世諦因果，直説第一義，則生斷見，是故具明二諦也。

次明《百論》宗者，《百論》破邪，申明二諦，具如《空品》末説，亦應以二諦爲宗。但今欲與《中論》互相開避，《中論》以二諦爲宗，《百論》用二智爲宗，即欲明諦、智互相成也。問：《百論》何故用二智爲宗耶？答：提婆與外道對面擊揚，鬭一時權巧智慧，但提婆權智，巧能破邪，巧能顯正。而實無所破，亦無所顯，故名實智。一論始終，明此二智，故以二智爲宗。《中論》不與内諍一時權巧，但共同學二諦之人，諍二諦得失，故以二諦爲宗。則《中論》用所申爲宗，《百論》用能申爲宗，欲明佛與菩薩能、所共相成也。

次明《十二門論》宗者，此論亦破内迷，申明二諦，亦以二諦爲宗。但今欲示三論不同，宜以境智爲宗。所言境智者，論云：大分深義，所謂空也。若通達是義，即通達大乘，具足六波羅蜜，無所障礙。大分深義，謂實相之境。由實相境發生般若，由般若故萬行得成，即是境智之義，故用境智爲宗也。

次明四論破、申不同門。所言破、申者，凡有三義：一者破外人迷教之病，故名爲破；申佛二諦教門，故名爲申。二者申佛正教而邪迷自破，故名爲申破耳。三者論主申明佛破，故名申破。諸大乘經破衆生虚妄以顯一道，但末代鈍根不了如來破病顯道之意，四依菩薩還申明佛破，故名申破。非是經中自立義，論中自明破也。問：何以知龍樹申佛破耶？答：最後《邪見品》云：瞿曇大聖主，憐愍説是法，悉斷一切見，我今稽首禮。故知論主申明佛破，非自有破也。問：經中有立有破，論主何故一向破耶？答：末世鈍根迷佛立破，並皆成病，是以論主須並破之，然後具得申如來立破。問：論主申佛破得稱論主破，論主申佛立應名論主立耶？答：亦得爾也。問：四論破申云何同異？答：三論通破衆迷，通申衆教。《智度論》别破般若之迷，别申般若之教。就三論中自開二類：《百論》正破外傍破內，餘二論正破內傍破外。所以三論破內外者，一切衆病不出二種：一、外道邪畫起迷，二、內人稟教失旨。若破斯二，則衆病皆除。問：《百論》破外可有明文，何處有破內文耶？答：《破塵品》中外人以內義爲證，論主即破其所引，具如彼明。問：何故得破內耶？答：有三種義：一者如向釋之，外人立義不成，引內爲證，故須破內。二者內人立義與外道同，如立虛空常遍，乃至立涅槃身智俱無，並與外道同，故須破內。三者外道立義與內人同，故須破之。如《破因中無果品》説外道立於三相，前後相生，與譬喻部同；立三相展轉一時生，與薩婆多部同，故須破內。故肇法師云：邪辨逼真，殆亂正道。問：《中論》何故傍破外耶？答：凡有四義：一者欲顯中觀無法不窮，無言不説。若一法不窮，一言不盡，則戲論不滅，中觀不生，是故內外並皆破之。二者內人立義與外道同，故須破外。三者外道立義與內人同，故須破外。四者欲顯中實非內非外，不正不邪，故須破外。問：《百論》破外亦有收取義不？答：亦有四句：一者破而不取。即是外道邪言，障中迷觀，於緣無益有損。二者取而不破。外道偷竊如來遺餘善法，今並收之，如賊盜牛，即其證也。又外道各邪心推畫，冥智與內同，如蟲食木，偶得成字，亦取而不破。三者亦破亦取。外道偷竊佛教，不識旨歸，今破其迷教之情，收取所迷之教。四者不破不取，即顯道門，未曾內外也。次明別釋三論。問：既有四論，何故常稱三論耶？答：略有八義。一者一一論各具三義：一、破邪，二、顯正，三、言教。以同具此三義，故合名三論。二者三論具合，方備三義。《中論》明所顯之理，《百論》破於邪執，《十二門》名爲言教。以三義相成，故名爲三論。三者《中論》爲廣論，《百論》爲次論，《十二門》爲略論。三部具上、中、下三品，故名三論。四者一切經論，凡有三種：一、但偈論，即是《中論》；二、但長行論，所謂《百論》；三、亦長行亦偈論，即《十二門論》。以三部互相開避，而共相成。五者此之三部，同是大乘通論，故名三論。六者此三部同顯不二實相，故名三論。七者同是四依菩薩所造。八者同是像末所作，但欲綱維大法也。

次論三論通別門。以《智度論》對三論，則《智度論》爲別論，三論爲通論。就三論中自有三別，即爲三例，《百論》爲通論之廣，《中論》爲通論之次，《十二門》爲通論之略。所以然者，《百論》通破障世、出世一切邪，通申世、出世一切正，故名通論之廣。《中論》但破大、小二迷，通申大、小兩教，不破世間迷，申世間教，故爲通論之次。《十二門》但破執大之迷，申大乘之教，爲通論之略。問：何故爾耶？答：外道邪興，遍障世、出世大、小一切教，故提婆遍破衆邪，備申衆教，是以論明始自三歸，終竟二[四]諦，無教不申，無邪不破。《中論》爲對大、小學人封執二教，故但破二迷，但申二教，是以論文有大、小二章之説。《十二門論》辨觀行之精要，明方等之宗本，故正破大迷，獨申大教，是以論文命宗，但説略解摩訶衍義。問：《十二門》亦備破小乘外道，云何言但破大迷，但申大教也？答：雖備破衆病，而正意爲申大乘，故論文前明略解大乘，而後則言末世衆生薄福鈍根，雖尋經文，不能通了，即知尋大乘失旨，但小乘外道障彼大乘，故須破之耳。又欲令小乘外道同入大乘，故須破之。問：《百論》申大、小兩教，與《中論》何異？

答：《百論》總申大、小，然《中論》别申二教。又《百論》從淺至深，《中論》從深至淺。問：何故爾耶？答：《百論》爲迴邪入正，始行之人，故始自三歸，終入方等，故從淺至深。《中論》示諸佛本末之義，大乘爲本，小乘爲末，故從深至淺也。

次明四論用假不同門。一切諸法，雖並是假，領其要用，凡有四門：一、因緣假，二、隨緣假，三、對緣假，四、就緣假也。一、因緣假者，如空、有二諦，有不自有，因空故有；空不自空，因有故空，故空、有是因緣假義也。二、隨緣假者，如隨三乘根性，説三乘教門也。三、對緣假者，如對治常，説於無常；對治無常，是故説常。四、就緣假者，外人執有諸法，諸佛菩薩就彼推求，檢竟不得，名就緣假。此四假總收十二部經，八萬法藏。然四論具用四假，但《智度論》多用因緣假，以釋經立義門故，《中論》《十二門》多用就緣假，《百論》多用對緣假。

次明四論對緣不同門。著於四論，略明二種：提婆菩薩震論鼓於王庭，九十六師一時雲集，各建名理，立無方論。提婆面拆邪師，後還閑林，撰集當時之言，以爲《百論》。龍樹菩薩潛帷著筆，探取外情，破病申經，故造《中論》。問：何故爾耶？答：龍樹聲聞天下，外道小乘不敢與交言，故潛帷著筆以造論也。提婆既爲弟子，物情所不畏憚，故與之交言，故後集以爲論。

次明三論所破之緣有利鈍不同門。今略舉《中》《百》二論明衆生得悟不同，凡有四種：一、自有一種根緣，聞《百論》始捨罪福，終破空有，當此言下得悟無生。二、有諸外道，雖聞提婆當時所破言理俱屈，猶未得悟，後出家竟，稟受佛經，方乃得悟，此中根人也。三、有諸外道，聞提婆之言，不了尋經，翻更起迷，爲《中論》所破方得悟，此下根人也。四、有諸外道，初稟提婆之言，乃至尋《中論》亦未得解，後因《十二門》觀玄略，方乃得悟也。

次別釋《中論》名題門。此論立名有廣有略。所言略者，但稱《中論》。故叡法師《序》云：《中論》有五百偈，龍樹菩薩之所造。而後但釋中、論兩字，故名爲略。問：何故但稱《中論》，不題觀耶？答：中是所論之理實，論是能論之教門，若明理教，故義無不周也。所言廣者，加之以觀。故影法師《中論·序》云：寂此諸邊，名之爲中；問答拆徵，稱之爲論。又云：觀者，直以觀辨於心，論宣於口耳。問：何故具題三字耶？答：因中發觀，由觀宣論，要備三法，義乃圓足也。次第門。問：此三字有何次第耶？答：有二種次第：一者能化次第，二者所化次第。能化次第者，中謂三世十方諸佛菩薩所行之道，故前明中；由此道故，發生諸佛菩薩正觀，故次明觀；由內有正觀故，佛宣之於口，名之爲經；四依菩薩宣之於口，目之爲論也。約所化悟入次第者，稟教之徒，因論識中，因中發觀；若望於佛，因教識理，因理發觀也。次制立門。所以但明三字不多不少者，略有三義：一者諸佛菩薩，凡有二德：一者自行，二者化他。中之與觀，謂自行也。論之一字，即是化他。自行化他，義無不攝，故但標三字。二者化於衆生，要必具三：一者有所悟之理，二者因理發觀，三者由觀宣論，故但明三也。三者以中對觀，是境智之名；以觀對論，爲行説之稱。因中發觀，故以中爲境，以觀爲智；如説而行爲觀，如行而説爲論。以義唯此四，故名字但有三名也。次論通別門。通而爲言，三字皆中，皆觀，皆論。所言皆中者，理實不偏，故理名爲中；因中理發觀，觀非偏觀，觀亦名中；因中觀宣論，論非偏論，論亦名中。三字皆觀者，中是義相觀，觀是心行觀，論是名字觀。亦如三種般若，中是實相般若，觀是觀照般若，論是文字般若。三種皆論者，論是能論，故名爲論；餘二所論，亦名爲論也。就別而言，理實不偏，與其中名；智是達照，當其觀稱；論是言教，故目之爲論。次明互發盡門。就中有中發觀，觀發中；緣盡觀，觀盡緣。所言中發觀者，如《涅槃經》云：十二因緣，不生不滅，能生觀智，譬如胡瓜能發熱病也。觀發中者，衆生本謂因緣是生是滅，不知是中，以正觀檢生滅不得，方悟因緣是中，此則因觀發中。緣盡於觀者，凡夫二乘及有所得偏邪之緣，盡菩薩正觀之内，故名緣盡於觀。觀盡於緣者，邪緣既盡，正觀亦息，故名觀盡於緣。緣盡於觀，故非緣；觀盡於緣，故非觀。非緣非觀，不知何以美之，强名正觀也。問：既得緣盡觀，觀盡緣，亦得中盡觀，觀盡中不？答：亦得爾也。中是智境，觀是境智。境不自境，因智故境；智不自智，由境故智。由智故境，境不自境；由境故智，智不自智。不自智則非智，不自境則非境，故是境盡於智，智盡於境。問：亦得緣發於觀，觀發於緣不？答：由邪緣故，得顯正觀，即是緣發於觀。由正觀故，顯緣是邪，謂觀發於緣耳。次明別釋三字門。總論釋義，凡有四種：一、依名釋義，二、就理教釋義，三、就互相釋義，四、無方釋義也。依名釋義者，中以實爲義，中以正爲義。中以實爲義者，如《涅槃》釋本有今無偈云：我昔本無中道實義，是故現在有無量煩惱。叡師《中論·序》云：以中爲名者，照其實也。照謂顯也，立於中名，爲欲顯諸法實，故云照其實也。所言正者，《華嚴》云：正法性遠離，一切言語道，一切趣非趣，悉皆寂滅相。此之正法，即是中道。離偏曰中，對邪名正。肇公《物不遷論》云：《正觀論》曰：觀方知彼去，去者不至方。故知中以正爲義也。理教釋義者，中以不中爲義。所以然者，諸法實相，非中非不中，無名相法，爲衆生故，强名相説，欲令因此名以悟無名，是故説中爲顯不中。問：中以不中爲義，出何文耶？答：《華嚴》云：一切有無法，了達非有無。若爾，一切中偏法，了達非中偏，即其事也。所言互相釋義者，中以偏爲義，偏以中爲義。所以然者，中偏是因緣之義。故説偏令悟中，説中令識偏。如經云：説世諦，令識第一義諦；説第一義諦，令識世諦也。四、無方釋義者，中以色爲義，中以心爲義，是故《華嚴經》云：一中解無量，無量中解一。故一法得以一切法爲義，一切法得以一法爲義。問：中有幾種？答：既稱爲中，則非多非一，隨義對緣，得説多一。所言一中者，一道清淨，更無二道。一道者，即一中道也。所言二中者，則約二諦辨中，謂世諦中、真諦中。以世諦不偏，故名爲中；真諦不偏，名爲真諦中。所言三中者，二諦中及非真非俗中。所言四中者，謂對偏中、盡偏中、絶待中、成假中也。對偏中者，對大、小學人斷、常偏病，是故説對偏中也。盡偏中者，大、小學人有於斷、常偏病，則不成中；偏病若盡，則名爲中，是故經云：衆生起見，凡有二種：一斷，二常。如是二見，不名中道；無常無斷，乃名中道。故名盡偏中也。絶待中者，本對偏病，是故有中。偏病既除，中亦不立。非中非偏，爲出處衆生，强名爲中，謂絶待中。故此論云：若無有始終，中當云何有？經亦云：遠離二邊，不著中道。即其事也。成假中者，有無爲假，非有非無爲中，由非有非無，故説有無。如此之中，爲成於假，謂成假中也。所以然者，良由正道未曾有無，爲化衆生，假説有無，故以非有無爲中，有無爲假也。就成假中有單複、疎密、横竪等義，具如中假義説。如説有爲單假，非有爲單中，無義亦爾；有無爲複假，非有非無爲複中；有無爲疎假，非有非無爲疎中；不有有爲密假，有不有爲密中。疎即是横，密即是竪也。

次釋中不同，得有四種：一、外道明中，二、毗曇明中，三、《成實》明中，四、大乘人明中也。外道説中者，僧佉人言泥團非缾非非缾，即是中義也；衛世師云聲不名大不名小；勒沙婆云光非闇非明。此之三師，並以兩非爲中，而未知所以爲中耳。毗曇人釋中者，有事有理。事中者，無漏大王不在邊地，謂不在欲界及非想也。理中者，謂苦、集之理不斷不常也。《成實》人明中道者，論文直言：離有離無，名聖中道。而論師云：中道有三：一、世諦中道，二、真諦中道，三、非真非俗中道。四、大乘人明中者，如《攝大乘論》師明，非安立諦，不著生死，不住涅槃，名之爲中也。義本者，以無住爲體中，此是合門。於體中開爲兩用，謂真俗，此是用中，即是開門也。又中假師云：非有非無爲中，而有而無爲假也。

三論玄義卷下終

校勘記

〔一〕「阿」，底本作「何」，據校本改。

〔二〕「間」，底本作「同」，據校本改。

〔三〕「共」，底本作「其」，據校本改。

〔四〕「二」，底本作「三」，據校本改。

（夏德美整理）

○九三六

大乘玄論[一]

隋吉藏撰

大乘玄論目次[二]

卷第一

二諦義十重

一、標大意　二、釋名　三、立名

四、有無　五、二諦體　六、明中道

七、明相即　八、攝法　九、辨教

十、明同異

卷第二

八不義六重

一、辨大意　二、明三種中道　三、論

智慧中道

四、雜問難問[三]　五、論單複諸句　六、

明不有有

卷第三

佛性義十門

一、大意　二、明異釋　三、尋經

四、簡正因　五、釋名　六、本有始有

七、内外有無　八、見性　九、會教

十、料簡

一乘義三門

一、釋名　二、出體　三、同異

涅槃義三門

一、釋名　二、辨體　三、八倒

卷第四

二智義十二門

一、翻名　二、釋名　三、釋道

四、境智　五、同異　六、長短

七、六智　八、開合　九、斷伏

十、攝智　十一、常無常　十二、得失

卷第五

教迹義三門

一、釋教不同　二、感應　三、淨土
論迹義五門
一、破申大意　二、四論宗旨　三、經
論能所
四、釋中觀論名　五、明論緣起
跋

大乘玄論目次終

校勘記

〔一〕底本據《卍續藏》，校本據《大正藏》。

〔二〕底本原校云目録新作。

〔三〕「難問」，疑不應歸屬目次中。

大乘玄論卷第一

胡吉藏撰

二諦義有十重

第一，標大意　第二，釋名　第三，立名　第四，有無　第五，二諦體　第六，中道　第七，相即　第八，攝法　第九，辨教　第十，同異

二諦者，蓋是言教之通詮，相待之假稱，虚寂之妙實，窮中道之極號。明如來常依二諦説法，一者世諦，二者第一義諦。故二諦唯是教門，不關境理。而學者有其巧拙，遂有得失之異。所以，若有巧方便慧，學此二諦，成無所得。無巧方便慧，學教，即成有所得。故常途三師置辭各異。開善云：二諦者，法性之旨歸，一真不二之極理。莊嚴云：二諦者，蓋是祛惑之勝境，入道之實津。光宅云：二諦者，蓋是聖教之遥泉，靈智之淵府。三説雖復不同，或言含智解，或辭兼聖教，同以境理爲諦。若依廣州大亮法師，定以言教爲諦。今不同此等諸師。

問：攝嶺、興皇何以言教爲諦耶。答：其有深意。爲對由來以理爲諦故，對緣假説。問：《中論》云諸佛依二諦説法，《涅槃經》云隨順衆生

故説二諦，是何諦耶。答：能依是教諦，所依是於諦。問：於諦爲失，教諦爲得不。答：凡夫於爲失，如來於爲得，聖人於亦得亦失。而師云於諦爲失，教諦爲得者，乃是學教成迷。本於是遍迷，學教於别迷。通迷是本，别迷末。本是前迷，末是後迷。問：何意開凡、聖二於諦耶。答云：示凡聖得失，令轉凡成聖。問：於諦爲失者，何以言諦耶。答：論文自解，諸法性空，世間顛倒謂有，於世人爲實，名之爲諦。諸賢聖真知顛倒性空，於聖人是實，名之爲諦。此即二於諦。諸佛依此而説，名爲教諦耳。問：教若爲名諦耶。答：有數意一者，依實而説故，所説亦實，是故名諦。二者，如來誠諦之言，是故名諦。三者，説有無教，實能表道，是故名諦。四者，説法實能利緣，是故名諦。五者，説不顛倒，是故名諦。

與他家異，有十種異。一者，理教異。彼明二諦是理，三假是俗，四絶是真。今明二是教，不二是理。他家有理無教，今明有教有理。二者，相無相異。他家住有無，故是有相。今明有表不有，無表不無，不住有無，故名無相。三者，得無得異。他家住有無，故名有得。今明不住有無，故名無得。四者，理内外異。他家住有無，故名理外。今明不住有無，故名理内。五者，開覆異。他有住有，無住無，此有無覆如來因緣有無。今明二諦是教，是有表不有，無表不無，即開如來教，無有壅滯。六者，半滿異。他家唯有二，無不二，故唯教無理，名爲半字。今明具足理教，名爲滿字。七者，愚智異。《涅槃》云：明、無明，愚者謂二，智者了達無二。真俗二者即愚，不二者即智。故知不二是理，二是教。八者，體用異。彼有用無體，今即具有體用。九者，本末異。不二是本，二是末。他但有末無本，今具有本末。十者，了不了異。他家二諦住有無，故名不了。今明説有，欲顯不有。説無，欲顯不無。有無，顯不有不無，故名了義。

他但以有爲世諦，空爲真諦。今明若有若空

皆是世諦，非空非有始名真諦。三者，空有爲二，非空有爲不二，二與不二皆是世諦。非二非不二名爲真諦。四者，此三種二諦皆是教門。説此三門，爲令悟不三，無所依得，始名爲理。問：前三皆是世諦，不三爲真諦。答：如此。問：若爾，理與教何異。答：自有二諦爲教，不二爲理。皆是轉側適緣，無所防也。問：何故作此四重二諦耶。答：對毗曇事理二諦，明第一重空有二諦。二者，對成論師空有二諦。汝空有二諦是我俗諦，非空非有方是真諦，故有第二重二諦也。三者，對大乘師依他、分別二爲俗諦，依他無生、分別無相不二真實性爲真諦。今明若二若不二，皆是我家俗諦。非二非不二，方是真諦，故有第三重二諦。四者，大乘師復言三性是俗，三無性非安立諦爲真諦，故今明汝依他分別二真實不二是安立諦，非二非不二，三無性非安立諦，皆是我俗諦，言忘慮絶方是真諦。文含多義，後文當釋。

問：若以有無爲教，表非有非無理者，何不以非有非無之教，表非有非無之理，必以有無之教表非有非無理耶。答：不可以月指月，應以指指月。若利根菩薩，應如是説。但凡夫著有無，故以有無表非有非無。問：若以於諦爲衆生説者更增其患，何以依二於諦説法耶。答曰：凡夫著有，二乘滯空。今明如來因緣有無假有假無。假有故不有，假無故不無，云何增患耶。問：成論師云十六知見非二諦所攝，十六知見道理無，此出自外道横計，故非世諦。既非世諦，其即空，亦非真諦。此義云何。答：若言十六知見出外道横計，非二諦所攝者，陰界入等亦出凡夫横計，何得云二諦所攝。若凡夫所見即是世諦者，凡夫人應是聖人。

釋名第二

若如他釋，俗以浮虚爲義，真以真固爲名，世是隔别爲義，第一莫過爲旨。此是隨名釋義，非是以義釋名。若爾，可謂世間諸法者有字無義。今明俗以不俗爲義，真以不真爲義。若具足論之，應以非俗非不俗，遣四句爲俗義。但今對他浮虚是俗義，今明不俗爲義，是名出世法者有字有義。今引《淨名經》不生不滅是無常義，五陰空無所有是苦義，常途真實是諦義，還以諦釋諦義，例前可見。

解諦義有四家不同。一云：四諦理實，是爲諦。《遺教經》云日可令冷月可令熱，佛説苦諦真實是苦，不可令樂。故以理實爲諦。第二家云：境理非諦，能觀智爲諦。《大經》云若苦是聖諦者，地獄衆生有苦，應是苦聖諦。而今地獄等苦非聖諦，豈得前境爲諦。第三解，取能詮理之文言爲諦。第四家云：合取境、智文理爲諦。若單境不智，亦非諦。單取智文理，亦非諦。

今明四解並是並非，如衆盲摸象不得象體，然不離象。經中非無此釋，諸佛方便，隨從衆生，故作此説。今還一一難之。第一解云境理審實名諦者，地獄、畜生應是苦聖諦，毒蛇瞋雀多欲應是集聖諦。第二解云以智爲諦者，應名權實諦。第三解云文言詮審實爲諦者，文言終不得理，那得爲諦。第四解云若以境智合爲諦者，既其非諦，今合那得爲諦。如一沙不能出油，合二沙不得油也。今明此真俗是如來二種教門，能表爲名，則有二諦。若從所表爲名，則唯一諦。故非只以審實爲義。若二於諦，即以審實爲諦。若就因緣，教諦即有多義。或以誠諦之言釋諦，此二教表不二之道，教必不差違即是諦義。依名釋諦如是。若依義釋諦，諦以不諦爲義，此是竪論。若横論，諦以諸法爲義，例如真俗義中説：俗以浮虚爲義，俗以真爲義，俗以不俗爲義，真亦然。

更料簡諦待不諦，有五條意。一者，二諦相望是二不諦。俗非真，真非俗故，二諦成二不諦。二者，非有非無是二不諦義。能表是有無，所表非有無，故成二不諦。三者，二智是二不諦義。四者，真俗既二境，境自待不境，不境即是智。義有三種：一者，就理外凡聖二緣二境。二者，就理内凡聖二緣二境。三者，竪理内外相望，有凡聖諦不諦義。理外凡聖者，如有於凡實，所以爲諦。空於凡不實，即是不諦。空於聖亦然。凡聖二人各行一實一虚，故有諦不諦義。理内凡聖亦然。次竪論者，若理外凡聖，皆是顛倒有所得行，俱是凡夫。理内若凡若聖，皆名爲聖。二諦亦然：理外若真若俗，俱是俗諦。理内若真若俗，皆是真諦。理内所行非外所行，理外所行非内所行，有諦不諦義。五者，直就凡聖各自有諦不諦，如有於凡是實，即此有於聖爲不實，只此一有自有實不實，不須他釋。

次，更明於諦、教諦合論有三句。一者，能諦所非諦。二者，所諦能非諦。三者，亦能亦所諦。能諦所非諦者，即是於諦，有於凡實，空於聖實，取兩情爲諦，不取空、有二境爲諦。言教諦是所非能者，二智是能説，二諦是所説，此就境智判能所。亦能亦所諦者，合取於、教二諦。更就教諦中復有三句：一、能名諦，二、所名諦，三、亦能亦所名諦。言能名諦者，即是真俗二教以能表道故名諦。言所名諦者，真俗所表理實故，能表之教亦實，此從表實爲名。亦能亦所者，即理教合説。非理即不教，非教即不理。理教因緣，此二皆實，故能所皆諦。於諦有三句：一皆得，二皆失，三亦得亦失。言亦得亦失者，凡於是有，此有爲失。諸賢聖真知性空，此空爲得。二皆失者，二皆是於，故二皆失。二皆得者，只知於二，即知不二，既非二非不二，五句皆淨。然此三句，前二句即於諦，後一句即教諦。前二句即於境，後一句教境。於境即不轉，教境即轉也。

立名第三

三門分別：前辨立名，次辨絶名，後辨借名。

立名者，不真不俗，亦是中道，亦名無所有，亦名正法，亦名無住。此非真非俗，無名，今假爲立名。此名以無名之所立名，如提羅波夷真不食油，强爲食油，二諦亦爾。以其真表不真，俗表不俗，假言真俗。以其假言，名無得物之功，物無應名之實。《淨名經》云從無住本，立一切法，無住即無本故云：若能若所，皆以無住爲本。《大品》云般若猶如大地，出生萬物。波若正法無住，此三眼目之異名。若就用中辨二諦，反覆得立名。俗爲真立名，世爲第一立名。如言由世故第一，真俗亦如是。真應對世，第一對第二。而今真對俗，世對第一，非正相待義。聖人未必以對立名，故經云：法無有彼此，離相待[三]故。次明相待者，真俗當體受名。世與第一，用中褒貶爲稱也。

　第二，辨絶名。常途相傳，世諦不絶名。引《成論》文劫初時物未有名，聖人立名字，如瓶衣等物故，世諦不絶名。真諦與佛果，三師不同。光宅云：此二皆不絶名，真諦有真如、實際之名，佛果有常樂我淨之名。但絶麤名，不絶細名。莊嚴云：此二皆絶名。佛果出於二諦外，是故絶名。真諦本來自虚，忘四句絶百非，故絶名。開善云：真諦絶名，佛果不絶名。真諦之理絶四句百非，故是絶名。佛果此世諦，所以不絶名。若佛智冥如，絶名。今明一往爲論，何爲不得。然非理實説。今問：若劫初物作名銘者，以真諦無名假名銘者，與真何異。又問：火名爲當，即火離火。若使此火名即火，呼火即燒口。若使火名離火，何故不得水耶。故知非即離體有名。若在口中，不在火上，是即火絶名。且復從來蛇床虎杖，世諦絶名。復問：人是何物，人頭手等何意呼人耶。强爲立名，豈非皆絶。次難佛果。有三家，今先難初家。若使言真諦與佛果，但絶麤名，不絶細名者，今難：本以絶故妙，若不絶即不妙。難第二家真諦與佛果俱絶名者，今難：若以名求真不得真者，此名便有文爾，無理。真諦有文無理，如私陀言涅槃。佛果有理無文，如犢子存焉。難第三家佛果不絶，真諦絶名，同前二家所見，不具辨也。

　今明以四句辨之：一者，俱絶。二者，俱不絶。三者，真絶俗不絶。四者，俗絶真不絶。所言二諦俱絶者，二諦皆如，奈得皆不絶。二諦俱不絶者，得是如相，名爲如來。得是二如相，所以皆不絶。又言如來常依二諦説法。《大論》云：如瓶衣等法，世界悉檀即有，第一義悉檀即無。真如實際等，於第一義悉檀即有，世界悉檀即無。此名字互有互無，故知二種俱絶俱不絶。三者，真絶俗不絶，此文即多，經云：以世諦法故説，非第一義。四、俗絶真不絶，如言生不可説，不生亦不可説，生不生亦不可説，不生非不生亦不可説，四句皆不可説，即是世諦絶名。

今更作一種方言，世諦即絶實不絶假，真諦即絶假復絶實。何者。衆生計有爲有，計無爲無。此之有無，是斷、常二見，即是性實。今破有故言不有，破無故言不無，所以明佛説假有假無爲世諦，此假有不名有，此假無不名無。問：此假有，何物有。明此假有不名實有，假無亦是不名實無。是即此假有假無，名爲世諦。所以其不名實有實無，故言絶。而此不有，爲成假有。不無，爲成假無。此即是不絶假義。若言二諦俱絶者，真諦絶四句離百非，世諦亦絶四句離百非。然此義從來所無，唯今家有也。言二諦皆絶四句離百非者，俗不定俗，俗名真俗。真不定真，真名俗真。真俗、假俗，俗真、假真。假俗即百是不能是，百非不能非，假真亦爾。何者假俗。即是是不能是，百是亦不能是。非非不能非，百非亦不非。假真即非是不能是，百是亦不是。是非不能非，百非亦不非。是故皆離四句絶百非也。雖二諦皆離四句絶百非，然二諦俱絶爾大異。何者。俗諦絶即絶實，真諦絶即絶假。俗諦絶實者，是是即是實是，非非即是性非。以俗諦絶實故，是是不能是，百是亦不是，非非不能非，百非不能非也。真諦絶假者，非是是與假是，非非與假非。真諦絶性假故，非但是是不能是，非是亦不是。非但非非不能非，是非亦不非。是是與非是，一切不能是。非非與是非，一切不能非。真諦雙絶，世諦絶實。此即漸捨明二諦皆絶義。俗諦絶實，真諦絶假、實。

第二，次就平道明二諦俱絶義。俗不定俗，

由真故俗。真不定真，由俗故真。由真故俗，俗是假俗也。由假俗故真，真是假真。既云假俗，即四句皆絶：假俗非俗，假俗非不俗，假俗非亦俗亦不俗，假俗非非俗非不俗。假真亦爾。

第三，論借名，就借與不借故，是絶不絶耳，若二諦俱絶，即是兩種皆借名。二俱不絶，即相與不借。今亦次還辨前三家所説。彼三家同明世諦有物有名，以名召物即得來，故不借名。真諦、佛果，解有三家。

今先難世諦不絶。若世諦有物即有名者，劫初時便應有名，不須聖人爲立名耶。若物本無名，何異真諦本無名，後爲真立名。問：是假借名者，後爲物立名，何故非借名耶。汝若以名求真，去真遠矣。我亦以名求物，去物遠矣。又問：今世諦以名求物，物得應名者，今且問以瓶名爲在瓶上，爲在口中，具如先難。若在瓶上何處有名，若在口中瓶即無名，豈非是絶名，此即與真何異。若言真本無名，就世諦借者，今世諦中若有真名，可言其借，而今世諦中無有法名真，如絶離可得言借。且復經言第一義諦有名有實，何時遣無名。經又云：一切諸法，但有假名。但有名無實，故言絶。但有名字，故謂爲借。若有名但假設，何意空就有借名，而有不就空借名也。故若言真諦無名，就世諦借名，其義不可。今問：若以名求真，去真遠者，此真名爲表真理不耶。若使此名表理，依名得理，何謂真理絶名，名即無用。此名既其不得理，此名終此浪説，可謂有理而無文。

常途解真諦、佛果，有三家。光宅二種俱不絶妙名，即不須借。莊嚴云：二種俱絶，所以須借。若是開善，明佛果是世諦，有名故不須借。真諦無名，所以須借。此三解依前而難之，此不復重出，望前可見。

今明借，此假之異名。然此經論所無，大小乘經不載此説，恐不應借語。而今言借者，只是隨他意語耳。今明借，此假之異名。今二諦既有四句辨絶不絶義，今借與不借，准此可知。若二俱絶，即二諦俱不借。二諦不絶，即二俱借。若一絶一不絶，即一借一不借。若言二諦俱絶而論其借義，明真不可説名，二諦之名無法可説，二諦俱絶故不明借。今以非真假言真，非俗可言俗，俗待真故，説俗從真借名。真待俗故，説真從俗借名。所以二諦俱不絶，假論借名，然此借名亦是不借。今以真不自真，由俗故説真。不自故，所以須他，故言借。若不借者，明若由真故説真，可得是借。由真故俗，那得是借也。故言此俗亦是不借也。横論借名如此。若竪論，真從不真以借名，俗從不俗以借名。又問言：若從不真借名，只應真名不真，那得名爲真。俗亦如是。答：今明真不真，一亦不得借，異亦不得借，因緣假名字故言借，借是待之異名。若不待，不真不得説真。由不真故真，由真故不真，真不真因緣假説故言借。

有無第四

今先辨假有，後辨假無。常途所明，凡有三種假名：一者，因成假，以四微成柱，五陰成人，故言因成。二者，相續假，前念自滅，續成後念，兩念接連，故言相續假。三者，相待假，如君臣、父子、大小，名字不定，皆相隨待，故言相待假。若入道所捉，三乘不同。聲聞用因成，緣覺用相續，菩薩用相待。而《成論》三藏爲宗，多明因成以入道。所以然者，凡有二義：一者，因成是世諦體，續、待爲用。若體已空，用即自遣。二者，因成多重，數觀行自淺至深。初捉五根以空衆生，次捉四大四微以折法，所以多捉因成。若是續、待二假，即無此重，故不用。

今明正《大品》中三假爲宗：一者法，二者受，三名。解三假不同。今所用者，以四微成根大，並法假。衆生、假人，此是受假。一切名，皆是名假。名假本通。就名假中，取能成義爲法假，所成義爲受假，不如他家法假爲體，餘二爲用。故《大品》云：波若及五陰爲法假，菩薩爲受假，一切名字爲名假。内法如此，外法可知：

四微、四大爲法假，世界爲受假，一切名字爲名假。今明相待爲本者，欲明大士觀行凡有三義：一者，相待假通，無非是待，因、續二假未必盡假。二者，相待假無有實法，遣病即淨。因、續二假即有實法，遣病有餘。三者，相待假無礙，長既待短，短還待長。因、續二假，即成義有礙，唯以四微成大，不以大成四微，唯得續前，不得續後。故用相待假。若是聲聞，因成爲體，續、待爲用，體空用自去。今觀相待體本來不生，今亦無滅，因、續用去。從來有通、別相待，通是開避相待，別是相集相待，如人瓶衣柱是通相待，長短方圓等是別相待。

問：若相待空，因、續自去者，觀相待時，觀何物相待。豈非先有因成，後有續、待。答：不然。小乘觀行，先有法體，折法入空，故但見於空不見不空。今大乘觀相待者，不立法體，諸法本來不生，今即無滅。初念爲無礙道，後念爲解脱道，是故經言不但見空，亦見佛性不空。

問曰：非有非無，而有而無爲疎假，爲是密假。答曰：此是疎假。何故爾。以其兩[三]來就有無二法辨，故是疎假。若辨密假，非有非不有，而有而不有。以其就一法明義。是即兩法爲疎，一法故密。今何故辨此疎密。疎密者，爲明經中兩種百非、兩種對治。若言苦樂無我等，此是疎對治。若言實不實、衆生非衆生、安非安等，密對治。若言如來涅槃非有非無，此是疎百非。若言非因非不因、非果非不果，此是密義辨非。此明假有疎密。

問：前言非有非無，何物非有非無耶。答：前非有非無，非性有無，爲成世諦如義。問：後明非有非不有，何物有不有耶。答：今如是假有不有，故言非有非不有。言非有者非不有有，言非不有者非有不有。此既壞假，成真諦如。問：有不有是何物。答：諸法本從無生，皆以阿字爲本。是即諸法皆歸阿字一無生門，故經言四十二字皆歸阿字也。

二諦體第五

常解不同，有五家。初家明：有爲體，空爲用。何故爾。明世諦是有，行者折有入空，無有因空入有，故有是其本，空爲其末。第二家云：以空爲體，有是其用。何以故。明空爲理本，古今常定。有是世間法，皆從空而生。故空爲其本，有是其用。第三云：二諦各自有體。以世諦假有是世諦體，假有即空無相是真諦體，故言二諦各有體。第四云：二諦雖是一體，以義約之爲異。若以有來約之，即名俗諦。以空約之，名爲真諦。而今此二諦唯一，約用有二。第五云：二諦以中道爲體。故云：不二而二，二諦理明。二而不二，中道義立。彼家有時亦作體用相即。

今皆不然。問第一解：若言以有爲體，空爲用者，可以有爲理，空爲用不。體是理之異名，既言有爲體，是即有爲理。然皆見理得道，今若以有爲理，即見有得道。今聖人皆見空斷結，明知空是理。問第二解：空爲體，有爲用者，是即成一諦何謂二諦。汝今指空當體，是即但空是諦，有非諦。若空有俱諦，何得偏用一空爲體。故不然。問第三解：假有是世諦體，假有即空爲真諦體，若二諦各有體，即應成兩理，有自有爲理，空自空爲理。碩反，何得辨其相即。問第四解：二諦唯一體，以義約之爲異者，今何以二諦唯是一體，是何物體，爲當一有體，爲當一空體，何處離此空、有別有一體而言以空、有約之故二諦之別。問第五解：二諦同中道爲體者，今問汝言若用中道爲體，爲是二諦攝，爲是二諦外物。彼解云：終是一無名無相，還是二諦攝。此是開善所用。攝山高麗朗大師，本是遼東城人，從北土遠習羅什師義，來入南土，住鍾山草堂寺，值隱士周顒，周顒因就師學。次，梁武帝敬信三寶，聞大師來，遣僧正智寂十師往山受學。梁武天子得師意，捨本《成論》，依大乘作章疏。開善亦聞此義，得語不得意。今意有第三諦，彼無第三諦。彼以理爲諦，今以教爲諦。彼以二諦爲天然之理，今明唯一實諦方便説二，如唯一乘方便説三。故言異。雖復有五解，不出四句之計：初一有句，第二無句，第三、第四亦有亦無句，第五解非有非無。既束爲四句，是横計，何得扶道。

問：何處經文，中道爲二諦體也。答：《中論》云因緣所生法，我説即是空，亦爲是假名，亦是中道義。因緣生法是俗諦，即是空是真諦，亦是中道義是體。《華嚴》云一切有無法，了達非有非無。故有、無爲二諦，非有非無爲體。經云非有非無，假説有無。《涅槃經》云隨順衆生，説有二諦，故以教門爲諦。《仁王經》云有諦、無諦、中道第一義諦。故知有第三諦。問：教諦爲是一體，爲是異體。答：如前言中道爲體，故是一體。若約用爲論，亦得假爲二體，但非正義。問：若言一體者，與他家一體何異。答：他家定一、定異、定亦一亦異。今明約第一重，故作此語。至第二、第三、第四重，不可言一，不可言異。問：於諦爲是一體，爲是異體。答：約二妄情爲二體爾，終無有兩物。如眼病空華，異空無華故，以一中道爲體。問：假有假無爲二諦，非有非無爲中道也。答：一往開中、假義故，假非中，中非假也。究竟而言，假亦是中。故《涅槃經》文有無即是非有非無，亦得中爲假，一切言説皆是假故。問：何物是體假、用假，何爲體中、用中耶。答：假有假無是用假，非有非無是體假，有無是用中，非有非無是體中。復言：有無、非有非無皆是用中、用假，非二非不二方是體假、體中。合有四假、四中，方是圓假、圓中耳。

明中道第六

初，就八不明中道。後，就二諦明中道。初中，師有三種方言。

第一方言云：所以牒八不在初者，欲洗淨一切有所得心。有得之徒，無不墮此八計中，如小乘人言，謂有解之可生，惑之可滅，乃至衆生從無明流來，反本還源故去。今八不横破八迷，竪窮五句。以求彼生滅不得，故言不生不滅。生滅既去，不生不滅、亦生滅、亦不生滅、非生滅、非不生滅五句自崩。然非生非不生既是中道，而生而不生即是假名，假生不可言生，不可言不生即是世諦中道，假不生不可言不生，不可言非不生名爲真諦中道。此是二諦各論中道。然世諦生滅是無生滅生滅，第一義無生滅是生滅無生滅。然無生滅生滅豈是生滅，生滅無生滅豈是無生滅。故非生滅非無生滅名二諦合明中道。

第二方言云：所以明三種中道者，爲顯如來從得道夜至涅槃夜常説中道。又學佛教人作三中不成故，墮在偏病。今對彼[三]中義不成，故辨三中。問：云何學佛教人三中不成。答：他云，實法滅故不常，假名相續故不斷。今謂，不常猶是斷，不斷猶是常。唯見斷、常，何中之有。爲對此三中不成，明三種中道。今明中道者，無生滅生滅爲俗諦中，生滅無生滅爲真諦中。無生滅生滅豈是生滅，生滅無生滅豈是無生滅，故非生滅非無生滅二諦合明中道。問：後明三中與前何異。答：前明二諦中道是因緣假，名破性中。第三雙泯二假，稱爲體中，亦名因緣表中道。故前語有四重階級。一者，初章四句求性有無不可得故，言非有非無名爲中道。外人既聞非有非無，即謂無復真俗二諦，便起斷見，是故第二説而有而無以爲二諦，接其斷心。第三欲顯而有而無明其是中道是因緣有無，不同汝性有無義，故第三明二諦用中，雙彈兩性。第四次欲轉假有無二，故明體中。初明性空，次後明假，第三明用中，第四明體中，故有四階。此是攝嶺、興皇始末，對由來義有此四重階級。得此意者，解二師立中、假、體、用四種意也。

又初非性有無以爲中者，此是假前中義。次而有而無名爲二諦，是中後假義。次假有非有，假無非無，二諦合明中道者，此是假後中義。問：破性中因緣表中道者，云何中前假、中後假耶。答：中前假者，未説體中，前明於假，即上破性中後而有而無是也。中後假者，說用中、體中竟，方説而有而無，正是動而常寂，寂而常用，乃是方便智化衆生。又中前假從用入體，中後假從體起用。

問：第一方言出諸師計，後方言出諸師三中不成，云何異耶。答：第一方言破性，外道八迷。破性明中，但出諸師計，諸法師計亦有性義，亦言正破外，傍破內，故出諸師計。

第三方言云：世諦即假生假滅。假生不生，假滅不滅，不生不滅爲世諦中道。非不生非不滅爲真諦中道。二諦合明中道者，非生滅非不生滅。問：此與上何異。答：此有二意。一者，即世諦生是不生，如色即是空故不生，即是世諦。真諦不生者，此即相因義，因世諦生明真諦不生。二者，世諦中不生不滅，即是真諦假，非是破性明中，爲明世諦假生，雖生不起。世諦假滅，雖滅不失，故生滅宛然而未曾生滅，故世諦中即是真諦假。問：此與上何異。答：雖同生滅爲俗，不生滅爲真，但不生有三種。初方言破定性生，明不生。第二方言破假生，明不生。此中有異，破定性生但破不收，破假生亦破亦收。第三方言約平道門本來不生故言不生，不言破病也。

第二就二諦明中道。此中有三意：第一單義論單複，第二複義論單複，第三就二諦論單複。就初有兩：初正明單複，後明互相出入。

今先正論單複中、假義。偏説一假有，不説無，是單假。偏説一假無，不説有，亦是單假。偏説一非有，即是單中。非無亦爾。雙説假有假無，是複假。雙説非有非無，是複中。

次，釋其所以，凡有二義：一者，爲利根人説單假，約鈍根人説複假。正言，利根之者聞一悟十故，若聞説假有即解假無，乃至聞説非有即解非無，所以不勞具明兩義。爲鈍根之人隨言得解，若不具説，無有玄悟，所以雙明兩義也。二者，爲鈍根人説單，爲利根人説複。爲鈍根之人不堪受圓教，所以且説單義破其執。若利根人堪受圓教，所以爲説複義，便皆領受。

次，明互相出入，有八句。第一從單假入單中。或言，假有不名有，從有入非有，無亦例爾。第二從單中出單假。或言，非有假説有，非無假説無。第三從複假入複中。假有不名有，假無不名無，有無入非有無。第四從複中出複假。非有非無，假説有無。第五從單假入複中。或言，假有不名有，假有不名無，從假有入非有非無，假無亦例爾。第六從複中出單假。或言，非有非無假説有，非無非有假説無之[四]。第七從複假入單中。有無即非有。第八從單中出複假。非有假説有不有，非無假説無不無。

次，釋所以，有二義：一者，破衆生執實之病，隨計隨遣，所以遂有多句。二者，大士觀行神通自在，無有隔礙故，或眼根入正受等，不復委釋。《大品》云：或從散心中起，入滅受定。滅受定起，入散心中也。

第二，就複義論單、複，亦有二：初，正明單、複。二、明出入。

初，正明單複中、假。假有是俗諦，假無是真諦，此是單假。非有非無是中道，此是單中。假有假無爲二是俗諦，非有非無不二爲真諦，此是複假。非二非不二是中道，此是複中。正言，非二盡有無，非不二盡非有非無，所以是複中。

次，釋其所以，有二義：一往爲言，單中單假明義即淺，複中複假明義即深。所以然者，單家之二諦，至複義時，還是俗諦。單家之中道，至複義時，還成真諦。單家之中道，正盡有、無二，未能盡不二。複家之中道，盡不二也。二者，單明義即勝，複明義悉劣。所以然者，複假之有無，猶是前單假之有義。複中之非有非無，猶是前單假之無義。複之非二非不二，猶是前單中之非有非無也。但前直言有，便攝得有無。只直言無，攝得非有非無。只言非有非無，便攝得非二非不二。言略意廣，所以爲勝。複家中、假，言廣意劣，所以有勝劣。

次，明互相出入，有八句。第一從單假入單

中。假有不名有，假無不名無，入非有非無中道。第二從單中出單假。非有假説有爲俗，非無假説無爲真。第三從複假入複中。假二不名二，假不二不名不二，入非二非不二中道。第四從複中出複假。非二假説二爲俗，非不二假説不二爲真。第五從單假入複中。假有不名二，假無不名不二，從假有無入非二非不二中道。第六從複中出單假。非二假説有爲俗，非不二假説無爲真。第七從複假入單中。假二不名有，假不二不名無，從二不二入非有非無中道。第八從單中出複假。非有假説二爲俗，非無假説不二爲真。

第三階就二諦論單複有兩：一、正明單複。二、出入。

一者，俗諦明單複。二者，真諦明單複。假有是俗諦，假無是真諦，是單假。複者，假有不有是俗諦複假，假無假不無，真諦複假。非有爲中道，此是俗諦單中。以非無爲中道，此是真諦單中。非有非不有，此是俗諦複中。非無非不無，此是真諦複中。

第二，明出入有三：一、就俗。二、就真。三、交絡。

先就世諦明，有八句。第一從俗諦單假入俗諦單中，假有不名有即是假有入非有。第二從俗諦單中出俗諦單假，非有假説有。第三從俗諦複假入俗諦複中，假有假不有入非有非不有。第四從俗諦複中出俗諦複假，非有非不有假説有非有。第五從俗諦單假入複中，假有入非有非不有。第六從俗諦複中出單假，非有非不有假説爲假有。第七從俗諦複假入單中，假有不有入非有。第八從俗諦單中出複假，非有假説有不有。

第二，就真諦辨，有八句。第一從真諦單假入單中，假無不名無也。第二從真諦單中出單假，非無假説無。第三從真諦複假入複中。假無假不無，非無非不無。第四從真諦複中出複假，非無非不無假説無不無。第五從真諦單假入複中。假無非無，假無非不無。第六從真諦複中出單假，非無非不無假説爲無。第七從真諦複假入單中，假無不無入非無。第八從真諦單中出複假，非無假説無不無。

交絡明出入，有十二句。第一從俗諦單假入真諦單中。假有不名無，壞有入非無。第二從真諦單中出俗諦單假，非無假説有。第三從真諦單假入俗諦單中。假無不名有，壞無入非有。第四從俗諦單中出真諦單假，非有假説無。第五從俗諦複假入真諦複中，假有假不有入非無非不無。第六從真諦複中出俗諦複假，非無非不無假説有不有。第七從真諦複假入俗諦複中，假無假不無入非有非不有。第八從俗諦複中出真諦複假，非有非不有假説無不無。第九從真諦單假入俗諦複中。假無不名有，亦不名不有，即是非有非不有。第十從俗諦複中出真諦單假，非有非不有假説名爲無。第十一從俗諦單假入真諦複中。假有不名無，亦不名非無，即是非無非不無。第十二從真諦複中出俗諦單假，非無非不無假説名爲有。

第七重明相即

次，辨二諦相即，經有兩文。若使《大經》云世諦者即第一義諦，第一義諦即是世諦，此直道即作不相離故言即。此語小寬。若如《波若經》空即是色，色即是空，此意爲切也。開善明二諦一體，用即是即。龍光明二諦各體，用不相離即。衆師雖多，不出此二。

今難：若二諦各體如牛角，并違諸經論，不足難也。今問：開善色即空時，爲色起時，空與色同起，故言色即空當色未起，已有此空，故言色即空耶。若使色未起時，已有即色之空者，即空本有，色即始生，本與始爲異，云何相即。本有是常，始有無常，常無常異，不得即也。若言常無常一體者，燒俗時應燒真諦，俗生滅時真應生滅。若言一體者，俗即真時，俗應是常，二諦但常。若真即俗時，真應無常，二諦俱無常。若是一體而言俗無常，真常者，我亦言，二一體故，俗常，真無常。

次難：汝色即空爲有分際，爲無分際。若有分際，異體不得相即。若無分際，即混成一體，皆常皆無常。無分際得一，即失二諦。有分際得二諦，失相即。若爲通耶。

龍光二諦異體，開善一體。今明二諦非一非異，離四句爲體。亦明非一，非異，非不相離即，非即是即，離四句爲即。若於諦爲論，謂二諦各體，約兩情爲異。若約無所有爲論，空有皆無所有，故言一體。若教諦爲論，約用，有二體。約中道爲論，終是一體。

問：若爾，與他一異有何異耶。答曰：他人二諦定境、定理、定一、定異。今明於諦如空華，眼病故見空華，無有一異，無華故不得言與空一體。教諦者，非有非無假説有無，未曾有無，不得有二體，亦不得言一體。故與他人異。既無有無，論何物即不即，四句皆流。彼有色有空，以色即空故著前難。今明色畢竟空，將何物即空耶。爲衆生見色故，言色即空耳。有一方言云：假名説有爲世諦，假名説空爲真諦。既明假有，即非有爲有。既明假空，即非空爲空。非有爲有，非異空之有。非空爲空，非異有之空。非異空之有，有名空有。非異有之空，空名有空。有名空有，故空有即有空。空名有空，故有空即空有。

攝法第八

論二諦攝法爲當盡不盡耶，常有三解。第一，莊嚴云：二諦攝法不盡。所以然者，若是惑因感虛果，此即是世諦。虛果故可空，即是真諦。而常住佛果，體非虛假故非世諦，不復可空故非真諦，引《仁王般若》云超出二諦外。第二，開善解二諦攝盡，故云法無不總，義無不該者，真俗之理，舒之即無法不是，卷之即二諦爾已，故《大品》云：設有一法出過涅槃者，我亦説如幻如夢，大涅槃空，如來空。第三，冶城解云：佛果爲真諦所攝，而非俗諦。所以然者，佛果是真實之法，無復虛假，舉體妙絶，故真諦。舉譬如水本澄渟，以風潮因緣，故生波浪，若風息浪靜，還復本水之清。内合本唯真諦之理顯，煩惱之風起致生死之浪，生死既息，還一真之理。故《大經》云：世諦生死時名生不生。死者盡也，不生死即是佛果，生滅言世諦。

今並不同，第一解佛果出二諦外者，《大品》云不見有法出法性者，是名與般若相應。今還有一法出二諦外，即非相應也。不同第二解者，若言佛果爲二諦攝，即佛果定在二諦之内，定是有無。《成論》云佛雖在世，不攝有無。況滅後耶，《中論》云如來在世不言有與無，如來滅後不言有與無。云何有無所攝也。不同第三解者，若言佛果唯是真諦，無世諦者，即失機照之能也。

問：今時所明二諦攝法盡不盡耶。解云：大乘經具有二文，此並是如來方便爲緣之説，有時爲緣説二諦攝法盡，有時爲緣説攝法不盡，具有盡、不盡二種法門也。又欲令攝盡即盡，欲令攝不盡即不盡，無所妨礙。何者。一家有單、複六種二諦。前後明三種二諦。有時有三諦：有諦、無諦、非有非無中道第一義諦。有時攝三諦爲二諦：有無並世諦，非有非無爲第一義諦。乃至二不二爲世諦，非二非不二爲第一義諦。就此義得無有出二諦。

問：學佛二諦云何得失，請爲陳之。答：有十句。

一者，定性二諦爲失，因緣假名二諦爲得。

問：今只舉《成論》，明三假義，不墮失門。彼明三假爲世諦，三假空爲真諦。即三假而常四忘，即四忘而常三假。即三假而常四絶，故有不自有。即四絶而常三假，故空不自空。故非性義。今問三假爲世諦，四絶爲真諦者，世諦之有爲待真空，彼答云世諦待真諦者，即世諦爲能待，真諦爲所待，二諦便是相待假，何得云三假爲世諦，四絶爲真耶。若三假世諦之有不待真空者，既不相待，便成自性，故不可答也。真諦之名爲是世諦攝，爲真諦攝。若是世諦攝者，即世諦還待世諦，長還待長。若真諦之名爲真諦攝者，真諦無名，何得攝名。問：相待假者，成實師云成已而待，中假師云待已而成，此云何。答：不然。論文自破云：未成云何待，成已云何待。今義待時即是成，成時即是待。故無前後之失。

二者，有無門。山中興皇和上述攝嶺大朗師言二諦是教，又言五眼不見理外衆生及一切法，此是二諦外，二諦不攝，理内二諦宛然而有。不解大師意，執理内理外有異。

三者，有本無本門明得失。他無本，今義有本，不二正道是有無之本。《華嚴》云：正法性遠離一切言語道，一切趣不趣悉皆寂滅性。故非有非無，非亦有亦無，非非有，非非無，故言遠離一切趣。

問：何故以二諦爲教門。答：以有無爲教，略有五義：一、對理明二諦是教，以理無二，故非有非無。今説有説無，故有無爲教。二者，望聖人體，有無未曾有無，今説有無，此爲教緣，故有無爲教。三者，爲拔見。舊義執有無是理，由來既久，即二見根深，難可傾拔。攝嶺大師對緣斥病，欲拔二見之根，令捨有無兩執，故説有無能通不二理。有無非是畢竟，不應住有無中，有無爲教。四者，以有無是諸見根，一切經論盛呵二見，斥於有無。如凡夫著有，二乘著無。又愛多者著有，見多者著無。又四見多者著有，邪見多者執無。又佛法中，五百論師執有，聞畢竟空，如刀傷心。方廣執無，不信因果。又爲九十六種外道所執不出有無，諸佛出世復云有無是二理者，便增諸見心，何由可拔。故今明有無是教門，能通不二之理，不應住有無中。以欲息諸見故，經論明有無是教門。五者，稟教之徒聞有無是教，能通正道，超凡成聖，故有無是教。

問：以何文證二諦是教。答：文處甚多，舉一經一論。論云：佛依二諦説法。故二諦爲教。《大品》云：菩薩住二諦中，爲衆生説法，爲著有者説空，爲著空者説有。經論佛菩薩皆明二諦是教。

問：若以五義二文證二諦爲教者，今亦以五難二文明二諦非教。一者，若二諦是教者，佛説時即有，不説即應無二諦。若爾，本以二諦生於二智，佛不説二，即無二智。既無二諦，佛何所照有二智。二者，若世諦是教，六度等行皆是世諦，佛不説世諦即無世諦，便無六度等行。若爾，但有詮教法寶，便無涅槃法寶。三者，二諦爲境，發生二智，二諦名境界法寶。若二諦是教，但有詮教法寶，亦無境界法寶。若言教生智故轉名境者，佛不説教，即無教可轉，便無有境。四者，若二諦是教，色等萬法皆是世諦。世諦既是教者，色等萬法亦應是教。若爾，佛不説世諦，即無色等萬法。五者，世諦是教者，世諦唯有教，火應無實火用。若火唯是教，口中説火，即應燒口。次二文證二諦非教。若言真諦是教者，經云有佛無佛，性相常住，而教即有佛方有，無佛即無，何即得常住。經云：十二因緣，有佛無佛，常自有之。故知世諦非教。答：諦有二種，一於諦，二教諦。於諦者，色等未曾有無，而於凡是有名俗諦，約聖是空名真諦。於凡是有名俗諦故，萬法不失。於聖是空名真諦故，有佛無佛，性相常住。教諦者，諸佛菩薩了色未曾有無，爲化衆生故説有無，爲二諦教，欲令因此有無悟不有無，故有無是教。而舊義明二諦是理者，此是於諦耳。於諦望教諦，非但失不二理，亦失能表之教。問：於凡是有既失者，於聖是空亦是失不。答：一往對凡夫，明聖爲得。若望教諦，皆是失也，以色未曾有無而作有無解，故爲失。問：經云一切世諦，若於如來，即是第一義諦，亦是失耶。答：一往於諦非但不得表不二理，亦不得能表之教，但是謂情所見耳。若識兩種二諦，即五難自祛。

問：雖有此通，猶未可見今説色有無是教諦者，不説有無即無教諦。答：以説爲教者，佛不説即無教諦也。問：若爾者，唯恒有二於諦耳，即無因緣有無。答：一切法常是二於諦有無，亦恒是因緣有無。若於二緣即是二於諦有無，諸佛菩薩了此色即因緣有無，然於與教未曾二於二教。若因緣有無未曾有無，如此，有無能不有不無，故名爲教。問：他亦云因緣有無，與今何異。答：今言因緣有無，此是方便說耳。聖爲教化衆生故說是有無，敘此有無爲教也。他明道理既是有無。故今不同。但取此一意爲正答也。

問：有無望佛菩薩即是因緣有無，即是因緣境，云何言是教。答：是因緣有無可兩望之，發智即境。能開不有、不無不二，即是教也。問：佛照有無，有無名境。佛說有無，有無是教門。他亦云照有無，有無是境。說有無，有無亦是教，與今何異。答：他但得二於定性有無，此有無不得開不有不無，故不教也。又因緣有無是境耳，定性有無非境也。何者。有不自有，由無故有。無不自無，由有故無。是有由無故有，有是無有。悟此因緣有無，能生二慧。既是定性有無，即生斷、常二見，故不得名境也。

次說不說門明得失。他但明世諦說，真諦不說，世諦是三假，假故可說。真諦是四絶，絶不可說。衆師同此一解。今問：世諦唯可說，真諦不可說，豈非定性耶也。答：今義世諦雖可說，說即真不可說，真不可說即俗可說，故非是定性。問：俗即真故不可說，此爲是俗不可說，爲是真不可說。還是真不可說者，若爾即俗無不可說義，豈非定性耶。答：今總觀經論，具有四句：一、世諦說，真不說。二、真說，世不說。三、俱說。四、俱不說。此四句有多門，今具敘之。一者，世諦說生滅，真諦不說生滅，故云世諦說，真諦不說也。二、真諦說不生滅，俗不說不生滅，故真諦說，世諦不說也。三、世諦說生滅，真諦說無生滅，故二諦俱說。四、世諦不說無生滅，真諦不說生滅，故二諦俱不說也。

問：此四句出何處。答：《釋論》初卷云：人等，世諦故有，第一義故無。如法性等，第一義故有，世諦故無。即是斯義。二者，明生滅此是世諦說，不生滅是世諦不說。不生不滅是真諦說，非不生非不滅是真諦不說。是即二諦俱説俱不說也。三者，說生滅，說不生滅，皆是世諦故說。真諦不說生滅，亦不說不生不滅。故云世諦說，真諦不說也。四、真諦說，世諦不說者，世諦雖說生滅不生滅，實無所說。真諦雖無所說，而無所不說。

問：世諦雖說而無所說，無所說即入真諦。真諦無所說，而無所不說，還是世諦。何處有世諦不說，真諦說耶。答：有所得定性義如此耳，世諦自是說，若無所說即屬真諦。真諦自無所說，若有說還屬世諦。如此真俗皆是障礙法門。今明諸佛菩薩無所得，空有因緣無礙故，空是有空，有是空有。空是有空，雖空而有。有是空有，雖有是空。說是不說說，不說是說不說。說是不說說故，雖說而不說。不說是說不說故，雖不說而常說。故得世諦不說而真說也。問：《中論》云：俗諦有言說，第一義諦無言說。諸人言：真諦無名言，一切名言皆是世諦。若言教爲真諦者，言教生滅故，真諦應生滅。若真無生滅，汝今何以言真諦並是教耶。答：不以言教爲真諦，乃言說真說俗，故言真俗耳。

四者，顯不顯明得失。有所得有無，定住有無，不能顯道。無所得有無，方能顯道。故言顯不顯門。

五者，理教得失門。他但有理無教，今有理、教。

六者，淺深門明得失。他但明空有爲二諦故淺，今明四重二諦故言深。

七者，理内外門明得失。一理外義，二理内義。若心行理外，故云理外。心行理内，故云理内。

八者，無定性門明得失。如一色未曾自性，亦非是假。於性緣成性，於假緣成假。理内外、得無得，亦然。如一色未曾真俗，貪人見色爲淨，不淨觀人，色爲不淨也。

九者，約相待門明得失。問：此對治何人耶。答：凡有三義。一、爲學《攝論》人不執三性，存三無性理。三性者，依他、分別、真實。分別性者，即是六塵爲識所分別，故言分別性。依他性者，本識爲種子所依，故名依他。真實性者，二無我真如。三無性者，知塵無相，故言分別無相性。依他無生性者，知本識無生故言無生性。知無我理無性故，真實無生性。三論云無性法亦無。他家不遣三無性，今論遣三無性，故言皆得相待也。

十者，泯得失門。若見上來諸義爲失，以無內外泯性假爲得，故皆爲失。若能無得無失，不知何以目之，强稱爲得。故以十門分別他今二義也。

辨教第九

常途諸師，頓、漸、無方，三種判教。於漸教中有五時二諦：初四諦教時，事理二諦。般若教時，空有二諦。《淨名經》褒貶二諦，《法華經》三一二諦，《涅槃》教，常無常二諦也。今義：菩薩、聲聞藏判於佛教。今明小乘明事理二諦，一切大乘經通明空有二諦。問：若爾者，《涅槃經》明空者二十五有，不空者大涅槃，以空爲世諦，以妙有不空爲第一義諦耶。答：此對三修比丘昔日灰身滅智爲無餘涅槃，今日妙有不空，非是判於二諦。若汝所問，何故經云迦毗羅城空，大涅槃亦空，亦空并空。豈非空爲第一義，有爲世諦耶。

問：四重二諦有文證耶。答：文證甚多，經云或説世諦爲第一義諦，或説第一義爲世諦，或説空有爲世諦，非有非無爲第一義諦。

問：《華嚴經》爲是釋迦所説耶。答：釋迦有兩名：盧舍那、釋迦。盧舍那名普遍淨，乃是功德之名。釋迦，性名。又見者不同，有二佛故，舍那在淨土説法，釋迦在穢土説法。故約見者，修者爲報佛，短者化佛。乃如此方釋迦爲本，十方分身釋迦爲迹。故言舍那爲本，釋迦是迹耳。

明同異第十

有兩師，一者空假名，二者不空假名。不空假名者，但無性實，有假世諦，不可全無，如鼠嘍栗。第二空假名，謂此世諦舉體不可得，若作假有觀，舉體世諦。作無觀之，舉體是真諦。如水中案爪[五]，手舉爪令體出，是世諦。手案爪令體没，是真諦。

今明義就此兩義爲三階，一往俱非前二解。不同食栗者，假有法恒不空，假壁内空無性，豈非即有是空耶。所以亦不同第二解者，若没舉體空，即無復世諦。若出時舉體俗有，無復真諦。亦不得並：有時便空，空時便有。

第二階會時，亦並得會。雖復有而空，即空而有。但言空時，亦不失有。言有時，亦不傷空。還同第一不空世諦義，而未始有一有而不空，無有一空而不有。空時舉體空，有時一切有。亦得還同第二空世諦義。

第三階一取一捨，碩乖食栗，取用案爪。從來二諦，不成案爪義。從來有二理各别，豈得稱爲案爪二諦。今始得用此義，以唯是一爪，本非出没，譬如唯是一道，非有非無。而爪用中有時而出，有時而没，譬二諦用或時説俗，或時説真。所以始是案爪義。此譬亦小分之説，爪没時不出，出時不没，今無有有時不空，空時不有，此處不齊，不得舉出没爲譬。今出無别出，還是没者出。没無别没，還是出者没。故空無别空，説有者爲空。有無别有，説空爲有故也。

次，周顒明三宗二諦：一不空假，二空假，三假空。空假者，開善等用。假空者，四重二諦中初重二諦，雖空而宛然假，雖假而宛然空，空有無礙。問：若假空者，假生不生時，爲當不於實生，不假生耶。答：不生有三種：若假生不生，此無性實生義。二者，自有假生不生，不於假生爲世諦中道，用真諦之假爲世諦中。三者，明假生即不生，安不生置真諦。若不生不滅合論有三種不生不滅：一者，不性生滅明於俗諦。二者，不假生滅明真諦。三者，俗諦爲有故明不生，真諦無故明不滅，二諦合論故言不生不滅。

大乘玄論卷第一

校勘記

〔一〕「待」，底本作「持」，據校本改。
〔二〕「兩」，疑爲「爾」。
〔三〕「彼」，底本作「徒」，據校本改。
〔四〕「之」，底本原校疑衍。
〔五〕「爪」，疑爲「瓜」，下同。

大乘玄論卷第二

胡吉藏撰

八不義有六重

第一，辨大意　第二，明三種中道　第三，論智慧中道　第四，雜問　第五，論單複諸句　第六，明不有有

第一辨大意者

八不者，蓋是諸佛之中心，衆聖之行處也。故《華嚴經》云：文殊法常爾，一切無畏人，一道出生死，更無異趣也。即是論初八不。故竪貫衆經，横通諸論也。故經云：不一亦不二，不常亦不斷，不來亦不出，不生亦不滅也。又經中明百非，非與不及無，三名亦得通目一法。亦不無其異，不得一向一種，後别明之。異者如不有、非有及與無有，不得不異義。如食，無食則未曾有食，若言不食，則非是無食，故知有異也。雖異，而爲洗諸法，即明三字不異，還是一意，以八不洗除，盡淨諸法。故經中具有百非，即還是百不、百無等，故多有所關義。所以竪入群經之深奥，横通諸論之廣大也，明經之深處即是八不。不則不於一切法也，以不而明義，故知其深奥也。如《成論》等釋，雖言百非、百不及與絶等，而

有理存焉，謂得還成失，即是小乘觀行有所得，不離斷常心，非關經之深遠也。今明以不而爲義，義即該廣也。言竪者謂之縱，縱只是深，即經之深旨，如言非不無等，亦復不於無等經之深處也。横通諸論者，横只是廣闊之稱，亦爲對治藥病，如有無相治等，悉是横論。如言有即爲横，不有爲竪。亦如絶爲横，不絶爲竪。若不絶爲横，則非絶非不絶爲竪。以不義據初如是深，不亦於不，何所而不不。如言爲横，不言爲竪，横竪亦不定，隨而望之。若有無、斷常相治爲横，病息藥除故爲竪，故以隨處得論。而言八不竪入經深者，深義經也。横通諸論者，辨論破病用。經未始無横，如三修八倒斷常相破。論未始不明竪，如《十二門論》言若使無有有，云何當有無，有無既已無，知有無者誰。豈非遠竪義。故經明深竪不義，不義不有有故，未始無横。論辨而明藥病，藥病無而明不，未始無竪。不不一切，以不明義，豈不窮深。深義亦不，即是菩薩觀行。若謂有此深遠，即是聲聞觀也。然不義，非止入經深，亦廣明衆行。行波若之因，會涅槃之果，皆爲八不所不。不此深勝法，以不而爲深義，深義亦不也。

但釋八不名者，故如不生者諸論師言：此法不生，而不妨有種種釋生相也。今明此不不於生，生本來不生，亘十方横，通三世竪，一切佛法皆同，無非不生也。如成實論師云真理名不生。理，境也。今大乘義：若有理如是生，無有一法是有而不生也。若言有理存焉是不生者，亦應有存，焉非是有，如本有常住不生等，如是破求之。今明諸法不生，不生故名無生。無生法忍既爾不生，何得有滅之對生，生故方滅，既不生亦復不滅也。以有無三時等，撿求滅相不可得，如論破乳不於乳時滅，亦不異時滅，具出彼論也。

第二明三種中道

成論師解八不不同。一云：八不並是真諦中道，亦是真諦也。二云：不生不滅是中道，即是真諦不有不無中道。餘六不是俗諦中道也。今謂不然，彼不解大乘論意，小乘義意判如此耳。今[二]云：八不具三種中道，即是二諦也。但成論師解三種中道：一世諦中道，二真諦中道，三真俗合論中道也。世諦中道者，世諦不出三假故，依三假明中道。一、因成假不一不異明中道也。何者。一柱攬四微爲一，是不一而一。四塵同成一假，不異而假實殊，故異。故，不一一故，不異異故，不一不異，因成明中道也。二、相續不常不斷明中道。但相續假不同。一云：補處明續假也。二云：前玄與後一明續假，如識心之終，想心之初，當中央爲假。三、龍光傳開善云明續假：後起接前，前轉作後，即是生至，共成假也。雖三師説不同，而相與續故不斷，滅故不常，不斷不常明相續中道也。三、相待假明中道。即是有開避相待。如色心等法名爲通待，亦名定待也。如長短、君臣、父子等法，短不自短，形長故短，長不自長，形短故長。如此相奪待，乃至君臣父子等，名爲别待，亦名不定待也。通别雖殊，悉是相待假明中道。假而非真，稱當於理故非虛，非真非虛通明世諦中道也。真諦中道，無名無相，寄名相待，真待真無故。無表非無，亦復非有，非有非無名真諦中道也。真俗合中道者，如俗諦言有，有非實有，真諦名無，無非定無，非有非無名爲兩合中道也。

梁武帝勅開善寺藏法師令作義疏，法師講務無閑，諸學士共議出安城寺開公、安樂寺遠子，令代法師作疏。此二人善能領語，精解外典，聽二遍成就十四卷爲一部，上簡法師。法師自手執疏讀一遍，印可言之，亦得去送之。此疏云：二諦中道云何談物耶。以諸法起者未契法性也。既未契故有有，則此有是妄有。以其空，故是俗也。虛體即無相，無相即真也。真諦非有非無而無也，以其非妄有故。俗雖非有非無而有，以其假有故也。與物舉體即真故非有，舉體即俗故非無，則非有非無真俗一中道也。真諦無相故非有非無，真諦中道也。俗諦是因假，即因非即果故非有，非不作果故非無，此非有非無俗諦中道也。

龍光作三種中道，與開善作三種中道言方少異。綽師有二體，藏師一體，而意趣是同，並是有所得，終恐不離斷常，須一一破之也。

先破俗諦中道：汝因成中道，假名不一一，實法不異異。且問：不異異爲是二名詺二法，爲詺一法。若謂汝四塵是異，異目四塵。四塵其實有異，何得言不異異，不異之名復可得安假上耶。汝言假名不二，一名詺假，不得目實，實名不一，只見兩名詺二法，云何是中道。若二名名二法而名爲中道，總別二名名二法亦應中道，色心二名名二法亦應是中道。若言色心異故不辨中者，如三聚成假，寧得假實明中道耶。若言相成故名中道者，色心相因故亦得論中也。又汝言不一不異爲中者，不一除四塵，不異除假名，除假除實，以何爲中。兩除則無物，不可名大虛爲中。故安中無所，故虛妄説也。

破開善義：汝言有即此有是妄有，既言妄有，有箇妄有法，那得是中道。妄有則顛倒之別名，故非中道也。又言即因非即果故非有，非無作果故非無，此非有非無俗諦中道者，此是何物中道，可非似小兒戲耶。覩百草之中，非關佛法之中，正是外道義也。《百論》云：迦毗羅弟子，誦《僧佉經》云：泥團非即瓶故非有，非不作瓶故非無，非有無爲中道。若爾豈非正是僧佉義耶。

次，破相續中道。續假雖有三説，人所盛用，後起接前義也。問：無常念念不住，豈得轉前作後，後起續前，令前不滅義。彼答云：有爲法有二義，一、念念滅，不論續。二、應滅而不滅，論相續假也。今謂不然，若言應滅而不滅者，亦應應有而不有。而諸法無非有，新新生滅。如《居士經》云即生即老即死。寧有應滅而不滅。舉體遂不滅者，復誰滅耶。若舉體滅者，復誰在不滅耶。而滅者刹那念念恒滅，不曾不滅，不滅者恒不滅，只見斷常兩片，何得中道。彼謂：一法有此滅、不滅二義，故得明中道也。今謂不然。

一法有滅有不滅義者，滅義邊無有一法不滅，舉體消亡，何處有不滅義辨相續假耶。又汝爲是一法爲中，爲是二名爲中。若二名爲中，二名詺何物，爲目二法，爲目一法。若二名目二法，只見兩名兩法，何得是中耶。若二名詺一法，只見一法上有兩名，如童子上眼目二名，寧得是中道耶。汝言安何處，一法有滅不滅義。安一法上，一法是何物，是心，是虛空。是心者，心是事有，故非中也。應滅不滅，兩義復相違，故非中也。若一名名中者，如色一名，名一色，亦應是中道。如向無與向有二義上兩名目者，只見二名詺二義，不見中道。若兩除則無所，無所何爲中也。

次，破相待假明中。彼云：因成假爲體，相續爲用，相待爲法立名。若言假故不真，不真是虛稱當於理，不虛者，此假虛是當理，當理故不虛，以何言耶。若言外道說爲虛故不此虛者，他假不當稱理，汝假當理之假虛，不虛不真安何處耶。又若約長短明中者，亦不然。以五尺爲短，一丈[三]爲長，長自在長，不在於短，短自在短，不在於長，只見長短兩片，中名出何處耶。若長自長，長則不須短者，亦應只用長成於中。若不爾者，二物共爲一長。二物共長，定是誰長耶。又言不短不長、不彼不此名爲中者，此則成兩除，則無所，無所何名爲中。如是應廣破，如論品品悉破相待，自現於文中，如《燃可燃品》中破也。

次，破真諦中道。彼云：真不生不滅，無相無名，所以寄名名真。無而非無，有而非有，寄名名中道也。今云不然。若言真無名，寄名名真爲中者，有能寄，有所寄以不。若有所寄，即有所名物。若無所寄，非能非所者，則無真理，則同邪見也。若言真是世諦假名寄名真諦者，世諦虛假，何者爲真。真名爲實，世諦浮虛，何得名實。又真諦絶名，何勞須寄名。名若可寄，則不應絶，絶則不須寄也。又行人尋真得真，得云何名中道。若寄名名真，所寄之理不可寄者，只不可寄是名，何謂是無名也。若寄名詺真，真理無名無相者，亦不應言智會真。真不被會故，亦無人會真斷結。若言實理可會者，亦應實理有名。若言世諦有中，真理無中不中，此乃是世諦中道。真理無中，云何言真諦中道。開善義本言虛體則無相，無相是真諦者，虛是俗理，無相是真理。既有二理，即是二物，云何是中道也。又真理非有非無而無也，此而無之無，非無爲無，既言非無，那是無。若言對有之無，此無是偏無，故非中也。

次，破合二諦辨中道。彼言：世諦言非無，真諦言非有，非有非無合明中道也。今謂不然。既言兩捨，何名中道。又非無則是有世諦，非有只是真諦無，兩名兩處。兩名兩處不同，何得名中道耶。開善義本云：舉體即真故非有，舉體即俗故非無，則非有非無真俗一中道也。今云不然。既言舉體即真，即是無相無名，則失俗，復有何物而言相即非有非無爲中道耶。故雖有三種中道，撿之無所、無當，故但有語言，非佛法中道也。

次，破地論中道。彼云：阿梨耶識本來不生不滅，古今常定，非始非終，但違真故起妄想。故彼云：六識熾惱隨覆梨耶名爲如來藏，後修十地之解，分分斷除妄想六識。六識既盡，妄想之解亦除，顯真成用名爲法身，譬如風起雲除，風息皎日獨朗。法身既顯有諸應能，所以不生現生，不滅現滅，不因不果，因果等諸用非一。故經云：佛真法身猶如虛空，應物現形如水中月也。今謂不然，法身本有，爲何因可得。若爲因得，則非本有。無因，則同外道義。若言本有，何以名中道耶。又本來有此四句百非，清淨法自應遣顛倒。那急爲煩惱所覆，後修得十地之解尚能遣煩惱，本來常定法身不能遣之，翻成未之修解却惑。本即不能，未亦不能也。

今大乘無所得義，約八不明三種中道，言方新舊不同，而意無異趣也。山中師對寂正作之，語待不語，不語待語，語不語並是相待假名。故假語不名語，假不語不名不語。不名不語不爲無，不名語不爲有，即是不有不無世諦中道。但相待假故，可有説生，可無説滅，故以生滅合爲世諦也，真諦亦然。假不語不名不語，假非不語不名非不語。不名非不語不爲非不無，不名不語不爲非不有，則是非不有非不無真諦中道也。相待假故，可有説不滅，可無説不生，即是不生不滅故合爲真諦也。二諦合明中道者，假語不名語，假不語不名不語，非語非不語，即是非有非不有，非無非不無二諦合明中道也。生滅不生滅合明，類此可尋也。今明必須對他故起。他有有可有，則有生可生，有滅可滅。有生可生，生是定生。有滅可滅，滅是定滅。生是定生，生在滅外。滅是定滅，滅在生外。生在滅外，生不待滅。滅在生外，滅不待生。生不待滅，生則獨存。滅不待生，滅則孤立。如斯生滅，皆是自性，非因緣義宗也。今則不爾，無有可有，以空故有。無生可生，亦無滅可滅，但以世諦故，假名説生滅。假生，生非定生。假滅，滅非定滅。生非定生，滅外無生。滅非定滅，生外無滅。滅外無生，由滅故生。生外無滅，由生故滅。由滅故生，生不獨存。由生故滅，滅不孤立。此之生滅，皆是因緣假名。因緣生，生而不起，所以不生。因緣滅，滅而不失，所以不滅。故不生不滅名爲世諦中道也。餘句例之可尋，不復具出也。

次，明對世諦有生滅故，名真諦不生不滅。所以，空有爲世諦，假生假滅。有空爲真諦，假不生假不滅。此不生不滅，非自不生不滅。待世諦假生滅，明真諦假不生滅。世諦假生滅既非生滅，真諦假不生滅亦非不生滅，故非不生非不滅爲真諦中道也。餘句不例之，可知也。

次，明二諦合中道者，有爲世諦，有生有滅。空爲真諦，不生不滅。此不生滅即是生滅不生滅，此生滅即是不生滅生滅。不生滅生滅是則非生滅，生滅不生滅是即非不生滅，故非生滅非不生滅是二諦合明中道也。生滅既爾，餘句應例可解也。

又論釋不常不斷文，言有人不受不生不滅，

而信不常不斷也。成實師釋文云：以相續故常，念念生滅不自顧爲斷，以見斷常故，所以不信不常不斷。須廣破，如前説也。論言有人不受不生不滅，而信不常不斷者一云：不受不生不滅者，即是悟不生不滅，而於不常不斷等未悟，故言而信不常不斷，以見有斷常故也。二云：長安影法師云：非是不信不常不斷。但自有人得悟不同，解心未遍，雖知諸法不生不滅，而未悟不常不斷，如前説也。今謂：諸法究竟不生，理自不滅，以不生故何得有常，以無常故何得有斷。若望論文，後解爲勝，文言雖聞不生不滅與不常不斷，猶謂四門成諸法故也。若例者，雖聞不生不滅，猶謂六門成諸法者未悟也。故《大品經·相行品》云行亦不受，不行亦不受，行不行亦不受，非行非不行亦不受，不受亦不受也。又似如《成論·賢聖品》云：知不作者不信作等，是名上人也。不常不斷者，若以有爲有，則常是實常，斷是實斷也。今以空故有，常不名常，斷不名斷，世諦假名説有常有斷。假常不可常，假斷不可斷，即是不斷不常世諦中道也。

不一不異者，然不一或可對二，乃至百千等。而言對不異者異，一之外二三等悉是異。謂有一異也，但成論師明假實有一異義。若以有故有，即是實一異，如前破也，亦如論説。若言有一，不應爲諸法成，以不一故，如手足等諸分成身，何得言異相，異相亦不可得。故論破云：若一者，不應芽莖等别。若謂穀有，可芽葉等别異者等是異相，何不名樹等芽葉耶，故知不異亦復不一。故諸法本來不生，何得有一異。但一是不一，異是不異異，假一不可爲一，假異不可爲異。既無一無異，即是世諦中道也。

不來不出者，既言不來，則應對不去，而言不出者，義有所兼，非止此八，則應有無量。不來則應對有不去，不出應對有不入，是互舉耳。凡有二義：一者，示有所兼，非止有八事。二者，雖異而内有所兼者，既有不來，則有不去。既有不出，則有不入。不生不滅、不有不無等，一切諸法相攝門也。如《成論》與外道師等所計，或言從冥初來，微塵、世性等來，亦如初流水反去出離等。今大乘明義：由出故去，出即是去。由入故來，入即是來。若有來去説作來去者，即實來實去。今明以空來去故，不名來去，以世諦假説來去，雖來不可來，雖去不可去，故來無所從，去無所至。故《金剛波若經》云：若言如來有來有去者，是人不解佛所説義。若言空故説來去，則來無所從，去無所至，故言如來也。又《淨名經》云：對文殊言不來相而來，不見相而見，文殊答云如居士言，來不更來，去不更去。若來有所從，則來已更來。若去有所至，則去已更去。故今來無所從，去無所至也。故論云：如虵從穴出、鳥來栖樹等，不見有如是等相，故知無有來出也。問：八不中何故云不來不出是攝法有所兼，而不生不滅等亦是攝法，如不生則攝一切有生等皆盡，不滅則收一切滅無等，此二自足，收攝悉盡。但爲得悟者不同，雖聞不生不滅，而信不常不斷，故須説不常不斷，欲令觀行周普故，今不來不出亦然。而言攝法者，爲不來應對不去，出即對入。來出既不對故，以來攝去，出攝入。生滅既對，對故不言攝，如不生外如是不不生，豈得不攝。須得此意釋之，可尋也。但明對有二義：一者對治，如不淨觀治貪欲，慈悲治瞋恚等，皆是相對治明對義。二者，相對名味敵對。如《大經》言常樂觀察諸對治門，所謂苦樂，乃至恒不恒。恒應對不暫不恒，而不無賒切，亦是攝法意也。苦樂對義則切，止明二法，異外如是不攝。若言苦不苦，異苦外如是不苦，攝義則廣遠。如淨不淨，淨對穢等，一切例然，皆有賒切意可尋，不須復歷法辨也。作三種中道相多種勢，意終是同，但方言異耳。今二種方法作，如前所説也。

問：何故世諦假生假滅，真諦假不生假不滅耶。答：有二種勢。一者，世諦破性，明性空，即是假生假滅。真諦破假，明因緣空故，即是假不生假不滅也。問：世諦破性，明性空，性空爲世諦中道，應用性有爲世諦。既以假有爲世諦，則用假空爲中道也。答：今明無别有性空，只謟假爲性空，從功用作名。誰能空此性，假能空此性，名假作性空。性空邊故即是中道，假故即名世諦也。二者，假生假滅，自是不生不滅中。假不生假不滅，自是非不生非不滅中即是表義。但横兩相望，自是因緣義，則遣二執也。又攝嶺師云：假前明中是體中，假後明中是用中，中前明假是用假，中後明假是體假。故非有非無，而有而無是體中，假有不名有，假無不名無故非有非無是用中。非有非無，而有而無是體假，假有不名有，假無不名無是用假。故用中假皆屬能表之教，無假無中乃是所表之理也。

第三明智慧中道

所言二智中道者，二智是方便慧及以實慧，亦具三中道也。實方便，豈可言方便，豈可言非方便。方便實，豈可言實，豈可言不實。則是二慧各明中道。實方便則非方便，方便實則非實，非實非方便名爲二慧合明中道也。然非實非方便名爲一正觀，非真非俗名爲一正中，亦得是正境，故《金光明經》云：遊於無量甚深法性也。但是境智，是則非智。既是智境，是則非境。非智非境，眇然無際。前雖開境智，竟無所開。今雖泯智境，未曾是合也。若能如此演説，即能滅諸戲論故，亦有能説是因緣，是故龍樹致敬也。

問：何故不例二諦三種中道。假方便智非方便智，假實智非實智，非方便非實明中道。假非方便智非不方便智，假非實智非不實智，非不方便非不實智合明中道等耶。答：亦得。但欲示多種勢耳，又明二智中道。然諦智非前非後，亦非一時故，非諦非智，諦智因緣假名不二而二，故如來内智明審，潛謀密照，外彰口吐，名諦也。然諦非二，亦復不一諦，此二緣故言二也，如二諦中説。而由智能諦所，尋此智何因而得，亦由悟諦故生，故諦能智所，能所因緣不一不二，乃主應波若，此能所則通也。若佛自然人，則佛智是能，諦是所。若弟子望此者，佛諦能，論主智所。然此能所復何定，智生於境，託諦則境也。論主智能照，境是所照，但此諦則是論主所也。佛非因非果，而諂如來爲果。波若非因非果，而假名爲因。故假名所設差別不同，或名生忍、法忍、順忍、違忍、無生忍等，十地亦名十忍，三十心亦名三十忍，即是一無量，無量一等也。然二諦明中道，諦智因緣不一不二，亦非前非後。而爲前緣，開因緣前後方便之教。若無内智明審，外照根緣，何能吐此諦，故智能諦所。但佛智不空而已，必由[三]諦故發，諦能智所，是論主只悟諦能爲智所，智所見諦能，能所不一不異。二諦既論中道，在智亦名中道，觸事悉得也。但波若非因非果，非佛非菩薩，故假名佛菩薩。佛菩薩所行名爲因，名爲波若。菩薩佛所行名爲果，名爲薩波若，故無差別。差別説因爲十地，始則歡喜，終乎法雲。五忍、三十心非是竪論也。至論波若，非言可名，非能非所第一義中行，爲無學所行。諸佛能行，行亦不受，不行亦不受，行不行亦不受，非行非不行亦不受，不受亦不受。能説是因緣，正明二智中道。能説是佛智，能説於因緣八不正教也。又言是論主稟佛正經生智，智所諦能。論主得悟生智，智能論所，能造論申經故。佛與論主，師弟相成，其道無異，即是入如來室、坐如來座也。論主歸敬佛，能説因緣正經，稟學得解，解由於佛。今申經造論，歸敬三寶，殊於外道因緣之經經常無所從出也。

諸説中第一者，如來雖復種種説法及常合道，説小乘教未是了義之言，乃是大乘之由漸也。八不顯了究竟之説，故八不收束皆盡。諸佛同此一致，故言第一。又佛弟子説、仙人説、諸天説、變化人説，未是第一。今佛説因緣教，故云第一也。二智中道，由諦故智。二諦中道，由智故諦。所以，諦智智諦，非諦非智，假名中道。佛意權實是因緣，如前説。亦有人言論主能説生下論，今亦不乖此言。但今謂歎佛智明審，鑒達根緣，能吐此二諦之八不正教，明諸法因緣一道清淨故，戲論門盡，故言爲論，其意可明。故顯佛圓智能説誠諦之言故，是智是諦。故龍樹學佛所爲，智之未足故，没其智諦之名也。若未應波若，以來應有所爲，莫非戲論。若解教體理，能滅於戲論。凡夫二乘心所行，無非戲論。理外行心，無非戲論。應須消滅損之。

凡有三種相對，或時四種。

一者，善、惡相對。惡是墮墜，乖理無出功故，十惡爲戲論。善是清昇，扶理有出之義故，十善非戲論。《成實論》亦云：一等四執爲戲論。又言三性中善惡非戲論，無記是戲論。何者。善惡二性有果可記，故非戲論。無記汎淡，無得果之功，故名爲戲論也。今依《華嚴經》云：唯善非戲論，惡、無記並是戲論。明惡亦得苦果，但非是趣向歸理得佛義，故名爲戲論。唯善法能得佛果。故《大經》云：雖復疊華千斤，不如真金一兩也。

二者，有相、無相相對明之，亦言有漏、無漏相對也。有相是分別，故爲戲論。無相無分別，故非戲論。有相善還屬戲論，故《大品經》云：相善不動不出，不爲乘也。故《佛藏經》云：爲人説有相法，是衆生惡知識。爲衆生説無相法，是衆生善知識。有相乖理，故經云：寧起五逆，一念不起有相心。經所以作此語者，明相心傷理大，故所以重，實是兩罪盡重。而起五逆者，五逆但損惱身，而不妨心用，得近理義。有相心傷理故，無得近理義。故求相善，比丘則遠離於佛。所以相心現前，定無波若義也。五逆事雖起，而不妨用心見理義也。有漏即有相，無漏則是無相。有漏之善，唯得三有果報，未能出離生死，正是不動不出，故名戲論。無漏之法，破裂生死，故不名戲論也。又地、攝、成、數等師，恐落求相善比丘宗。彼聞之驚怖，而聽大乘無所得宗人見此意耳，彼師徒無有覺此意也。

三者，一、異相對。雖言有相是戲論，無相非戲論。若是有相異無相，便是戲論。見相無相不異，乃名非戲論。乃至善惡、生死涅槃、解惑等，並類然。故《大經》云明與無明，凡夫謂二，智者了達其性無二也。故《大品經·三慧品》云：諸有二者，名有所得。無有二者，名無所得也。又《大經》云：有所得者，無道無果。無所得者，有道有果也。若以異爲非，不二爲是，此則不識不二，還成戲論，復須遣之，無一無二故。

有時就四法辨行四句是戲論，不行四句則非戲論也。故《反折論》云：若言諸法有，是增益謗。若言諸法無，損減謗。若言諸法亦有亦無，是相違謗。若言諸法非有非無，是戲論謗。若言諸法非非有非非無，是無慚愧謗也。故《思益經》云：一切法邪，一切法正也。又《大品經》云：菩薩無方便行，色無常、苦等，並是戲論。故凡厥有所得行心，於波若紛然乖，則戲論師也。故

因緣門中，一不可得，二亦不可得，亦一亦二、非一非二、非不一非不二，皆不可得也，如五句三昧，不與二乘共廣大之用也。故四對此三，無出無離。何者。諸有所得，別有住處論其出。今謂本自不住，今亦無出無住，無出故非戲論。若言有戲論可滅是無戲論，亦是戲論。亦是戲論故，今明八不不戲論，非止滅戲論，不戲論亦滅。滅者，非是小乘斷德之滅，此是大乘摩訶衍淨悟。諸法本來不生，今亦不滅，畢竟淨名滅，故言善也。故戲論、無戲論論，因緣具足，方便假名，不一不二，一道平等。戲論之善，是善巧權行故名善，善者能也。

問：戲論、不戲論等皆滅，即前來所明記無記乃至二不二、善惡等望道悉非者，戲論既非，不戲論亦是戲論也。答：須識之，只八不不二善是非戲論，若是不二還成戲論，非謂不二不戲論。自非八不不者，則戲論不滅也，何異絕絕絕不絕，即無絕無不絕，豈可以言言絕不絕耶。

第四雜問

難問：八不明中假二諦自心所作，有出處耶。答：有文有理。文則八不，處處經論散出。但《菩薩瓔珞本業經》下卷云：二諦義者，不一亦不二，不常亦不斷，不來亦不去，不生亦不滅也。又《大經》二十五《師子吼品》云：十二因緣，不生不滅，不常亦不斷，不一不二，不來不去，非因非果。與《中論》次第小異，而意同也。理則二諦是教，故假生假滅等是世諦，假不生假不滅是真諦，故具明中假義也。

問：八不是不生不滅等，教不生不滅，爲理不生不滅之不生不滅等耶。答：具含兩不生不滅等，但理爲正，教則傍也。問：何以知之。答：彼經中烈八不竟，云，而相即聖智無二，故是諸佛菩薩智母也。《大經》云涅槃之體非有無，非亦有亦無也。《大品經·相行品》身子白佛，諸法實相云何有。佛云，諸法無所有如是有，如是有無所有，是事不知，名爲無明也。《中論·序》大意云聞不生不滅，畢竟空，便失二諦也。又《四諦品》云諸法雖無生，而有二諦也。故知具含中假，而中爲正宗，二諦爲傍。具如二諦中說也。問：八不是佛説者，龍樹造《中論》時，即引經中八不安論初爲非。答：不可定判，或賓伽引經中安處，或可龍樹引經中八不序《無畏論》初，故注論者安《中論》序意初也。而應非是《釋論》中八不牽安處《大論》中。至難處即指《中論》爲《正觀論》，如《正觀論》中說，故知《釋論》《中論》後造也。又亦可青目於千年中出世注《中論》，或可引《釋論》中八不安處《中論》序意也。問：《釋論》中指《正觀論》者，何必是《中論》耶。答：《中論·觀法品》云正觀論之稱，故知《中論》是《正觀論》也。故相傳云《中論》是《釋論》之骨髓也。

問：八不、八非、八無，是一是異。答：亦可一，亦可異。是一，眼目異名也。異者，八不中爲正故。八不無對，非等有對，故異也。問：

八不中不生不滅得云兩不，爲不得耶。答：既云不生不滅，那非兩不也。問：不生復不滅，兩過遣所不。所以言兩不者，不生復不滅，兩過遣不，故得論兩不。不滅不生故，應是兩中也。答：雙除生滅，始是正中也。問：若雙除生滅方是正中者，亦應生滅雙除，唯是一不不。答：不生復不滅，雙不於生滅，所以一中也。問：若雙除故一正中者，亦應雙除二諦故二正中，則無三種中也。答：實是一道正中，爲除病故，辨三種中。亦除執故，兩不、二中並得義也。

問：假生不生，假滅不滅，不生不滅名爲世諦中。假不生非不生，假不滅非不滅，非不生非不滅名爲真諦中道者，世諦不生不滅中，與真諦假不生假不滅，若爲異耶。答：安假簡異中不生等故，則殊也。問：假不假，寧異耶。答：對假生假滅，明假不生假不滅，此假不生等皆是不二中道之用。除假生假滅與假不生假不滅等，不生非不生，不滅非不滅，方是正中也。故假不生假不滅，如假生假滅，悉是假，亦是用，亦是末[四]也。不生不滅中，如非不生非不滅中，皆是中，亦是體，亦是本也。雖體、用與中、假等開，而無蹤跡。非體、非用、非中、非假，强名體、用、中、假等也。

問：《中論·四諦品》云：因緣所生法，我説即是無，亦是假名，亦是中道。則是三義，云何耶。答：明此偈多種勢，今一種意釋之。此一偈有三句，即勝八不。八不正是一中道句。言因緣所生者，是因緣所生之生滅法，此所生之生滅既從因緣而生，故無可爲生，無可爲滅，只是空生空滅。所生既空，能生此生滅之因緣亦空。能生、所生既並無，故言我説即是無也。故《中論·觀法品》云：生時空生，滅時空滅也。《涅槃論》云王宫生，生而不起。雙林滅，滅而不無也。亦是假名者，即是第二句，以假故有能生之因緣，以假故有所生之生滅。假生不名生，假滅不名滅也。以假生滅不名生滅，故即是第三句不生不滅中道，故云亦是中道義也。

大乘論明義有二種法門，一云義次，二謂根緣次也。義次者，必須前後相生，始終次第也。根緣者，有疾即除，有緣即說，不必須前後相生也。明因緣義則總，若識因緣者名爲佛法，不識因緣則非佛法，故《中論·四諦品》云：若見因緣，則見佛與法也。今破外因緣則總破衆病，申佛因緣則總申佛教也，故因緣在論初也。

問：二諦亦總收衆教，此《中論》既言二諦爲宗者，若學教之流正迷二諦，何不題破二諦品耶。答：亦得不得。得者，外人聞不生不滅畢竟空，便失二諦，欲申二諦故造論。又迷何二諦故生諍論，爲此造論，亦得二諦在論初也。不得者，二諦語局，因緣則通，以二諦但是二非不二，但是教而非理。若是教之與理，二與不二，並是因緣，義則總也。問：因緣既總，何故不以因緣爲宗。答：二諦爲宗，豈離因緣，但諸佛說法常依二諦，今正與外人共諍佛二諦，故以二諦爲宗也。又青目《序品》意云：因緣即是八不，八不即是因緣。八不既貫論初，因緣亦標論首也。問：何以知八不即是因緣耶。答：偈及長行並有文證，偈言能說是因緣，即能說八不因緣。長行云：說因緣相，所謂不生不滅等也。問：八不是因緣，若破因緣即破八不，若申八不即應申因緣耶。答：若體因緣即是八不，無假須破。但外人不識因緣即是八不，八不自是真諦，因緣自是世諦，彼解因緣僻故，所以破因緣品也。

問：龍樹爲稱佛教申，爲不稱教申。若稱教申者，佛前說小，後說大，今何故前明大，後說小。若不稱教申，即是顛倒也。答：有四義。一、龍樹稱佛本意申佛教也。所以者何。諸佛出世爲一大事因緣故，謂一乘道。但爲淺鈍之緣，曲爲小教。今申佛本意，故前申大也。二、欲明《中》《百》兩論互相開避。《百論》前淺後深，《中論》前深後淺也。三、佛自前說小，後明大。《中論》自說大乘，實不欲說小，但爲外人不堪學大乘觀行故，論主更爲説小乘也。四、欲示小乘從大乘出，是故前大後小也。

問：因緣語通，故生與不生皆是因緣，八不但是不生，云何言因緣即是八不也。答：八不不生，此是因緣不生，故不生即得生也。故《中論》云如經中説，若見因緣即名見法，見法即見佛也。若不見因緣，即不見法，不見法即不見佛也。此是借因緣破不因緣也。故《大經》云是諸外道，無有一法不從因緣生。佛性不爾，不從因生故。是借不因緣破因緣也。

問：佛性既非因緣，是無因以不。答：亦得。故云涅槃無因，而體是果。然佛性非因亦非果也，故《中論》具有二義，如破無因等外道計故説十二因緣，此是借因破無因。又文中破四緣生故，是借非因緣破因緣。至論正法，未曾是因緣及不因緣也。

問：能説是因緣，善滅諸戲論與因緣所生法，二處因緣，是因緣是同是異。答：既云兩處，寧得是同。復是假名因緣，那得異，而意同也。今大乘明因緣義，因者如依因、習因、生因等，並是説緣爲因。若如四緣等，皆是説因爲緣。若緣緣於因，因即是緣，緣義爲因。若因因於緣，緣義亦因。故因緣義通，而言八不不生不滅等爲因緣。但因緣義，無差別。差別開爲三義。一者，當體得因緣名，只八不是因緣故。何者。因不生故不滅，不滅故不生，則八不是因緣。只八不不生等是言説，故無非因緣，故云當相是因緣，名八不爲因緣，佛八不不一切故也。二者，八不是因緣本，故名因緣。則因緣空，壞因緣故，八不非因緣。既八不不一切，不生不滅等亦不因緣與不不因緣，豈得當體是因緣。是故因緣本也。三者，破因緣已，得名。如毗曇辨六因等明諸法等也。今明八不不一切，辨無因緣法，破外道因緣義，故名因緣。然備有此三義，遂得悟不同，抑没不無淺深之異。而具有三義，名觀因緣品也。

問：能説因緣者，唯障邪説是戲論，邪觀

亦是戲論。答：有通有不通。何者。二而不二通，不二而二別。問：若通者，邪觀亦是邪説不。答：既未邪言，云何是邪説。問：若未邪言，未是邪説者，亦未戲言，未是戲論也。答：戲論是借譬之名，故名邪觀，於道無所剋獲，如小兒戲論爲耳。問：未邪説已是戲論者，未正説已是正説經也。答：亦如前，無差別差別即不得，差別無差別亦有明之。故《大經》云迦葉佛時非無此經，但不説耳。

問：以不戲論止戲論，亦以戲論止戲論不。答：亦通得也。問：若以戲論止戲論令不戲論，亦應以不戲論止不戲論令成戲論，反決也。答：兩途既皆言止，故相與令息，故戲論止戲論尚令不戲論，豈況不戲論止不戲論而令成戲論耶。問：既以戲論止戲論，即以言止言。答：得。自有以不聲遮聲，自有以聲遮聲也。問：若以言止言，亦應掮出掮，以病治病，即應以長待長也。答：相待論相成，就相顯發爲論，止治令有所去離故，此義即通，所以不例也。

問：上云常無常等四句，並戲論者，四句悉戲論不。答：有所得四句，並是戲論。無所得方便説四句，悉非戲論，亦是正説。問：無所得四句非戲論者，亦應無所得顛倒非戲論也。答：無所得假名説四句則便，假安顛倒則不便。何故爾。以衆生多顛倒，少不顛倒故，若任而論之，正善具成就，演説四顛倒即倒也。問：若有所得四句皆是戲論，無所得四句並非戲論耶。答：一往相對論，常是戲論，無常非戲論。又無常是戲論，常非戲論。復常無常俱是戲論，非常非無常非戲論。總括始終明之，凡論相心四句成有所得，並是戲論。就後方便，皆非戲論也。故《反折論》云謗也。

第五辨單複中假義

有三意：第一，明單義論單複。第二，明複義論單複。第三，辨二諦單複義。就初，有兩：第一，正明單複。第二，論互得相入也。

今先正論單複中假義，若偏説假有，不説無，是單假也。偏説假無，不説有，亦是單假。偏説一非有，是單中。偏説一非無，亦是單中。雙説假有假無，是複假。雙説非有非無，是複中也。

問：何意明單複句耶。答：凡有二義。一者，一往爲利根人説單假，爲鈍根人説複假。利根人者，聞一修行十。若聞説假有，則悟解假無。乃至聞説非有，則解非無。所以不勞具明有二義也。爲鈍根人隨言得解，若不具説，不能懸悟故，所以雙明二義也。二者，爲鈍根人説單假，爲利根人説複假。以鈍根人不堪圓教，所以説單義，破其病執。若利根人堪聞圓旨，所以説複假義，便能領持也。

次，明互得相入出，有八句：第一，從單假入單中。或言假有不名有，從有入非有，無亦然也。第二，明從單中出單假。或言非有假説有，非無假説無也。第三，明從複假入複中。假有不名有，假無不名無，則是有無入非有非無，無亦然也。第四，明從複中出複假。明非有非無説有無，非無非有説無有也。第五，明從單假入複中。或言有入非有非無，無入非無非有也。第六，明從複中出單假。或言非有非無假説有，非無非有假説無也。第七，明從複假入單中。有無則非有，無有則非無也。第八，明從單中出複假。非有假説有不有，非無假説無不無也。

次，釋所以然者，有二義：一者，破衆生執實之病，隨計遣，所以遂成多句也。二者，明大士觀行融通自在，無有滯礙。故《地持》云從有無方便入非有非無也。《華嚴經》云或東方入正受三昧等。不復具出。又《大品經》云或散心中起，入滅盡定。滅盡定起，入散心中。則是迴轉總持入出無礙方便也。

第二，就複義論單複，複有二：初，正明單複。後，明出入義。

初，正明單複中假。假有是世諦，假無是真諦，此是單假。非有非無是中道也，此是單中。

假有假無爲二，是俗諦複假。非有非無不二，是俗諦複中。二不二是真諦，是複假。非二非不二是中道，此是複中。正言非二非不二，盡有無非有非無，所以正中也。

次，明其所以，有二義。一往爲言，單中單假明義則淺，複中複假明義則深也。所以然者，單義之二諦，至複義時還俗諦。單家之中道，至複義時，還成真諦。單家之中道，止有無，未能盡不二。複家之中道，盡二，復盡不二也。二者，單明義則勝，複明義翻劣。所以然者，複假之有無，猶是單假之有義。複假之非有非無，猶是前單假之無義也。又複中之非二非不二，猶是前單中之非有非無義也。但前直言有便攝得有無，止言無便攝得非有非無，止言非有非無便攝得非二非不二，言略意廣，所以爲勝。複家中假，言廣意略，所以爲劣也。

後，明互得相出入，有八句也。第一，從單假入單中。假有不名有，假無不名無，入非有非無中道也。第二，從單中出單假。非有假說有爲俗，非無假說無爲真也。第三，從複假入複中。假二不名二，假不二不名不二，入非二非不二中道也。第四，從複中出複假。非二假說二爲俗，非不二假說不二爲真也。第五，從單假入複中。假有不名二，假無不名不二，從假有無入非二非不二中道也。第六，從複中出單假。非二假說有爲俗，非不二假說無爲真也。第七，從複假入單中。假二不名有，假不二不名無，從二不二入非有非無也。第八，從單中出複假。非有假說二爲俗，非無假說不二爲真也。

第三，就二諦論單複，復有二：一、正明單複義。二、論出入義。

正明復有兩：一者，俗單複。二者，真單複也。假有是俗單，假無是真單也。複假者，假有假不有是俗諦複，假無假不無是真諦複。非有爲中道，是俗諦單中。非無爲中道，是真諦單中。非有非不有，是俗諦複中。非無非不無，是真諦複中也。

第二，明互出入，有三：一、明俗。二、明真。三、明交絡。

先約世諦明有八句：第一，從俗諦單假入俗諦單中。假有不名有，即從有入非有也。第二，從俗諦單中出俗單假，假非有説爲有也。第三，從俗複假入俗複中。假有假不有，非有非不有也。第四，從俗諦複中出俗諦複假，云非有非不有假説有非有也。第五，從俗諦單假入複中。假有非有，假有非不有也。第六，從俗諦複中出單假，非有非不有説爲一假有也。第七，從俗諦複假入單中，假有不有入於非有也。第八，從俗諦單中出複假，非有假説有不有也。

第二，就真諦辨亦有八句：第一，從真諦單假入單中，假無不名無也。第二，從真諦單中出單假，非無假説無也。第三，從真諦複假入複中，云假無假不無，非無非不無也。第四，從真諦複中出複假。云非無非不無，假説無不無也。第五，從真諦單假入複中。假無非無，假無非不無也。第六，從真諦複中出單假，云非無非不無假説爲無也。第七，從真諦複假入單中，云假無假不無入一非無也。第八，從真諦單中出複假，云非無假説無不無也。

第三，約二諦交絡明出入，有十二句：第一，從俗諦單假入真諦單中，云假有不名無，壞有入非無也。第二，從真諦單中出俗諦單假，云非無不乖有，非無假説有也。第三，從真諦單假入俗諦單中，云假無不名有，壞無入非有也。第四，從俗諦單中出真諦單假，云非有不乖無，非有假説無也。第五，從俗諦複假入真諦複中，云假有不有入非無非不無也。第六，從真諦複中出俗諦複假，云非無非不無假説有不有也。第七，從真諦複假入俗諦複中，云假無假不無，非有非不有也。第八，從俗諦複中出真諦複假，云非有非不有假説無不無。第九，從真諦單假入俗諦複中，云假無不名有，亦不名不有，即是非有非不有也。

第十，從俗諦複中出真諦單假，云非有非不有假説爲無也。第十一，從俗諦單假入真諦複中，云假有不名無，亦不名不無，則是非無非不無也。第十二，從真諦複中出俗諦單假，云非無非不無假説爲有也。

第六料簡不有有也

若了單複諸句，則解不有有義。若不了單複，不有有亦難解。故須廣辨也。此意望兩大經宗明之。一經無所有爲宗，故經云：正法寶城善有。一經有所無爲宗，故《大品》第三卷《相行品》云：身子白佛云，諸法實相云何。佛言，諸法無所有如是有，如是無所有，是事不知，名爲無明也。

不有有若相對而解釋，有十六意也。

第一，不有有者，明其道非有非無，而結爲有，故言不有有也。然只結正道爲有，不論其用。體無二相故，若結爲有，不得結爲無。結爲無，不得結爲有。此是結獨義。只道非有復非無，非是有而結爲有，故言不有有也。約不無無，類然也。

第二，不有有，就假上明之，三假有是不有有也。他假有是有故有，今假有是不有有也。

第三，不有有者，道非有非無，而側出有一用，故言不有有。然道非有非無而起用，應雙起，而但起一用，故言側出也。不無無亦然也。

第四，不有有者，明用假有非是有，故言不有。結用歸體，體是有。故今言不有有也。此異前約體上言不有有，亦異第三體不有是有而起一有用，此但以不特名用，用不是有而體是有，故言不有有也。不無無類之。

第五，不有有者，爲破有執故。執者謂有是有，不知不有爲有故。今破者，明有非有，故有乃是不有有。此是以有破有，但能破是不有有，所破是有有也。約不無無，類也。

第六，不有有者，爲破無執。執法是無，今以不有有破之。若以有有破無，此乃是敵義，故執不去。今以不有有破無，無而得去，故言不有有也。不無無亦爾也。

第七，不有有者，破一切有。若有有，若不有有，皆以不特不之，故言不有而起一切有用。若有有，若不有有，爲用故，合言不有有也。不無無亦類也。以不特不一切無，故言不無而起一切無爲用，故合不無無也。

第八，不有有者，重進明義。明：不有則不一切有一切無，合空故言不有。而起一切有一切無爲用，故合言不有有。不無無亦爾也。不無，以不於一切有無，故言不無。而起一切有無，故言不無無。然起一切有無用，此用應是有，何得言是無。然今望本爲言，此有無起不有無故，此有無故是無也。又從他所起皆無體，故是無也。

第九，不有有者，横門明義。不有自有，以無爲有，故言不有有。然以無爲有故，是以不有爲有，故言不有有。不無無亦類也，以有爲無，故言不無無也。

第十，不有有者，只以不特不此有有之故，言不有有。異前合用不有有破有有。亦異前以不特一切有合無，以起一切有無故言不有有。今但單用一不特不此有有之執，令盡而不令起，故言不有有也。不無無亦爾也。

第十一，不有有者，合明具八意。何者爲八意。一不有有屬非有，一不有有屬非無，一不有有屬非亦有亦無，一不有有屬非非有非非無，一不有有屬有，一不有有屬無，一不有有屬亦有亦無，一不有有屬非有非無。何者初言不有有。豈可是有，非是有故，屬非有也。第二不有有，不是無故，屬非無。第三不有有，既不是有無故，不屬亦有亦無，故言屬非亦有亦無。第四不有有，不屬非有無，故言屬非非有非非無。然不有有迺當屬有無二句，豈是非有無，故言非非有非非無也。第五不有有屬有者，以不有爲有，豈不是有耶。第六不有有屬無者，只以不有爲有，此望本，故是無也。第七不有有屬亦有亦無者，既雙明不有有，豈不是亦有亦無耶。第八不有有屬非有非無者，不有有不名有，不有有不名無，故名非有非無。故此一章門中合明八意，正爲八意相次第故，不煩離明。而前十章不可合説，故離辨也。不無無亦如是也。

第十二，明不有有兼用者，不有有故離斷過。何者。若不有，不復有，可是斷。而今不有有，故離斷過。亦離常過者，若以有爲有，可是常過。而今只不有爲有，故離常過。如是一異、有無、是非、即離等過皆勉也。不無無亦爾也。

第十三，不有有若攝諸法者，不有有攝得因得果一切法等，故言不有有也。不無無亦然也。

第十四，不有有類諸法者，不有有既具上十意、八意，及相益、相攝等，不因因、不果果，如是不常常、不生生等，雖一法皆具上意，故可謂是一中解無量，無量中解一。如是展轉生非實智者，即無所畏也。

第十五，不有有得失意者，如經試問，答言諸法不有有即爲得，即具五義：一、得不二義。二、得不自假名義。三、得相待義。四、得無所得空義。五、得中道義也。若答者言諸法是有爲有者，即失五義。故不有有判道非道義也。不無無亦類也。

第十六，不有有離門明義者，向合言不有有，今有時復須單言不有，有時應須單言有也。今此中單言不有者，此爲欲明有義。何者。我以不不此有，不以不[五]此無故，不有得是有也。若以不不於無，可令是無。而今以不不有故，只不有是有。事如小乘明義，色即是好，不可此色非好也，故得不有是有義。得此義故，聞破不畏，得訶不瞋等也。次，得言有反成破有義。何者。我本破有故言有，如世人不耐惡而言惡，此惡之言，豈不令除此惡，今有亦然，我不耐此有故言有，豈不破此耶。又直言有，不説有因緣故，是破有義。單言無亦然。次，單言有則是中道，不得言有非方是中道也。何者。直言有，此非是非有亦是有有，此有既非是有，復非非有，豈非是中道乎。又有上自有是非，我直言有，不言其是，復不言非，故此有即離是非，故是中道。若有雖離是非，而有此有，故非中道者，汝中道雖離有無而有此中故得是中道者，何妨我有離是非故得是中道耶。且自我直言有，亦不言有此有，知無此有，故言是中道。單無亦然。次，單明有具足一切諸法。何者。此有是無所有故，若有所無即失一切法。今是無所有名有，故具足一切法也。單言無亦然，但是無所得故言無，此無豈不具足一切法耶。

次，釋性空意者，然有無所以得有諸法意無礙者，正由有性空故爾。今須釋性空，亦是多意，但辨八意也。一者，明本性是空，但遇緣故有，有止還本性，故言性空也。二者，明本性是空，而末是假有，如是意故性空也。三者，本性常空，無有不空時，故言性空也。四者，明只因緣諸法是空，故言性空也。五者，破性有，得此空，故言性空也。六者，破無性法，此法明止空有性，故言性空也。七者，明無所有法性是空，故言性空也。八者，有所無法性空，故言性空也。今略明八意異相，而大意無異，但是一性空。如是諸法性空，隨義便用，用一即度之，須得意，如空中織羅紋也。性空既爾，畢竟亦然。

次，明因性空辨得失待不待義也。失此性空故失，失不待得。得性空故爲得，得即待失。何者。正爲得，失反故。失既失得，故失不待得。得者得於失，故得待失。此分際義也。第一須得意，最急事也。如中道絶假，故不待假。假不絶[六]，故假待中也。

次，辨斂開意。然得失由斂開，故須釋也。但斂開自有横竪，判自有二望取也。横開爲能，竪即斂。菩薩習行諸行，望道即是自行，是斂。若望衆生，即是化他，亦是能，但不化他時是化他，只自行即是化他。如是不有有，有病藥相治、去留成壞、理内外、有得無得、反順等種種用，不可具列也，大意如此也。問：既有不有有多種勢者，有不有亦多種勢不。答：亦得，假有還結有不有也。又假有不有表理結體也。餘例可尋也。

大乘玄論卷第二

校勘記

〔一〕「今」，底本作「令」，據校本改。
〔二〕「丈」，底本作「文」，據校本改。
〔三〕「由」，底本原校云一本作「申」。
〔四〕「末」，底本作「未」，據校本改。
〔五〕「不」，疑後脱「不」字。
〔六〕「絶」，疑後脱「中」字。

大乘玄論卷第三

胡吉藏撰

佛性義十門

一、大意門　二、明異釋門　三、尋經門　四、簡正因門　五、釋名門　六、本有始有門　七、内外有無門　八、見性門　九、會教門　十、料簡門

甘蘗停山，由來已久。圓珠沉水，實自積時。而隨其流處，六味不同。競捉瓦石，三乘成異。謬言羊角之刀，復據如繩之像。敢承佛意，輕布弱言，度得影現鏡中，面還得所。少失鄉土，名爲弱喪。不知反本，稱曰無明。蕩識還原，目爲佛性。

異釋第二

古來相傳釋佛性不同，大有諸師，今正出十一家，以爲異解。就十一師皆有名字，今不復據列，直出其義耳。第一家云以衆生爲正因佛性。故經言：正因者謂諸衆生，緣因者謂六波羅蜜。既言正因者謂諸衆生，故知以衆生爲正因佛性。又言一切衆生悉有佛性，故知衆生是正因也。第二師以六法爲正因佛性。故經云：不即六法，不

離六法。言六法者，即是五陰及假人也。故知六法是正因佛性也。第三師以心爲正因佛性。故經云：凡有心者，必定當得無上菩提。以心識異乎木石無情之物，研習必得成佛，故知心是正因佛性也。第四師以冥傳不朽爲正因佛性。此釋異前以心爲正因。何者。今直明神識有冥傳不朽之性，説此用爲正因耳。第五師以避苦求樂爲正因佛性。一切衆生，無不有避苦求樂之性。實有此避苦求樂之性，即以此用爲正因。然此釋復異前以心爲正因之説，今只以避苦求樂之用爲正因耳。故經云：若無如來藏者，不得厭苦樂求涅槃。故知避苦求樂之用爲正因佛性也。第六師以真神爲正因佛性。若無真神，那得成真佛，故知真神爲正因佛性也。第七師以阿梨耶識自性清淨心爲正因佛性也。第八師以當果爲正因佛性，即是當果之理也。第九師以得佛之理爲正因佛性也。第十師以真諦爲正因佛性也。第十一師以第一義空爲正因佛性。故經云：佛性者，名第一義空。故知第一義空爲正因佛性也。

但河西道朗法師與曇無讖法師共翻《涅槃經》，親承三藏作《涅槃義疏》，釋佛性義正以中道爲佛性。爾後諸師皆依朗法師《義疏》，得講《涅槃》乃至釋佛性義。師心自作，各執異解，悉皆以《涅槃》所破之義以爲正解，豈非是經中所喻解象之殊哉，雖不離象，無有一人得象者也。是故應須破洗，今一一問。義若得立，可得以爲正因。義若不成，豈不取邪因爲正因耶。

大略言有十一家，其間細論更有諸釋，今時無有用者故，不復出之。然十一家，大明不出三意。何者。第一家以衆生爲正因，第二以六法爲正因。此之兩釋，不出假、實二義，明衆生即是假人，六法即是五陰及假人也。次，以心爲正因，及冥傳不朽、避苦求樂，及以真神、阿梨耶識。此之五解，雖復體用真僞不同，並以心識爲正因也。次，有當果與得佛理，及以真諦、第一義空。此四之家，並以理爲正因也。今次第須破之。

第一師以衆生爲正因者，今只問：何者是衆生，而言以此爲正因耶。經云：若菩薩有我相、人相、衆生相，則非菩薩。又言：如來説衆生，即非衆生。正因本爲菩薩，經既説言有衆生相則非菩薩，寧得以衆生爲正因耶。故知有衆生者，皆是妄想，何可以妄想顛倒得爲正因耶。又若以衆生爲正因者，只問：昔日初教已明有衆生不。若初教已明有衆生者，便應初教已明正因佛性。彼釋言：初教已明衆生，但未説爲正因耳。若爾，後教説衆生爲正因者，還指初教衆生以爲正因不。若爾，初教衆生理中已是正因。若理中已是正因者，則理中已明佛性也。若不可言初教已辨佛性者，云何以衆生爲正因耶。又汝引經言一切衆生悉有佛性，故知衆生是正因佛性者，不然。既言衆生有佛性，那得言衆生是佛性耶。若言衆生是佛性者，可得言一切衆生悉有衆生，一切佛性悉有佛性不。若不得者，故知衆生與佛性有異，不得言衆生是佛性也。

又難第二家：經云佛性者不即六法，不離六法者言，此是何語而横引之。此文乃明佛性非是即六法，復非是離六法，何時明六法是佛性耶。若言不離六法故，六法是佛性者，復言不即六法故，六法非是佛性，此語若爲得通。明知以不解讀經故，所以致謬耳。

次問中有五家，雖復五解言異，或體或用，而皆是心家體用。前第三家以心爲正因佛性者，不然。經云有心必得菩提者，此明有心之者必得菩提，何時言心是正因佛性耶。于時畏有如此謬故，即下經云心是無常，佛性常，故心非佛性也。經既分明言心非佛性，而强言是者，豈非與佛共諍耶。心既不成，心家諸用冥傳不朽、避苦求樂等，悉皆同壞也。《大涅槃經》處處皆明佛性，是故時人解佛性者，盡引《涅槃》爲證。何處文辨冥傳不朽、避苦求樂爲正因佛性耶。《勝鬘經》云若無如來藏者，不得厭苦樂求涅槃者，此正明由如來藏佛性力故，所以衆生得厭苦求樂，何時明厭苦求樂是正因佛性耶。彼師云指當果爲如來藏，以有當果如來藏故，所以衆生得厭苦求樂者，不然。《性品》云我者即是如來藏，如來藏者即是佛性。明佛性本來有之，如貧女寶藏，何勞指當果爲如來藏。且當果體猶尚未有而能令衆生厭苦求樂，豈非是漫語者哉。若據人證者，舊來誰作如此釋。此是光澤法師一時推畫，作如此解。經無證句，非師所傳，故不可用也。乃至第八阿梨耶識亦非佛性。故《攝大乘論》云是無明母、生死根本，故知六識、七識乃至八、九，設使百千無量諸識皆非佛性。何以故。皆是有所得，五眼所不見故。

次有第三，四家並以理爲正因佛性，而不無小異。前之兩家，以當果與得佛之理爲正因佛性者，彼言是世諦之理。次有兩家，以真諦與第一義空爲正因佛性者，此是真諦之理也。以第一義空爲正因佛性者，此是北地摩訶衍師所用。今問：若依《涅槃》文，以第一義空爲佛性者，下文即言空者，不見空與不空名爲佛性，故知以中道爲佛性，不以空爲佛性也。真諦爲佛性者，此是和法師、小亮法師所用。問：真諦爲佛性何經所出，承習是誰。無有師資，亦無證句，故不可用也。當果爲正因佛性，此是古舊諸師多用此義。此是始有義。若是始有，即是作法。作法無常，非佛性也。得佛理爲佛性者，此是零根僧正所用。此義最長，然闕無師資相傳。學問之體，要須依師承習。今問：以得佛理爲正因佛性者，何經所明，承習是誰。其師既以心爲正因佛性，而弟子以得佛理爲正因佛性者，豈非背師自作推畫耶。故不可用也。

通論十一家，皆計得佛之理。今總破得佛之理，義通十一解。事既廣，宜作三重破之。第一作有無破。只問：得佛之理，爲當有此理，爲當是無。若言是有，有已成事，非謂爲理。若言是無，無即無理。即墮二邊，不得言理也。第二作三時破。只問：得佛之理，爲是已理，爲是未理，爲是理時有理。若言已理，則理已不用，無復有理。若言未理，未理故未有。若言理時有理者，若法已成則是已，若法未有則墮未，故無別第三法稱爲理也。第三即離破。只問：得佛之理，爲當即空，爲當離空。若言即空者，則早已是空，無復有理。若言離空有此理者，空不可離，豈得離空而言有理。又離空而有理者，則成二見。經云諸有二者無道無果，豈可以二見顛倒爲正因耶。作此三條推求不可得，非唯四家義壞，通十一計皆碎也。

問：破他可爾，今時何者爲正因耶。答：一往對他，則須併反。彼悉言有，今則皆無。彼以衆生爲正因，今以非衆生爲正因。彼以六法爲正因，今以非六法爲正因。乃至以真諦爲正因，今以非真諦爲正因。若以俗諦爲正因，今以非俗諦爲正因。故云：非真非俗中道爲正因佛性也。以藥治病，則須此說，對他雖爾，又須横竪論之，故此非衆生義有淺有深。横論爲藥，則如向辨。竪則望道，只非衆生等即是正因。若言是，是非是，亦何者非衆生而説衆生乎。但非衆生而説衆生，此之衆生豈可言其是有，豈可言其是無，豈可言其是亦有亦無、非有非無耶。若識此衆生者，何爲問非正因。乃至六法、真諦義亦如此。若徹了深悟，此則正因佛性義已具足。前是横論一重，此復是竪論一重，便成兩重論正因義也。

尋經第三

既識佛性，應須遍讀衆經。由來舊辨《阿含經》中亦明佛性，但有小妨耳。故云：一切衆生悉有聲聞性，悉有辟支佛性，悉有佛性。《阿含》既爾，其餘諸經，亦有説佛性語，但不甚分明。如是衆經明佛性，亦復何嫌。故《新金光明經》云若了義説，是身即是大乘，即如來藏，即如來性也。《華嚴經》云菩薩隨喜心不斷如來性。又言欲不斷佛種性者，當發菩提心。又《華嚴性起品》即是明佛性義，從寶王如來性，而起離世間因，得入法界果，結前因果，生後因果。故《華嚴》

明佛性有因有果，而未作正因、緣因之名，亦未作果與果果之秤。至如具足明佛性義，即如《涅槃》中所辨故，具明有因、有因因、有果、有果果。今時一師每以《涅槃經》爲證，然此一教處處皆明佛性，故《哀歎品》中瑠璃珠喻亦是具足明佛性義，如是《如來性品》皆明佛性義，乃至《師子吼》《迦葉》廣明佛性事，義乃顯然，故一師所引文句以《師子吼》文爲正也。故師子吼菩薩問言：云何爲佛性，以何義故名爲佛性。如是凡有五問佛性，如來次第答。答第一問言：善男子，汝問云何爲佛性者，善男子，佛性者，名第一義空，第一義空名爲智慧。斯則一往第一義空以爲佛性。又言：第一義空名爲智慧。豈不異由來義耶。今只説境爲智，説智爲境。復云：所言空者，不見空與不空。對此爲言，亦應云：所言智者，不見智與不智。即不見空除空，不見不空除不空，除智又除不智，遠離二邊名聖中道。又言：如是二見不名中道，無常無斷乃名中道。此豈非以中道爲佛性耶。是以除不空則離常邊，又除於空即離斷邊，不見智與不智義亦如是，故以中道爲佛性，是以文云：佛性者，即是三菩提中道種子也。是故今明第一義空名爲佛性。不見空與不空，不見智與不智，無常無斷名爲中道。只以此爲中道佛性也。若以此足前十一師，則成第十二解。然若識正道，知道無有一，豈復有二釋於其間哉。而言第一義空爲佛性者，非是由來所辨第一義空。彼明第一義空但境而非智，斯是偏道。今言智慧亦非由來所明之智慧，彼明智慧但智而非境，斯亦是偏道義，非謂中道也。但中道義難識，具如二諦中辨。非中非邊，不住中邊。中邊平等，假名爲中。若了如是中道，則識佛性。若了今之佛性，亦識彼之中道。若了中道，即了第一義空。若了第一義空，即了智慧。了智慧即了金光明諸佛行處。若了金光明諸佛行處，則了此經云光明者名爲智慧。若了智慧，即了佛性。若了佛性，即了涅槃也。

簡正因第四

但正因難識，今作兩種檢之：一作車輪明義，無始終檢。二作三世明義，有始終檢也。

無始終義，即如《涅槃》云：十二因緣，不生不滅，不一不二，不常不斷，不來不去，不因不果。又言：佛性者，有因，有因因。有果，有果果也。是以無始終義，作四句明之。所言因者，即是境界因，謂十二因緣也。所言因因者，即是緣因，謂十二因緣所生觀智也。境界已是因，此之觀智因因而有，故名因因。好體十二因緣，應是因因而有，故名因因。彼向望前，此即望後，皆是因因也。所言果者，即三菩提，由因而得，故名爲果。所言果果者，即是大般涅槃由菩提故得，説涅槃以爲果果。菩提即是智，涅槃即是斷，由智故説斷也。此是無始終義。何者。如所生觀智因因而有，故名因因。十二因緣亦因因而有，又是因因。既互爲因與因因，故是無始終也。

第二作三世有始終檢者，凡有三句：一者，是因非果，即是境界因，故經言：是因非果如佛性。二者，是果非因，即是果果性，故經言：是果非因名大涅槃。三者，是因是果，即如了因及三菩提，斯即亦因亦果，望後爲因，望前爲果。既言境界是因非果，涅槃是果非因，所以名爲有始終義。

問：先明四句，後説三句，有正因不。答：未有正因。問：若前明四句，後説三句，既並非正因者，未知何者爲正因耶。答：前四句所明因果，因是傍因，果是傍果義。所以然者，因則異果，果則異因，豈非是傍義，故先言有因，有因因。有果，有果果，皆未是正因，若言非因非果，乃是正因耳。後説三句，是因非果，是果非因，是因是果皆未名正，若言非因非果，此乃是正。故經云：非因非果名爲佛性也。故於四句中，更足第五句，方是正因。於三句中，更足第四句，方是正因。所以，佛性非因非果，而説因説果。不因而因，開境、智故，有二因，謂因與因因也。

不果而果，開智、斷故，有二果，謂果與果果。至論正因，豈是因果，故非因非果即是中道名爲正因，故以中道爲正因佛性，故經云：佛性是三菩提中道種子也。所以佛性即是中道種子，亦可得以中道因爲正種子也。若單道義者，此中應須眼見《師子吼》文也，然先言正因佛性。非因而因，故有二因，謂境、了二因。非果而果，故有二果，謂菩提與涅槃。今此二因二果，並非正因。由非因非果正因故，有此因果。所以此二因二果，並皆是傍。若非因非果乃是正因故，若緣若了並非正因，非緣非了乃是正因。若菩提涅槃並非正果，非菩提非涅槃乃是正果也。問：若爾則成六種佛性。何者。因中有緣因、了因，復有正因，豈非三因。果有菩提、涅槃，則成二果，復有非菩提非涅槃名爲正果。豈非六種佛性耶。答：亦得六種佛性，今則不爾。所以然者，但因中名爲佛性，至果便成性佛，故在因但名爲非因，在果則名爲非果，只是一箇非因非果。而今爲辨佛性，故經爲正因。所以但有五性，不爲六性也。

釋名第五

釋名有二種：先，釋通名。次，釋別名。

通名不同，有三家。第一解云：佛性兩字皆是果名。佛名覺者，此故宜非因。性以不改爲義，果體既常，所以不改也。因中暗識，故非覺者。既其遷改，不得名性。但衆生必有當得此佛性之理，故言悉有佛性也。第二師釋：佛性者，此是因中。難第一家云：經既言一切衆生悉有佛性，云何言因中無有此名。因中衆生有覺義，故是佛。有必當之理不改，名性也。第三家分字解釋：佛是果名，性是因名。還舉第一家爲難：衆生愚暗癡惑耳，然未有智慧。若有覺法，可許佛覺。而即衆生都無有覺，云何言衆生是佛。乃研生死小智，終成果地大覺，其果始名爲佛，故佛是果名。但衆生必當得此之理不改故名爲性，性只是理，所以性是因中也。

然此三説，今並不用，皆須洗之，還以三家

義自相難破也。問：今義云何，爲當在因，爲當在果，爲當在因果耶。答：今時明義，無在無不在，故云無在無不在佛所説也。只以如此義故，名爲佛性。雖無在無不在，而説在説不在者，佛性在因，性佛在果，故果因名佛性，因果名性佛，此是不二二義。不二二故，二則非二，故云：二不二是體，不二二是用。以體爲用，以用爲體，體用平等不二中道方是佛性。一切諸師釋佛性義，或言佛性是因非果，或言是果非因。此是因果二義，非佛性也。故經云：凡有二者，皆是邪見。故知一切諸師不知佛性，各執一邊，是非諍論，失佛性也。若知因果平等不二，方乃得稱名爲佛性，故經云：非因非果名爲佛性也。佛性既爾，涅槃亦然。若知生死涅槃平等不二，此乃得稱名爲涅槃，故經云：佛知一切衆生畢竟寂滅，是涅槃相，不復更滅也。

次，釋别名，先言正因佛性非因非果。非因而因，故有二因，謂境界因與了因。非果而果，故有二果，謂菩提與涅槃也。言境界因者，即是十二因緣能生觀智。以是觀智境界，故名境界因。以能生觀智之前緣，故亦名緣因。言了因者，觀智能了出佛果，故名了因。既了出佛果之緣因，故有時呼了因以爲緣因也。菩提者，此言正遍知道，是從智爲名。涅槃者，此言寂滅，是則從斷爲目也。前四句有因者，謂十二因緣。正言十二因緣，非菩提之正因。而言因者，以其能生觀智，與因作因，故名爲因。若例此者，大涅槃亦非是正觀之正果，以菩提果爲果故，亦應單名爲果。若言涅槃與果爲果，故宜名果果者，十二因緣亦爾，與因作因，故應名因因。而經云：因因者，謂十二因緣所生觀智。此因因而有，故名因因。若爾，十二因緣亦因因而有，何故不名因因。然雖復例通有如此義，但十二因緣作因因始故，單名爲因，所以經云是因非果也。觀智從十二因緣而生，因因而有，故名因因也。所以有果則是三菩提，從觀智因而有，故名爲果。若言三菩提是觀智之正果，故單名果者，觀智亦是三菩提之正因，亦應單名有因。若言觀智從因而有，故宜名因因者，三菩提亦從果而有，故亦應名果果，而不爾。正言三菩提，酬因之始，故直名爲果。涅槃從三菩提果而有，故名果果也。然此四種，兩因兩果，並皆是傍，不得名正，非因非果乃名正因。不因故有二因，不果故有二果，所以此因是不因，此果是不果，故非因非果乃名爲正。然非因非果自可名正，但其在因，故名正因，其果則呼爲正果。然此正義終不復可定言，故或時呼爲道，或時呼爲中，或時呼爲正因。若齊言而取，終亦不得，何者言其正也。果自不正，因亦非正，亦非是非因非果，亦不非是非因非果也。問：若爾是何。答：此中無是故，當有以超然悟言解之旨，點此悟心以爲正因。付此觀心，非言可述，故迦葉每歎不可思議也。

本有始有第六

問：佛性爲是本有，爲是始有。答：經有兩文。一云：衆生佛性譬如暗室瓶瓮、力士額珠、貧女寶藏、雪山甜藥，本自有之，非適今也。所以《如來藏經》明有九種法身義。二云：佛果從妙因生。責騂馬直，不責駒直也。明當服蘇，今已噵臭。食中已有不淨。麻中已有油。則是因中言有之過。故知佛生[一]是始有。經既有兩文，人釋亦成兩種。一師云：衆生佛性本來自有，理性、真神、阿梨耶識故。涅槃亦有二種：性淨涅槃，本來清淨。方便淨涅槃，從修始成也。第二解云：經既説佛果從妙因而生，何容食中已有不淨，故知佛性始有。復有人言：本有於當，故名本有。問若爾便是本有耶，答復有始有義。又問若始有，應是無常，答我復有本有義。此何異二人作劫，張王互答耶。彼若如本有，應如《如來藏經》諸喻。若言始有，應是無常。而言本有於當，此是何語。定本，定當耶。無量世界，無邊佛智，應不圓耶。若言如無邊而照，可自破之，何勞更難。照若窮盡，即是有邊。照若不盡，智則不圓。此難那得去。本有始有，義亦如是。一切有所得義，無不自死，而人不覺耳，故一切諸人莫不網羅於其中矣。若執本有，則非始有。若執始有，則非本有。各執一文，不得會通經意，是非諍競作，滅佛法輪，不可具陳。

但地論師云：佛性有二種，一是理性，二是行性。理非物造，故言本有。行藉修成，故言始有。若有所得心望之，一往消文，似如得旨。然尋推經意，未必如此。何者。但大聖善巧方便，逐物所宜，破病説法，何曾説言理性本有，行性始有耶。例如説如來藏義，《楞伽經》説無我爲如來藏，《涅槃》説我爲如來藏，此兩文復若爲配當耶。本有始有，其義亦爾。若言理性本有非始，行性始有非本者，更執成病，聖教非藥，而世間淺識之人，但見其語，定以爲是，以成迷執也。今一家相傳明佛性義，非有非無，非本非始，亦非當、現。故經云：但以世俗文字數故，説有三世。非謂菩提有去來今，以非本非始故。有因緣故，亦可得説故，如《涅槃性品》明佛性本有如貧女寶藏，而諸衆生執教成病。故下文即明始有。故知佛性非本非始，但爲衆生説言本、始也。

問：若言佛性非本、始者，以何義故説本、始。答：至論佛性，理實非本、始。但如來方便，爲破衆生無常病故，説言一切衆生佛性本來自有，以是因緣得成佛道。但衆生無方便故，執言佛性性現相常樂。是故如來爲破衆生現相病故，隱本明始。至論佛性，不但非是本、始，亦非是非本非始，爲破本、始，故假言非本非始，若能得悟本始非本始，是非平等，始可得名正因佛性。衆生因是，深保成佛道。若不如是，非佛性也。

若廣論本有始有義，例如新、故。何者。第一念是新，第二念是故。譬如新米初出者是新，次者非復是新。亦得第一念爲故，第二念爲新。先者名故，後始起者是新。是則先後皆得名新，故言新新生滅。亦可初後皆得名故，故言初故，後亦故。新故既通初後，本有始有，義亦復然。

新故義通初後，但説初故名新，久新名故定知。何者爲新，何者爲故。故知都無新無故。故釋十號文云：上者名新，士者名故，體大涅槃無新無故。既言體大涅槃無新無故，亦得無體大涅槃無本無始。此一往明無本無始義。

然無本無始義，此是清淨體，亦何失寄言本、始義耶。今約事論之，如無明初念始起爲新，佛果後起爲故，何異先兩念相望，初念爲新，後念爲故耶。亦得佛果始起，此則名新。無明住地已久，此則名爲故。何異兩念相望，初念名故，後念名新。然本始只是新故，本只是故，始只是新，無明初念與佛果相望，既皆得是新，皆得是故，亦皆得是始，皆得是本。無明與佛果既得如此，生死涅槃亦爾，皆得是始，皆得是本。是故生死爲始，涅槃爲本。涅槃爲始，生死爲本。生死始有，涅槃本有，何異第一念爲新，第二念爲故。生死本有，涅槃始有，何異第一念爲故，第二念爲新。故生死涅槃，不是本有，不是始有，而終是無本無始。而今假名説故，更互爲本始，無異經言本有今無，本無今有。本若是有，今則是無。本若是無，今則是有。故今之與本，皆得名有，皆得名無。此文意終爲明無本無今義，故下文即結言三世有法，無有是處，故知三世皆不得言有，但今假名説故，本有今無，本無今有。通生死涅槃，皆是有無，若悟假名，論有論無，至竟終是無有無無，故言三世有法，無有是處，何異説新故、本始至竟終是無有新故、本始義耶。當知，説新故本來指新爲故，指故爲新。本始亦爾，指本爲始，指始爲本。指始爲本故，此本是始本。指本爲始故，此始是本始。本始非始，始本非本，故云至竟終是無本無始義也。

辨内外有無第七

今辨佛性内外有無義，此重最難解。或可理外有佛性，理内無佛性。或可理内有佛性，理外無佛性。今先辨理内外，次説有無。然由來亦言有理内外凡夫及内道外道，故信等五根未立者理外行心，名外凡夫。五根立者理内行心，名内凡夫。故言理内行心，理外行心，既有此語，亦即是理内外義。但舊師等不甚分明作此名教耳。經言：復次道有二種，一外，二内，外道道者無常無樂，内道道者有常有樂。菩提解脱亦復如是，聲聞菩提無常無樂，諸佛菩薩所有菩提常樂我淨，解脱亦然也。問：菩提只是道，何故兩出耶。解云：菩提者是所行之道，先明道者是能行之道，能所爲異也。又若言一切諸法有生滅者，皆是理外，悉屬外道。若一切諸法無生滅者，皆是理内，則屬内道。故今明發心悟不生不滅，如般若中所辨，名爲内道也。分理内外竟。

今次，明佛性之有無。問：爲理外衆生有佛性，爲理内衆生有佛性耶。答曰：問理外衆生有佛性不，此不成問。何者。理外本自無有衆生，那得問言理外衆生有佛性不故。如問炎中之水，本自不曾有，何得更問炎中之水從何處來。是故理外既無衆生，亦無佛性，五眼之所不見故。經云若菩薩有我相、人相、衆生相，即非菩薩。是故我與人乃至今人無有佛性。不但凡夫無佛性，乃至阿羅漢亦無佛性。以是義故，不但草木無佛性，衆生亦無佛性也。若欲明有佛性者，不但衆生有佛性，草木亦有佛性。此是對理外無佛性，以辨理内有佛性也。問：衆生無佛性，草木有佛性，昔來未曾聞，爲有經文，爲當自作。若衆生無佛性，衆生不成佛。若草木有佛性，草木乃成佛。此是大事，不可輕言令人驚恠也。答：少聞多恠，昔來有事，是故經言有諸比丘，聞説大乘，皆悉驚恠，從坐起去，是其事也。今更略舉愚見以訓來問。《大涅槃·哀歎品》中，有失珠得珠喻，以喻衆生迷故失無佛性，悟故得有佛性，故云一闡提無佛性，殺亦無罪也。又呵二乘人如燋種，永絶其根，如根敗之士。豈非是明凡聖無佛性耶。衆生尚無佛性，何況草木，以此證知，不但草木無佛性，衆生亦無佛性也。又《華嚴》明善財童子見彌勒樓觀即得無量法門，豈非是觀物見性即得無量三昧。又《大集經》云：諸佛菩薩觀一切諸法無非是菩提。此明迷佛性故爲生死萬法，悟即是菩提。故肇法師云：道遠乎哉，即物而真。聖遠乎哉，悟即是神也。若一切諸法無非是菩提，何容不得無非是佛性。又《涅槃》云：一切諸法中悉有安樂性。亦是經文。《唯識論》：識無境界。明山河草木皆是心想，心外無別法。此明理內一切諸法依正不二，以依正不二故，衆生有佛性則草木有佛性。以此義故，不但衆生有佛性，草木亦有佛性也。若悟諸法平等，不見依正二相故，理實無有成不成相。無不成故，假言成佛。以此義故，若衆生成佛時，一切草木亦得成佛。故經云：一切諸法皆如也，至於彌勒亦如也。若彌勒得菩提，一切衆生皆亦應得，此明以衆生彌勒一如無二，故若彌勒得菩提，一切衆生皆亦應得。衆生既爾，草木亦然。故知理通故欲作無往不得，是故得名大乘無礙。此是通門明義也。若論別門者，則不得然。何以故。明衆生有心迷故，得有覺悟之理。草木無心，故不迷，寧得有覺悟之義。喻如夢覺，不夢則不覺。以是義故，云衆生有佛性故成佛，草木無佛性故不成佛也。成與不成，皆是佛語，有何驚怪也。上來至此，明理外無佛性，理內有佛性也。

第二，明理外有佛性，理內無佛性。如《般若經》云：如是滅度無量衆生，實無衆生得滅度者。《華嚴》亦云：平等真法界一切衆生入，真實無所入。既言一切衆生入，當知是理外衆生入。而實無所入者，此入理內，無復衆生，故言實無所入。是知理外有衆生故得入也。如是滅度實無度者，亦作此釋。此至理內，實無衆生得滅度者。當知理內既無衆生，亦無佛性。理外有衆生可度，故言理外衆生有佛性也。然本有理內，故說理外。理內既無，理外豈復有耶。先則爲成交互辨義故，理外若無，理內則有。理內若無，理外則有。或時言內外俱有。或時說內外俱無。故經云：闡提人有，善根人無。善根人有，闡提人無。二人俱有。二人俱無也。問：那得作此不定説耶。答：此豈得有定。故《涅槃經》云：若有人説一闡提人定有佛性，定無佛性，皆名謗佛法僧。今既不欲謗佛法僧，豈敢定判。義中自有四句故，内外有無不定。所以作此不定説者，欲明佛性非是有無，故或時説有，或時説無也。問：若言定爲非者，不定爲是耶。答：若言不定爲是者，還復成定，定既非是，不定亦非，具如論破。但破定故，言不定有四句如前。若洗淨已，復不定而爲定，亦何得而無定耶。今只就不定爲定者，有理外衆生、理外草木，有理内衆生、理内草本。定何者有佛性，何者無佛性耶。若不定爲定説者，經中但明化於衆生，不云化於草木，是則内外衆生有佛性，草木無佛性。雖然，至於觀心望之，草木、衆生豈復有異，有則俱有，無則俱無，亦有亦無，非有非無，此之四句皆悉並聽觀心也。至於佛性非有非無，非理内非理外，是故若得悟有無内外平等無二，始可名爲正因佛性也。故《涅槃論》云：衆生有佛性非密，衆生無佛性亦非密，衆生即是佛乃名爲密也。所以得言衆生無佛性者，不見佛性故。佛性無衆生者，不見衆生故。亦得言衆生有佛性，依如來藏故。亦得言佛性有衆生，如來藏爲生死作依持建立故。

明見性第八

迦葉問言：云何諸菩薩能見難見性。師子吼問言：若一切衆生有佛性者，何故不見一切衆生所有佛性，十住菩薩以何等眼不了了見，佛以何眼而了了見也。《性品》答：見有二種：一者，十地，或言十住，名爲慧眼見，擧珠喻釋。二者，外道凡夫名爲信見，或如羊角，或如火聚等。《師子吼品》明慧眼見故，見不了了。佛眼見故，則了了。經文如此，判釋多言。十住菩薩方見佛性，猶如羅縠，九住以還未見佛性。但《華嚴經》云初發心時便成正覺，若如此者，初發心時則見佛性。

故一師云：《涅槃》所明十地，應是地前未

得真悟菩薩，故見性不明。而《華嚴》所明十地，從佛智慧出，此是真悟菩薩，故云初發心時便成正覺。但地論師據行位判行通位別：《涅槃》辨位別義，故菩薩位智猶未極，故十地菩薩見性不明，九地猶未見。《華嚴》明行通義，故云初發心時便成正覺也。又《涅槃經》云：十地菩薩但見其終，不見其始，諸佛如來始終俱見。諸師釋此文種種不同。或言：十地菩薩未斷無明，故言不見其始。而伏惑已周，去佛近，故言見終也。又云：十地菩薩，去終近，故云見終。去無明住地遠，故言不見其始。又云：十地去初地遠，故言不見其始，但見其終。佛既衆惑已盡，因圓果備，故云始終俱見。

一師云：因果本來不二，乃是無二無不二，故名爲不二。雖復不二，而開因果二。菩提心爲因，佛則是果，此是一重開也。又明果不可頓階，所以因中開爲十地，此是第二重開也。如是於一一地中，或更開爲三，乃至爲四，如初地先開爲十迴向，乃至十住等。斯則初地爲始，十地爲終。十地非初，故云不見其始。則是第十，故言見終。亦得對言初地見始不見終也。果既不開，所以始終俱見。此故是無始終始終，不見而見也。

會教第九

經中有明佛性、法性、真如、實際等，並是佛性之異名。何以知之。《涅槃經》自說佛性有種種名，於一佛性亦名法性、涅槃，亦名般若、一乘，亦名首楞嚴三昧、師子吼三昧。故知大聖隨緣善巧，於諸經中說名不同。故於《涅槃經》中名爲佛性，則於《華嚴》名爲法界，於《勝鬘》中名爲如來藏自性清淨心，《楞伽》名爲八識，《首楞嚴經》名首楞嚴三昧，《法華》名爲一道、一乘，《大品》名爲般若、法性，《維摩》名爲無住、實際。如是等名，皆是佛性之異名。故經云：無名相法，假名相說。於一法中，說無量名。於一名中，說無量門。以是義故，名義雖異，理實無二。

問：若理實無二，以何義故，說種種名。

答：若依名釋義，非無所以。何者。平等大道爲諸衆生覺悟之性，名爲佛性。義隱生死，名如來藏。融諸識性，究竟清淨，名爲自性清淨心。爲諸法體性，名爲法性。眇實不二故，名爲真如。盡原之實故，名爲實際。理絶動静，名爲三昧。理無所知，無所不知，名爲般若。善惡平等，妙運不二，名爲一乘。理用圓寂，名爲涅槃。如此諸義，如喻似何譬。如虚空、不動、無礙，有種種名。雖有諸名，實無二相。以是故，云名字雖異，理實無二也。

問：若言真如、法性並是佛性之異名者，經説真如、法性亦是空之異名，今未知佛性是二諦中第一義空不。若言是者，既言是空，那得以此爲佛性耶。會通諸經，使不相違，善則善矣，然新聞異響，未見深旨，一切諸人並皆同疑，願爲開示以遣疑滯也。答：《涅槃經》云：佛性者名第一義空。豈非是空爲佛性耶。若以空爲空者，非佛性也。故下文云：所言空者，不見空與不空名爲佛性。二乘之人但見於空，不見不空，不見佛性。故知於有所得人，不但空非佛性，佛性亦非佛性也。若於無所得人，不但空爲佛性，一切草木並是佛性也。問：若皆是佛性，不得言非。若非佛性，不可言是。有何所以，言一切並非，而復即言一切並是，豈非是過分答耶。答：至論平等佛性之理，非空非不空，非有非不有，非法性非不法性，非佛性非不佛性也。以一切並非故，能得一切並是。何者。平等之理，以非空有故，假名法性。非不空有故，假名空有。以非法性故，假名佛性。空有非不法性故，假名法性。以非佛性故，假名法性。空有非不佛性故，假名佛性。當知，平等大道無方無住故，一切並非。無方無礙故，一切並得。若以是爲是，以非爲非者，一切是非並皆是非也。若知無是無非是，無非無不非，假名爲是非者，一切是非並皆是也。故知上來十一家所説正因，以是爲是故，並非正因佛性。若悟諸法平等無二，無是無非者，十一家所説並得是正因佛性。

料簡第十

然料簡中應論得失義。若本來清淨，何因緣故失。本既不失，今云何失。若後失者，先亦應失。先既清淨，後亦應淨。答：此義者，如第九卷説解純陀疑差別無差別義。若廣辨者，備舉《涅槃》一部來解釋，猶亦不可盡。此義不可卒了，且待後問也。

一乘義三門

一、釋名門　二、出體門　三、同異門

釋名第一

一乘者，乃是佛性之大宗，衆經之密藏，反三之妙術，歸一之良藥，迷之即八軸冥若夜遊，悟之即八軸如對白日也。釋名者，唯有一理，唯教一人，唯行一因，唯感一果，故名爲一。《法華論》云：一謂同義，如來法身、聲聞法身、緣覺法身，三乘同一法身，故名爲一。乘者，運出爲義。運出有三種。一者，以理運人，從因至果，如《大品》云：是乘從三界出，到薩波若中住。二者，以德運人，如《法華》云：得如是乘，令諸子等喜戲快樂。三者，以自運他，如《涅槃》云：乘涅槃船，入生死海，濟度群生矣。

出體第二

一乘體者，正法中道爲體。《攝論》云：性乘、行乘、果乘。《中邊分别論》云：乘具五義：一、乘本，謂真如佛性。二、乘行，即福慧等。三、乘攝，謂慈悲等。四、乘障，謂智障無明。五、乘果，即佛乘也。《唯識論》云：乘，三體，六義。三體者，一自性，二乘隨，三主得。六義者：一體如，空出離四謗。二者因，謂福慧。三者，攝一切衆生。四者，境界真俗。五者障，即皮、肉、心。六者果，謂無上菩提。《十二門論》云：乘具四事：一者，乘本，謂諸法實相。二者，乘主，由波若導萬行得成。三者，乘行，餘一切行。四者，果，謂薩婆若。《法華論》云亦明三種：一者，乘體，謂如來平等法身即是佛性。二者，乘果，謂如來大般涅槃。三、乘緣，即是六度了因。此猶三種佛性。不説果果性者，果果性屬果門，境界性者屬因門故。廣説有五，略説唯三也。

問：乘以何爲體。答：經論雖種種説，不過三種，謂理、行、果。今以正法爲體。問：理是不動，云何名運出耶。答：以其不動，故能令衆生運出。别而論之，順忽爲運，得無生忍爲出。通論一一皆運出。因乘自運運他。果乘與理乘，自不運而能運他。問：此經明乘，正以何爲體。答：若就因果用，以果爲宗。若就正法體，即以正法爲宗。今明若因若果皆正法故運，故以正法爲宗。有人言此經萬善爲乘體，有人言以果萬德爲宗，有人言境智爲宗，今明就用，非無此義，而不得乘深體，故以正法中道爲經宗，爲一乘正體。

問：三論學者恒彈有所得義，云何稱用異説耶。答：若言破相爲宗，是有所得義。今申無所得。諸師義皆得皆非，得用不得體，異執永消，同歸一極，無執不破，無義不攝。巧用如甘露，拙服成毒藥也。

問：《大品》明理教行果四乘，與今何異耶。答：彼經不明開權，與此爲異。問：《勝鬘》《法華》何異。答：《法華》會三乘，爲漸悟菩薩説，正對三乘。《勝鬘》爲頓悟菩薩説，不對聲聞、緣覺，但對人説，與此爲異。問：若爾，《法華》究竟説，何故須《涅槃》教。答：失心子須《涅槃》，不失心子不須《涅槃》，但爲鈍根衆生故説。是以大通智勝佛、燃燈佛不説《涅槃》，利根衆生故。又此經明三事：一車，二牛，三儐從。車，因果、萬行、萬德。牛亦通因果。中道正觀離斷常垢，爲白牛。由正觀故，引萬行出生死，此即婆若導成萬行。問：波若是乘，云何喻牛耶。答：一法兩義，引導如牛，運義如車，餘不爾。運出，故有車義。無引導之能，故無牛義。界内爲儐從，果地牛者，真慧爲牛，六通無垢爲白牛。駕遊五道運出衆生，儐從者，即界外因爲儐從。

問：此經未明正因佛性，此義何耶。答：此人不得經味，《法華論》云七處明正因性，今略出四處。諸法從本來，常自寂滅相。此明自性住佛性。又云：同入法性。此是佛性之異名。又云：開示悟入佛之知見。論釋知見明佛性。普賢菩薩及授惡人記，有正因性故。

問：有人言，此經未明常住，此義云何。答：此是小乘氣分。此經諸法從本來，常自寂滅相，此是法常住義。常在靈鷲山，明人常義。我淨土不毁，此名依、報常義。依報、正報、人、法皆常，云何是無常耶。依論釋《壽量品》文，三身壽量，法、報二身是常。

問：有人言遣三而一存，此義爲得。答：此是有所得義。《大品》云：非三非一，故名大乘。此經不可示，言辭相寂滅，此以超四句，百非洞遣。强説明乘，三一爲二，非三非一爲不二。二不二爲麤，非二不二爲妙。二不二非二非不二爲麤，言忘慮絶爲妙。

三一開會，凡有十門：一者開三顯一，二者會三歸一，三者廢三立一，四者破三明一，五者覆三明一，六者三前明一，七者三中明一，八者三後辨一，九者絶三明一，十者無三辨一也。

開三顯一者，開昔三乘是方便，示今一乘是真實，故云開三顯一也。會三歸一者，會彼三行，歸一佛乘，故云汝等所行是菩薩道也。廢三立一者，廢昔三教，立今一乘教，故云於諸菩薩中，正直捨方便，但説無上道也。破三明一者，破其執三異之情，以明一乘之道也。覆三明一者，如來趣三一兩緣，當有三一之教，昔則以三覆一，今則以一覆三。三前明一者，未趣鹿苑説三之前，寂滅道場已明一實之教，謂三前明一也。三中明一者，從趣鹿苑，説於三乘，佛乘第一，緣覺第二，聲聞第三，謂三中明一也。三後辨一者，三乘之後，《法華》教門以會彼三乘，同歸一道，謂三後一也。絶待一者，如無言世界，外則無言無示，內則無慮無識，故不論一三而已。即此爲佛事故，則復是一。故云絶待一也。無三辨一者，如香積佛土，彼土無有二乘名字，謂無三辨一也。但有清淨大菩薩衆，謂有一也。前之五種，就義論一。後之五種，約時處，諸文不同，教門差別，故開五也。

問：云何名會三歸一。答：若識會三歸一，先須知開一爲三。開一爲三者，昔指大乘之因説爲小乘究竟之果也。今還指小乘究竟之果即是大乘之因，故名會也。

問：小乘人謂是究竟，爲是迷因，爲是迷果乎。答：實是大因，謂是小果，故是迷因也。

問：以何義故明一乘是三乘中佛乘，復以何義明一乘非是三乘中佛乘耶。答：若明三乘，攝出世乘盡，故對二乘之方便，明佛乘是真實。故文云：唯此一事實，餘二即非真。所以明一乘是三乘中之一也。就佛乘中，復開真、應。昔爲二乘人説佛方便身，故佛乘是方便身。則以今教明佛身是真實，故真實之乘異方便。佛如師子坐長者，異著弊垢衣長者。是以約今昔兩教，明佛有權實不同，是故一乘非三乘中之一也。

問：此經中始末，或言：佛以方便力，示以三乘教。則三乘並是方便。又云：唯此一事實，餘二則非真。則二是方便。兩文相違，何以會通耶。答：此二文猶是一義，無相違也。於一佛乘，方便説三。次云：一乘是實，二是方便。如人手內實有一菓，方便言三菓，次第論者，一菓是實，二是方便，故方便説三及二是方便，猶是一義，不相違也。

問：爲會三歸一，爲會二歸一。答：此亦是一義。《智度論》云：於一佛乘，開爲三分。如人分一斗米爲三聚，亦得合三聚爲一聚，亦得言會二聚歸一聚。會三、會二，猶是一義，不相違也。若究竟爲言，中道爲宗，論云性乘。若就用爲談，萬善爲乘體。萬善之中，以般若爲體。報、習兩善，取習因爲乘體，報因住生死不取。問：若爾，不應會人天五乘爲一乘。答曰：人天是報果，而此乘體，有習因義，故會，乃是增上緣義。別而爲論，有漏善非乘體，無漏善爲乘體。乘有二種，有漏善爲遠乘，無漏善爲近乘。乘有二種，一者動乘，二者不動乘。萬行爲動乘，如來藏佛性中道爲不動乘。

問：乘以運出爲義，中道佛性不運出，云何名爲乘體。答：以其不動，故能令萬善動出，亦令行者動出生死，住彼涅槃，故名爲乘。小乘初教，以果爲乘，故言三車在門外，此是盡無生智果。大乘因與果爲乘。問曰：若大乘因果爲乘者，何故經言於佛果上更無説一乘法事。答曰：此約自不運義，不言不運他。

次同異第三

有人言：因成假爲乘用，一善不滿，不成乘用，故合爲萬，方有運用，例如櫟椽等，非假則無有用。二云：相續爲用，若實法念念自滅，無有運用，故言相續爲有用。三云：相待爲一，此中果一故因一，善既衆多，以此一果一於萬善。今明萬善悉有運出之義，亦如百流一一自有向海義，不以海一故百流爲一。問曰：若非因成有力，復非相續，云何一念實法善有運出耶。答曰：以不運爲運，不續爲續，故終是相待爲本，是以相待有乘用。

次引經文。問曰：經云：十方佛土中，唯有一乘法，無二亦無三。云何名無二無三耶。答曰：有人言：無二者無聲聞、緣覺二，無三者無偏行六度菩薩。又昔三乘皆是方便，今教別有一車異昔三也。問：何以然。答：經云：佛以方便力，示以三乘教。通以三爲方便。則以三爲方便，則以一爲真實，則會昔三乘歸今一實也。又云：願賜我等三種寶車。昔既索三，今便賜一，故索所不與，與所不索，則知別有大車異昔三小。以文理推之，則有四車也。

評曰：三車四車，諍論紛綸，由來久矣。了之則一部可通，迷之則八軸皆壅。今以八文徵之，三者，偈云：唯此一事實，餘二則非真。唯此一事者，即一佛乘實也。餘二則非真，緣覺、聲聞，此二非真也。則以偈文釋長行無二無三意。佛恐像、末鈍根尋經不解，故轉勢頌之，令焕然易悟。

第四文云：諸佛語無異，唯一無二乘。全同前矣。

第五文云：但以一乘法教化諸菩薩，無聲聞弟子。此文最分明。既云但以一乘教化菩薩，則有菩薩也。無聲聞弟子，則無餘二乘也。

六者，《信解品》云：密遣二人。

七者，《化城喻品》云：世間無有二乘而得滅度，唯一佛乘而得滅度耳。

八者，偈云：唯有一佛乘，息處故説二。諸文甚多，略舉八證。此釋既非，則四乘義謬，會三亦失。

復有人言但有三乘，會三歸一者，歸三中佛乘，非三外別有一也。評曰：若但有三乘，不違方見此釋爲謬。

第一文云：如來但以一佛乘故，爲衆生説法，無有餘乘，若二若三。此文次第列三乘也。但以一佛乘者，謂佛乘爲第一也。無有餘乘，若二若三者，無有緣覺爲第二，聲聞爲第三。以此文詳之，則唯有三車，則執四爲謬矣。問曰：經常列三乘，不作次二次第，今何以然耶。答曰：以佛乘爲第一，緣覺爲第二，聲聞爲第三，此從上數至下，豈非次第耶。問曰：何故作此次第耶。答曰：此正判三乘有無義也。初句明唯有一佛乘。次句無二無三，明無餘乘，以唯有一佛乘故。佛乘爲實，無二無三故，二乘爲方便也。又《普門品》中，亦列佛乘爲初，次及緣覺，後明聲聞，與今同矣。

第二文云：尚無二乘，何況有三。大論舉況者，皆舉勝以況劣。若言第三是偏行六度菩薩者，昔三乘中，佛乘爲勝，二乘爲劣。若言第三，乃應舉三況餘二，云何舉二況第三耶。

八證。尋經首尾，復害六文。佛以方便力，示三乘教，則知三乘皆是方便，云何會二方便，歸一方便耶。又云：於一佛乘，分別説三。又云：於一佛乘，隨宜説三。又諸子索三，父皆不與，明無三可趣索，有一以賜機。若三中之一是實有者，諸子無所索，父無所賜也。又虛指門外，明有三車，諸子出門，無三可見。若三中之一是實有者，父非虛指，子出應見。又三中之一是實者，則會二歸一，不名會三歸一。

問：立四則違八證，辨三復害六文，請會通之，令無豪滯。答：世間淺識言不相違，況復一切智人説應鉾楯。又如來説八萬法藏乃至塵沙法門，尚無二言，況一經中應有兩説。以此推之，是知失在學人，何復敢嫌大聖。今所明者，八證六文猶一意耳，且會二文，餘皆可領。一云方便説三，次云唯一是實。餘二非實者，唯一佛乘，欲引導衆生故，方便説三。考實而言，唯一佛乘是實，餘二非真。是故説三説二，猶一意耳。假設近喻以況遠旨，如父手中唯有一菓，欲引諸子説一菓爲三菓，考實而論，唯有一菓無二菓，是故二文無相違也。以三二既明，會義可領。晚見《法華論》釋十方佛土中尚無二乘，何況有三。與今意同。論云此是遮者，明無二乘涅槃，唯佛究竟無上菩提有大涅槃耳。此但明無有二乘，唯有佛乘，不言無偏行六度菩薩，故光宅失旨也。

次論四句。問：會三歸一、破三歸一、開三顯一、廢三立一，有何異耶。答：會三歸一者，乃會教、會行、會緣。言會教者，昔開三乘、五乘之教，並爲顯一道。所表之道既一，能表之教亦復言一。故一切教皆名大乘教也。會行者，汝等所行，是菩薩道，如來昔説有三行者，爲趣一道，故令修三行。所期之道無二，能趣之行豈三耶。所言會人者，如來出世，本爲教菩薩，不教餘人。三所行既是菩薩道，能行之人皆成菩薩也。故文云但爲教菩薩，無聲聞弟子。會教正是一時。會行及人，遠令至佛也。

問：會有幾種。答：自有融會稱會，自有會歸稱會，如向明也。融會稱會者，既會三歸一竟，緣即疑云：三若歸一，何故説三。是故釋言：昔以方便故説三，今以如實故説一。此是融會今昔三一之義，亦名會也。若是會歸之義，正就三行。融會之義，宜就教門。所以然者，若會三因同歸作佛，如是之義，會行爲正，不用教門作佛故，教非會歸也。問：有人言此經未明佛性，但明緣因，復言覆相明常，此義云何。答：乃是《成論》淺悟之徒，有如此失，值大寶而不取，遇深經而不求，豈異弱喪與窮子反走於舍宅。此經云：常在靈鷲山，常在此不滅，劫火燒盡時，我淨土不毁。既言依、正兩報常住，又《法華論》云釋《壽量品》文有法身壽量、報佛壽量、化身壽量，豈非常耶。又處處明法性，法性是佛性之異名。身子言我等同入法性，云何如來以小乘法而見濟度。又《方便品》初明佛知見即是佛性。乘有三種，理乘即是中道佛性，行乘即是緣因佛性，果乘即是果佛性。因因性境界性屬正因，果果性屬果性，故不開五性也。

索車義第二。問：爲是三人索三，爲是二人索三耶。答：舊經師云三人索三車也。何以知然。下文云：爾時諸子各白父言：願賜我等三種寶車。故知三人索三。又所以索三者，實無三乘，但昔於一佛乘方便説三，以是方便行，所以索也。評曰：今以十義推之，不應有三人索也。一者，本以三車譬於三果，故云今此三車，皆在門外。二乘人出門外至許車處覓果不得，可言索果。菩薩之人未至許處覓佛果不得，何有索佛果耶。答曰：原索意者，本爲昔有今無，是故索耳。若今昔俱有者，必不索也。尋大小乘經始終，皆明佛乘是有，如初教明佛乘是有，至《法華》亦明佛乘是有，以始終明佛乘是有故不索也。問：乘以何物障。答：《大論》既以六度爲大乘體，六弊即是障也。若取乘出義，即著生死以爲障。若取乘廣大義，即以狹劣爲障。若以出世無所得六度故能動出，即以有所得六度爲通障，六弊爲別障。譬中云三車在門外者，此總相説耳。依昔義者，二車在三界正使門外，佛果在習氣無知門外。二乘人以正使限域爲門，佛以無知習氣限域爲門。昔説二乘人盡無生智在三界正使門外，今二乘人斷正使盡而不見車，是故索耳。昔説佛果在習氣無知門外，今菩薩斷正使盡，習氣無知即盡，即便成佛，亦無索也。問：何時索車耶。答：舊云得羅漢已後，《法華》之前有索。又難：若未説《法華》，已生疑者，身子得果竟，應言我今自於智，疑惑不能了，爲是究竟法，爲是所行道，豈待《法華》方有。此釋索故，今明待《法華》方索也。

次，論一乘壽量果。有人言未明常住。又難：若度五百而未常，亦應未度五百即應是常。若未度非常，則已度是常矣。又經云佛度五百而言未度者，佛昔明度三百亦應未度。若昔言度三百，佛實度者，今亦應實度五百也。若順經故，遂度五百，則已免三相，何事非常。今所釋者，《壽量品》亦具明三身。《法華論》云：王宮現生，伽耶成佛，名爲化佛。久已成佛，乃至復倍上數，故名爲報佛。如實知見三界之相，無有生死，若退若出，明法身佛。

但三身不同。若《法華論》明三身者，以佛性爲法身，修行顯佛性爲報佛，化衆生義爲化身。若《攝大乘論》所明，隱名如來藏，顯名爲法身耳。此二皆名法身。就應身中自開爲二，化菩薩名報身，化二乘名化身。或云：化地上名報身，化地前名化身。《地論》《法華論》是菩提留支所出，《攝大乘》是真諦三藏所翻，此三部皆天親之所述作。而明義有異者，或當譯人不體其意。今欲融者，會衆經及論，或二身或三身或四身，今總束爲四句：一、合本迹，如《金光明經》但辨一本迹也，故云：佛真法身猶如虚空，應物現形如水中月。二、開本開迹，如此大凡論明有四佛，開本爲二身：一法身，二報身。法身即佛性，報身謂修因滿。迹爲二身，化菩薩名舍那，化二乘名釋迦也。三、開本合迹，如《地論》《法華論》所明，開本謂二身，謂佛性是法身，佛性顯爲報身。四、開迹合本，如《攝大乘論》所明，合佛性及佛性顯皆名法身。開迹身爲二，化菩薩名舍那，化二乘名釋迦。此皆經論隨義説之，不違，亦皆不體其意故起諍論耳。若常無常者，别而爲言，法、應二身爲常，化身無常。通而爲言，三身俱常俱無常。化身以大悲爲體，故是常。法身有隱顯故，義説無常。應身始起，義是無常。《金光明經》云應、化二身無常者，開迹合本。

問：三身有幾名耶。答：經論不同，法身、舍那身、釋迦身，亦名法身、報身、化身，亦名法身、應身、化身，又名佛所見身、菩薩所見身、二乘凡夫所見身。法身亦名自性身，又名法性身。問：若如是者，應有六身八身，應有一佛身，本迹二身，何故但明三身耶。答：依《法華論》，二身爲自德，化身爲化他德。《攝論》法身爲[三]自德，二身爲化他德。若爾法身爲自德，化身爲化他德，應身亦自亦化他，故立三身。亦可法身爲體，報身爲相，化身爲用。體、相、用故，立三身也。

涅槃義三門

一、釋名門　二、辨體門　三、八倒門

涅槃者，蓋是安心之本宅，凡聖所同歸，故肇公云：九流於是乎交歸，群聖於是乎冥會。諸方等經，亦盛談此説。摩訶言大、多、勝。而大有二種，教大、理大。理大者，文言。所言大者，名之曰常，莫先爲相。

涅槃，有二家：一云有翻，二云無翻。無翻有四家：一云：佛在西國涅槃，東土無有此語，故無翻。二云：涅槃一名含於衆名，其猶一音含無量音，故一音説法，以異類各解。三曰：涅槃一名含於衆義，故有常樂我淨等。四云：涅槃一名不含衆名，亦不含衆義，但以涅槃一名通名諸法，其若先陀波，一名四實，同無翻。有翻六家，一云無爲，二云無累，三云解脱，四云寂滅，五但云滅，六云滅度。若言涅槃不翻者，漢地衆生應無利益。二者，《大本》云：大覺世尊將欲涅槃。六卷當此文處，云：大牟尼尊今當滅度。經既有翻，云何不翻。今同有翻第六家。但彼一向有翻。今明相待涅槃有翻，絶待涅槃不可翻也。光宅云：法滅、人度。今明若人度，法亦應度。生死涅槃，人法俱有，亦應言人滅、法度。開善云：滅度之名皆目無法，度言永滅。今明若凡夫滅不永滅故不明度，暫滅故名滅，亦應言暫度故名度。靈正云：滅主於無，度目有法。舉斷德，目妙有。圓體不生煩惱爲涅槃。今明若不生煩惱名涅槃者，不由智滅而名涅槃耶。今明涅槃離[三]四句，中道正觀永勉爲正度。將人帖之目人，將法帖之目法。至論度，非人非法，此是正度。而此正法，離有所得而假名義名爲正度。涅槃無名，强爲立名也。

辨體第二

靈正云：涅槃體者，法身是也。尋此法身，更非遠物，即昔神明成今法身。神明既是生死萬累之體，法身亦是涅槃萬德之體。今明不然，以用爲體，不及涅槃深體。今以中道正法爲涅槃體。開善云：總明萬德體無累爲滅度，而經初明三德者，簡異昔日二種涅槃：有餘時，身智在，解脱不滿。無餘時，解脱滿，身智不在。今日涅槃，身智在，解脱滿。三德之中，法身爲體，波若、解脱爲用。今明萬德三德爲體者，離此無别涅槃用望。若言法身爲體，無有萬德，云何是涅槃體。今明涅槃體者，正法爲體，而正法絶能所、四句、百非。故《中論·涅槃品》云：有亦非涅槃，無亦非涅槃，亦有亦無、非有非無亦非涅槃，無得無至。無得者，非因果所得。無至者，無處可至。開善云：凡夫不會不冥，初地以上亦會亦冥，佛果冥而不會。又云：金剛以還，會而不冥，佛果亦會亦冥。今明若初地以上冥義，應常，亦常亦無常俱有。若佛果冥一者，爲智一，爲境一，一何所目。若智成境者，無智耶。彼云：至亡彌存，至亡義成一，彌存義度衆生。彼云：初地以上稱境，而智是會義而有。無當。方所不得冥一。佛果萬累永絶，無有方所故冥。若成一者，無有度衆生義，彌存不成。今明波若無知故冥，無所不知故彌存。爲緣故冥，爲緣故彌存，非定有冥存。《地論》云性淨、方便淨涅槃。性淨涅槃是本有理顯現，名性淨涅槃，緣修萬德名方便淨涅槃，二涅槃體别異。今明二涅槃體無别，非一非異，非亦一亦異，絶四句爲涅槃體。成實師云：本有、始有，涅槃體一。若一者，爲始有一，爲本有一。何處離本有、始有，别有涅槃一也。今明於本有諂始有，始有諂本有，非離本有有始有，非離始有名本有，離四句名本有始有二涅槃體也。地論師性淨涅槃有二種解：一云本有萬德。二云本無萬德，但是萬德體，故言萬德。問：修成涅槃假有萬德，正法涅槃有萬德不。答：若有亦非，無亦非，四句皆非，故言無受名涅槃，五種不受名五不受三昧。問：地論師性淨涅槃，成論師本有涅槃，今日正法涅槃，有何異耶。答曰：地論師阿梨耶識，攝論師阿摩羅識，成論師成佛理顯現名爲法身，定是有法故，以常爲經宗。今明中道爲佛性，中道有何隱顯。若以常爲經宗者，《大論》云：無常一邊，常爲一邊。非是常爲究竟。純陀哀嘆，對生死苦無常，明佛果常樂。至後迦葉，涅槃非常非無常，非有非無，非因非果。今明四句百非洞遣爲涅槃體，常無常是用，諸法師但得其用，不識深體。

但解涅槃不同，外道三師，小乘二説，方等四計。檀提婆羅門計於此身即是涅槃，蓋明欲界爲涅槃。阿羅羅仙人計無想爲涅槃，此計色界爲涅槃。欝頭藍弗計非想爲涅槃。三外道以三有爲涅槃。小乘二師者，毗曇計無爲爲涅槃，是常，是善，本有，在煩惱外，斷煩惱起得，得之屬於行者。《成論》明涅槃但是無法。大乘四種：一明：涅槃是妙有爲體，是世諦法。二云：以空爲涅槃，即是實相名第一義諦。三云：涅槃非真非俗，出二諦外。四云：超出四句方是涅槃。唯四師大明二義。《成實》明本有、始有。地論師性淨、方便淨。攝論師四種涅槃：一本性寂滅涅槃。二有餘。三無餘。四無住處涅槃，法身故不住於生死，應、化二身故不住於涅槃。

次用無我真如理。又三無性理，名無住處涅槃，諸師同釋。涅槃備於三德，謂法身、般若、解脱。所以三德爲涅槃者，略有四種義：生死與涅槃相對，生死有三障，謂煩惱、業、苦。對報障故名法身，對業障故辨解脱，對煩惱障説於波若。二者，欲顯如來三業自在，有法身故身業自在，具波若故口業自在，有解脱故意業自在。三者，無境不照名爲波若，無感不應名法身，無累不盡稱解脱，故三德爲宗。四者，爲對二乘三德不圓，有身、智，解脱不足。解脱亦圓，則無身、智，故名如來三德圓備。《成論》云：佛果名妙有。若爾應是妙爲。若妙故非爲，亦妙故非有。彼云：有是法體，爲即是相。佛果是法體之有，已離生滅相故，非是有爲。竝云：若涅槃離相故非爲者，亦應離始故非生。若始起故名生，亦始起故名爲。又竝：若有而非爲，亦應爲而非有。

成論師云有四種生死：流來生死，分段生死，八地已上變易生死，七地中間生死。攝論師云有七種生死三界分段爲三種。變易有四種：初、二、三地爲方便生死，四、五、六地爲因緣生死，七、八、九地爲有有生死，第十地名無有生死。《夫人經》言：有漏業因四住爲緣，感分段生死。無漏業因無明住地爲緣，感變易生死。今言方便生死即是無明住地，因緣生死即是無漏業，有有生死即是生住二相，無有生死即是滅相。若通而爲論，一一地皆具四種。

地前三阿僧祇，地地三阿僧祇，三十三阿僧祇，今望經論無定。若言無量阿僧祇是小劫，言三十三阿僧祇是中劫，三阿僧祇劫成佛是大劫。有人言：從初發心斷五住煩惱，同麤同細。又言：地前斷四住煩惱。又攝論師：地前伏四住上心，初地已上方斷種子。成論師明地前伏見諦，初地斷上品，二地斷中品，三地斷下品盡，四地斷修道上品，五地斷中品，六地斷下品盡，七地斷習氣，八地已上斷無明三品盡。今明十信伏見一處住地，十解伏欲愛住地，十行伏色愛住地，十迴向伏有愛住地，初地初心斷四住地盡，初地已上斷十重無明。《地持論》云：二障三處過，地前一向伏，初地至十地，斷煩惱障盡，從初地斷智障，至金剛心斷智障習氣。

問：與他家何異耶。答：他家生死在此，涅槃在彼，衆生在生死，佛在涅槃。今明生死即涅槃。故《中論》云：若求如來性，即是衆生性，求涅槃性，即是世間性。故經云：明、無明，愚者謂二，智者了達其性無二。若捨生死別取涅槃，是爲愚人，不離生死。若知生死與涅槃無有差別，方得涅槃。他家前有煩惱，後起智慧斷彼煩惱。內外大小乘皆言有煩惱生而今斷滅，即煩惱不滅。今求煩惱，本自不生，今亦無滅。若能如是知，前念爲無礙，後念爲解脱，故能斷惑。外人見煩惱不煩惱二，即同明、無明，愚者謂二。今明煩惱不煩惱本無二相，故能斷惑。

問：何以得知地前爲分段，初地已上爲變易耶。答：《涅槃》云：初地菩薩破二十五有，得金剛三昧。《法華論》云：初地以上有無雙照，受變易身。若迴小入大聲聞，從初發心受變易果報。

問：成論師云一向無實行聲聞，此義爲理不耶，彼言《夫人經》云三乘初業不愚於法故。答：此義不然，一切經論皆有聲聞，《法華經》中，内秘菩薩行，外現是聲聞者，權行聲聞，故權實二種聲聞。《夫人經》不愚於法者，是利根人，非是鈍根能爾也。

八倒第三

問：經明三修八倒，何等是三修比丘耶。答：三修者，一常無常，二苦樂，三我無我。常者凝然也，無常者遷流。樂者怡愈，苦者逼惱。我者性實，無我者不自在。通稱修者，習義也。

然此三種相對合辨，名爲三修。離説即是六修。若具足而應是四修，離即八修，謂淨不淨。所以除淨不淨，但明三修六修者，不淨觀是遠方便。因中除不淨觀，故果中除淨觀。若對治八倒，應辨八修。因中苦、無常、無我、不淨，果上取常、樂、我、淨，故八修。有人言六修皆是俗觀。又言：果上三修一向俗觀。因中前三修是俗，無我是真。今明通皆是俗，皆是真。八倒者，前倒常樂我淨。外道時起四倒，謂常倒、樂倒、我倒、淨倒。佛破四倒，故説無常、苦、無我、不淨。比丘佛果上更起苦、無常、無我、不淨，更起後四倒，謂無常倒、苦倒、無我倒、不淨倒。前倒、後倒合論，故有八倒。外道起生死，計有常、樂、我、淨。佛初説四諦破四倒，説生死中但有苦、無常、無我、不淨，無有常、樂、我、淨。比丘聞此，非但生死苦、無常、無我、不淨，佛果亦苦、無常、無我、不淨，起後四倒。故《涅槃》云：但生死苦、無常、無我、不淨，佛果是常、樂、我、淨。破其佛果苦、無常、無我、不淨，故有八修八倒。若外凡夫起八倒者，是見諦煩惱。若學人起八倒者，是修道煩惱。若羅漢起八倒者，是界外煩惱。

八倒體者，謂三倒是也。一心倒，二想倒，三見倒。謂一切心了別是心倒，一切心想像皆是想倒，一切心決了名見倒。今所用也，生死中四倒：正迷生死無常、苦，傍迷佛果常、樂。果上四倒：正迷佛果常、樂，傍迷生死無常、苦。所以然者，計生死常，非但不識無常，亦不識常。計佛無常者，非但不識常，亦則不識無常。

問：若計常者正迷無常，傍迷常法。計無常者正迷常，傍迷無常者，得言解無常之解即解常，解常之解即解無常不。答：惑性浮慢，得言一惑兩迷。解性不漫，解無常解不解常，解常之解不解無常。起倒人者，外凡夫人起前四倒，入内凡位不復起之。後四倒者，入内凡位乃至羅漢起之。《智度論》云：三倒生時，前起想、心，後起見倒。此從輕至重。斷時，前斷見倒，後斷想、心。

四倒體者，《婆沙》云：以慧數爲體，前倒是凡夫，後倒是聖，合論具八倒也。外謂無常見常爲倒，無常見無常不倒。今依《中論》，倒與不倒皆倒。前後八倒，前後八行皆倒，故十六倒。常、無常、亦常亦無常、非常非無常，四句皆倒。我、樂、淨皆四句，皆生死十六倒。佛果上苦、無常、無我[四]各四句，合十六倒。并合三十二倒。

問：前明斷伏，以何文證初地斷見諦與思惟。答：《十住論》云：初地斷見諦盡，又斷三界思惟。問：以何文證初地以上斷十重無明。答：《相續解脱經》云：斷二十二愚。初地斷二愚，第十地斷二愚，金剛心斷二愚，合爲二十二無明。《攝論》云：斷十重無明，初地斷凡夫性無明。問：何意初地斷凡夫性無明。答：地前猶有習故，離二種我，未真證生、法二空。初地以上，真證生、法二空。凡夫性無明開爲二：一者障一切法無明，二者潤三惡道無明。

問：何爲人斷伏耶。答：内凡夫伏惑，聖位斷也。有人言：十解，六心爲外凡夫，七心以上名内凡夫。今明若就位退爲論，十信，六信爲外凡夫，七信以上名内凡夫。若就發心爲論，未入十信名外凡夫，十信初心名内凡夫。問：爲空智斷，爲有智斷。答：經云：佛爲增上慢人説斷煩惱，實不斷也。又經云：斷何者是也。若言有煩惱，不能斷。無煩惱，何所斷也。若言斷者爲見惑斷，若見惑斷者，即明闇並，云何斷煩惱。若不見懸斷者，天竺燃燈，振旦闇皆破。如此推之，即畢竟不斷。如此了悟，即是斷也。有所得人，空解斷，有解不斷。今明有所得人，空有俱不斷。無所得，空有俱斷。自有中伏假斷，如求性有無不可得故名非有非無，但伏性有無，猶未斷也。次明假有假無。即性有無始斷，既識假有假無，知畢竟無有定性有無，故名假斷。次云假伏中斷者，對性有無，説假有無，以伏性有無，故云假伏。悟假有不有，假無不無爲中道，前性有無惑斷故，名假伏中斷。亦得假伏假斷、中伏中斷。如識假有無，即性有無永斷，名爲假斷。自有識假有無但伏性也。

問：金剛心斷惑盡耶。答：開善云：佛地斷惑盡。《夫人經》云：佛智所斷，佛菩提智所斷。今明金剛心斷惑盡。《夫人經》云斷者，解脱道遮未來不生，正是金剛心無礙道中斷。

問：得言地前爲無礙，初地爲解脱不。答：開善云爾，今謂不然。初地自開爲無礙、解脱。

問：金剛爲轉，爲謝耶。答：《毗曇》則謝，《成實》則轉。金剛若謝，别有佛果，云何波若變名薩波若。轉金剛成者，云何轉無常而後常。今所明者，應有轉謝及不轉不謝。若了悟金剛本不生滅，即金剛是佛，故不轉不謝。經云：一切衆生本來寂滅，不復更滅。於妄謂之心，息生滅之見，故名爲謝。得了悟之者，爲生滅，悟無生滅，故名爲轉。

大乘玄論卷第三

校勘記

〔一〕「生」，疑爲「性」。

〔二〕「爲」，底本作「德」，據校本改。

〔三〕「離」，底本作「雜」，據校本改。

〔四〕「無我」，疑後脱「不淨」二字。

大乘玄論卷第四

胡吉藏撰

二智義十二門

一、翻名門　二、釋名門　三、釋道門
四、境智門　五、同異門　六、長短門
七、六智門　八、開合門　九、斷伏門
十、攝智門　十一、常無常門　十二、得失門

然昔在江南著《法華玄論》，已略明二智。但

此義既爲衆聖觀心，法身父母，必須精究，故重論之。此義若通，則方等衆經，不待言而自顯。

具存梵本，應云波若波羅蜜、漚和波羅蜜，故此經云：智度菩薩母，方便以爲父。智則波若，度謂波羅蜜也。但翻波若不同。或言智慧，如叡法師云秦言智慧。或翻爲遠離，出《放光經》，則釋道安用。或翻明度，出《六度集經》。或翻清淨，亦出《大品》，叡法師用之。但波若具含智慧、明、淨、遠離等義，譯經之人隨取其一，以用翻之。波若以斷衆惑，遠離生死名相之法，故云遠離。明了無暗，故稱爲明。體絶穢染，名爲清淨。達照解知，名爲智慧。雖有諸義，多用智慧。

智慧單複，又名不同。或單名爲智，如《釋論》及此經稱爲智度。或但名爲慧，如《釋論》云波若，秦言慧。或俱翻智慧，衆經多爾。今詳會此意，義各有由。通而言之，則智爲慧，指慧爲智，雖廣略不同，體無異也。

翻爲慧者，凡有四義：一、欲分十度不同，二、開空有義異，三、明因果差別，四、就凡聖爲異。十度者，第六名波若，此翻爲慧。第十云闍那，此名爲智。問：闍那爲智，術闍翻爲何物。答：此云明，猶是智見之義耳。空有義異者，照空爲慧，鑒有爲智，故此經云：知一相門起於慧業，知種種相門起於智業。因果差別者，論云：因名波若，果反名薩婆若，薩婆若名一切智。則知，波若名之爲慧。慧名既劣，宜在因中。智則決了，故居果地。又佛照空有皆盡，加以一切。菩薩未窮，但名慧也。不得云：因中名智，果名一切智。亦不得云：因名智慧，果名一切智。但應言：因名爲慧，果名爲智。則於因果優劣義彰。凡聖異者，如《涅槃經》云：波若者，一切衆生，此名爲慧。慧義既通，則凡聖並有，如十大地中定慧之數。毗婆舍那，目之爲見，謂一切聖人明見理也。闍那爲智，通達決了也。

次，翻爲智，凡有三義：一者，慧名既劣，

智則爲勝，今欲稱歎波若，名爲智。二者，欲顯其名語便，如云智度，若言慧度則言不便也。三者，欲明智則是慧，名異體同故，隨舉其一。

次，合稱智慧，亦具三義：一、明波若具鑒空有，故名含智、慧，慧則照空，智便鑒有。二、顯波若通果及因，因中波若爲慧，果地波若爲智，故三德中有波若德。三者，欲明六度義含於十，經中但明六度，不明十者，以波若之名既含智慧，第十智度蘊在其中。

問：既具三名，以何翻爲正。答：慧爲正翻，餘皆義立。所以知然，從多論也。此經云慧與方便。《釋論》云波若道、方便道。《涅槃》云：波若一切衆生，闍那爲智。則配諸菩薩故，智非波若。又第六名慧，第十爲智。皆有彼此二名，故知以慧爲正。又論云：波若不屬佛，亦不屬二乘，但屬菩薩。菩薩則道慧、道種慧，佛具一切智、一切種智。又云：波若名諸法實相慧。如是等諸文非一，故以慧爲正翻矣。問：若以慧爲正翻，何故經中多云智慧。答：經中多說六度，故多云智慧。少說十度，故少明慧也。又六度之名皆有複翻，如布施等不單名施。波若亦爾，雖復是慧，欲對上五，亦存複名，故云智慧也。

次，辨無翻義。有人言：波若名含五義，不可正翻，宜以慧當其名，如《釋論》七十一卷云：波若定實相，甚深極重。智慧輕薄故，不能稱於般若。此招提用之，今謂不然。《釋論》乃明不可稱義，非不可翻也。問：稱與翻何異。答：稱則天竺已明。翻則來於震旦，反彼爲此，前後不同，義門各異。又論云：波若定實相，故不可稱。不言多含，故不可稱。故此釋爲謬矣。

復有人言：波若不可稱者，此明觀照智慧不能稱實相波若，實相波若性常住，觀照智慧會境始生，故實相爲深重，觀照智爲輕薄。北人釋也，是亦不然。經以五歎，歎於波若，不歎實相，云何言實相深重耶。又言波若定實相，則實相爲所定，波若爲能定。若言實相爲深重者，可以實相還定實相耶。

復有人言：智慧輕薄，不能稱波若者，此是世間智慧、二乘智慧不能稱量菩薩大智慧耳。何者。大智慧照實相理，道成衆行，餘淺智慧豈能稱耶。此南方人釋也，今謂不然。經云智慧不能稱於般若，不言淺慧不能稱深慧。又淺深俱名爲慧，則俱是輕薄，並不能稱波若也。

今依論釋之。論云：波若定實相故深重，智慧不能稱也。所言定者，定是契會之名。夫萬化非無宗，而宗之者無相。虚宗非無契，而契之者無心。故聖人以無心之妙慧，契彼無相之虚宗，即内外並冥，緣智俱寂。智慧是知照之名，豈能稱絶觀般若。

問：波若云何能會實相。答：由實相生波若故，波若能契會實相也。問：依此釋者，猶是淺智，不能稱深智。答：深則愚智皆絶，淺則猶有知照，非淺智不稱深智耶。問：定實相既是契會之名，與舊釋冥會義何異耶。答：語同而意異也，但釋冥會有二師。一云：則會是冥，以符合故冥，冥契不乖故會，無優劣也。此莊嚴、龍光之義。二云：會是符合之名，冥是混一之義，則冥勝而會劣也。何者。因中凡有四義故未冥，一惑未盡，二體有生滅，三智未周圓，四體依方所，故但稱會。佛果離此四義，所以談冥。冥與無生爲一，則境智不分，無應照之異。而無生不乖俗，冥亦不妨會。佛果舉體冥，舉體會。會故應照滿十方，冥故一切皆絶。

今總問之：冥既與境混一者，智爲成境，爲不作境耶。若不作境，云何言一。若智作境者，境既無知，智亦無知。智既有知，則境亦應爾。以其一故。若言與法性同絶，故言冥會猶與法性異者，則於會冥之日，猶見境、智爲二，何得經云菩薩與波若相應，不見應與不應，合與不合耶。又具四義故方成冥者，波若教佛智，猶有生滅，則不得稱冥，亦無等法性義，故無定實相之義也。

問：云何名甚深極重。答：夫論可稱則不名

極重，良由極重故，故不可稱。論主欲釋經不可稱義，故云重也。問：但應言重，何故云甚深。答：爲欲簡釋重義非如重物之重，乃是甚深故云重耳。問：但言甚重，何故復云極耶。答：三乘同契實相，但二乘猶如兔馬未盡其原，所以不得般若之名，不名甚深極重。今欲簡異二乘，明菩薩照盡其原得名波若，故云甚深極重。

問：智慧何故云輕薄耶。答：波若體絶緣觀，智慧名主於觀。波若體絶智愚，智慧名主知照。波若體絶名字，智慧則猶涉名言。故對波若之重，明智慧之輕。對波若之深，辨智慧之淺，淺猶薄也。

問：波若體絶智慧，何故立智慧名耶。答：不知何以目之，强名智慧。雖立智慧之名，實不稱波若之體。問：但應言波若體深重，波若名輕薄。智慧體深重，智慧名輕薄，云何乃言波若深重，智慧輕薄。答：今依梵本，則云波若體深重，波若名輕薄，但用此意，則應云智慧體深重，智慧名輕薄。恐此義難顯，故譯經之人借此方智慧，不能稱梵文波若也。

問：不可稱與不可量何異。答：經有五歎，謂大事故起，不可稱事、不可量事、無等事、不可思議事起。既别有無量等事故起，則稱非量也。不可量則取無有邊際，不可稱明甚深唯至重，例如《法稱品》明舍利不能稱波若經卷，今智慧名義不能稱絶觀波若也。

問：論云波若多，智慧少，故不能稱。云何爲多、少耶。答：前約重輕釋不可稱，今就多少明不可稱，謂少不能稱多。但解多少不同。有人言：實相則無法不在，故多。智慧局之於心，故少。今謂不然。前就定實相故，明不可稱。今約所含義，明不可稱。波若體非愚智，能愚能智。智慧唯主於智。故波若多，智慧少。又波若定實相，實相既通，波若亦通。智慧不爾，故云少也。

問：已知波若翻不翻義，方便復云何。答：《常啼品》云：漚和俱舍羅，大師方便力。漚和爲方便，俱舍羅名爲勝智。波若之巧名爲漚和，其用既勝名勝智也。《淨名》以方便爲父，取其生成之能。《大品》以漚和爲師，明有訓誨之德。善巧化物，不證二乘，皆大師之力也。

釋名第二

復有二門：一、釋權實。二、解大義。

通而言之，二智皆如實而照，並名爲實。皆有善巧，悉稱方便。就別言之，即波若名實，漚和稱方便。

略有八義：一者，波若照實相境，從所照爲名，故稱爲實。二者，波若從實相生，從能生受名，故稱爲實。三者，如實而照故，當體名實。論云：波若波羅蜜，實法不顛倒。體離虛妄，非顛倒慧，故名爲實。四者，對凡夫顛倒不實之慧，故嘆波若爲實。五者，對二乘未實謂實，故明波若爲實。六者，對方便之用，以波若爲體，故名實。七者，對虛明實，未是好實。非虛非實，乃名妙實。八者，虛實爲二，非虛實爲不二，二與不二皆名不實，非二不二乃名爲實。是故論云：念想觀已除，言語法亦滅也。

方便者是善巧之名，此義多門，今略論十對。

一者，直照空有，名爲波若。行空不證，涉有無著，故名方便。此之照巧更無二體，雖巧而照，故名爲實。雖照而巧，故名方便。問：照空有並名實者，空有二境應俱得稱真。答：能照之智皆名實智，所照之境同稱實境。實智之中有空智、有智，實境之中有真境、俗境，此爲別也。問：既有真俗，云何皆名實境。答：是如實智境，故名實境，從智受名。又實是真俗，非妄稱之，當體名實。

二者，照空爲實，涉有爲方便。如《釋論》云：波若將入畢竟空，方便將出畢竟空。以空是實相，故名爲實。波若照空，故名爲實。雖復照空，即能涉有。此用既巧，名爲方便。問：若爾，雖復照有，即能鑒空，此用亦巧，應是方便。答：此照雖巧，但實智爲體，故隱其巧名，與其實稱也。

三者，以内靜鑒爲實，外反動爲權。問：此義與前何異。答：此明若照若巧，靜鑒之義皆名爲實，以外反動故名爲權。

四者，波若爲實，五度爲方便。所以然者，波若爲空解，空解故名實。五度爲有行，有行故名權。問：此與上照空爲實，涉有爲權何異。答：前照空照有，皆是智慧，故以二解分權實。今約解行以開二門，空解爲實，有行爲權，與上異也。問：有行何故爲權。答：雖復照空即能起行，此義既巧，故爲權。又空是實相，有非實相，故空解爲實，有行爲權。

五者，照空爲實，知空亦空即能不證空，故名爲權。所以然者，二乘不知空，亦復以空爲妙極，故名空但空，所以證空。菩薩知空亦空，名不可得空，故不證空，即能涉有，故名爲權。此明：直知空義爲實，實義即劣。知空亦空，即能涉有，此用既勝，故名爲權。然此二慧更無兩體，初觀心未妙，故但能照空。既轉精巧，即知空亦空。既知空亦空，而不壞假名，即能涉有。始終論之，猶是一慧。約巧未巧，故分權實。

六者，知苦無常，故名爲實。而不取滅，名爲方便。以生死身實是苦、空、無常、過患之法，如實照之，故爲實。二乘知此，即欲滅之，故無方便。菩薩雖知，而安身處疾，自行化人，故名方便。

七者，直知身病非故非新，故名爲實。而不厭離，稱爲方便。此但就有門分權實。

八者，淨名託跡毗耶，不疾之身爲實，現疾之迹爲權。此據虚實之義以明權實也。

九者，以上，照空有二爲方便，照非空有不二爲實。非空非有，即是一實諦，照一實諦，故名爲實。雖非空非有，而空有宛然，不動不二，善巧能二，故名方便。

十者，空有爲二，非空有爲不二，照二與不二皆名方便，顯非二非不二名實。淨名杜言，釋迦掩室，乃名爲實。

權實多門，略開此之十對，即一途次第，並有經論，可隨文用之論大義。

問：何故波若名摩訶，漚和不名摩訶。答：通皆得稱大，如上云：漚和俱舍羅，大師方便力也。別而言之，波若稱大。略明十義。

一者，實相曠而無邊，深而無底，無有一法出法性外。波若照於實相，故名大慧。漚和雖巧，不照實相，故不名大。問：二乘亦照實相，何不名大。答：二乘未盡其邊，菩薩照窮原底，故名爲大。

二者，三乘實智皆從波若中生。所以然者，所照實相既一，即能照波若無二。但根性不堪，故於一波若開爲三乘智慧。三乘智慧攝入波若觀中，故名爲大。問：云何於波若出生三乘慧。答：由實相故生波若，由波若故有菩薩，由菩薩故有佛，由佛故有三乘。即波若爲本故，出生三乘，所以名大。問：三乘同觀實相，乃以實相爲本，云何以波若爲本。答：要由諸佛菩薩體悟波若，然後説三乘教，始得同觀實相，故波若爲本。問：波若本出生三乘，應是三乘通教。答：《勝鬘》攝受正法出生五乘，猶如大地出四寶藏。《涅槃》云：即是聲聞藏出生聲聞。即因緣藏出生緣覺，即大乘藏出生菩薩，可是三乘通教耶。又如《法華》明：長者宅内非但具七珍，亦有瓮器等物，而名長者大宅。不名通宅。波若亦爾，雖具有三乘之慧，而名菩薩法，不名三乘通教。問：若非三乘通教，何故勸三乘同觀。答：勸三乘人同觀實相波若，不勸三乘人同學摩訶波若。問：摩訶波若何故非三乘通學。答：論云波若不屬二乘。所以然者，既稱摩訶般若，即是大乘，簡非二乘，故知波若獨菩薩法。又此波若名波羅蜜。波羅蜜者，到佛道彼岸。二乘不到佛道彼岸，非波羅蜜。故摩訶波若波羅蜜獨菩薩法，不屬二乘。問：經但云欲得聲聞等當學波若。云何乃言當學實相波若。答：《釋論》作此判之，尋文自當見也。又以理推之，必非二乘人學。勸摩訶波若，摩訶波若既是菩薩觀智，豈令二乘學耶。如《涅槃》云：下智觀故，得聲聞菩提。上智觀故，得菩薩菩提。此乃明三乘同觀中道，豈令下智學上智耶。問：摩訶波若乃是獨菩薩法，而波若教中説三乘人同觀實相，即是三乘通教。答：若爾，《涅槃經》中説三乘人同觀中道，應是三乘通教耶。問：若非三乘通教，何故令二乘人説耶。答：長者付財，凡有二意，一欲顯教菩薩，二密教二乘。此乃欲息於三乘，同成菩薩，云何乃言三乘通教耶。

三者，由實相生波若，實相既無所依，則波若亦無著。以波若無著，能道成衆行。亦無所著故，不住三界，不中息二乘，直趣佛道。以有引導之能，故名爲大。問：五度本非度，波若引導故名爲度，亦應五度本非眼，波若引導故得有眼。答：通義亦類，別即不齊，如五盲雖隨有眼趣道入城而得度名，而盲體性終自無眼。五度雖通波若趣八正路至佛道城，而五度體性終非波若，故開福慧二嚴，意顯於斯。問：《金剛波若》云菩薩不住相布施，如日光明照，見種種色。何得波若導五度不成眼耶。答：本以般若爲眼，五度非眼，但波若導之令成無所得，不住三界，不墮二乘，趣佛道，故名爲眼，非是成波若之眼也。

問：若衆行中以無所得爲眼，亦應以無所得爲慧，云何得開福慧二嚴。答：無所得即通，福慧即別，若以無所得爲慧，亦有此義，但非波若之慧。所以然者，波若有無所得，復有鑒照。五度但有無所得，無有鑒照，故不名慧也。

四者，五十二種大賢聖位在波若觀中，故名爲大。所以然者，今即唯一波若，但明昧不同故，開成五十二位。

五者，三大阿僧祇劫修此大慧，故名爲大。

六者，能斷大惑，所謂無明，是故經云：無明住地，其力寂大。二乘雖傾四住，未能斷之。菩薩照窮實相，方除此大惑。故名爲大。

七者，拔三界内外一切大苦，故名爲大。八者，諸大菩薩之所行法，故名爲大。九者，於衆行中最勝無過，故名爲大。十者，信之而得大福，毀之而招大罪，故名爲大。

此之十義，自有偏約波若，自有具通二慧，可隨義配之。

問：波若待小名大，不待小名大。答：具有二義。一者，待二乘小慧，故名爲大。問：二乘爲小慧，菩薩爲大慧。二乘小波若，菩薩大般若。何故言波若不屬二乘，二乘心中名道品耶。答：講者不體其旨，壼滯此言。論云波若不屬二乘。此是摩訶波若，菩薩大慧，故不屬二乘，非二乘之人無有空慧也。不得小名大者，波若體性是大，故言不待。不如二乘智慧形凡則大，望菩薩即小。問：菩薩形二乘即大，望佛即波若爲小，故在佛心中變名薩波若。寧言體性大耶。答：波若是因中之極，功在十地，故名爲大，不望佛也。又波若通因果，果地波若即寂上無過故體性爲大，如什公云：薩波若即爲老波若也。

又言絶待大者，得小名大，雖復絶小，猶未絶大，爲名言所及，故非好大。大小雙絶，方是好大。問：何文證之。答：題云摩訶波若，波若深重而智慧不稱，亦摩訶深重，大不能稱，即其證也。又《照明品》云：不作大小，名爲摩訶。復是良證。問：雙絶大小，今非大非小，歎美爲大，還復待小，何名絶待。答：此大絶小絶大，故名絶待。問：絶大絶小名之爲大，即待大待小皆名爲小，還是大小相待，何有絶待大耶。答：望前即絶，觀後便待，義不相違。

問：波若之大與涅槃大何異。答：通而爲言，即無有異，是故論云：若如法觀佛，波若及涅槃，是三即一相。涅槃之照即是波若，波若滅之則是涅槃，涅槃無累不盡名解脱，無境不照名波若，真極可軌稱法身，故具於三德名爲涅槃。波若即是涅槃，故亦具三德。波若但是智慧，既名爲别。

涅槃亦但是果，果亦别也。

問：波若是涅槃三德中一德，亦應涅槃是波若三德中一德耶。答：亦得爲例，以波若之别即成涅槃，亦取涅槃之别成波若，波若之别即是智慧，涅槃之别名爲滅度，故果德涅槃、佛地波若，皆具總别也。問：經説三德成涅槃，何故不言三德成波若。答：隨舉一德皆攝，何故無耶。但教起各自有由，涅槃教所興，正爲斥小乘灰斷不具三德，嘆大涅槃具於三。波若教起，正明因行，斥二乘無二慧，辨菩薩具權實也。

問：涅槃何故據果，波若何故約因。答：涅槃名滅度，滅度者，大患永滅，超度四流，此名必是究竟，故就果門。波若名爲慧，慧猶未決了，宜約因也。

釋道門第三

問：《釋論》云菩薩有二道，一波若道，二方便道。云何爲二道耶。答：有人言波若道即實相波若，方便道謂方便波若。是事不然。大判二道，以爲三例：一、全依梵本，應言波若道、漚和道。二、具開此言，應云慧道、方便道。三、彼此合目，如論所明，波若依彼之稱，方便存此之名。今若言實相波若、方便波若，皆稱波若，即二道不分。又實相波若是境，方便波若是智，豈可以境、智爲二道耶。若言實相波若是實慧，方便波若是方便慧以爲二道，是亦不然。論云：波若、方便以爲二道。何得皆稱波若。若爾，二道俱應名方便。

又立三波若，皆就波若道中論之。一實相波若，二觀照波若，三文字波若。實相能生波若，故名波若。文字能詮波若，以所詮爲稱，亦名波若。三、觀照當體名爲波若。問：何故但立此三，不多不少。答：凡有三義。實相爲能生之境，觀照爲所生之智，文字爲能詮之文。要具此三，不得增減。又合此三以爲三雙：實相爲境，觀照爲智，謂境、智一雙。境、智爲所詮，文字爲能顯，能、所一雙。境、智則自行，爲衆生説故有文字，自行、化他一雙。二者，實相即無爲波若，觀照即有爲波若。所以然者，論云：諸法實相者，心行言語斷，無生亦無滅，寂滅如涅槃。實相既無生滅，故是無爲波若。實相能生觀智，觀智始生故名有爲波若。一切唯有此二，詮此有爲、無爲，名文字波若。文字從所詮爲名，通爲無爲。當體明之，有爲所攝。三者，實相是無爲波若，文字是有爲波若，觀照亦有爲亦無爲。菩薩累猶未盡，即未勉生滅，故名有爲。佛即無惑不淨，無復生滅，故是無爲波若。問：何故有煩惱即有生滅耶。答：以有煩惱，不得了悟本自無生滅，故有生滅。若無煩惱，即悟觀心本自無生，即是無爲，不言轉有爲波若故成無爲也。此三門總攝境智、爲無爲、理教、因果，故但立三也。

問：亦得實相爲實慧，觀照爲方便以不。答：若以佛性爲實相，本自有之，名爲實慧。觀照修習始生，名爲方便。此非照有爲方便，照空名爲實，若權若實，始有之義皆名方便，本有佛性覺照之義名爲實也。地論人：真修波若即本自有之，緣修波若即修習始起，性淨涅槃、方便涅槃亦爾。此猶是舊本始之義。問：與今何異。答：本性清淨，名爲本有。約緣始悟本淨，故名始有耳。然正道未曾本、始，亦非垢、淨。又舊宗爲、無爲決定是二。今明未得菩提，即無爲成有爲。若得菩提，即有爲成無爲。豈離有爲別有無爲，如前釋也，爲無爲例然。諸法本性清淨，故名無爲。未悟本無生滅，名有爲。然波若未曾爲無爲也。

問：波若道既開三，方便道亦有三不。答：通亦有，謂境、智、文字。但實慧從境立名，故必須辨境。方便從巧受稱，故不須辨境。而文字即通二道也。然方便雖不從境立名，實照世諦之境即亦具三也。觀照既有爲、無爲，方便亦爾。如來二智即是無爲，菩薩二道猶是有爲。問：實相波若，唯是境，亦得是智。答：有人言實相波若但是境名也。《釋論》四十三卷問曰：前說智慧名波若，今何故説空爲波若。答：果中説因。如云食布，此義應是因中説果。而言果中説因者，逆討明義，智慧正是波若，實相能生智慧，智慧是實相之果，而於智慧説實相爲波若，故言果中説因。南北同此釋也。

有人言：佛有三種，一者法身，二者報身，三者化身佛。實相即法身佛，實相可軌，名之爲法，此法有體，故名爲身，而實相非佛，能生佛故，所以名佛。二者，報身即修行會實相理。實相既常，報佛亦常。以法常故，諸佛亦常。三、化佛即應物之用。此北土論師釋也。

有人言：修空無相，會理圓通，心意識滅，煩惱清淨，此無爲波若，即是實相。若有行境，未勉生滅，即菩薩六度，得十地差別，名有爲波若。此南方尚禪師義也。

復有人言：實相即真諦理，會此理，煩惱盡故，離生滅，同真如等法性，無爲而無不爲，即實相是境也。此亦南方成實師義。

今辨《釋論》意，可得有五句文：一者，因中説果，如名實相爲波若。二、果中説因，如説波若爲實相。三、當因説因，實相非波若。四、當果説果，波若非實相。五、非因非果，故論釋實相文云：因是一邊，果是一邊，離此二邊，名爲中道。緣是一邊，觀是一邊，離此二邊，名爲中道。故知實相未曾因果，亦非境智，而隨緣逐義，有上四句不同。衆師不應汎引隻文以通圓旨也。

問：舊云實慧、方便慧，普皆稱慧，何故二道不得俱名波若。答：外國名波若，此方翻爲慧。梵本名漚和，此土云方便。譯經之人，欲定彼此方言，故分於二道。若並云波若，即兩名相監。故叡公述羅什譯經之體云，故音失者，正之以天竺。秦言謬者，定之以字義。不可變者，即而書之。故知二道不得俱稱波若。問：若爾，舊何得云實慧、方便慧。答：欲明實法、方便俱有鑒照之功，故悉稱慧耳。此是義釋，非立二道之名。立二道之名，但云慧與方便。問：何故波若名慧，方便不名慧耶。答：通而言之，波若既照，得名爲慧。方便亦照，亦得稱慧。方便既巧，波若亦巧。但立此二名，欲相開避，隱顯互説。波若顯其照名，隱其巧稱。方便顯其巧稱，隱其照名。所以然者，波若從實相境立名，又當其體，故顯照隱巧。方(三)便不從照俗境立名，但取巧用，故顯巧没照。又慧名照空，波若既是空慧，所以名慧。方便涉有，不得名慧。問：波若照空名慧，方便涉有，應稱爲智。答：如前釋之，方便非不照有，正以取巧能，故不云智也。

問：何以知波若爲體，方便爲用。答：《釋論》第百卷云，問：上已付囑竟，今何故復囑累。答：上説波若體竟，今説方便用。故波若爲體，方便爲用。論又云，波若與方便本體是一，而隨義有異，譬如金爲種種物。此明權實一體，約義分二。金喻波若，波若爲體。金上之巧譬於方便，方便爲用。

問：波若何故爲體，方便何故爲用。答：實相爲本，波若照實相，故波若亦爲本，所以爲體。諸法爲末，方便照諸法，故方便爲用。問：何以知實相爲本。答：論初卷云：三悉檀可破，第一義悉檀不可破，滅一切言語，過一切戲論，第一義悉檀即實相。論又云：除實相以外，一切皆名爲魔，故實相爲本。又：迷實相故有六道，悟實相即有三乘，故實相爲迷悟之原，所以稱本也。此是對虚妄，名之爲實。若無虚妄，即亦無實。如前云非境、非智、非果、非因，不同舊宗有天然實相境也。

問：若波若爲本，即波若勝，方便劣，何故六地名波若，七地稱方便。答：金雖是體，未作巧物，則金爲劣也。制金爲巧，即巧勝於金。六地雖得波若之體，未得妙用故，波若則劣。至七地時，波若妙用故，稱爲方便勝也。是以論云：波若清淨，反名方便。此言反者，照空之慧未能涉有故，空慧未巧，但名波若。照空之慧即能涉有故，轉名方便。問曰：既反名方便，應失波若之名，便無二慧。所以然者，得波若時未有方便，得方便即無復波若。答：二慧更無別體，巧之空慧即名方便波若，空慧之巧稱波若方便，譬如金巧、巧金，巧不失金，金未有巧也。問：空慧有二巧，一照空不著，二即能涉有無滯。二巧之中，以何爲方便。答：波若略有四力，一者照實相，二者無所著，三者斷諸惑，四者能導方便。此四用即是次第：由不見一切相，而見實相。實相既無所依，即波若亦無所著。以無所著，衆累寂然。以無累故，能導方便，令涉有無染。若然者，照空及於空無著，是波若之力，故囑空慧。即空慧而能涉有，此囑方便。故兩巧不同。

問：方便涉有具幾力耶。答：一、有照境之功，二、有不證空力，三、起行之用。問：涉有無著，是方便之功，波若力耶。答：涉有即屬方便之力。無著由波若之力，以波若無著，於波若觀中即有巧方便用，故此方便即能無著。問：方便云何能不證空。答：波若照諸法實相。方便能照實相諸法，故不沉空觀，名爲不證。如《釋論》云：波若將入畢竟空，無諸戲論。方便將出畢竟空，嚴土化人。此即證上諸力義，將入畢竟空即是照實相。無諸戲論謂無所著及斷惑之功也。方[三]便將出畢竟空即是爲波若所導，又是方便不證、照境、起行之力。

問：波若照諸法實相，云何方便即能照實相諸法。答：名爲諸法實相、實相諸法，諸法宛然而實相，實相宛然而諸法。諸法與實相，不二而二，二常不二。由境既爾故，二慧得然，故波若照諸法實相，而方便即能照實相諸法也。

問：雖復實相而宛然諸法，漚和照此名巧者，亦雖復諸法而宛然實相，波若照之，何故不巧。答：通即例爾，如上隱顯釋之。又波若照實相而能不著。二乘亦有其分，則巧義不彰，故不名方便。即空而能照有，此用既妙，故聲聞絶分，菩薩獨有，故與方便之名。問：若即空而照有既稱妙者，亦即有而照空亦是妙也。答：既能即有而照空，便能即空而照有，此是慧有方便解，方便有慧解。如此二慧，無有優劣。但對二乘照空不能涉有故，明即空而起有用爲妙，稱爲方便。又對六地但得波若空觀，未能即空涉有故，今明即空涉有是方便也。

問：於有不著，於空不證，俱是善巧，何故不著之巧名波若，波若即劣，在於六地。不證之巧名方便，方便即勝，在七地耶。答：如上釋之。又有是俗諦，離有即易，故波若巧劣。空是真諦，勉無即難，故方便即勝。又入實相觀，不著於有，即勉凡夫地。即實相觀而照諸法，故不滯空，離二乘地。勉凡即易，故波若劣。超聖即難，故方便勝。所以有六、七優劣義也。

問：若爾，六地二慧未等，何得上云初地已竝。答：初地望地前即竝，形七地即未竝。所以然者，初地已來即得無生，動寂無礙，但寂義小强，動用微弱，故云未並。至於七地，動寂無礙，二慧雙遊，故稱並耳。問：何以知然。答：若六地已來未並，入空不見有，出有不見空，二乘亦爾，與菩薩何異。故知初地已來，便能已並，但微有强弱，故説未均耳。

問：於空無著，於空不證，有何異耶。答：二乘入空，不存四句，但是不著而不能不證。菩薩入空，既無可存，又即能涉有，故名不證。

問：二乘、菩薩入空，同無所依，何故聲聞住空，菩薩不證。答：二乘以空爲妙極，依此無依，是故住空。菩薩不以空爲妙極，知空亦空名不可得空，不依此無依，故能不證。如《大品》云：行亦不受，不行亦不受，行不行、非行非不行，乃至不受亦不受，是名菩薩無受三昧廣大之用，不與聲聞辟支佛共。是故能不證空。又二乘無願行資空，故入空便證。菩薩大願大行資空，故入空不證。

問：論云：因名般若，至佛即反名薩波若。何得又云：六地名波若，至七地波若清淨，反名方便。答：如前釋之。六地之時，波若體强，方便用弱。以體强故，妙於靜觀，故觀空不著。以用弱故，未能即空涉有，於有無滯。至於七地，即體用俱等，既能觀空不染，即能涉有無著，故名等定慧地。等定慧地，即波若用巧，故云反，即從八地已上二慧俱巧。若至佛地，即兩慧同反，實慧即反名薩波若，謂一切智，方便慧反名一切種智也。

問：若至果反名二智，即因中同名二慧，何故前云波若稱慧，方便不名慧耶。答：因果立名，各有其義：果門，照一切空境名一切智，照一切有境名一切種智，俱從境立名，故宜並稱智。因門，實慧從境，方便約用，故不得並名慧也。問：若爾，何故菩薩道慧、道種慧皆名慧耶。答：因中之慧自有多門，立名各異，道慧、道種慧亦是從境立名，故宜並稱慧也。問：若爾，但應言道慧、道種慧至果反名一切智、一切種智，云何言波若、方便反名二智。答：論云因中名波若，既反名薩波若，因中方便理數反名一切種智。二慧反爲二智，故不待言。問：論云波若反爲薩波若。何處云方便反名一切種智。答：波若名慧，是照境之名，果地一切智亦從照境爲稱，二名相主，故云因名波若，果名一切智。方便就用爲目，一切種智從境立名，兩義不同，故經論不云方便反爲一切種智。然方便雖不從境立名，而體實照有，故反爲種智。雖復無文，理數應爾。又因中名權實二慧，果名權實兩智，亦得即是其文。

論境智門第四

夫智不孤生，必由境發，故境爲智本。境非獨立，因智受名，故智爲境本。是以非境無以發智，非智無以照境。非境無以發智，故境爲能發，智爲所發。非智無以照境，故智爲能照，境爲所照。境爲能發，爲智所照，即境能爲智所。智爲能照，爲境所發，則智能爲境所。境之所照能發於智，故境所爲智能。智之所發能照於境，故智所爲境能。不得言境前智後，亦非智前境後，亦非一時，唯得名爲因緣境智也。

問：以何爲境而能發智。答：如來常依二諦説法故，二諦名教能生二智，故二諦名境。關[三]中曇影法師注《中論》，親承什公音旨。什公云：傳吾業者，寄在道融、曇影、僧叡乎。影公《序》二諦云：真諦故無有，以俗諦故無無。真故無有，雖無而有。俗故無無，雖有而無。雖無而有，不滯於無。雖有而無，不累於有。不滯於無故，斷無見滅。不累於有故，常著冰消。寂此諸邊，故名爲中。詳此意者，真故無有，雖無而有，即是不動真際而建立諸法。俗故無無，雖有而無，即是不壞假名而説實相。以不壞假名而説實相，雖曰假名，宛然實相。不動真際，建立諸法。雖曰真際，宛然諸法。以真際宛然諸法，故不滯於無。諸法宛然實相，即不累於有。不累於有故不常，不滯於無故非斷，即中道也。由斯二諦發生二智，以了諸法實相，故生漚和波若。以悟實相諸法，故生波若漚和。漚和波若而宛然漚和，波若漚和而宛然波若。以漚和宛然波若故，不著於有。波若宛然漚和故，不滯於無。不累於有故，常著冰消，不滯於無故，斷無見滅，寂此諸邊，故名中觀。是以二諦中道還發生二智中觀，二智中觀還照二諦中道，故境稱於智，智稱於境，境名智境，智名境智也。

二境既正明，二智義明，故須約境以辨於智。二乘不得二智者，良由不見此二諦。不得正觀者，亦由不見二諦即是中道故也。問：波若照諸法實相，漚和照實相諸法，即波若不照諸法，漚和不照實相，將非限局聖心，失無礙妙用。答：波若爲漚和之體，漚和是波若之用。體鑒實相，用照諸法，故開此二門，即智無不圓，照無不盡。若同照實相，並鑒諸法，即二境不分，兩慧相監。問：舊説亦然，與今何異。答：波若體非不能照諸法，但用既照，不煩波若照耳。若用既照諸法，而體復照者，即一境二照，亦應二境一智生，是故二慧不並照也。舊義波若不能照諸法，漚和不能照實相，雖復並觀，智用恒别，即是格局聖心，封執二見。問：前云波若不著有，方便不證空。後何故復云漚和涉有不著，波若鑒空無滯。答：不著空者，凡有二義。一者，波若照實相，實相既無所依，即波若亦無所著，此是般若之力。二、不證空名爲不著，此方便之力。不著有者，亦具二義：一者，波若入空，故不著有。二者，方便爲波若所導，故能涉有不著，亦是波若之力也。是故經中又言：波若不著空，方便不著有。或言：波若不著有，方便不證空。各舉一門，義無違背。

問：若波若照空，漚和鑒有，即二智皆照，何言波若無知。答：波若雖知而無所知，雖無所知而無所不知。問：波若知實相故言無知，亦即知波若故言無知。答：既約二境分於二智，即波若知實相故言無知，不得云知波若故無知。若知波若，即是方便。問：波若契實相，即内外並冥，緣觀俱寂。方便照俗，何能知此波若。答：波若無知而知，爲方便所知。知而無知，即方便不知。問：波若無知而知，知而無知，方便亦得爾不。答：指實爲權，指權爲實，權實不二亦得爾也。不二而二，則無知而知名爲方便，知而無知稱爲波若。問：波若照空，具知與無知，方便鑒有，何不然耶。答：二而不二，皆具二也。不二而二，波若所知之境是空，能知之智爲有，故具知與無知。而方便能知、所知境智皆有，故波若有知有無知，而方便但有知也。問：云何波若具知、無知。答：波若知實相即緣觀俱寂，是故無知。而境智宛然，故不失知。此無知而知，知則無知。問：若爾，與開善至忘彌存何異。答：彼彌存之義終非至忘，至忘之義終不彌存。今以彌存爲至忘，至忘爲彌存。故爲異也。問：舊義亦然，與今何異。答：彼至忘時智終不作境，境終不成智，則是境、智二見。若智即是境，境既無知，智亦應爾。若境則是智，在智既照，境亦應然。

今對此一門，略敘大乘樞要，觀行淵府。經

云：貪欲則是道，恚癡亦復然，如是三法中，無量諸佛道。貪欲則是道者，然貪欲本來寂滅，自性清淨，即是實相。如斯了悟，便名波若，豈有實相之境異波若觀耶。故境智不二，照貪欲雖本寂滅而於衆生宛然有貪，便名方便。傷其無貪謂貪，而欲拔之故，此方便即名大悲。欲令悟貪無貪，與無貪樂，即此大悲復名慈也。故一句觀行，具境智二門，慈悲兩觀。初信此法便名十信，次解此法稱爲十解，乃至證悟究竟了達名爲佛心，豈非一貪觀中具諸佛道。

次，論二經。問：《大品》明實相不生不滅，能生波若。《涅槃》云十二因緣不生不滅，發於觀智。二經同釋境智，有何異耶。答：略明四句。一、開因果開境智。二、合因果合境智。三、開因果合境智。四、開境智合因果。開因果開境智者，則波若所明，因有道慧、道種慧，果則一切智、一切種智，謂開因果也。實相能生波若則實智之境，世諦能生方便爲權智之境，謂開境智也。次，合因果合境智者，如《涅槃》五性之義，一因性，二因因性，三果性，四果果性，五非因非果性，此之五性，更無二體。十二因緣能生之義則名爲境，所發之義便名觀智。觀智明了故稱菩提，菩提無累即是果果。然十二因緣本性清淨，未曾因果，亦非境智，故名非因非果。然此五性既無二體，則轉境爲智，反因爲果，如斯因果，未曾因果。故名合因果合境智也。三、合因果開境智者，亦如《大品》以波若爲因，薩婆若爲果，因果更無二體，轉波若之因爲薩婆若果。故什公云：薩婆若則是老波若。此名合因果也。開境智者，實相雖能生波若，而不轉實相之境爲波若，亦不轉世諦之境爲方便之智，故名開境智。次，開因果合境智者，亦如《涅槃》轉境爲智，故名合境智。而有因與因因，果與果果，故云開因果也。問：既轉境爲智，亦轉因爲果，即應同境智俱合。答：經開因與因因，果與果果，故言開因果。而取境智，並作因因之名，没境智之稱，故言合境智。問：二經何故開合不同。答：《涅槃》就十二因緣辨境智義，欲明衆生皆有佛性，衆生即是十二因緣，因緣能生即境，所生即智，更無二體，故明合境智也。《大品》辨實相生波若，能生即是無爲波若，所生即是有爲觀智，故不轉無爲波若成有爲波若，故開境智也。此皆不二而二，故二經不同。若二而不二，更無異也。

同異門第五

問：凡有五時二智：一、照事中之法爲權，鑒四諦之理爲實，謂三藏教二智也。二、照真空爲實，鑒俗有爲權，此《大品》教二智也。三、知病識藥爲權，應病授藥爲實，《淨名經》二智也。四、照一乘爲實，鑒二乘爲權，《法華》二智也。五、照常住爲實，鑒無常爲權，《涅槃》二智也。如上所明者，乃是釋《大品》教意，云何以導《淨名經》宗。答：五時之說，四宗之論，乖文傷義，古已詳之，今當略說。尋一經之内，具有五文，不待始終，方備諸智。如《大品》云：廣說三乘之教，菩薩遍學諸道。即識照四諦之理爲實，鑒事中之法爲權。故《大品》教中有三藏二智也。波若鑒空，漚和涉有，《九十章經》盛談此法，即空有二智。論釋《畢定品》，引《法華經》，謂三一二智也。《法尚品》云：諸佛色身有去來，法身無去來。則常無常二智也。知病識藥，衆經皆具，不待言之。故《大品》一經，備五二智。《淨名經》中具諸智者，《問疾品》明：三空自調爲實慧，嚴土化人爲方便。即空有二智。《弟子品》云：佛身無爲，不墮諸數，亦出現生死五濁。則常無常二智。《不二法門品》明：聲聞心、菩薩心不二。謂一乘實智照大小差别名三乘權智。問：不二法門云何即一乘耶。答：不二之理，則是乘本，故名爲乘，由體不二之理故生不二之觀，由不二之觀能導衆行到薩婆若。故《十二門論》明：大分深義，所謂空也。以通達是義，即通達大乘，具六波羅蜜，無所障礙。問：不二之理通爲三乘之本，豈但一乘本耶。答：理既無二，乘豈三哉，但唱此言則知歸一。又無二之理即是一乘異名也。又尚明常住，豈不顯一乘。故知《淨名》亦具五二智。《法華經》具諸智者，《方便品》云我雖説涅槃，是亦非真滅，諸法從本來，常自寂滅相。昔涅槃非真滅，今涅槃爲真滅。則昔涅槃非真常，今涅槃是真常。又天親《論》釋《壽量品》，具辨三身，化身則有始有終，報身則有始無終，法身則無始無終，故知具常無常義。又若一乘之果猶是無常，即因異聲聞，果同灰斷，是事不然，聲聞果則是一乘因也。《安樂行品》明知一切法空如實相，則是實智。知因緣生，謂方便智，亦具空有二智也。《序品》列衆，猶依小乘嘆聲聞德，故知亦具三藏二智。《涅槃》備五，不復待言。

問：若一經之内具諸智者，衆經何别。答：諸大乘經通爲顯道，道既無二，教豈異哉。但入有多門，故諸部差别，雖一經之内具含五種，而明義傍正不同。三藏一教，唯明事理權實，未辨餘門二智。《大品》以空有爲正，餘義爲傍。《法華》三一爲端，餘皆汎辨。《涅槃》以常無常爲正，餘悉兼明。問：衆經何故有此傍正。答：有二種菩薩，一直往佛道，二迴小入大。《波若》爲直往菩薩説方便實慧，不墮三界，不住二乘，有兩健人各扶一腋，直至佛道。故《法華》云，有佛子，心淨柔濡，亦利根，我記如是人，來世得作佛。此則指波若時事，不須明三乘爲方便，一乘爲真實。又迴小入大之人於《波若》時道根未成，故不正明三一之義。而《畢定品》引《法華經》明退不退，蓋是《波若》後分傍及之耳。三修比丘，無常之執至《大品》時其根未傾，故不廣明常住波若。漚和既是因行，復須識果德。是故《大品》後分略明法身常，迹有去來。又常啼本求波若，故以二慧爲正。中道疑佛去來故，傍明本迹。問：《大品》明有爲波若、無爲波若，豈不正辨常無常耶。答：無爲波若有二種：一者，以實相境名無爲波若，所生觀智名有爲波若。二者，以佛果法身名無爲波若，菩薩因慧名有爲波若。《大品經》正明境智爲無爲義，傍明因果爲無爲也。是以論云：欲得有爲波若，當學無爲波若。此明欲得觀智，當學實相境。若言欲得於因，當學果者，於義不便也。又云：實相能生波若。正是以境生智。若言以果生因，義亦不便也。若以實相則是法身，以如爲佛者，則此境智便是因果。上五句中，以詳此意。問：《大品》何故以境智爲無爲是正，《涅槃》以因果爲無爲是正耶。答：《大品》明説菩薩行，實相能生波若，波若故有漚和，故以境智爲正。《涅槃》盛明果德故，因位以來皆是無常，如來法身始是常住，故以因果爲無爲是正宗。問：《大品》明境智爲無爲，云何傍正。答：實相境雖是波若本，而《釋論》開波若爲二慧，二慧則所生，是有爲波若，故以有爲是正，無爲境傍，故不得以境爲宗。問：《大品》不住法，住波若，具足六度等萬行，爲是有爲，爲是無爲。答：不住法者不住一切有所得法，以不住一切法故，則住波若，此則是實相無爲波若，次下具足六波羅蜜中第六波若則是有爲波若。此凡明三法次第：一者，能生，謂實相無爲波若。二、所生觀智，有爲波若。三、導成因果之行。問：何以知不住法，住波若是實相波若耶。答：第六度中既是有爲，則知初是無爲也。又論辨六家解波若，第六則是實相，仍引不住法，住波若，故知第六則是實相。《法華經》正爲迴小入大之人，故明三乘爲方便，令其捨小，示一乘爲真實，勸其取大，故正明三一二慧也。既捨小求大，則發菩提心，修菩薩行，須學空有權實，不著三界，不墮二乘，直至佛道。但《大品》既以廣明，故《法華》但略説也。三根聲聞於《法華》之座不執無常故，未明常樂。但既説一乘之因，須辨一乘之果，是故後分略明於常。又説常住，成前一乘。若是無常，還同灰斷。既異昔三，則知常住。是故略辨常無常也。《涅槃》教起，正爲無常之執，故開常住。三一空有，前教已明，但略説之。問：《波若》爲直往菩薩，《法華》爲迴小入大之人，即攝緣已周，《涅槃》教興，復何所爲。答：設教多意，不可一途。《大品》爲十九因緣。《涅槃》所爲非一。依《法華》釋此意者，諸子有二：一者失心，即鈍根之人。二不失心，謂利根人。雖有直往之與迴小，聞《波若》《法華》並順悟，謂不失心子利根人也。餘失心鈍根猶未服藥，雙林唱滅爲説《涅槃》，方乃取信。若然者，始蓮華藏，終跋提河，但有利鈍二緣。爾前爲利根人，《涅槃》之教爲鈍根人。又《波若》《法華》之座皆已得道，今聞《涅槃》，更復進悟，故云：爲人中象王迦葉菩薩説是經也。又有二緣：一、歷教已得悟道。二、但聞《涅槃》則便取信。故《波若》《法華》雖爲兩人，更説《涅槃》二智。

別論二經。問：《大品》《淨名》，二智何異。答：凡有三説。五時者云《大品》照空有，分二智。《淨名》知病識藥，應緣授教，如上釋之。四時義云《大品》《淨名》同是第二時攝，照空爲實，鑒有爲權。但《大品》通説淺深，《淨名》偏明八地之法。北土人云《淨名》是圓頓之教，非染非淨，染淨雙遊。今謂並不然。智度菩薩母，方便以爲父，一切衆導師，無不由是生，此則空有二慧，斯乃遍貫方等，豈局《大品》耶。又波若鑒空，漚和涉有，此總攝諸智，知病識藥，應病授藥組在其中，豈得彼《波若》二智不攝《淨名》權實，故釋爲非。龍樹列十大經，謂《法華》等，而《波若》最勝，豈言《大品》通説淺深，《淨名》獨明妙道。若言《淨名》是八地已上之人故法妙者，如來爲究竟果德説於《波若》，即應最深。又身子、善吉小人，説之便非大法。若云《淨名》辨不思議，巨細容入，故爲深者，《大品》明指障風力，毛舉大千，豈不明耶。又波若漚和不思議之本也，借座請飯不思議之迹也。如《大品》盛明二慧，則辨不思議本，《淨名》現通，乃顯不思議迹。何得本通淺深，迹獨爲妙。若云三乘通學《波若》，故通淺深者，《淨名》亦辨二乘之人皆以無得爲得，豈不通耶。若言此經是圓頓教者，是亦不然。《大品》等辨菩薩權道，方便適化不同，寧獨以此經爲圓頓耶。

今所明者，《大品》《淨名》所明二智，有同有異。智度菩薩母，方便以爲父，二經同辨斯法。但《大品》前明實慧，後辨方便，故《九十章經》開爲二道：六十六品明波若，後二十四品明方便道。所以前明實慧，後辨方便者，實相爲本，諸法爲末。波若照實相故波若爲本，方便照諸法故方便爲末。此示二本二末，從本至末，從體起用，故前明實慧，後辨方便。

二者，一切諸見凡有二種：一者有見，二者無見。波若斥其有見，方便破其無見，即顯中道遠離二邊。故前明實慧，後辨方便，謂破見次第也。

三者，菩薩退有二事：一貪三界，二取小乘。方便實慧故不著三界，實慧方便故不墮二乘。即入菩薩位，得至佛道，要前離三界，後離二乘，故前辨實慧，後明方便。此如《法華經》五百由旬嶮難惡道，三界爲三百，二乘爲二百，先離三百，後離二百，故先明實慧，後辨權慧。故《大品》中，以二乘合爲一百，但明四百，雖開合爲異，與《法華》大同，如彼廣說。

又叡公《釋論序》云：正覺知邪思之自起故，《阿含》爲之作。鑒滯有之由惑故，《波若》爲之照。若然者，《波若》即破小乘之有，故前明實慧，雖破著有，復恐證空，故方便破空。此約教之前後爲次第也。

五、就位明次第者：前明波若道，謂六地已還。次約方便道，則七地已上無生法忍。此皆大判爲言。龍樹云：波若中非無方便，方便中非無波若，但前多明波若，後多明方便。次《淨名經》辨二慧者，前明方便，後辨於實。所以然者，此教所興，正起於疾，故云：其以方便，現身有疾。以有疾故，便有方丈二會，菴薗兩集。故前明方便，後辨實也。又成就衆生，淨佛國土，此是菩薩方便用，故《佛國》一品，明淨佛土，《方便》

長短門第六

總論衆經，具有四句：一、實智長權智短。二、權長實短。三、俱長。四、俱短。

實智長權智短者，此約動靜以分二智：靜鑒空有爲實故，實義即長。外反動爲權，權但是有用，所以爲短。問：內靜鑒空有實智既長，外動雙説空有，如説二諦，又雙現空有，如文殊爲世王現虛空身，又示丈六千尺之身，若爾動用亦通空有，則二智俱長。答：雖外説空有，但從鑒有智起故，權爲短也。

所言權長實短者，此約鑒空爲實，照有爲權分於二智：照空爲實，實智唯是靜鑒，故名爲短。照有爲權，權備動靜，內照根藥爲靜，外應病授藥爲動，權通動靜，故言長也。

二智俱長者，就空有以分權實。實智照空，權智鑒有。鑒有之中，有動靜二有。實智照空，動靜皆空。是故二智無有長短。

二智俱短者，但就有中以分於二，內靜鑒有已去，辨成就衆生，是以此經多明方便。又《大品》多明實相，少現神通。《淨名》多現神通，少明實相。又《大品》多明實慧方便，《淨名經》多辨權實二慧。問：權與方便有何異耶。答：通即無別，皆是善巧之義。別而爲言，方便則長，權語則短。今總明三句：一、照實相爲實慧，鑒萬法爲權。二、靜鑒萬法爲實，外反動爲權。三、就動用，以不疾之身爲實，託疾方丈爲權。初照實相名爲實慧，自餘三門皆屬方便故。權義短者，但取外示反動名之爲權，故權是方便中之別用，所以言短。問：權與方便既有短長，兩實亦得爾不。答：方便之實則長，權實則短。所以然者，方便既無所不爲，實慧照無所不爲而實無所爲，是故長也。權智但是有中反動，實智是有中之靜鑒，故權實則短。問：外示反動爲權，則照動無所動爲實。但立此二，成權實不。答：外示反動爲權，此是應病授藥。必須內靜鑒根藥爲實，方成二慧。空慧不知根藥故，不成二慧也。

爲實，外動用爲權。故俱短也。亦如淨名不病之身爲實，示疾之義爲權。問：但就有智開於權實，就照空智亦得開之。答：實智明二不二義，又當其體，是故不開。權智是不二二義，又爲其用，所以開兩。若欲爲類，照生空之淺爲權，鑒法空之深爲實。又二乘之空名爲權空，菩薩之空稱爲實空。照此，權實二空亦得爲權實二智。

六智門第七

興皇和上昔講此經，明六種二智，以爲三雙，謂方便實、權實，實方便、權方便，方便權、實權。故有兩實、兩權、兩方便也。方便實者，對方便以辨於實，謂知實相慧故名爲實也。權實者，凡有二義：一、就菩薩辨之，如照有爲權，就此權中，更復明實，如内靜鑒根藥爲實，外反動爲權，故名權實。又如不病之身爲權中之實，亦明權實。二、約聲聞明權實者，二乘照事中之智爲權，鑒苦空之理爲實。今以大望小，明二乘之實者蓋是權明實耳，非究竟實也。次雙云實方便、權方便者，實方便即對照實相之智名爲實方便，權方便者即對上二乘之實明二乘方便，此是權方便耳。三、雙云實權、方便權者，實權即從實起權故名實權，如照空有皆名爲實，但取外用，目之爲權。又實權者，二乘之權，此是虚權，菩薩之權名爲實權。方便權者，此以照空爲實，照有爲方便，就方便中更復起權，如内照有爲實，外動用爲權。此之六門，成長短義也。

論開合門第八

二智具有開合四句。

一者，開於二慧。如前所明，照諸法實相故名波若，照實相諸法稱爲漚和。如來内照此二故有二慧，佛從此二生故有父有母。外爲衆生還説此二，如《釋論》云：初説波若道，次明方便道。初明佛母經，次明佛父經。所以《波若》爲十方三世諸佛父母尊經，信之而得大福，毁之而招大罪。問：既以二慧爲父母，何者爲祖父母耶。答：約境智分之，即實相及諸法二境能發生二智，即祖父母，是故爾炎名爲智母。若據衆行爲論，由大悲故方有波若，即大悲爲波若母。亦由大悲故有方便，是方便之母，即是父義，但合説之耳。此即是開二慧也。問：若以波若爲母，方便爲父，何故論云：波若爲母，般舟三昧爲父。又云：波若母，五度爲父。答：般舟翻爲現前，現前者現前見佛，此是有行，故屬方便，名之爲父。五度有行，亦屬方便也。

次第二，合二慧者，明波若與漚和皆是波若。所以然者，波若爲體，漚和爲用，體即波若之體，用是波若之用，故皆名波若。如來雖説《大品》九十章開於二道，皆稱《摩訶波若經》，不以後爲方便，故知二慧皆名波若。又如論云：以金爲種種物，而即是金，更無別體。又如六度中合方便與實慧皆名波若。問：何以知然。答：餘五度但明五種有行，不辨照知空有，今照空義屬波若，知有義亦屬波若，故知二慧皆名波若，即是合權實皆名實義也。

第三，合權實皆名權者，照有功用既名爲方便，照空之巧亦是方便，故二照同巧，即兩皆方便。又如七地中名方便波羅蜜者，《釋論》云：是時波若清淨，反名方便，以至於六地波若用猶未妙故不名方便，至七地即波若用妙故名方便。如七地文從方便慧起十妙行，雖知三界空而莊嚴三界等，故知二慧皆名方便。對此義，亦得六地有方便與波若皆名波若。又如《勝鬘》云一乘大方便，一乘之中，若照空照有，説空説有，皆名方便，以悉是諸佛大善巧故。亦是合二慧爲方便也。

四者，不開不合，即泯上三句，明諸法正觀未曾有實，亦未曾是權，亦未曾開，亦未曾合。故云：是法不可示，言辭相寂滅，佛不能行，佛不能到。而今有開合實權者，皆是無名相中，爲出處衆生故，明開合不同耳。

斷伏門第九

先依《中論》疏。先立異家義，然後辨。

問：二智云何斷煩惱耶。答：此經云：佛

爲增上慢人説斷煩惱，實不斷也。問曰：大小經論皆明斷惑，云何不斷。答：若言斷者，今請問之：爲有惑可斷耶。如其實有，即不可斷。又經云：若法先有後無，諸佛菩薩即有過罪。云何言斷。如其無惑，竟何所斷。又有惑即是有見，無惑名爲無見，亦有亦無、非有非無，並是煩惱，云何煩惱斷煩惱耶。又縱有煩惱者爲所斷，慧爲能斷，爲見惑故斷，不見斷耶。如其見者即明闇並，云何斷耶。若不相見，復何所斷。若言解惑相違而懸斷者，即天竺燃燈破震旦闇，一品之解除一切惑。又慧獨能斷，假伴共除。若獨能斷者，菩薩何故修八聖道。獨慧不斷，雖復假伴，亦不能斷，如一盲不見，衆盲亦然。又一念斷，爲相續耶。若一念者，惑亦一念，即與俱謝，何能斷耶。若相續斷者，爲滅故續，不滅續耶。滅即復無所續，不滅無復能續，云何續耶。以是推之，即無所斷，是以不應言智斷惑。

問：若爾應無有斷，何故經云一念相應慧斷煩惱習耶。答：如上推之，即畢竟無斷。如是了悟即是斷也。所以然者，於一切處求解惑無從，即心無所依。心無所依，即衆累清淨，故名爲斷也。斷與不斷，不相違。問：以無所依名爲斷者，爲波若斷，爲方便斷耶。答：舊云波若是空慧故斷，方便照有即不斷也。今明有所得空有二慧俱不能斷，無所得空有俱能斷也。但不二而二，開二慧不同。方便實慧，即不斷而斷。實慧方便，斷而不斷。問：何故爾耶。答：有所依著是諸煩惱根，諸法實相是無著之本，由實相無所依故生波若，波若即無所著故衆惑清淨，故名斷也。問：若會境生智，然後斷惑，與他何異。答：不言惑外別有實相故會實相斷，但了煩惱本自不生今亦不滅即是實相，故名會實相斷。

問：爲但波若斷，薩波若亦斷。答：此義舊有二師，或言金剛心斷，是波若斷。或言佛智所斷，即薩波若斷。今明《大品》云菩薩無礙道中行，佛在解脱道中行，無一切暗。詳此文意，無礙、解脱俱有斷、不斷義。若一念正觀，惑不現前，即無礙正斷。解脱出居累外，故解脱不斷。故云：佛在解脱道中行，無一切暗也。若言：解脱續於無礙，鎮前無惑之處，遮未來惑不得續生。即有遮斷，故亦名斷。無礙正斷故，得言金剛惑盡。未有解脱遮未來惑，得云不盡。故盡與不盡，二既不違。

問：波若爲無礙，薩婆若爲解脱者，得言地前爲無礙，初地爲解脱不。答：有人云亦得如此，小乘即苦忍之前習行未久，但伏非斷。大乘地前修行積時，是故能斷也。今謂不然，大小乘義乃優劣懸殊，如來制立大格相似，小乘即七方便伏，苦忍斷之。大乘三十心伏，初地斷也。初地中自開無礙、解脱，無礙正斷，解脱遮斷，如上釋也。

問：爲轉無礙爲解脱，爲無礙謝，解脱生耶。答：《毗曇》即謝，《成論》即轉。斥[四]此二説，餘處已明，今略陳之。金剛若謝，別有佛果，云何波若反名薩云若。轉金剛而成佛者，云何轉無常之法而作常耶。今明者，具有轉、謝及不轉不謝。若了悟金剛本不生滅，即金剛是佛，故不轉不謝。是故經云：一切衆生本來寂滅，不復更滅也。於妄謂之心息生滅之見，故名爲謝。約了悟之者，前謂生滅，今悟無生滅，是故名轉。二文一會，義無所違。

問：若地前伏，初地斷者，何得《釋論》云初地時未捨結，七地方斷耶。答：衆師不同。生公用大頓悟義，唯佛斷惑，爾前未斷，故佛名爲覺，爾前未覺。瑶師用小頓悟義，七地方斷，引向文證之。今明皆無所妨。《大經》云：唯佛名眼見佛性，十地已還皆稱聞見。即唯佛斷惑，爾前不斷也。初地已來，但斷麤累，未除細惑，故云不斷。七地除細，故言斷耳。故各有其義，不應偏執。

問：爲中伏假斷，爲假伏中斷。答：適緣取悟，無有定也。自有中伏假斷，如求性有無不可得故名非有非無，目之爲中，此但伏性有無，猶未斷也。次，明假有假無即性有無，始斷。所以然者，識假有假無，即知畢竟無有定性有無，故名假斷也。次，明假伏中斷者，對性有無，說假有無，以伏性有無，故云假伏。次，明悟假有不有，假無不無，非有非無名中道，前性有無始得永斷，故名假伏中斷也。問：亦得假伏假斷、中伏中斷以不。答：亦有此義，如識假有無即性有無，永斷，名爲假斷也。自有識假有無，但伏性有無，猶未斷也。自有悟非有非無，但伏於性。自有悟非有無，性惑永斷，不須說假也。

問：云何名假名惑、實法惑耶。答：成論師云：緣假迷假稱假名惑，則迷假人法〔五〕等。緣實迷實名實法惑，如迷五塵等。今明此是三藏一部之義耳。大乘假實惑者，即向所明之：即前之假名爲假惑，即前之實名爲實惑。所以然者，諸法未曾假實，今有此假實，良非惑耶。問：大乘亦有假名、實法義不。答：二是假名。不二爲中道，中道即是實相，故名實法。迷因緣假名二諦稱爲假惑，迷不二實相目實惑也。問：云何迷耶。答：不二二名爲二諦，二不二爲中道。二定二故名迷假，不二定不二稱爲迷實。又二不二皆名爲假，非二不二方爲實。迷此假實，名假實惑也。

攝智門第十

問：權實二智攝智盡不。答：攝智皆盡。經有一智、二智、三智、四智、五智，乃至七十七智，皆二智攝。

攝一智者，即如實智，如實智即是佛眼，佛眼無法不見而無所見。無法不見名權智，而無所見名爲實智。問：如實智但是照實相智，唯應是實智，云何有權智耶。答：是明如實而知名如實智，故具二智也。

次，攝二智者，則一切智、一切種智。但此二智凡有六門：一、空有分二，一切智爲空智，一切種智爲有智，此則權實攝也。次，以總別分二，總相知爲一切智，別相知爲一切種智。但總別三門：一、以苦無常爲總相，陰入界爲別相。

二、以無生滅爲總相，諸法差別爲別相。三、以略爲總相，廣爲別相，如苦諦爲總相，廣分別苦有無量相爲別相。三別中取初義，第二義猶是空有，第三義屬後廣略也。三者，略説爲一切智，廣説爲一切種智，如上釋也。四者，因爲一切智，果爲一切種智也。問：二智俱是果門，云何分因果耶。答：例如菩提、涅槃爲果及以果果，涅槃既是果果，即菩提亦得爲因。此義論因果，今亦然矣。五者，小乘名一切智，大乘名一切種智。此明小乘總相知十二入苦空無常爲一切智，大乘遍知一切法爲一切種智。六者，一切種智爲空智，一切智爲有智。以種名性，性即實相理，爲諸法根本，故名爲種。一切智知一切法，爲有智也。

次，攝三智門者，三智多門。《涅槃》云：一者波若，一切衆生之慧，所謂下智也。二毗婆舍那，謂二乘智，即是中智也。三闍那，佛菩薩智，謂上智也。又云：波若別相智，別知諸法。毗婆舍那總相智，總知諸法。闍那爲破相。破相者，波若知有，毗婆舍那照空，闍那捨於空有，即中道智也。又如《波若三慧品》説：二乘爲一切智，菩薩道種智，佛一切種智。二乘名爲一切智者，十二入攝一切法，二乘知十二苦空無常名一切智。論云：此但有一切智名，而無一切智用，猶如畫燈，但有燈名，而無燈用。問：云何無用。答：佛具知一切法別相，然後能知一切總相，故名一切智。二乘但總相知一切，不能一一別相而知。如《涅槃》云：二乘但知於苦，不能分別是苦有無量相，我於彼經，竟不説之。即二乘不能別知故，但有一切智名，而無一切智用也。道種慧者，菩薩知四種道，人天謂福樂道，及三乘道。知佛道自度度他，餘三道但度他也。佛名一切種智者，此一切種智實異前一切種智，前一切種智但知有法，今合知空有，名一切種智。經云：知一相故，名一切種智。又云：知一切法行類相皃，名一切種智也。此三智中，一一皆具照空有，皆有權實二智也。次《地持論》有三智：一、清淨智，斷五住惑盡，故云清淨，即照第一義空智也。二、一切智，即照有智也。三、無礙智，無功用智照一切法，無復功用，故云無礙。初是實智，後二爲權。次《攝大乘論》有三智：一、加行智，即進求上地心。二、正體智，證如之智，謂實智也。三、後得智，即寂而動，謂權智也。此三智即爲次第，前有進求之智，次正得實觀，後從實起用。地地中皆具此三智也。

又四智攝入二智者，《攝大乘論》云：一切智、一切種智、無礙智、無功用智。前二知空有，次一不從師，後一無有功用。即《法華經》云佛智、一切智、自然智、無師智也。前二别照空有，後二通空有也。次四無礙智，此有多門，今略舉一義：知世諦爲知法，知第一義爲知義，此即二智。樂説及辭皆世諦智也。

次，明四智義。我生已盡，梵行已立，所作已辨，不受後有，釋此不同。《婆沙》云：我生已盡是斷集智，集因能生未來苦果，名之爲生，無學斷竟，名我生已盡。梵行已立是修道智，梵名爲淨，無漏聖道能除垢染，離障清淨名爲梵行，無學聖人道行成滿名爲已立。所作已辨是證滅智，斷惑證滅名爲所作，無學證果功成名爲已辨。不受後有是知苦智，後世苦報名爲後有，無學聖人於此有不復更受，名不受後有。問：經説四諦，先明苦、集，後明滅、道，今何故前斷集、修道，後證滅、知苦。答：四諦示欣厭門，先苦、集，後滅、道，於欣厭門逆觀次第故，先果後因。四智是順觀門故，先因後果，故前集、道，後明滅、苦。又要除障，然後善成，故先斷集，後修道。後果中，先滅現在過患，後不受未來苦[六]報，故前滅後苦。《勝鬘》《涅槃》釋四智又異，今不述之。四智皆入大乘權智，是小乘之實智。

次，五智攝入二智者，一法住智，二泥洹智，三無諍智，四願智，五邊際智。依小乘，法住智者，知苦集相生，諸法存立名法住智，知道及滅名泥洹智。又云：知苦集道名法住智。知於滅諦名泥洹智。令物不起諍爲無諍智。願知未來一切事，即便得知名爲願智。邊際智者，報身最後名爲邊際，聖人修得自在智故，於報身延促自在，名邊際智。小乘前二智通利鈍羅漢皆有，後三但利根羅漢有之。又前二通一切定皆能起，後三但第四禪起。前二通漏無漏，後三但有漏。前二三界身得起，後三但欲界三天下身起。前二以三界法爲所緣境，無諍智者但以欲界瞋心爲境。大乘五智，一切處，一切身，五十二位皆得起，通漏無漏也。小乘五智，皆爲大乘權智攝。大乘論五智，泥洹即是實相正法，屬實智，餘四屬權智。

十一智攝入二智者，十智照四諦，是差別智，屬權智攝。如實智照一實諦，即是實相，謂無差別智，故屬實智也。又論云：十智在四眼，如實智爲佛眼。若爾四眼中具二智，佛眼中亦具二智也。問：菩提與薩婆若，十智何智攝。答：論云：菩提是十智，即是有智，即一切種智。薩波若爲如實智，謂空智，亦是一切智。

四十四智者，約十二因緣作之，如云老死苦、老死集、老死滅道，一一皆具四諦觀也。

七十七智者，生緣老生[七]，不離生緣老死。初是正觀智。次是審法智。又正觀智簡無因，審法智簡異邪因。三世各二爲六，此六是法住智。次一是泥洹智。法住爲明生死因果增長，故多。泥洹滅之智，三世合一。此皆小乘之義，皆屬大乘權智攝之。若大乘，泥洹智是實智，如上也。如此皆是無分別中善功分別，雖分別，不動無分別，不同數論有所得釋。既是名教，不得不知。

問：四十四及七十七同從老死起，有何異耶。答：四十四觀果由因，其觀易成，故爲鈍根人也。觀果由因者，初觀老死是果，次明老死集者，觀果由因也。七十七即觀因生果，如云生緣老死，生是因，爲老死之緣。不離生緣老死亦爾。觀因生果，其事既難，故爲利根人。四十四，《成論》文云在七方便中。七十七，文不判位，衆師云在四現忍中也。問：何故不從無明起耶。答：

尋末至本，此觀易成。又四十四但得從果起，以具四諦故，若從無明起無復因，云何得具四諦耶。七十七不從無明起，但從老死起，其觀易成也。問：菩薩觀十二因緣屬何智耶。答：菩薩無方，不可定判。《釋論》云：菩薩爲衆生故，從果觀十二因緣。

常無常門第十一

略明四句：一、境智俱常。唯大乘有之，小乘無也，以小乘凡聖之智皆無常故。但大乘境智俱常，凡有三義：一、常智照實相境，如果德觀照波若照實相波若。二、常智照虚空常境，如《大經》云：一切常中虚空第一，今常智照此常境也。若以實相即是虚空，如《釋論》中説虚空非有非無，言語道斷，心行處滅，即是實相。今且據事，以虚空爲常。此二句示境智二義也。三者，常智還自照智，即是反照智義也。次，常照無常，凡有二義：一、照衆生無常，二、照應迹無常也。次，無常照常，凡爲三句：一、照虚空之常，二、照實相境常，三、照法身佛性常。但是照境，非照智常，以因中未有常智故也。次，無常照無常有二句：一、照無常境。二者，無常自照無常智。問：無常智還照無常智，與常智知常智何異。答：常智知常，唯有一義。無常智知無常，有二義：一者，後念智知前念智。二者，一念智即自能知。得並觀者，具有二義。未能並者，但有前後相知也。常知於常，但有一念自知無前後知也。

問：北土論師云：初地已上即有常住法身，亦即有常智。是事云何。答：須詳此説意，爲以證真之智爲法身耶，取所證真如佛性爲法身耶。若以能證之智爲法身常者，是事不然。《釋論》云：在菩薩心名爲波若，在佛心反名薩波若。若是常者，則無明昧，不應有改反也。又《涅槃經》云：此常法稱，要是如來。《長壽品》凡簡三法常義，一者外道，二者小乘，三者菩薩。並無常住故。以佛性常爲法身者，此猶是江南舊宗，非北方異説也。

問：有講《攝大乘》師云：初地見真與佛地不異，是事云何。答：若爾，論何得云：在菩薩心名波若，在佛心反名薩婆若。既其改反，即知有明昧不同。又論云：波若清淨，反名方便。則知六地波若未淨。又本以見真故斷惑，初地見真與佛不異，則一切惑斷。若不以見真斷惑者，便應是有智斷惑。故此説不然。如此皆是無分別中善巧分別，不爾者，淺學失於眉眼，爲無巧方便。

今既欲釋二智，即廣解方便。方便者，無差別差別智，故須善巧〔八〕分別法門，然後無方無礙之用。後當廣敘得失，未可驚同舊宗也。今據此門可有四句：

一者，語同意異。語同上來所辨，乃有常無常。問：何故語同耶。答：語出經論，經論共用，何得不同。而意異者，《中論》云：言語雖同，其心則異。今明此是無分別中善巧分別，不二二義，故開常無常、境智二義耳。既云不二二，即雖二不二。如《大經》云我、無我無有二相，常、無常亦爾。經云：愚人謂二，智者了達，知其無二，復有愚者但謂不二，智人了知不二而二。何者。愚人不識常無常，不知境智，故是無明，無明故爲愚。智人了知常無常，名爲智者。是故名爲語同意異也。

二者，語異意異。有所得人不善分別，無所得大乘能善分別，故名語異。一者是無所得心善分別，二者有所得心不善分別，故名意異。

三者，語同意同者，語與諸佛菩薩方等經論同，意與諸佛菩薩無依正觀亦同，故名語同意同。又語與有所得人語同，有所得人復有少分得處，今意亦與彼同，故云語同意同。

四、語異意同。語雖異經論，而意符合道，亦得用之。又語異舊宗，而意同會佛旨，亦得用之。

宜以斯四句總貫諸門，不應一向偏有去取。

問：何故明此四句。答：有二種人。一、始學大乘，謂必須一向與舊宗爲異，則成謗法。所以然者，語出經論，宜共用之。但得與無得，其心各別，不應以意異故令語亦異。二者，學小乘人玄與大乘異，强謂義同，是亦謗法。所以然者，小乘語意與大乘語意實不同，而强謂同，如學《成實論》者謂無相滅諦與方等理均故，亦名謗法也。爲此大小學人，宜開同異四句。

得失門第十二

權實是聖人之觀心，真俗爲衆聖之妙境。上已略明二慧，次廣論真俗。真俗之本，若成權實之末，自正故開十二門詳其得失。

大乘玄論卷第四

校勘記

〔一〕「方」，底本作「有」，據校本改。
〔二〕「方」，底本作「於」，據校本改。
〔三〕「闢」，底本作「開」，據文意改。
〔四〕「斥」，底本作「片」，據校本改。
〔五〕「法」，底本作「柱」，據文意改。
〔六〕「苦」，底本作「若」，據校本改。
〔七〕「生」，疑爲「死」。
〔八〕「巧」，底本作「功」，據校本改。

大乘玄論卷第五

胡吉藏撰

教迹義三門

一、釋教不同門　二、感應門　三、淨土門

釋教第一

至理無言，所以言者，言生於群心。然群基百差，致令聖教萬殊。萬殊言教，解釋不同。成論師或言四時，或言五時。引《涅槃經》云：從牛出乳，從乳出酪，從酪出生酥，從生酥出熟酥，從熟酥出醍醐。又從佛出十二部經，從十二部經出修多羅，從修多羅出方等經，從方等經出《波若波羅蜜》，從《般若波羅蜜》出《大涅槃》。成論師五味相生配五時教：四諦教有相差別，故出十二部經。修多羅名法本，波若是諸法根本，故《波若》名修多羅。《維摩經》廣明菩薩不思議法門，故《維摩經》名方等經。一乘之中般若最勝，故《法華經》名般若波羅蜜。《涅槃經》時明常住佛果，故言出大涅槃。今謂不爾。十二部經，是別相修多羅。從十二部經出修多羅者，是通相修多羅。從通、別兩教起大乘萬行，故言從修多羅出方等。萬行之中，波若爲主，故言從方等出《波若波羅密》。從此二因得大涅槃果，故言從《波若波羅蜜》出《大涅槃》。此乃教行因果相生，非是判五時教也。今此《摩訶衍論·無作品》末云：初轉法輪時，非唯八萬諸天，一人得須陀洹果，又無量人發無上菩提之心，乃至無量人得一生補處。又成道五年，説十萬偈《波若》，備明二空。七年爲大菩薩説《般舟三昧經》，明色心皆空。十年説《如來藏經》，顯本有佛性。應知，十二年中，非只説小乘。若大小俱明而言但説小乘者，亦可十二年後，雖大小俱説，應名小乘。若俱説大小而名大乘，我亦十二年前，雖大小俱談，而名大乘教。又論云：善吉曾於法華會聞説菩薩畢定，後聞《大品·阿毗跋致品》，是故今問爲定爲不定。故《法華》不必第四時耳。又成道已來常説般若，所以不局第二時也。

地論師云有三宗、四宗。三宗者，一立相教，二捨相教，三顯真實教。爲二乘人説有相教。《大品》等經廣明無相，故云捨相。《華嚴》等經名顯真實教門。四宗者，毗曇是因緣宗，《成實》謂假名宗，三論名不真宗，《十地論》爲真宗。今謂不然。此人罪過甚深，勿謗波若，墮於無間。今依此論具明三佛，又彌勒、天親釋《波若經》文亦明三佛，故知《波若》等經具明常住佛果、佛性正因、十地了因。若爾，何不名顯實教。應依四依大聖，莫依凡妄執也。

問曰：若言常者，云何此經云三世諸佛皆

入無餘涅槃耶。答曰：非是小乘無餘涅槃。若依《攝論》，大乘無餘涅槃有二種：一者，分段因果盡名有餘，變易因果盡名無餘涅槃。二者，報、應二佛名有餘涅槃，法身名無餘涅槃也。又《金剛波若經》中我皆令入無餘涅槃者，是彌勒釋云大乘第一無餘涅槃也。問曰：若爾，何故此經明十力、四無畏、十八不共等皆是有爲耶。答曰：對法身、真如、空邊故，報佛、十力、十八不共等是有法，故言有爲，非生滅有爲也。又《攝論》云無常有二種：一者，因中本無今有，已有還無無常。二者，佛果本無今有，已有不無無常，而不同因中生滅無常，但是佛果上報梨耶識、五根等始起邊名無常耳。

問曰：若此經非直明空者，亦説本有不空之法耶。答曰：論主釋初品中法性云，法名涅槃，性名本分，如白石中有銀性，黄石中有金性，一切法中有涅槃性亦如是。今謂是本有性淨涅槃，是以此經皆明性淨、方便二種涅槃也。問曰：更有明證證此經已明常住，已顯真實耶。答曰：明證雖多，不可爲煩，今但取《法尚品》以三譬具明三佛，又云諸佛色身有去來，諸佛法身無去來。有去來是應佛，無去來是法佛、報佛。又論云佛有二種：一者父母生身佛，二法性生身佛。父母生身者是應佛，法性生身是報佛。若但言法性身，是法身佛。論又云：華色比丘尼不見法身佛，善吉得見法身。又此經處處皆云：十地行滿，得無上菩提。云何十地行滿，還得無常身耶。是故《涅槃》云：我、無我，無有二相，我於《摩訶般若波羅蜜經》中廣説。《涅槃經》明佛果真我，即此經明無上菩提。《涅槃經》明生死無我，即此經明因中菩薩無我。應知此經佛果真我、生死無我皆空，其相無二，具明八倒，應可信受耳。

問曰：或謂此經未是會三，感誦《法華》以爲盛難。此義云何。答曰：《法華》會三歸一，則三遣而一存。一存未免守相，故以萬善爲乘體。《般若》即三而不三，則三遣而一亡，無有法之可得，故以無生中道爲乘體。無生絶於戲論，竟何三之可會。所謂百華異色，共成一陰。萬法殊相，同入波若，無可分别。又顯一乘真實，凡有二門：若是《法華》，對三乘方便，顯一乘真實相。若是《波若》《淨名》，毁小乘爲劣，讚大乘爲勝，顯一乘真實也。是故不可談其二經勝劣耳。若引《涅槃》明常，而難此經，前已明之，不更煩耳。

問曰：若唱成、地二家之失，今云何判佛教耶。答曰：菩薩藏聲聞藏，大乘小乘，有餘無餘，作無作，了不了，有邊無邊，頓漸，半滿，常無常，有量無量門往收。不以具足十門方收，但以一一門攝無量法藏，攝門非一，故有十門。

問曰：前言應依四依，莫依凡妄説者，何等是四依。答曰：四依者有二種。法四依者，依法不依人，依義不依語，依智不依識，依了義經不依不了義經。人四依者，依小乘，五方便爲第一依，須陀洹、斯陀含爲第二依，阿那含爲第三依，阿羅漢爲第四依。若依大乘，地前四十心具煩惱性爲第一依，從初地至六地爲第二依，七、八、九地爲第三依，第十地爲第四依。今是後四依也。

問曰：前言十二部經，云何但言十二，不大不小耶。答曰：有四句。一、大小俱明十二者，以十二是一數之圓，又治衆生十二緣病故也。二者，大小同明九部者，亦是一數之圓。又爲九道衆生説，故九部。小乘約法淺，故無方廣經。佛記非小乘之宗，又小乘人無補佛處，故除授記經。小乘法淺，有人能問，故除無問自説經。又大士能爲衆生作不請之友，故有無問自説。小乘不能，要待請方説，故無無問自説。大乘人根利，故除三。大乘之根利，直説即解，不須因緣及以譬喻，亦不假論義，故略以此三部。第三句，小廣而大略。如《地持論》説：菩薩藏名方廣經，聲聞藏謂十一部。此意明：大乘十二爲明方廣之理，從所詮之理爲名，故十二部悉名方廣。小乘十一部，不爲明方廣[三]之理，故存其十一部名，没方廣之稱。第四句，大廣小略。顯大乘滿字，故具足十二部。小乘半字，故唯有九部。

又得開三，修多羅、祇夜、伽陀，此三就教別名，即以教爲此三部體。餘之九部，從別事受名，亦不離此三也。三從文言立名，九從功能受稱。修多羅者，有二種：直説語言，爲別修多羅。從如是至奉行，通修多羅。三藏中修多羅竪長横狹，竪長故攝於十二，横狹故但一藏。十二部中修多羅横濶竪短，不攝十一故竪短，攝三藏故横濶。伽陀者，第二部，謂不等頌。第三祇夜謂等頌。又九從功能受名，謂授記經、本事經、本生經、未曾有經、因緣經、譬喻經、無問自説經、方廣經、論義經。合爲十二部。

今小乘九部合爲五雙。初長行與偈一雙。諸佛爲衆生或直説修多羅，或命初即爲説偈，故名伽陀。即知修多羅不必在前，伽陀不必在後。本事、本生，第二自、他一雙。本事説他過去世事，如《藥王本事品》等。説自過去世事爲本生經。未曾有、因緣經，此明善、惡事一雙。未曾有經爲善事，如青牛行鉢、白狗聽經、大地振動。因緣謂起罪本末，隨本末而説，名因緣經。譬喻、祇夜，法、喻一雙。論義經者則是能論，上八部四雙名爲所論，謂能論、所論一雙。

佛在世時，自説十二部經。佛滅度後，委付迦葉。十弟子之中，最大有四大聲聞，所謂迦葉、目連、須菩提、舍利弗。何獨付迦葉，不付餘人者，舍利弗、目連早已滅度，須菩提者爲性濡，迦葉爲性剛決，故付迦葉。迦葉滅後，付阿難，阿難付末田地，末田池〔三〕付舍那婆斯，舍那婆斯付優婆掘多。如是隔世五師，至一百餘年，分爲二部。一者，摩訶僧祇部，此云大衆部。二者，多羯羅部，此云上坐部。從大衆部分爲九部，一名大衆部，二名一説部，三名出世部，四名窟居部，五名多聞部，六名施設論部，七名枝提部，八名阿婆羅部，九名欝他羅部。三百年中，上座部因諍論事分爲十一部，一名薩婆多部，二名雪山部，三名犢子部，四名達磨欝多部，五名跋陀耶尼部，六名三彌底部，七名六城部，八名彌沙塞部，九名曇無德部，十名迦葉唯部，十一名修多羅論部。

問：經言本二及十八皆從大乘中出，何者爲本二及十八耶？答：上座、大衆兩部爲本二，其後弟子分爲十八部。又經言五部者，佛三藏中毗尼藏多有此名。又十八部中五部盛行。五部者，一薩婆多部，二曇無德部，三僧祇部，四彌沙塞部，五迦葉唯部。五部之中，薩婆多部盛行，故佛滅後二百年中，從上座部出薩婆多部，偏弘毗曇。佛滅後三百餘年，迦旃延子作《毗曇八犍度》。六百年，五百阿羅漢造《毗婆沙論》百卷。七百年，爲《婆沙》太廣，法勝造《毗曇論》。爲法勝太略，千年之間，達磨多羅造《雜心論》十一卷，故《毗曇》盛行。《成實論》主從曇無德部出，出於七百年，名訶梨跋摩。龍樹菩薩，出五百年，破諸異部，造大乘百部論，於閻浮提轉第二法輪。

問：有人言《般若》是三乘通教，凡引多文，欲得聲聞地，當學《般若》，乃至欲得菩薩地，當學《般若》。又云：是《般若》中廣説三乘之教，故言三乘通教。此義云何。答曰：論云：佛於三藏中，但爲聲聞説四諦法，未説菩薩行，今欲爲彌勒等廣説菩薩行，故説《般若》。即知，《般若》非三乘通教。又論云：《般若》不屬二乘，但屬菩薩。又論云：在菩薩心中名般若，在聲聞心中名道品，若是三乘通教，則在三乘心通名般若，不應有別名。又難云：若三乘通學《般若》，《般若》是三乘通教者，《涅槃經》云：三乘人同觀中道，下智觀故得聲聞菩提，乃至上上智觀故得佛菩提。亦應是三乘通教。《大論》云：十種大經中，《般若波羅蜜》最深最大。《小般若經》云：此經爲發大乘者説，最上乘者説。故知《般若》非三乘通教。又説三乘同學《般若》者，是密會一乘，若因同，果亦應同。又説聲聞、緣覺若智若斷，皆是菩薩無生法忍，又説一切處求人不可得，云何分別有三乘耶。當知，即是密説一乘。又古舊義：《般若》已會法，但未會人。會法者，一切法皆入法性，皆入摩訶衍中。

次云：《淨名》是抑揚轉法輪，嘆凡夫有，及覆毀聲聞爲敗根。是亦不然。《魔事品》云譬如癡犬不從大家求食，從作務者索。犬者聲聞人，大家者大乘教，作務者小乘經。《大品經》應是抑揚教耶。

問：何故餘經不逗緣説此法耶。答：《大品》《法華》是合明義，《涅槃》是開明義。所以合明義者，《大品》直明無所得因，無所得果，破衆生有所得心即便了悟，不須別開緣正因果也。《法華》直破異因異果，明一因一果，衆生即得了悟，亦不開緣正因果。《大經》爲鈍根衆生聞上合説未悟故，廣開緣正兩因兩果，始得領解。以根緣宜聞合以取悟，則爲之合。應聞開以受道，故爲之開也。問：就《大品》《法華》《華嚴》正有緣正文以不。答：傍有此義。《釋論》解《方便品》云：

般若爲種子，是正因。五度等爲水，是緣因。能生菩提菓樹。又《大品》已有明佛性義，亦有緣正因義也。《法華》中明衆生有佛性即正因，萬行等是緣因。《華嚴》中正法性起文云：微塵中有一經卷，一經卷中廣記一切事。此即是衆生身中有佛性。破微塵，出經卷，即是除煩惱，見佛性也。佛性既是正因，諸菩薩修行四十心、十地等，即是緣因也。

問：若皆有緣、正二因者，云何有四種之異。答：但衆經皆有傍、正二義，《般若》廣破有所得，明無依無得爲正宗，佛性一乘爲其傍義。《法華》廣明一因一果爲其正宗，無所得及佛性爲其傍義。《涅槃》廣明佛性常住，爲斥無常之病，爲其正宗，一乘及無所得爲其傍義。又衆經逗緣不同，互相開避。《般若》已廣明無所得實相，故《法華》不明之。未廣説一乘因果，故廣明之。《法華》已明一乘因果，故《涅槃》不廣明之。未廣明佛性常住，故廣説之。又只是一道，三義説之。無境不照義，故名般若。真極無二義，稱爲妙法。常恒不變義，目爲涅槃。又在菩薩心故名般若，在佛心故名薩般若，具在佛菩薩心故名一乘。又須領衆經顯道無異而作異名説之，如《大品》作般若之名，不作一乘及佛性之目。《法華》作一乘之名，不作般若、佛性之稱。乃至《涅槃》亦然也。

感應第二

有三義。感應者，乃是佛法之大宗，衆經之綱要。言感者，牽召義。應者，赴接義。衆生有善，致彼佛前，垂形赴接，理無乖越，謂之感應。凡夫感而不應，諸佛應而不感，菩薩亦應亦感。感者不同，略有四種：一者，感形不感聲，但見佛不聞法。二者，感聲不感形，直聞教不見佛。三者，形聲俱感，見佛聞法。四者，不見佛不聞法，直感神力密益。

感應體第一。問：三世善，何善感耶。答：有人言未來善感。若爾者，未來佛應，不現在佛應。又言現在善感。亦言過去善感。又言惡感，有人善感，有人善惡共感。若言惡能感者，一切起惡衆生，何故不見佛。若言善能感佛，衆生既有善根，盡能得道，何用佛爲，如無病何用藥師爲。善惡俱感者，一切衆生皆有善惡，寧不感佛，在六道受苦。今明三世善感，過去、現在爲正感，未來爲傍感。故經云：過去久修善根，及今念佛，得見如來。今明善惡感者，將滅惡可生善。問：與他感應何異。答：今明感是應義，應以感爲義。感應相由，是因緣。問：佛爲有應法起，息應名滅，爲無應法起而云滅耶。答：自古爰今，凡有三解。開菩[三]藏師用弼公義：衆生於法身上見有生滅，佛實無生滅，故經云：慈善根力令彼見之，指實無師子。莊嚴旻法師云別有應法起。故以本垂迹爲生，息迹歸本稱滅。如經云金翅鳥王，上昇虚空，觀彼水性，及見己影。即其證也。招提琰云：具有二義。今正明，爲異論紛綸，或言實滅，或言不實滅，或言有應法起，或言無起，並是諍論，是故龍樹出世破之。諸見若息，然後乃識因緣假名，無方大用，非起非不起，亦起亦不起，亦非非起，非非不起，適緣而用，得諸善巧。雖具諸義，亦不同舊説。蓋是起無所起名爲不起，不起而起名之爲起，不可聞起定作起解，聞不起定作不起解也。問：由佛滅度，故衆生起迷。若不滅，則不起迷。則咎於佛。答：《智度論》云佛有三時利益衆生，一爲菩薩時，二得佛時，三滅度時。《華嚴經》云：欲令衆生生歡喜故，現王宫生。欲令衆生生戀慕善，示雙林滅。既云三時益物，知緣自起迷，佛無過耳。問：爲習因善感，爲報因善感。答云：習因正感，報因傍感，見佛生樂受故。問：善惡感佛者，爲善正感，爲惡正感。答：善正感，惡傍感。問：在人言：無别應起，但法身上見丈六。此何耶。答：違經文。《大經》云金翅鳥王，飛昇虚空，下觀水性，及見己影。虚空是法身佛，金翅鳥是報身佛，及見己影是化身佛。

表應部第三。佛滅度後有形像及經書，此名表應，非爲正應。所以然者，以丈六及言教觀機而現，既其應機，應謂之正應。衆生見聞之，後故造像表其所見，書寫傳其所聞，既有由衆生，非正由佛，故爲表應，非正應也。今若相從説者，亦入應中。何以知之，形像既相從入佛寶，何爲不得相從入應。經書雖是正法，既由衆生書寫，亦相從應也。問：諸佛菩薩體不二，能應者未詳不二，是何等法。答：成論師真諦謂爲不二法門。智度論師謂實相般若。地論師用阿梨耶識。攝論師真諦三藏即阿摩羅識。四宗之内，初二約境，後二據心，雖識境義殊，而同超四句，故釋迦掩室於摩竭，淨名杜口於毗耶。斯皆謂爲神御，故口以之而嘿，豈曰無辨，辨所不能言也。今明乃是不可言境心，不可言不境心中道佛性理也。問：何位菩薩能真俗並觀，應物顯形，如水中月，濟度人耶。答：靈味師云：初地得無生，即能真俗並觀。什、肇師云：七地並觀。成論師云：八地並觀。今謂，從初發心，則學無生，習於並觀。

故《涅槃》云：發心、畢竟，二不別。有四重階級。一者，對地前凡位但明順忍，未有無生，亦未能真俗並，初地稱聖，始得無生，二觀方並。《仁王》《攝論》並有此文。二者，初地已上，六地已還，無生尚淺，與順忍之名。至於七地稱等定慧地，始是無生，名爲並觀。《智度論》云：前三地慧多定少，後三地定多慧少，故定慧不等，至於七地定慧均平，云等定慧地。此説般若靜鑒爲定，方便動照爲慧。六地妙於靜觀，拙於涉動，故定慧未均。至千七地則二用俱巧，名等定慧地。三者，七地雖得無生，已能並觀，但猶有功用。八地於功用心永不復生，名無生。四者，八地雖無功用，猶未究竟。究竟無生，在於佛位。《方便品》云：久於佛道，心已純熟，當知是佛地無生金粟如來。則依斯文，已顯無生具在四處。衆師偏執一，徒以失其旨。

淨土第三

有二義，一通二别。淨土者，蓋是諸佛菩薩之所栖域，衆生之所歸總。談佛土，凡有五種：一淨，二不淨，三不淨淨，四淨不淨，五者雜土。所言淨者，菩薩以善法化衆生，衆生具受善法，同搆善緣，得純淨土。言不淨者，若衆生造惡緣，感穢土也。淨不淨者，初是淨土，此衆生緣盡，後惡衆生來，則土變成不淨也。不淨淨者，不淨緣盡，後淨衆生來，則土變成淨，如彌勒與之釋迦也。言雜土者，衆生具起善惡二業，故感淨穢雜土。此五皆是衆生自業所起，應名衆生土。但佛有王化之功，故名佛土。然報土既五，應土亦然。報據衆生業感，應就如來所現。故合有十土。

就淨土中更開四位：一、凡聖同居土，如彌勒出時，凡聖共在淨土内住。亦如西方九品往生爲凡，復有三乘賢聖也。二、大小同住土，謂羅漢、辟支及大力菩薩，捨三界分段身，生界外淨土中也。三、獨菩薩所住土，謂菩薩道過二乘，居土亦異，如香積世界無二乘名，亦如七寶世界純諸菩薩也。四、諸佛獨居土，如《仁王》云：

三賢十聖住果報，唯佛一人居淨土。諸淨土位不出此四，即從劣至勝爲次第。

問：以何爲土體。答：土體有三：一、相論，其體有五，謂化處淨、化主淨、教門淨、徒衆淨、時節淨，無刀兵等。二、若就三世間明土，世間則以七珍爲體。三者，竪論義，望道而言，土以不土爲體，要由不土方得有土，即以有空義故一切法得成也。攝論師云：識所變異是淨土，以心爲體。今明有三種：若是法身淨土，以中道爲體。亦是報佛淨土，七珍爲體。亦是化身淨土，以應色爲體。通而爲論，皆是中道爲體，以二是用。有人言：佛無淨土，但應衆生報，以化主爲言，故言佛土耳。此是成論師意，非經論所明。經論云佛無淨土者，無分段變易淨土。有淨土者，乃是萬行所得真常淨土。故經言法身淨土是真成淨土。報佛淨土，經論處處皆明淨土。問：有人言淨土二處二質，如西方淨土與此穢土。二者，二質一處。三者，一質二處，如《淨名》云：斷取妙喜淨土，置此穢土中。且是一土在彼復來此，故一質二處。如是四師各成諍論。今明各有其義，莫執一邊，傷其義味。身子見穢土，梵王見真成淨土，上文十七句所明淨土是報土，足指案地等淨土是應土，餘文可知。問：經云：衆生見燒盡，吾淨土不燒。是何淨土耶。答：羅什云是異質同處義，淨穢麤細不同，故不相礙，如首真天子身不礙於地，又如無間地獄雖百千共處亦不違妨，又如醍醐不礙麤器，況淨穢二質而相妨耶，故燒穢不燒淨土。

佛開三身，以身例土，亦有三土。又《仁王》云：唯佛一人居淨土。《攝論》云：真如即是佛所住。《法華論》亦明真如常住爲土。問：經云一質異見，是何物一質耶。答：一質多種，若以一實相爲一質，以失實相故，有六道異見。《大經》云：是一味藥，隨其流處，有六種差別。如人見水即有三塵。一[四]鬼見於火，倒心所感故，成水火二見。如人見恒河爲水，鬼見爲火，天見爲地，魚見窟宅。淨穢亦爾，業不同故見淨穢，實無如此淨穢。此是中道土質，淨穢二緣，見其二土。攝論師明皆唯識爲淨土體。就迹爲論，一質二見者，身子見佛土穢，但見人土，梵王見天土，而佛土非人天土，如經云寶莊嚴土，而況釋迦真土。問：一質二見可然，復淨質見穢，穢被燒，淨燒不耶。答：惡業故見不淨燒，而淨實不燒也。問：淨質壞者，穢亦壞不耶。答：穢隨壞也。於淨寄見穢耳。以淨壞故，即穢緣無所見，如鬼本於水見火，水竭，不見火也，於穢質見淨亦然。

第二，別論西方淨土，有五之別：一、常無常者，有人言：此經猶是無常覆相説常，與《法華》相似。今明常住，文云究竟一乘至於彼岸，故知是常。依論，種種説常。二、明三界非三界者，如《釋論》所明，在地，不名色界。無欲染故，不名欲界。有色形故，不名無色。經云無須彌山、大海、江河，故知無三界。文云：佛問彌勒、阿難：汝見彼國於地以上至於淨居天，其中所有微妙嚴淨自然之物不。阿難對曰：唯然，已見。既言已見，不得無三界。自在物機不可定判，斯則無麤三界，有細三界耳。第三，有聲聞無聲聞者，經云有得阿羅漢果，解釋不同。一云：下輩生於華中，退菩提心，出生之後，受二乘果，實有聲聞。二云：法藏比丘設願，願國中無有聲聞二乘之名。今言聲聞者，仍本爲名，實無聲聞。今謂，如香積佛國無有聲聞之名，今此經言有，故應有聲聞。第四，有天人無天人者，經云：非天非人。若依此文，則是一相，豈可分別是人是天。而文云因順餘方故，有人天之名者，此有時勝者爲天，劣者爲人，欲引穢土人天生於淨土，實無人天別也。第五，有胎生無胎生者，皆應化生，應無胎生。而經言下輩受胎生者，此非胞胎。於華臺中久不出，故言胎生，非實胎生。禽獸之類亦如是，實無禽獸而有應禽獸，故經云池中有鳬雁等也。

論迹義五門

一、明破申大意　二、明四論宗旨

三、明經論能所　四、明釋《中觀論》名

五、明論緣起

大師讀此論，遍數不同，形勢非一，今略出十條：一者，有時明四論宗旨，釋中觀名題，解經論相資，諦智傍正，破申近遠，然後乃入論文。所以然者，欲明義有詮次，文參涣然，稟學門徒尋求易曉。二者，在論初直爾散説大意，仍進論文。此欲提綱振領，揚略要旨，裕其玄莫彰，至其後發。三者，先盛解二諦竟，即釋論文。明佛説二諦以表正道，今論以二諦爲宗，推功有在也。四者，前明二智，後入論文。明佛以二智説教，菩薩今以權實顯正破邪，故須斷簡二智也。五者，彈碩古今，破斥異部。所以然者，自古迄今，凡諸制作，並不稟龍樹之風，皆是斷常，擾於至道，故須廣破，始得讀文也。六者，前讀關河舊《序》，如影、叡所作。所以然者，爲即世人云：數論前興，三論後出。欲示關河相傳，師宗有在，非今始搆也。七者，或直唱無行佛藏等經，然後入論。欲明經論相成，共顯一道，經旨可見，論意易明也。八者，對訶梨所造、旃延之作，欲明大小軀分，得、無得異也。九者，或面折異學，仍即入論。欲使執固者改迷，慕位者深悟。十者，或直爾披文，更無別説。欲明此論出自菩薩中心，精破妙解，藴在文内，輒抽拙意，何以加此，故直讀文也。

法師所以講論有多形勢者，略有三義：一者，明法師善識根緣，調停物性，稟悟既甚多種，演暢亦復不窮。二者，欲異他人。他人立義定作一説，聽者唯作一解，了無轉悟。今明諸法無一定相，豈唯一種。三者，龍樹、提婆妙思深遠，權巧萬端，今時傳述，寧可一概。

今就論初，大爲五章：一、明破申大意。二者，明四論宗旨義有同異。三者，明經論能所，諦智傍正。四者，釋《中觀論》名。五者，明論緣起，問答斷簡。

所以須辨破申大意者，無問内外學徒，凡有製作，皆辨破申故。内外並云自是而非彼，美己而惡人。次内經敘述外道所計云：是事實，餘皆妄語。次《成實》破斥《數經》，以四諦命，重更顯斯實。如此之流，盡欲破他申己。既出虚妄横搆，皆不成破申。今時論意，善巧方便，助佛揚化，方是破申，故在初明其大意也。破申只是破邪顯正，即是滅邪見幢，燃正法炬。

問：誰能破邪，用何顯正。答：不出人、法，人即是聖人，法名正法。若備法、人，則能破邪顯正。就此則有三雙：一者，佛與菩薩。二者，經、論。三者，破、申。言佛與菩薩者，佛以中道二智所説名經，菩薩以中道二慧所吐名論。佛以中道二智所説名經，經即是教。教何所示。教則教緣。緣何所禀。緣只禀教。故緣教相應，無不悟入。言悟入者，教辨真俗，緣悟不真不俗。教説因果，緣悟不因不果。其餘例然。故因教悟理，悟理故了教。教是理門故，因教達理，感應因緣，冥若扶契，響然而有，豎爾而無。此即佛説教爲緣之意也。

但教流末代，鈍根薄福，尋教失旨，不知佛意。故論初云：求五陰、十二入、十八界等決定相，但著文字，不知佛意。聞大乘法中説畢竟空，不知何因緣故空，即生見疑，故於有生見，於空生疑。所以然者，爲有所得。心有依有得，當聞真俗。住真俗，不知本於不真不俗，故還就真俗以求真俗之實，不知就非真非俗以求真俗。還就真俗以解真俗，不知用非真非俗以解真俗。還就末中求末，不知就本求末，本是末本。既不識非真俗本，故不識真俗之末。因果等諸事，義例皆然。故如他人或謂真俗一體，或言異體，或言因中先有果，或言因中先無果等。有所言説，並出彼妄情所搆，曾非經論所明。是故斷常交興，生滅競起，邪言隱覆，正教不申。所以龍樹菩薩府茲弱喪，顯八不教門，折彼斷常，周還不二。破申之義，大略如此也。

問：若箇是邪而言破邪，何者是正而遣申正。答：邪既無量，正亦多途。大略爲言，不出二種，謂有得與無得。有得是邪，須破。無得是正，須申。故《大品經》善吉致問：何等是菩薩道，何等非菩薩道。佛答云：有所得非菩薩道，無所得是菩薩道。問：既破有得，申無得，亦應但破性執，申假名以不。答：性執是有得，假名是無得，今破有得，申無得，即是破性執，申假名也。問：既破性申假，亦應但破有申無，若有無兩洗，亦應性假雙破耶。答：不例。有無皆是性，所以須雙破。既分性、假，異故，有破不破。問：性有性無皆是性，唯破性，不破假者，亦應性有假有皆是有，唯破有不破無也。答：雖同是有，而有不同，故但破性有，不破假有。問：若雖同是有，而有不同故，但破性有，不破假有者，亦應雖同是性，而性不同，不破性無，但破性有耶。答：有例不例。言其例者，既性有性無皆是性，所以兩破，亦性有假有皆是有，亦須二除也。而不例者，明性有住有，乖道故須破。假有非有，扶道故不除也。

次，時云前明破邪顯正，即是佛與菩薩。今問：爰及正化，迄乎[五]像法，傳持紹繼，其人不少，今定取何人破邪顯正。答：大格爲論，不出四人。一是調御世尊，是能化主，其餘三聖，助佛宣揚。三者，所謂馬鳴開士與龍樹、提婆也。問：此之四人破邪顯正，爲當是同，爲當有異。答：一往且折彼疑，則云不同不異。佛與菩薩，所以不同。同顯實相，所以不異。此是同異不同不異，既得不同異，即得同異。佛菩薩，具足不具足，勝劣，故異。皆破邪顯正，故同也。言佛、菩薩異者，佛即説教，樹二諦赴緣。菩薩直助佛揚化，無別制作也。就菩薩中自復有異，若是龍樹作論，前破法，後兼淨人我。提婆所造，先正破神我，後兼洗法。所以然者，《中論》破內弟子，雖知無我，猶計有法，是故前正除法，後兼淨人我故。《十二門》云：有爲無爲尚空，何況我耶。《百論》破外道，如僧伽等計云有神我，不知無我，故須前正破我，後兼破法，故破神辨生空，破一異等明法空。此爲異也。

問：既同破邪，皆爲顯正，何故一論申大小，一論不申大小。答：若俱申大小，何有兩論殊。必齊顯小大，焉判兩人異。作折彼問，已是消疑，但意趣不然，更須指掌。《中論》破執大小緣，所以申大小。《百論》不破執大小緣，故不明申大小。即竝《中論》破執真俗緣，可顯真俗。《百論》不破執真俗緣，論末應不明真俗結論歸旨也。釋云：真俗二諦是諸佛教門，譬若衆流皆歸大海，凡欲悟入，莫不因此教門。論既破空破有，除斷除常，外人失彼所執，情無所寄，即問佛法爲何所説。論主應聲即答有二諦，以世諦有故不斷，真諦無故不常，令彼斷常見息是故須説二諦也。

問：或言破邪顯正。或言豈離邪有正，即撥邪者令正，因邪故得正。此兩言似如乖反。若言破邪顯正，即不應言因邪有正，只令邪者正。若言只因邪故正，又不應言破除邪顯正也。又問：邪正一故言破邪顯正，爲邪正異故破邪顯正。他人解邪正兩端，破除邪故，得顯正也。難：若爾，瓶衣體異，破瓶顯衣耶。彼云：瓶衣乃異，不相違害，非相障法故，不破瓶顯衣。邪正是相障法，邪障正故，破邪顯正也。難：若邪正相違故破邪顯正者，水火相害，何不破水顯火。而不爾，故知邪正寧可碩異耶。今若遣邪言隱覆正教不開，破邪言顯正教，非爲不爾。但此邪正疎遠，非一家意。今明道非邪正，能體道之緣，亦悟非邪正，但以向迷今悟，諂向迷僻爲邪，呼今悟爲正，此得悟時，了無邪正。問：若爾，定是破邪顯正，定是因邪顯正。答：具此兩義。言破邪顯正者，向迷成斷常，所以須破此邪，今得悟不斷不常名爲顯正義，是以言破邪顯正。亦可言因邪有正者，只令悟斷常者不斷常，豈得離迷有悟，離斷常别有不斷常耶。

問：佛出世既有感緣所感，龍樹出世亦爲感緣所感不。答：例爾。問：佛與龍樹出世俱有感緣所感者，佛能照緣，龍樹亦照緣不。答：亦例。又問：若爾，佛説教，龍樹亦應説教不。答：應例而不例。言應例者，佛説經教，龍樹説論教也。言不例者，雖同感而感不同，佛爲感緣所感，感佛説二諦教。龍樹雖爲感緣所感，但感龍樹破邪，破邪令識佛教也。問：雖同感，感不同，佛與論主，雖同照，照亦不同。答云：實爾。佛照大明，論主照小晦也。

問：他論有破有申，今論亦有破有申，今他二論，竟有何異乎。又難：若使苟欲爲異者，他論可得有破申，今論應唯破不申。答：既有一問一難，今亦一答一解。先答第一問：上問俱有破申，今他二論何異。今明他論有破而復更立，今論唯破而不立。言他論有破有立者，如破外道神我而更立假名行人，破外道二十五諦而立四諦十六諦等。外道神我真實不無，汝論世諦假名行人亦不可失。若言外道二十五諦爲非，汝四諦十六諦，此亦有過。彼計有人有法既成外道，汝亦計有人法亦是外道。今論不爾，唯破不立。所以然者，論主出世，唯爲破顛倒斷常，更無所立，故《論序》云：言而無當，破而不執也。次答第二難云與他論異者，他論可有破申，今論應唯破不申。今一往答：且如汝所問他論有破有立，則有破別有所申，今論唯破不立，則唯破不申。所以然者，若經若論，唯破顛倒虛妄，更無所申。本由病故有教，在病既除，教藥亦盡，故《百論》下文云破如可破。此論下文復云：無人亦無法，佛亦無所説。佛既無所説，寧當有教可申耶。今次更答：他論有破有立，此乃是增有所得，非唯不能申，亦不能破，自是有得，何能破他。今論但破，曾不自立，非止能破，即復能申，故大師舉猛將爲譬，前無所立，後無所領，故能剪彼兇醜，顯我皇威。菩薩亦爾，無生正觀，了內外諸法，畢竟清淨，故能破洗虚妄斷常，顯出如來真實正法。如此善巧名爲破申，故《論序》儻然靡據，而事不失真；蕭焉無累，而理自玄會也。問：他論非唯不能申，亦不成破，今論具能破申。若爾，他論爲負，今論居勝。此則勝負心生，是非見起，乃是斷常屈滯，豈能申於正道。答：若有勝有負，斯則受屈。只爲無勝無負，所以能申。問：若有勝有負可得有破，既云無勝無負，汝何所破邪。答：實爾。執有勝有負，則見有破。今無勝無負，我實無所破。問：若有勝有負，可得言申，既無勝負，更何所申。答：若有勝有負，應申更屈。只爲無勝無負，屈者得申，而實無所得。

問：破何物邪，申若爲正。答云：佛赴緣説真俗兩教，意爲顯中實之道。但緣迷二教，不悟中實，成斷常病。今破緣邪執，申佛正教也。師云：非無其義，若只作此解，未近一家之意。何故爾。論初八不，爲破生滅、斷常，淨一異、來出，若别有二諦中道可申，異於破邪，何謂淨斷常，除生滅耶。問：前云第一章明破邪顯正，今遵但淨斷常、來出，無二諦可申。若依前言，即乖今説。若用今解，復反前判。二言鉾楯，若爲取中。答：有二條。一者，反質汝言真俗二諦是何物，亦聞破病，便言不申教。亦聞申教，謂非是破邪。作此折疑，已略成可見，但復須巧壘解釋。何故説二諦只爲破生滅斷常，世諦假生滅，真諦不生滅，欲明假生滅實録不生不滅，令悟生滅不生滅，來出無來出。只此破生滅斷常即名爲教，是破復是教。今論主還説此破斷常生滅之教，以化物令緣，作如此悟，即申破病教。破病教申，只申此破，名爲破申。今此破得申，稱爲申破也。破申大意，且竟如前。

今次第二，明四論宗旨義同異。問：四論既興，爲當是一，爲當是異。答：一往折疑，不一不異。所以然者，八不是衆經之妙旨，方等之宏宗。此論啟初即明不生不滅，不一不異，故知四論非一不異。問：既不一不異，便應不四不論。

若言四言論，即是一是異耶。答：只遵四論不一不異，若不言四論，語何物不一不異耶。如只遵色不生不滅，若不滅，受想行識不生不滅，只遵五陰不生不滅，色心不空不有，若不言五陰，遵誰不生不滅。若不語色心，言何物不空不有。今亦爾，何不言四論，遵誰不一不異。問：以何義故言其不一，以何義故語其不異。釋云：以論四故，所以不一。以四論故，所以不異。故言不一不異也。問：若爾，論有四故，彌見其是異。同是論故，轉見是一。何得言不異不一。答曰：四若是異，四不四論。論若是一，論不論四。只爲四非是異耶，所以四論。論非是一，所以論四也。問：若非是一異耶。答：既非一異，亦復非是非一異。既識非一異，則一異可明也。

今亦可言同，亦可辨其異也。言同者，有二義：一者，能造論人同是四依，同禀佛教，同有二智也。二者，所造之論同是無依無得，同申正教。若是有得，即不名論，亦不能有所論。若是無得，方可名論，能有所論。是故若不依空，不成問答，故下文云：問不依空問，同答者疑。答不依空答，同問者所疑也。問：此論若不依有，可不當有。既也依空，應是當空。若許當空，則成有當。何謂無依無當耶。答：今言依空者，一往對外人多住有，故言依空耳。空依何所依，故是無依無當也。又云依空者，乃了空，此依非謂有空之可依也。

次，辨異者，一捉《釋論》望三論辨異，二者，就三論中自復有異也。捉《釋論》望三論異者，亦有多義：一者，文義通別有殊。二者，破收之異。文義通別殊者，若三論，即別通論，通申一切諸教，罄無不申，通破一切諸迷，無迷不洗，故是別通論也。若是《釋論》，即是通別論，意致乃復通漫，而的釋一部文言，是故名通別論也。二者，收破之異者，若是三論望《釋論》，則唯破不收。若《釋論》望三論，亦收亦破。所以然者，三論橫破諸法，竪除五句，故下文云：無人亦無法，佛亦無所説。何處於何時，誰起是諸見，即是横破諸見也。又云：從《因緣品》來，本末推求，有亦破，無亦破，亦有亦無亦破，非有非無亦破，非非有非非無亦破。即是竪論破除五句。故三論唯破不收也。《釋論》亦破亦收者，破除稟教緣迷，申所迷之教也。問：三論破即是捨，《釋論》收即是取。乃是取捨心生，豈能息諸見。答：三論破，即不破而破。《釋論》收，即是不收而收。不破而破，破無所捨。不收而收，收無所取。乃顯不破不收，無捨無取，故能善息諸見也。傍明四句：一者，但破而不收，如迦旃延子所造，自作此説，非佛三藏中義。二者，收而不破，即顯佛方便教門也。三者，亦破亦收，破能迷之緣，收所迷之教也。四者，不收不破，破收非收，收破非破，非收非破乃名實也。此是三論望《釋論》竟。

次，就三論中自論異者，凡[六]有八條：一者，辨三論受名不同。二者，宗旨有異。三者，智有長短。四者，破有内外。五者，用假不同。六者，申有遠近。七者，破有傍正。八者，論對與不對。

今前辨三論受名不同。就論立名自有多種，或從譬或從人，如此不定。如《甘露味毗曇》，從譬爲名。若是《舍利弗毗曇》，則因人受稱。若如《成實》、三論，並從法作名也。若是《十二門》《百論》，此是理教爲名。《中論》，從教理爲稱。通論三論，皆得顯中，然者，三論同離斷常，俱顯正觀，豈不俱得名中耶。亦皆得從偈，三皆有偈數也。亦可俱得名門，門是能通，三論盡能通生觀解也。今就別義有其强弱，故立名不同，若是《中論》，以二諦所顯中實當名。《百論》面折外道，由茲百偈，故以偈數爲目。《十二》能通生觀解，故從門受稱也。

第二，辨三論宗旨有異。若是《中論》，以智諦爲宗。《百論》以諦智爲旨。《十二門》大望同於《中論》也。《中論》以二諦爲宗者，發初即唱不生不滅，不常不斷，即是二諦。《瓔珞經》云：二諦者不生不滅。又下論文云：佛滅度後，後五百歲像法中，人根轉鈍，聞大乘法中説畢竟空，不知何因緣故空，即生見疑：若都畢竟空，云何有罪福報應等。如此則失世諦、第一義諦，取是空相，而起貪著。龍樹菩薩，愍此等故，所以造論。既云愍失二諦所以作論，故論申二諦，故以二諦爲宗也。《百論》以二智爲宗者，提婆面折外道，巧用權實，故宜以二智爲宗。此是師一時之語，通別圓偏之意耳。若守語作此解者，不可也。須具得通別、別通之意，乃可明也。通義：《中論》既以二諦爲宗，《百論》亦爾。《百論》既用二智爲旨，則《中論》亦然。若唯言《中論》二諦爲宗，《百論》不爾，此爲不可。言不可者，凡有二意：一者，菩薩造論，只爲欲申佛教。《中論》申教以二諦爲宗，《百論》亦爲申教，何不得以二諦爲宗耶。二者，親違關中《論序》，肇師《論序》云：通聖心之津塗，開真諦之要論。豈不用二諦爲宗。又云：仰慨聖教之陵遲。寧非申教耶。《百論》末文云：佛説二諦，我今隨佛學。亦説二諦，豈不用二諦爲宗旨。故兩論皆得二諦爲宗。次明《中》《百》俱得二智爲旨者，提婆面折邪峯，巧由權實，故用二智爲旨者，《中論》主除於内執，亦巧由實方便慧，寧不以二智爲旨耶。故二論俱可以二智爲旨也。而今師云《中論》二諦當宗，《百論》以二智爲旨者，此取《中》《百》兩相望强弱，作此説也。

第三，明用智短長。若是《百論》，則用權實二智。《中論》所用，實方便智。然者，《百論》主與外道鬭一時頰舌，折挫僧佉、衛世，此是權智之能。若《中論》主欲提綱振領，匡正佛法，辨教之大宗，非諍一時脣舌，故用實方便慧。匡持佛法，不可一時邪，示其用則長。若《百論》主善巧一時折挫外道，未是要論佛法，正是權智之能，此用即短也。

第四，明破有内外，凡有兩義：一者，若是《中論》破内迷，《百論》除外執，故《序》云：《百論》治外以閑邪，斯文祛内以流滯也。二者，《中論》破同學，《百論》破異學。然者，龍樹與失教緣，同稟佛教，但龍樹稟佛教悟解，發主〔七〕中觀，中觀所吐名爲《中論》。外人亦稟佛教，而顛倒不解，雖欲宣暢，並是斷常。雖同學佛教，而有悟迷。論主破彼斷常，令識佛教，故是破同學也。提婆所破不爾，論主自學佛經教，外道自稟僧佉之典，所習不同，故言破異學也。問：《中論》破，復有收義。《百論》所破，可得爾不。答：亦有此義。何以得知。故經云圖書讖記，文章呪術，皆是佛説，非外道説。以外道迷不解故破，方便故須收也。問：《百論》對緣既有收義，《中論》所破亦應不收。答：亦有此義，雖學佛教，自作已解故，如迦旃延子所作不得三藏中義，是故《中論》所破亦有不收義也。然《百論》所破緣根性有三種：一者，上根，聞提婆破即解。二者，中根，聞提婆破不解，止生信心讀佛經乃悟。三者，下根，聞破不解，讀佛經亦不悟，看龍樹論始得悟解也。若上根人，則與《中論》所破緣得悟者齊。中下之徒，即校一階也。

第五，明用假不同。假乃衆多，略明四種：一因緣，二隨緣，三就緣，四對緣。若辨甚深因緣義，即是因緣假。隨緣所宜而説，即是隨緣假。就緣撿責，即是就緣假。若一一須對破，如對常説無常等，即是對緣假也。就四緣中，則有偏圓、圓偏義。若如因緣隨就對，及隨緣故説因緣、對緣。如此，四假未曾相離，即是圓義也。若逐時各用不同，即是偏義。問：四假佛與菩薩爲當盡具，爲當不爾。答：差別無差別義，二不二義，有佛菩薩皆具四假。若無差別差別，不二二義，有具不具。佛當化主，所以具足四假。菩薩助申教旨，唯有兩假，所謂就緣、對緣。菩薩雖具二假，而用復有强弱，《百論》則就緣爲弱，對緣是强。《中論》對緣爲弱，就緣義强。何故爾。《中論》初云：諸論師種種説生相，就其責覓生相不得，故言不生。種種説滅相，責滅者不得，故言不滅。

即是就緣假義。《百論》借一對破異等，即是對緣假義也。

第六，明破申遠近。若兩論相望，《中論》近申，《百論》遠申。然者，《中論》之緣，親禀佛經，親迷佛教，亦破即收，故申義成近。《百論》之緣，不親禀佛經，不親迷佛教，直是自樹己解，遠妨正教，破彼邪執，方入佛法，故申義成遠也。

第七，明兩論破有正傍。《中論》正破内迷，傍除外執。《百論》正彈外執，傍淨内迷。何故爾。若外道所執與《中論》所破緣同者，是即從座被破，故《中論》正破内迷，傍洗外執。若有内學執與《百論》破緣同，亦從座被破，故《百論》正彈外執，傍洗内迷也。次明《中論》破有傍有正，若比《百論》並是傍破。《百論》破義有正有傍，比《中論》並是正破也。何故爾。明佛説教，本爲衆生，作明作導，欲令衆生因教悟道。衆生既不識教，則不能悟道。菩薩愍此失道衆生故，欲令佛教如本行世。若不破彼邪執，則正教不申。是故申義爲正，破義居傍。《百論》破自樹外道，未曾禀學佛教，破彼邪執，然後方入佛法，是故破正申傍也。

第八，明所破之緣有對不對。提婆面折外道，所以對緣。龍樹潛懷著筆，是故不對外人。問：何故一對，一不對。有釋云：龍樹妙思深遠，峯辨難當，外人無敢與敵，故不對外人。提婆所明，一時面折外人，所以相對也。然此釋極不可解，若言龍樹妙思深遠，無敢與對者，提婆亦爾，便應不對。又且若言龍樹妙思深遠外人不能與對者，佛與外道相對，便應智淺耶。如來智深而與外道相對，故知不以龍樹智深，故不對也。今不用此釋。問：若不爾，何得二人有對不對。答：此亦何定。自有須面折，方破外道。自有須潛懷著筆，用此破邪。問：只當如此，復有餘義。答：復有深致。何者。明龍樹出世之時，是正化之末，像法之初，衆生雖復尋教失旨，而佛法尚興。邪徒由翳，朋成大道，衆生甚多。偏學小心，其事蓋少。龍樹既興，望風懸揖，止須著筆，邪徒自喪，無敢對面與共擊揚。是故龍樹不對也。提婆出世，是八百餘年，去聖既遠，邪儻盛興，正化訛替。故《序》云：邪辨逼真，殆亂正道。金石一貫，得失莫分。菩薩雖興，猶生拒抗。自非對面折挫，辭屈言下，邪心轉熾，無肯改迷。故提婆面對群邪。所以二人有對不對，其意爾也。

次，第三章，明經論破立、諦智傍正若如他人所釋，《毗曇》立而不破，三論破而不立，《成實》亦立亦破。今問：若言《成實》破《毗曇》，故名亦立亦破者，《毗曇》亦破《成實》，何故非亦立亦破耶。《成實》破數人根見，立用識見，云：若用根能見，死人有根，亦應能見。眼識在耳中，眼根何意不見耶。而今有根無識，根不見者，故云根不能見。故破根立識，名爲亦破亦立。數人立根見，破識見。若用識見，識無障礙，應見障外色。但見障內，不見障外者，故知但是根見，非關識見，豈非亦破亦立耶。若止言《毗曇》立而不破，《成實論》亦立亦破，不可也。又云三論但破不立，亦不然，誰向君道三論不立而存破耶。彼即引肇師《百論序》云：言而無當，破而不立。豈非三論不立而有破耶。今明不然。《論序》云破而不立者，只不執此破，故言破而不立，何關不立而存有此破耶。何以知然。下文云：破如可破，破本破於可破，可破既無在，破亦盡。只不立有此破，故云破而不立也。今明論顯中觀，經明正法。既稱中觀、正法，豈更有破立可論。但若不因破立，無以顯不破不立，故《師子吼經》言：若不因一二，云何得辨無一無二。是故今時欲顯無破無立故，方便論於破立。就佛菩薩相望，若是佛不具足而具足，故有破有立。菩薩當具足而不具足，故唯破不立。佛破虛妄邪見，後爲説真實正法，是故亦破亦立。菩薩助佛揚化，直破邪迷，顯佛方便，無所樹立，是以唯破不立也。

人今聞此，便定謂佛有破有立，論主唯破不立[八]，即復成見。今須通釋。非但論主唯破不立，佛亦唯破而不立。非但佛亦破亦立，論主亦得亦破亦立。今人聞此，以復生疑，佛可得有立，論主那得有立。今須返問：汝言佛立者，何所立。佛只立二諦教門，教門只是教示前緣，諦只是諦當前緣，何容只佛能諦當前緣，論主不能諦當前緣。佛既能當前緣，既得有立，論主亦能教示前緣，亦得有立也。次，明非但論主無立，佛亦無立。人以復疑，通論主示，可無立，佛何意無立也。今問：汝言佛有立者，相是若爲。彼家即道說：佛二諦即是教門。今問：汝言二諦教門，欲何所爲。二諦教門，只是衆生病藥，既無有病，則無有藥。且又汝信二諦教門，欲表諸法是有，欲表諸法非有。汝既信二諦教門，有表不有，無表不無，顯諸法無所有，即是顯諸法無所立，那聞二諦教門即合有立也。故知非但論主無立，佛亦無立。次，更明非但無立，亦復無破，人以復疑：佛與論主破衆生病，那得無破。今問：汝言破，何所破。破只是破執耳。有執故名破，執無故無破。論主既無執，故論主無破也。問：若爾，論主既無破，論主應不申。答：破本破於執，申本申於屈。論主無所執，故論主無所破。外人有屈，即外人有申。論主既無屈，則論主無有申。問：破名本在外人，申名本屬論主。而今申名既屬外人，破名應屬論主。答：破本破於執，申本申於屈。論主不曾執，則論主無有破。論主不曾屈，則論主無所申。論主尚不受於申，寧當受屈耶。是故非但無執，亦復無破。非但無屈，亦復無申。蕭然無累，名得解脱故。外人問云：如此破，得何利。答云：名得解脱，義何以加之。

次，明諦智傍正。若具足爲言，應云諦智能所傍正。今簡略爲語，故云諦智傍正。若爲是，其相明。佛以二智爲能說，二諦爲所說。論主以二諦爲能論，以二智爲所論。佛既二智爲能說，即以二智爲正。二諦爲所說，則以二諦爲傍。論主既以二諦爲能論，則以二諦爲正。二智爲所論，則以二智爲傍。

今辨意，正欲明此之諦智能所，傍正章門且置。但須汎明四種能所：一者，即是就佛明能所。二者，即是境智明能所。三者，就論主明能所。四者，就論明能所也。若佛二智爲能説，二諦爲所説，箇即是就佛明能所也。若菩薩稟二諦教，發生二智，教轉名境，境是能生，智是所生，箇即是就境智明能所也。若論主二智爲能説，言教爲所説，箇即是就論主明能所也。若論是能論，經是所論，箇即是就論明能所。

而今何故在此論初須辨諦智能所。凡有兩義：一者，欲明造論所由。二者，欲明能所不二。若爲是欲明造論所由。論主稟二諦教，發生二智，用此二智，故能造論破邪，箇即是造論所由也。若爲是欲明能所不二。然雖有四能所，只成一能所。雖有一能所，只成無能所。故不諦不智，不能不所，不傍不正。箇即是欲明能所不二也。

今次，釋初章門。好體佛以二智爲能説，二諦爲所説，論主亦以二智爲能説，言教爲所説。就論主無别智，悟佛教生智。論主無别説，還説佛所説。論主無别論，還論佛所説，故佛若能若所並是所論，論主若所若能並是能論。佛若能若所並是所申，論主若所若能並是能申。何故爾。論主稟二諦教，發生二智，諦智不二，以諦成智，故通受諦名。佛以二智説於二諦，諦智不二，以智成諦，故通受智名。佛之諦智通受智名故，若能若所並是所論。論主之智諦通名諦故，若所若能並是能論。故論主以二諦爲能論，以二智爲所論。以二智爲能説，二諦爲所説。故佛以二智爲正，二諦爲傍。論主以二諦爲正，二智爲傍。故經以智爲能，以諦爲所。故論以諦爲能，以智爲所。是則經能爲論所，論能爲經所。經所爲論能，論所爲經能。亦是經傍爲論正，論傍爲經正，經正爲論傍。經能爲論所，此所則非所。經所爲論能，此能則非能。論傍爲經正，此正則非正。論正爲經傍，此傍則非傍。故非能非所，非傍非正，不經不論，不師不弟。非能非所而能所，非傍正而傍正，不經論而經論，不師不弟而師弟，是佛菩薩、經論、師弟，因緣相成，並得名中也。

第四章　明解《中觀論》名

然中、觀、論三字無定，亦言中觀論，亦言觀中論，亦言論中觀。若中觀論，約論者爲名。若觀中論，就觀解爲目。若論中觀，約論功爲稱。所以然者，若爲是約論者爲名，中則通於理教，即是教中、理中。稟二諦教，發生二智，教轉名境，中境發生觀智。是故初表中境，次表觀智。中觀既興，論名得起。中境發生觀智，用此觀智，能研詳往復，是故名論，故言中觀論。若爲是就觀解爲目，明用此觀智，能觀中正之境。用此觀智，研覈是非，故言觀中論。若爲是約論功爲稱，明論何所論，論只論於中觀。若是他論則論於偏解，若是今論則論於中觀，故言論中觀也。此釋不無有意，但非一家正意。今問：何故啟初即題中觀耶。答：此深有所以。明失道之緣未見佛性，未應般若，心鎮遊生滅，意恒涉斷常。行生滅斷常故，所以乖於中道。行邪錯故，所以失正法。虛妄顛倒故，所以無實相。今爲對此，明離斷離常，所以是中道。無邪錯故，所以是正法。離虛妄故，所以是中實。故今對此偏虛故，論題中實。問：若箇是失道之緣。答：緣乃無量，大略爲言，不出三種：一者，即是稟教失旨之緣。二者，即是邪見推獲之緣。三者，流俗汎爾之緣，亦非稟教失旨，亦非邪見推獲，直是流俗汎爾之緣。今論所除，正破初一，兼洗後二也。

問：起自何時，迷教失旨耶。答：如論初佛滅度後，後五百歲像法中人根轉鈍，稟中道二諦教不了，則是生滅、斷常、一異、來出，故成八非不。今論主稟中道二諦教，則了不生不滅、不斷不常、不一不異、不來不出，故是八不。以八非不，故成虛妄。以八不，故是中實也。問：何以諮八非不爲虛妄，以八不故名中實耶。答：外人謂有生有滅，今就其責生不可得，故生者不生。今就其責滅不可得，故滅者不滅。彼言有生滅，今責其生滅不可得故，即是無而謂有，故是虚妄。論主言不生不滅，經中辨諸法實録不生不滅，果自不生不滅，故是中實。舉例如毗曇義，彼義言分別諸法時，捨名則説等。分別無所捨，是名第一義等，是名世諦故虚妄，第一義故則中實。如世諦中言我，責我不得，我名空施，無體應名，即是無而謂有，故道捨名則説等。如naturally十一種色共成色陰，實録如此，有名召體，有體應名，故無所捨即是第一義。今時亦爾，外人所説，無而謂有，故是虚妄。論主出言，果如經辨，故是中實也。

問：經中亦辨二諦中道，論中亦辨二諦中道，若爲有異。答：異。經中即明二諦中道，論中即明中道二諦。所以然者，經中辨因教表理，因二顯不二，即是明二諦中道。論中緣禀空有二教，即住空有二，故成迷失。論主今破空有者，不空有，畢竟洗假，諾爲中。即是前明中道，前明不二。外人便過論主：若爾，經中那得辨有無二諦。論主即釋：經中辨有無，箇是方便之有無。經中辨二諦，箇是假名之二諦。是故論中明中道二諦。次更反此一句，語經中即辨中道二諦，論中即辨二諦中道。所以然者，佛則以中道正觀赴緣，説真俗兩教，箇即是從體起用，不二出二，是故經中則辨中道二諦。但緣禀真俗二諦教悉錯，是故成偏。今論主彈真不真，破俗不俗，折彼偏執，皆歸中解，是故明二諦中道也。

然此中、觀、論三名，有時合解，有時離釋。雖復合解，合而不一。雖復離釋，離而不異。合而不一，所以不同。離而不異，所以不別。雖復合釋，三義不失。雖復離解，一意圓通。今前合釋，次明離解。

今前合釋，其相若爲。中觀論非是用中境表觀智，欲明境智異。今明以中釋觀。此是何物觀。此是中觀。此觀是中，名爲中觀。體中實，發生正觀，只以此正觀能淨斷常，是故名論。所以名《中觀論》，此論那得異於中觀。何故爾。若行生滅斷常，則非中觀。今不行生滅斷常，故是中觀。中觀宣之於口，是故名之爲論。故是中觀，亦是論中觀也。

次，明離解，不分自別，但釋中有多師。何故爾。中者言忠，故中只忠理。家家盡言忠理，解解並謂忠文，是故釋中其計非一。略而爲論，不出四家：一是外道解中，二是《毗曇》解中，三是《成論》解中，四是《地論》解中。此中道義，後自當廣出。今須略釋外道解中。若迦毗羅解中即言：泥團非瓶，非非瓶。所以然者，不即泥團是瓶，故言非瓶。不離泥團有瓶，故言非非瓶。亦是不即不離也。若是優樓迦解中：聲非大非小。所以然者，如大鐘大聲，小鐘小聲。至論此聲，實非大非小也。若勒沙婆解中：光非明非暗。所以然者，初生故，所以不明。破暗故，所以不暗也。

今先破初家：汝不即泥團是瓶，故爲離。不離泥團有瓶，故爲即。只見是離是即，何處有非離非即耶也。餘兩家同此破也。至如成論家，解世諦有三中，如不即四塵有柱，故非即。不離四塵有柱，故非離，此計既同外道，亦如前破。今問：山門所釋中義若爲。有人解：道非有非無爲中，而有而無爲假。今問：汝爲當別有非有非無以爲中，爲當用破有無者非有非無以爲中耶。若言別有非有非無，此義不可。何故然。本破有無故，得非有非無。而今何處別得此非有非無以爲中。是故不可。若言只用破有無者非有非無，即用此非有非無以爲中義，復不可。何故然。汝本破有者非有，破無者非無。有無既去，非有非無亦除。何得只用此非有非無以爲中。假亦如此，爲當只用所非之有無爲假，爲當別起有無爲假耶。若言只用所非之有無爲假，是亦不然。何故爾。所非之有無既已被破，那得有此而有而無爲假。若言別起有無爲假，不然。本因非有非無，故得有無，何處別起而有而無爲假耶。今問：汝爲當定用非有非無爲中，而有而無爲假，爲當不爾。

彼言定用。今問：若爾，非内非外爲中，亦内亦外爲假不。答：亦然。今難：《大經》言：非内非外，亦内亦外，故名中道。若爾，非有非無，亦有亦無，故名中道。那得偏用非有非無爲中，而有而無爲假。若爾，應用非内非外爲中，亦内亦外爲假也。且又汝既破有無罷，那得此非有非無爲中。故論言初後既已無，中當云何有，亦是有無既已無，中當云何有。如破緣説非緣，更無非緣法，亦是破有無説非有非無，更無非有非無法。那得此非有非無法爲中耶。且又汝言非有非無爲中，有無亦是中。汝若言而有而無是假，非有非無亦是假。何故爾。假是不自義，本因非有非無，故説有無。有無既是假，非有非無何故非假。中本離斷常，汝因有無故説非有非無。非有非無離斷常既是中，而有而無亦離斷常，何意非中耶。若言非有非無不得是假，有無亦不得是假。若言有無不得是中，非有非無亦不得是中。

彼導：若爾，有無、非有非無併是中，好不。今明有是常見，無是斷見，非有非無是愚癡論，那忽是中。彼導：若爾，併是假，好不。今明汝執無異有，執有異無，非有非無異有無，那得併是假。今問：汝既破他爲非，今中相若爲。答：師導：只如此破中假，即是中，何處別有中。但此意難，更須解釋。箇須識法身義，法身無在，無所不在。法身無在，不在有，不在無，不在亦有亦無，不在非有非無，乃至諸法。中義亦爾，無所不在。法身亦在有，亦在無，亦在亦有亦無，亦在非有非無，乃至色心諸法。中義亦爾，故無非是中。故《二夜經》明：從得道夜至泥洹夜，常説中道。既是説中道，二夜中間，何容只説非有非無，不説有無等，故知一切諸法無非是中。私云：言其不在，只不在有得，有得故非中。言其在也，在無得，無得故是中。難：若不在有得，何謂無所不在耶。答：今言無所不在，只在無得，有得是横，謂畢竟無所有故，那得爲中。一切皆在，論其在也，一切皆在。語其不在，一切皆不在也。

問：汝既依《二夜經》，明一切諸法無非中者，論初何故但用不生不滅爲中，不取生滅爲中。答：爲對病故。緣多著生滅，只見生滅，不見不生不滅，是故成偏。今對此生滅之偏，故説不生不滅名爲中也。然釋中有三種：一者對偏，二者對邪，三者實義釋中。只就此中字，則復有三義。雖復三義，不妨一意。雖復一意，三義不失。所以然者，只由偏故所以邪，邪故所以不正，不正故所以不中，不中故所以不實，不實故所以是虚。今不偏故所以不邪，不邪故所以正，正故所以中，中故所以實，實故所以不虚。雖復三義，不妨一意。雖復一意，三義不失也。問：偏與邪若爲異。無差別論，偏故所以邪，邪故所以偏。有差别論，《中論》則對偏説中，《百論》對邪故説中。何故爾。偏是偏錯，禀佛教生錯解，所以名偏，是故《中論》對偏説中。邪是自樹外道横生獲，不禀佛教，是故名邪，所以《百論》對邪説中。過此二階，所以名實。何故爾。對偏説中，偏去，中亦盡。對邪説中，邪破，中亦除。不偏不中，不邪不正，過此二階，所以名實也。即是實義釋中了。

次，時云：前辨釋有三種，一者對偏，二者對邪，三者實義。今問：中者言實，那得有三。答：中尚不可一，中復那可三。爲緣故亦可一，爲緣故亦可三。然雖有三，只是一義。舉例如十方諸如來，同共一法身，一心一智慧，力、無畏亦然。雖復十方諸佛，只同共一法身也。今明中是實義者，然經中釋義不同，略有三種：一者横論顯發，二者竪論表理，三者依名釋義。若爲是横論顯發。如俗以何爲義，俗以真爲義。真以何爲義，真以俗爲義。故經云：欲令深識世諦，故説第一。欲令深識第一，故説世諦。今問：箇自是欲令深識世諦，故説第一，何謂真以俗爲義。箇自是欲令深識第一，故説世諦，何謂俗以真爲義耶。今明何故説世諦，只爲欲令識第一，豈不是真以俗爲義，俗是真家之所以故，真以俗爲義。

何故説第一，只爲欲令識世諦，豈不是俗以真爲義，真是俗家之所以故，俗以真爲義也。二者，竪論表理，如俗表不俗，不俗是俗家之所以故，俗以不俗爲義。如真表不真，不真是真家之所以故，真以不真爲義。故《金鼓經》云：知有非有，本性清淨。故《華嚴經》云：若知有非有，則能見如來。故因教識理，悟佛法身也。若爲是依名釋義。如俗是浮虚爲義，真是真實爲義，故《涅槃經》云：苦者迫迮相，集者生相，滅者盡相，道者通相也。今明釋中亦具三種，如中以何爲義，中以不中爲義。中以何爲義，中以實爲義也。

次，釋觀義。然解中既顯，則觀義可明。何故爾。既稱中觀，中離斷離常，觀亦離常，觀亦離常離斷，是故既解中即是釋觀。雖然，今時復須解釋。中既有多種，觀亦復多途。如外道攀上厭下，下則苦麤障，上則勝妙出，亦是觀義。如《毗曇》總别念處，五停心觀亦是觀義。成論人亦解觀義，不能具出。今迄陌爲論，凡有二種：一者，有得小乘觀。二者，無得大乘觀。若是有得小乘觀，則境無生滅。智有生滅，斷煩惱故即是滅，修智慧故即是生。煩惱則本有今無，智慧則本無今有。是則境智殊，生滅異。若是無得大乘觀，不爾。境智無二，境無生滅，智亦無生滅。煩惱本自不生，今亦不滅。智慧本自不滅，今亦不生。是境智不二，有無平等也。故言：我觀如來，前際不來，後際不去，中亦不住。如此觀者，名爲正觀。異斯觀者，名爲邪觀也。

然觀是何爲義。觀是了達義，亦是履照義。然尋此論要意，即是撿挍爲義，觀察爲義。撿挍斷常，觀察虚妄。今何處文是，品品皆撿挍斷常，章章並觀察虚妄，只八不即是其相。彼謂是生滅，彼謂是斷常。今就其責生滅，不生不滅。求斷常，不斷不常。箇即是觀察斷常者不斷常，撿挍虚妄者不虚妄。故《觀法品》云：若法從緣生，不即不異因，是則名實觀，不斷亦不常也。然一家釋，中發於觀，觀發於中。今明非是用中境發觀智，用觀智照中境，但此正觀能體悟中實，中實即是正觀，無中實異正觀，用中實發正觀，無正觀異中實，用正觀照中實，故如以中爲名者，照其實也，非別有此實，用照此實，但顯中即是實，故言照實。今亦爾，只體悟此中實，顯我正觀，我正觀即是中實，故中實發我正觀，中實即是正觀也。然觀是了達義，亦稱履照義。明照即俱照邪正，觀則俱觀得失。俱照邪正者，識邪即識正，識正能破邪。俱觀得失者，了失即了得，了得能破失。故《涅槃》云：正善具成就，演説四顛倒。若不成就正善，豈能演説顛倒。今亦爾，若不解正，豈能破邪。故如唤人字爲入字，非但不識人，亦復不識入。今若識人也，非但識人，亦復識入。今亦爾，若不識正，亦不識邪。今良由識正故破邪，識邪故能解正。

今明得失相若爲。如論初求五陰、十二入、十八界等故，是有，是生滅，此即爲失。今就其責有者不有，生滅者是不生滅，此即爲得。邪正亦爾。本因失故得，既破失，得亦去，無失亦無得。邪正亦爾。此即是緣盡於觀。此得失緣，由觀得盡故，是緣盡於觀，即是觀盡於緣。何故爾。觀本觀緣，緣既盡，觀亦盡，故緣盡則觀淨，觀盡則緣淨。緣盡則觀淨，此觀則非觀。觀盡則緣淨，此緣則非緣。故非緣非觀，緣觀俱盡，始名好中觀也。離釋中觀已竟。

今次解論。然論是何爲義。論是論辨爲義，只論辨法相。若依叡師《序》，論是盡言爲義，則云：盡其言，窮其慮。若一言不盡，則衆異扶踈。若一慮不窮，則顛倒亂起。今盡其言故，即衆異息。今窮其慮故，則顛倒淨。是故論則盡言窮慮，論功方顯故，所以言盡慮窮。故論非但盡言，亦復盡觀。觀非但盡緣，亦復盡論。中非但盡觀，亦復盡論。是故今表《中觀論》名，只欲盡淨諸法，不如人解以論欲釋中觀義，但欲盡淨諸法可爾。今表一中，非但中是中，辨諸法皆中。既導諸法中，復有何法可有。故表中則盡淨諸法。中既爾，觀論亦爾，是故中發於觀，辨流神口，所以名論。中發於觀，即是方便實慧。辨流神口，即是實方便慧。方便實慧，即是如説而行。實方便慧，即是如行而説。如説而行，即是二智。如行而説，即是二諦。故如説而行，行則行我所説。如行而説，則説己所行。故所行如所説，所説如所行，是故行説不二，諦智平等也。

今明盡言爲論，此義難，今須問：若是影公則遒，問答折徵，所以爲論。若是叡師則遒，以論爲稱者，盡其言也。箇則兩語石乖，二言鐵反。答：乃是各據其義，非謂相違。影師就始爲言，叡公約終爲語。何故爾。良由問答，故得盡言。言何因得盡，良由問答。是故二語相成，兩言相順。影公就始爲言，叡師約終爲語也。今遒盡言爲論者，若使外人言是，即遒龍樹爲非。若使龍樹言是，即遒若外人爲非。是即諍諍莫窮，云云無已。若何猶可見。若使據其本末得失，終自歸龍樹爲得，外人爲失。外人爲失故，言則盡。良由外人有言故，龍樹有語。外人之言既盡，龍樹之語亦窮。舉譬如張、王二人共爭一珠，張謂是張寶，王謂是王物，是則兩人各諍，紛然未決。今據其本末得失，終自有歸，實是張物，而王侶誌今果是張物，王即無言。王既無言，張亦不語。今龍樹、外人亦然，龍樹實是，外人遒非。今龍樹果是，外人無言。外人無言既盡，龍樹語亦窮。問：龍樹、外人言俱盡，那得獨稱龍樹論。答：雖復二人語俱盡，盡有所由，良由龍樹撿是非故，外人爲失，外人言則盡。外人之言既盡，龍樹之言亦盡。二人言盡，功由龍樹。所以稱爲龍樹論。舉譬如兩人相費，雖復俱倒，而有勝負，下者爲負，上者爲勝。龍樹外人，亦復如此，雖復俱息言，龍樹爲勝，外人爲負，是故稱爲龍樹論也。

第五論緣起

龍樹菩薩者，出南天竺梵志種也。天聰奇悟，事不再告。在乳餔之中，聞諸梵志誦四韋陀典，而識其義。弱冠馳名，獨步諸國。天文地理，及諸道術，無不悉綜。契友三人，一生之樂，唯有隱身之術，俱至術師。術師念曰：此四梵志擅名一世，草芥群生，才明絶世，我不與術法，與青藥一丸，藥盡必來。龍樹磨此藥時，聞其香氣皆識之，分數多少，如其方藥。藥師恠而嘆曰：若此人者，聞之猶難，而況相遇。我之賤術，足惜之耶。具授術方。四人得術，常入王宫，宫中美女懷妊者多，王太不悦。有舊老智臣言：可以細土置諸門中，斷諸往行者。若是術人，即見其迹自現，可以兵除。若是鬼神，而無其迹，可以呪滅。見四人迹，令諸力士揮刀宫中，斬三人死，唯龍樹不死。出家受戒，九十日中，誦通三藏。後得大乘經，甚大愛樂。大龍菩薩見其如是，接入海宫，授方等經藏。龍樹深入無生，二忍具足。其中有婆羅門，善知呪術，欲與龍樹爭勝。王言：汝大愚癡，此菩薩者，明與日月爭光，智與佛並照，何不宗敬。婆羅門呪作大池千葉蓮華，自坐其上。龍樹呪作六牙白象，以鼻絞拔，高舉擲地。婆羅門化作十頭羅刹，龍樹化作毗沙門天王，諸羅刹恐怖而退。婆羅門化作毒龍，雨諸瓦石。龍樹化作曼陀羅華。外道折伏，出家作弟子。龍樹菩薩，作百部論，大行閻浮提。涅槃之後，國國作塔供養也。

大乘玄論卷第五終

晨[九]旦名德　法諱吉藏
歷劫仕佛　三論顯揚
深奥宗義　末世如忘
先師悲此　專懷感傷
彼遷化後　屢送星霜
弘安聖曆　第三初商
一十三歲　忌景云當
爲資追福　大乘玄章
謹開印板　以耀餘光
納清瀧宫　法樂增莊
不圖斯印　回禄遭殃

醍醐學侶　不耐愁腸
衣鉢各投　論文再彰
攝嶺雲盡　八不月涼
金陵風扇　一實華芳
所生慧業　迴向無疆
萬乘聖化　德徧三皇
四海靜謐　慶暨百王
七世恩所　佛道增長
廣施群類　利益堂堂

于時永仁三年三月二十一日，菩薩戒比丘寂性。

校勘記

〔一〕「廣」，底本作「便」，據校本改。
〔二〕「池」，疑爲「地」。
〔三〕「菩」，疑爲「善」。
〔四〕「一」，底本原校疑衍。
〔五〕「平」，底本原校疑爲「乎」。
〔六〕「凡」，底本作「三」，據校本改。
〔七〕「主」，底本原校疑爲「生」。
〔八〕「立」，底本作「破」，據校本改。
〔九〕「晨」，疑爲「震」。

（常峥嶸整理）

○九三七

二諦義[一]

隋吉藏撰

補刻二諦章敘

嘉祥藏大師所撰《二諦義章》三卷，傳流吾國已來僅一千年奇矣。寵藏之古名藍之間，而不以廣其傳者也久矣。向者龍寶與公偶得上下兩通，輒刻木以布海内，譬諸寶鼎之闕一足，不亦恨乎？近有書林某者，幸得古本之全者而來，請余重施國字而傳於千歲之下矣。於是兩本對撿，則與公之本非但闕中卷，亦於上卷中脱二十餘紙，況且豕亥鳳風比比有之。余慨然喟言：曾聞其名，未得其書，如渴者聞梅。然而雖偶得傳之，闕而未完全者幾許年所，今也幸得見其全書，前之所謂渴云者頓息矣。余既然，則人誰不爾乎？今將廣行于天下，此舉豈辭勞乎？是余之所以忘固陋而不敢辭其請也。而今上、下兩卷，直用與公之所刻者，不復改彫，其中或文字寫誤者，或兩本相異者，或疑而未決者，或恐此處必脱某字者，則皆標之卷眉，而一處未嘗以私意改易之，務在存古耳。於是乎可謂寶鼎再得爲完器也，何其快哉！其既然，則安知章主大師之不熙怡微咲於那伽定中也，又安知與公之不忻躍於地下也？是爲序。

寶永七年歲次庚寅孟春日，洛西五智山沙門慧旭寂謹書於忘慮亭。

校勘記

〔一〕底本據《大正藏》。

鐫二諦章敘

夫不了二諦，則契實之境、照俗之智不可融徹。境、智不融徹，而入薩波若海者，未有之也。宜哉，諸佛説法，常依二諦矣。支桑道學之士，亦恢張真俗，垂統於後昆者不少。且夫二諦二十家往復之族，雖各述其所見，關鍵緊要之處，未嘗著工夫，豈非膚立持門户、皮相矜影響之謂乎？吉藏上人間出隋世，而稟朗公之學，靈知難思，無不克擢其髓，遂廼製諸經玄疏，翼賛教乘者，不知其幾千萬言。就中至如今章辨非有非無、而二不二、鼠婁栗、案苽等，啓沃舊師之未了，發特見之明也如此，其可忽諸？噫嘻，中世以隆，其學不傳，其書將泯，余屬日名寺藏中得此之錦本，欣戴捧讀，不堪雀躍，率加點校授書林。于時歲次丁丑元禄十年臘月穀日殺青斯竟。

東奥仙臺龍寶實養題於洛之陀峯下。

二諦義卷上

胡吉藏撰

叙師《中論序》云：《百論》治外以閑邪，斯文祛内以流滯，《大智釋論》之淵博，《十二門觀》之精詣，尋斯四論者，真若日月在懷，無不朗然鑒徹矣。若通此四論，則佛法可明也。師云：此四論雖復名部不同，統其大歸，竝爲申乎二諦，顯不二之道。若了於二諦，四論則焕然可領。若於二諦不了，四論則便不明。爲是因緣，須識二諦也。若解二諦，非但四論可明，亦衆經皆了。何以知然？故論云，諸佛常依二諦說法。既十方諸佛常依二諦說法，故衆經莫出二諦。衆經既不出二諦，二諦若明，故衆經皆了也。然四論皆有二諦之言，今且依《中論》文以辨之。論文云：諸佛依二諦爲衆生說法，一以世俗諦，二第一義諦也。然師臨去世之時，登高座付屬門人：我出山以來，以二諦爲正道。說二諦凡二十餘種勢，或散或束，或分章段，或不分分時，或開爲三段，乍作十重。所以爲十重者，正爲對開善法師二諦義。彼明二諦義有十重，對彼十重，故明十重，一一重以辨正之。師唯遵此義有重數，所餘諸義，普皆不開，若有重數者，非興皇者說也。

十重者，初則二諦大意，最後二諦同異。今第一，明二諦大意也。然師道二諦義，多依二處，一依《大品經》，二依《中論》。今且依《中論》明二諦義。所以依《中論》道二諦者，《中論》以二諦爲宗，若了二諦，《中論》即便可明，爲是義故，依《中論》說二諦也。《中論·四諦品》云：諸佛依二諦，爲衆生說法。此語即難解，若爲依二諦說法耶？解云：二諦是本，說法是末，二諦是所依，說法是能依。然此語驚耳，非從來所知也。問：何以得知諸佛依二諦說法，二諦是所依耶？解云：出論，不假人解。故云，經有論故，義即易解。今依論釋之。《論·四諦品》前釋二諦，次釋依二諦說法。前釋二諦云：世俗諦者，一切諸法性空，而世間顛倒謂有，於世間是實，名爲世諦。諸賢聖真知顛倒性空，於聖人是實，名第一義諦。次云：諸佛依是二諦，爲衆生說法。此則前釋二諦竟，然後明諸佛依是二諦爲衆生說法，故知二諦是本，說法是末，二諦是所依，說法是能依，依此二諦爲衆生說法也。問：從來云，諸佛依二諦說法者，爲凡說俗，爲聖說真，爲凡緣說有，爲聖緣說空，名爲依二諦說法。既云依二諦爲衆生說法，何得言爲凡說有，爲聖說空，爲依二諦說法耶？今明如上，有於凡爲實名俗諦，空於聖是實名第一義諦，依此二諦爲衆生說法也。又且問：諸佛何意依二諦說法耶？解云：欲明十方諸佛所說皆實故，依二諦說法。何者？諦是實義，有於凡實，空於聖實，是二皆實，諸佛依此二實說法，是故諸佛所說皆實也。外道九十六種所說，何意虛假不實？以其不依二諦故，所以虛假不實。諸佛依二諦說法故，凡所說法皆實。以諸佛所說皆實故，所以諸佛依二諦說法也。又問：若爲依二諦說法，說法皆實耶？解云：諸賢聖如實悟諸法性空，如來依彼如實悟而說故，諸佛所說亦實，此則依第一義諦說法是實。世人於瓶衣等是實，諸佛隨俗説瓶衣故，所説亦實。如《百論》云：佛入舍衛城，隨俗語故無過。此則依世諦説法是實。依彼二實而説故，諸佛説法皆實也。前云，依凡諦説名依世諦説法，依聖諦説名依第一義諦説法，依二諦爲衆生説法，此語不可失也。

今問：依二諦説法，所依於諦爲是得，爲是失，爲亦得亦失？教諦亦作此問。然大師云：於諦是失，教諦是得。何者？言於諦失者，有於凡是實有，空於聖是實空，此空有於凡聖各實，是故爲失也。言教諦得者，如來誠諦之言，依凡有説有，有不住有，有表不有，依聖無説無，無不住無，無表不無。此則有無二表非有非無不二，二不二，不二二。不二二則是理教，二不二則教理。教理應教，理教表理，理教二不二因緣，是爲得也。然教諦如此，雖如此而復未可解，何者？汝依二諦説法，依二諦與説法皆是教諦不？若皆是教諦，則違論文。論云：諸法性空，世間顛倒謂有，爲世諦，諸賢聖真知顛倒性空，爲第一義諦，諸佛依此二諦説法。那忽併是教諦耶？今正此一句，明依二諦説法，所依是於諦，説法是教諦也。問所依二諦爲得爲失者，論自判。論云：諸法性空，世間顛倒謂有，於凡是諦，諸賢聖真知顛倒性空無生，於聖是諦。此則開凡聖二諦異，凡聖雖復不二，不二而二，有凡諦、聖諦，凡諦即是失，聖諦即是得。何者？既云諸法性空顛倒謂有，諸賢聖真知顛倒性空，故知凡諦失、聖諦得。何以故？凡諦是顛倒故是失，聖諦是不顛倒故是得。此即開凡諦聖諦、倒諦不倒諦也。

問：若所依二諦有倒不倒者，不可解。何者？佛可依不倒説，云何依顛倒爲衆生説耶？若言二於諦皆不顛倒，則乖論文。論文云：世間顛倒謂有，爲世諦，諸賢聖真知顛倒性空，爲第一義諦，依是二諦爲衆生説法。故知依倒不倒説。若順論文，諸佛菩薩豈得依顛倒説法耶？進退難解，未釋云云。

問：前云所依於二諦有得有失，將不乖師所説耶？師云，二於諦是失，今何得判二於諦有得有失耶？解云：汝言於諦竝是失，是何處語耶？今明於諦皆失者，非是所依於諦皆失，乃是禀教成於，此於諦皆失。何者？如來説有爲表不有，説無爲表不無，説二爲表不二。彼聞有作有解，聞無作無解。聞有作有解，有於凡實，名俗諦，聞無作無解，無於聖實，名第一義諦，此之二諦皆失。問：若爲失耶？解云：如來説有爲表不有，説無爲表不無，説二令識不二，舉指令得月。而衆生聞有住有，聞無住無，守指忘月，住教遺理，豈非是失耶？若爾，此則有二種於諦，一者，所依於諦，二者，迷教於諦。所依於諦有得有失，迷教於諦二皆是失。所依於諦是本，迷教於諦是末。所依於諦是本者，且約釋迦一化爲論，釋迦未出之前，已有此二於諦，釋迦依此二諦爲衆生説法，何者？諸佛説法無不依二諦，故發趾即依二諦而説，當知所依於諦是本也。迷教於諦是末者，衆生禀如來有無二諦教，作有無解成於故，此於諦在後也。又有三異，謂前後、能所、通別。從後釋之。言通別者，所依於諦則通，迷教於諦則別。所依於諦通者，世間顛倒謂有，於世間是實，爲世諦，諸賢聖真知顛倒性空，爲第一義諦，此之二諦通一切凡聖，如《涅槃經》。《涅槃經》云：文殊問云：世諦之中有第一義不，第一義中有世諦不？如其有者，即是一諦。如其無者，將非如來虚妄説耶？佛答云：世諦即第一義諦，隨衆生故分別説二，世人知者名世諦，出世聖人知者名第一義諦。此即世出世兩人判於二諦。《中論》文正爾，世間顛倒謂有，爲世諦，此諸賢聖真知顛倒性空，爲第一義諦，故此二於諦通也。言迷教於諦別者，如來説有、無二諦，爲表不二之道，有方便者，聞二悟不二，識理悟教，名教諦。無方便者，聞二住二，不識理迷教，名於諦。於諦但是無方便者，所以是別也。言能所者，所依於諦則是能化，迷教於諦則是所化，此一往偏約第一義諦邊説耳。何者？論云，諸賢聖真知顛倒性空，故是能化，此如《涅槃經》。經云：一切世諦，若於如來是第一義諦。只世諦於如來是第一義故，此第一義諦是能化。論正爾，凡夫顛倒謂有，諸賢聖唯知此顛倒性空不生不滅，於聖人是第一義諦。若爾，當知此第一義諦是能化諦也。迷教於諦是所化者，禀教成於，雖復是聖，終是禀教，以禀教故是所化也。言前後者，與本末不異，所依於諦是本是前，迷教於諦是末是後。發趾依於諦説，然後衆生禀教，有方便悟理成教諦，無方便不識理成於諦，故前後爲異也。次更簡一句。前云，諸賢聖真知顛倒性空，於聖人名第一義諦，如《涅槃經》：一切世諦，若於如來是第一義諦。問：既云一切世諦於如來是第一義諦者，亦得言一切第一義諦若於凡夫是世諦不？解云：如此只出論文。論云：世諦者，一切法性空，而世間顛倒謂有，於世人爲實，名之爲諦。解世諦，前舉一切法性空以釋之，明一切法性空，世間顛倒謂有，於世人是實，名爲諦。當知一切第一義諦，於凡是世諦也。如《大品》云：諸法無所有如是有，如是有無所有。如是有於聖人無所有，即世諦爲第一義諦。無所有於凡如是有，第一義諦爲世諦也。

問：何意開凡聖二諦耶？解云：今開凡聖得失二諦者，示聖得凡失，令轉悟。明此是凡諦，此是聖諦，此是倒諦，此是不倒諦，示是凡聖，令捨凡學聖，棄倒從不倒，爲是義故，開凡聖得失二諦也。何以知然？具出經論。《大經》云：欲令衆生深識第一義諦，是故如來宣説世諦。衆生若不因世諦悟第一義諦，如來終不説於世諦，説世諦令識第一義諦也。又《中論》：若不依俗諦，不得第一義，不得第一義，則不得涅槃。説世諦令得説第一義，説第一義令得涅槃，故開二諦也。又《大品》云：般若波羅蜜，爲大事故起，所謂示是道、是非道。非道即是倒，是道即非倒。示是道、是非道，令舉非道從道。亦示倒、示不倒，令舉倒從不倒。爲是義故，開二諦示得失，令改悟也。

然二諦大判有三節。一者，凡聖就倒不倒判二諦。二者，就聖中自判二諦。三者，就凡中自判二諦。就凡聖判二諦者，凡所解爲世諦，聖所解爲第一義諦。此判凡聖者，就知性空、不知性空判凡聖。未知性空爲凡，若知性空爲聖人，就此判二諦也。就聖中自判二諦者，聖人了有是空有，空是有空，此之二諦皆是聖二諦也。何者？如四諦者，苦、集、滅、道皆名聖諦，二諦亦爾，真、俗兩種皆是聖諦也。問：何處作此説耶？解云：如《般若·四攝品》末所明，自有時情轉千開，有時須文義明據，今宜須文義分明也。彼文云：凡夫若知世諦，應是須陀洹乃至於佛。若爾，凡夫不知世諦、第一義諦，唯是聖人知此二諦，故此二諦皆是聖諦也。大判如此。就聖中復有無量種。如《大經》云：我一時與彌勒在耆闍崛山共論世諦，五百聲聞不覺不知，何況甚深第一義諦？約此而論，二乘不知二諦，唯菩薩知於二諦也。此則從來義壞，何者？從來云：三乘皆會真諦，竝解二諦。聖則真解二諦，賢則似解二諦。小乘七方便，大乘三十心相似解。小乘苦忍以上，大乘初地已上，真解二諦。解世諦通緣似理，解真諦四絶百非，三乘竝解二諦。若是《涅槃經》，明五百聲聞不知二諦，尚不知世諦，況甚深第一義諦？故從來義不成也。今時得有此義，何者？二乘生滅斷常心，不行中道，不見佛性。中道是本，既不識本，豈能知末？既不見理，豈能識教？何者？彼有不得無，無不得有，有不能無用，無不能有用，二不能不二用，不二不能二用，横竪皆礙。若是菩薩，有爲空用，空爲有用，二爲不二用，不二爲二用，横竪無礙故也。就凡中自判二諦者，一切皆是，只從來所釋二諦是也。彼云：三假七實爲世諦，四絶百非爲第一義諦。三假不得四絶，四絶不得三假，亡不得有，有不得亡，絶不得不絶，不絶不得絶，如此二諦，皆是凡夫二諦也。何以知爾？《大經》云，衆生起見，凡有二種，一者常見，二者斷見，具有有無斷常二見也。又有於凡實爲諦，亦空於凡實爲諦，實有此空，故空爲諦，所以凡亦有二諦也。此則皆開三種二諦。從來人二諦，任運墮凡夫二諦中。何者？我有三種二諦，一，凡聖判二諦，二，就聖中自判二諦，三，就凡中判二諦。凡二諦者，三假爲凡俗諦，四絶爲凡真諦。汝義若爲耶？汝義三假是俗諦，四絶是真諦，自墮我凡二諦中，非故安處也。如一家理内外義，汝作義，自落我理外中也。

論文云：諸佛依二諦，爲衆生説法。前來略釋依二諦竟，次釋依二諦爲衆生説法。問：既云依二諦説法，爲何人説何物法耶？諸人領大師語云：爲凡説有法，爲聖説空法，爲凡、聖兩人説空、有二法，名依二諦説法。問：師有此語不？答：然，師實有此語。但用此語有處，人唯得此語，不解此意。何者？爲凡説有，爲聖説空，名依二諦爲衆生説法，此成何物語？諸佛依二諦爲衆生説法，何得言爲凡説有，爲聖説空，名諸佛依二諦爲衆生説法耶？又且豈依凡説有，還爲凡説有，依聖説空，還爲聖説空耶？論文云：諸賢聖真知顛倒性空。既知諸法本性空，云何更爲説空耶？今所明者如論釋。論云：諸佛依二諦，爲衆生説法。親道依二諦爲衆生説法，何時道爲聖説法耶？爲凡夫衆生説法，不爲聖人説法也。問：此就何義判爲衆生説二諦耶？解云：此就迷悟、能所，判爲説、不爲説。明衆生迷有無，未悟有無故，爲衆生説有説無，明此是有，此是無，此是凡，此是聖，此是倒，此是非倒，令衆生從有入無，捨凡取聖，爲此義故説二諦。若是聖人已悟，何須爲説？以凡未悟故，須爲説二諦。凡未悟故禀教，聖已悟故不禀教也。言能所者，一切世諦，若於如來皆是第一義諦，既於如來是第一義諦，故是能化，豈能化爲能化説法耶？一切第一義諦，若於衆生則是世諦，以衆生是所化，所以須爲衆生説法也。

次將《中論・觀法品》及《大論・釋往生品》二處文，釋成此義。《中論・觀法品》云：諸佛或説我，或説於無我，諸法實相中，無我無非我。長行中釋，爲凡夫説我、説無我，又爲得道聖人説我、説無我。我、無我即是二諦，故《大論・初品》云：人等世諦故有，第一義諦即無。當知我是世諦，無我是第一義諦，既爲凡説我、無我，爲聖説我、無我，則爲凡説二諦，爲聖説二諦也。《大論・釋往生品》云：問云：前《習應品》明無菩薩則無去來，今何故説有菩薩、有去來耶？釋云：不相違。爲凡説無去來，爲聖説有去來。爲聖説無去來，爲凡説有去來。然去來、無去來還是二諦，則爲凡説二諦，爲聖説二諦，大意與《中論》同也。然師復明，爲凡説有，爲聖説空，爲凡聖説空有，此都三節説二諦義。前爲凡夫説二諦，不爲聖人説二諦，亦就迷悟、能所判如前也。次釋《法品》。問：《法品》何意爲凡説二諦、爲聖説二諦耶？解云：爲凡説我、無我，如前爲凡説有無，令轉悟不有無，我、無我亦爾，衆生迷我、無我，爲其説我、説無我，令離我、無我。離我即離常，離無我即離斷，令其離斷常、悟中道故，爲凡説我、無我也。爲聖人説我、無我者，聖人解我、無我，是故爲聖人説我、無我。前爲凡説我、無我，凡迷我、無我。爲聖人説我、無我，非是聖迷我、無我故，爲説我、無我。但聖人聞我、無我，即解我、無我故，爲説我、無我。《大論》引《天問經》中説：羅漢最後邊身能説我、無我不？解云：能説。故聖人解我、無我也。又云：如軍防密號，唯防人解，餘不解。説我、無我，唯聖人解，餘人不解。以聖人能解我、無我故，爲聖人説我、無我也。《中論》既然，《往生品》類爾可知也。問：凡夫迷我、無我，爲凡説我、無我，令悟我、無我，可有益，聖人解我、無我，爲聖人説何益耶？解云：此不就利益爲説，直明凡不解我、無我，聖解我、無我，以聖解我、無我故，爲聖説我、無我，此爲益凡，利他不自利。如阿難稱我聞，爲益衆生也。

次大師云，爲凡説有，爲聖説空者，此之凡聖是所化緣，禀教凡聖。有於凡實，爲凡説有，令悟不有。空於聖實，爲聖説空，令悟不空。令凡聖説有無悟不有無，亦令凡悟不凡，令聖悟不聖，不凡不聖，中道正法。故云，非凡夫行，非賢聖行，是菩薩行也。又爲凡説有，爲聖説空者，明隨凡説有，隨聖説無。如一色於凡有，於聖無，隨凡説色有，隨聖説色無，色未曾有無也。此正爲對由來人義。彼云：三假爲世諦理，四亡爲真諦理，有二諦道理。今明，隨凡説有，隨聖説無，乃是隨凡隨聖説有無，何處有二諦道理耶？爲是義故，云爲凡聖説有無也。此則釋爲衆生竟。

次釋説法。然説法凡有三種，或具説二諦，或但説第一義諦，不説世諦，或但説世諦，不説第一義諦。此三種竝出經論。《大智論·釋往生品》云：問曰：前《習應品》明菩薩習應波若，不見菩薩，不見波若，無菩薩，無波若，今何意復説有菩薩往生來生耶？答曰：前明無菩薩無波若者，就第一義諦門説波若。今説菩薩往生者，就世諦門説波若。此就二諦説波若也。又《涅槃經》云：善男子，莫入甚深空定，何以故？大衆鈍故，當以世諦而解説之。此亦就二諦説涅槃不聞聞義。前云莫入甚深空定，大衆鈍故，即是就第一義諦門説。當以世諦而解説之，此即是就世諦門説也。《大智論》云：欲説第一義悉檀故，説《波若波羅蜜經》。此即但説第一義諦。又《大經》云：與彌勒共論世諦，五百聲聞不覺不知。此即但説世諦。雖復三種不同，如來所説，不出二諦也。

問：何意如來説法不出二諦耶？解云：二諦即是四悉檀，三悉檀即是世諦，第一義悉檀即是第一義諦，四悉檀攝十二部經，攝八萬四千法藏，攝法既盡，二諦攝法亦盡。此就不盡盡明義也。以二諦攝法盡故，如來就二諦説法也。問曰：二諦與四悉檀攝法皆盡，何意諸佛依二諦說法，不依四悉檀說耶？解云：通皆得，既依二諦說，亦依四悉檀說。別即不例，何者？此有義，欲明諸佛所說皆實。《金剛波若》云，如來是真語者、實語者，是故依二諦說。四悉檀名不的主實，是故不依四悉檀說也。問：不依四悉檀說法，用四悉檀何爲？解云：二諦是所依，依二諦說四悉檀法。此亦兩種，各取一義明，實而說義名四悉檀，說而實義稱二諦。此即依於二諦，方便屬緣不同，是故有四種悉檀也。問：若爲依二諦說四悉檀耶？解云：依第一義諦說第一義悉檀，依世諦說三悉檀。依第一義諦說，合而不開，依世諦說，開而不合。以依第一義諦還說第一義悉檀故，合而不開。依世諦說三悉檀故，開而不合也。問：何意依第一義諦合而不開，依世諦開而不合耶？解云：既有二諦，那忽併合開？真俗因緣，開合因緣也。問：等是二諦因緣，何故第一義諦合而不開，世諦開而不合耶？解云：世諦是空有，第一義諦是有空。第一義諦差別無差別，世諦無差別差別。第一義諦二不二，世諦不二二。爲是故，世諦開而不合，第一義諦合而不開也。

問：依第一義諦說第一義悉檀者，諸賢聖真知諸法性空，還依彼所悟性空，而說諸法本來無生寂滅，此可解。若爲依一世諦說三悉檀耶？解云：三悉檀竝依世諦故說。瓶衣車乘等法於世間爲實，名之爲世諦，依世諦說世界悉檀。如說輪軸輻輞和合爲車，五陰和合爲人，如此說者，即世界悉檀。故《大論》云，人等世界故有，第一義即無。此即依世諦說世界悉檀也。依世諦說對治悉檀者，衆生略有三毒之病，廣即八萬四千塵勞之病，有三法藥、八萬四千波羅蜜對治此病，名對治悉檀。何故名對治？以藥撥病，以藥治病，名對治悉檀。如此藥病相治，即依世諦說對治悉檀。故論云，對治故有，實性即無。當知是依世諦說對治悉檀也。依世諦說各各爲人者，前明三法藥、八萬四千波羅密，治三毒、八萬四千塵勞，即明一切法盡，更何所論耶？解云：於各各爲人中更欖之。何故諸佛經中，或説我，或説無我，適説常，斯須説無常？何故或説是舍那，或説是釋迦，或説淨，或説不淨？何故前後更相違反耶？是故次明各各爲人悉檀。昔爲邪常，故説無常，明諸佛緣覺尚捨無常身，今爲三修封執故説常。昔爲鈍根故説三，今爲著三故説一。爲大根緣故説是舍那，爲小乘人故説是釋迦。如此等竝是爲緣不同，無相違也。此即依世諦説三悉檀也。依第一義諦説第一義悉檀者，卷前三種，明不生不滅、不動不倚，何處有人有車、有藥有病、有人有法、有常有無常、有三有一？如是畢竟清淨，名第一義悉檀。爲是義故，云依二諦説四悉檀法也。此即依二諦説四悉檀法竟。

今次明依二諦就二諦門説法。然四悉檀唯是二諦，但合離爲異。離二諦爲四悉檀，合四悉檀爲二諦。四悉檀實義名二諦，二諦究竟義名四悉檀。就二諦門説法者，大有三意。一者，説世諦説第一義諦，令衆生悟第一義諦。二者，説二諦，令離有無二見。三者，説有無，令悟非有非無，説二悟不二也。説二諦令悟第一義諦者，如最初所辨，世間顛倒謂諸法有，於世間是實，名之爲諦，諸賢聖真知顛倒性空，於聖人是實，名之爲諦。此則開凡聖得失二諦，令衆生悟第一義諦，明凡夫世人顛倒謂有，聖人真知顛倒性空，令捨有入空，改凡悟聖，舉失從得。衆生改凡成聖者，悟第一義故也。若不悟第一義諦，則不能改凡成聖，捨失從得。良由悟第一義諦，乃能改凡成聖，捨失從得。爲是義故，開真俗凡聖得失二諦，令悟第一義諦也。説二諦，令離有、無二見者，故《大品經》云：菩薩住二諦，爲衆生説法。論釋云：爲著有見衆生説第一義諦，爲著無見衆生故説世諦，爲著有無二見衆生故，菩薩住二諦説法也。肇師論亦爾，借有以出無，借無以出有。借有以出無，住世諦破無見，借無以出有，住第一義破有見，故説二諦破二見也。説二諦令悟不二者，如《華嚴》明一切有無法，了達非有非無。此即説有無，悟非有非無，説二悟不二，此即理教義也。一切經論，凡有所説者，不出此三種也。

然前説二諦令悟第一義諦，此二諦即有得有失。諸法性空，顛倒謂有，名諦，即是失諦。諸賢聖真知性空，即是得諦。故此二諦有得有失也。次説二諦，令離二見者，此二諦竝是失。何者？爲著有衆生説第一義，爲著空衆生説世諦，此有無竝是衆生所著，是故皆失也。次説二悟不二，此二諦竝得。何者？因二悟不二，二即是理教，不二即是教理，二即中假，不二即假中，二即體用，不二即用體，故此二諦是得也。次諸前二諦凡諦聖諦，世諦是凡諦，性空即聖諦。第二二諦竝是凡諦，爲著有衆生説空，爲著空説有，借有破無，借無破有，此之有無竝是凡夫諦也。然復有聖諦義，何者？所借有無是病皆凡，能借有無竝藥皆聖也。第三二諦，二悟不二假中義，此二諦竝聖。何者？如《中論》云：因緣所生法，我説即是空，亦爲是假名，亦是中道義。從來明此是三是義，一因緣即是空，二是假，三是中。此之二諦，豈凡夫所知？唯聖能了，又非二乘所及，但菩薩境界也。

問：何故就二諦説法？説二諦有何利益耶？

解云：略出兩論文。一者，《中論·四諦品》云：若人不能知分別於二諦，即於深佛法不知真實義。明若不解二諦，於深佛法不知真實，若了二諦，於深佛法即知真實義，故知説二諦有大利益。二者，《十二門論·觀性門》云：若人不知二諦，則不得自利、他利、共利，若知二諦，則得三利。此之二論互出耳。然此二益攝一切益盡，《中論》明知深佛法益，《十二門》明利衆生益，上求下化，不出二益也。

問：若爲人不知二諦，無利益耶？解云：佛法中即薩衞、方廣不知二諦，大損佛法。何者？薩衞等計一切法皆有，則不識如來第一義諦。由識第一義諦，所以成聖。既不識第一義諦，則破諸賢聖。論文云，諸賢聖真知性空，名第一義諦。汝既不識第一義諦，故破聖人，斯有大損也。次方廣道人計一切法空，如龜毛菟角，無因果、君臣、父子、忠孝之道，此人不識如來世諦。若不識世諦，此有何過？失世諦則失第一義諦，失第一義諦則不得涅槃。《中論》云：若不因世諦，不得第一義，不得第一義，則不得涅槃。故此人過失極大也。此二人攝一切盡，若内外大小一切計有者，同薩衛有失，一切大小内外計無者，同方廣無失也。又如《中論》初云，佛滅度後五百歲，人根轉鈍，求十二因緣、五陰等決定相，此即不識第一義諦。聞大乘法説畢竟空，不知何因緣故空，若都畢竟空，則無罪福報應等，此即不知世諦。此有無二見衆生，龍樹菩薩爲此等故，造此《中論》，即是住二諦，破衆生二見。《大品》云：菩薩住二諦，爲衆生説法。是何物菩薩？今龍樹即其人也。以衆生求十二因緣、五陰決定相，次聞大乘畢竟空，便言無罪福，如此等失於二諦故，龍樹菩薩爲破此二人，造《中論》也。從初至後，求一切法畢竟不可得，即住第一義諦破有見。次復云，雖空不斷，雖有不常，有二諦教門，何時無三寶四諦、因果罪福耶？此即住世諦破無見也。又前來借空以破有，後《四諦品》借有以破空。如《百論》借一以破異，借異以破一，《中論》亦爾也。此之二種，各示一勢，前申破，後迴破。前申破，住如來因緣世諦破空見，住如來因緣第一義破有見，帶申破。後迴破者，借有破無，借無破有，此有無並是衆生有無，皆須破洗，一無所留，借無破有，有去無亦除，故是迴破。此即説於二諦，破衆生二見，故有大利益也。

次更明前兩人失二諦義。前明薩衛謂諸法有，不識第一義諦，方廣計有分無故諸分無，柱無故四微無，人無故五陰無，計一切諸法無，不識世諦，一往如此耳。再往二人俱失二諦。薩衛既不知諸法性空者，亦不識諸法於顛倒因緣有，既失第一義，即失世諦。故《中論》云：汝破一切諸法因緣空義，則破於世俗諸餘所有法。此即破空義，即破一切有法也。又云：以有空義故，一切法得成，若無空義者，一切即不成。故薩衛不識空義，二諦皆失也。次方廣明諸法空，失於世諦，既失世諦，即失第一義諦。故《中論》初云：聞大乘説畢竟空，不知何因緣故空，若都空，則無罪福報應等，如是則失世諦、第一義諦。故方廣不知有，具失二諦也。何故爾？空是有空，既其失有，是即失空。又且有即是空，《中論》云：因緣所生法，我説即是空。既即是空，失有即失空。空既然，有亦爾。爲是義故，此二人皆失二諦。以皆失二諦故，破失令識如來二諦也。

問：何人失二諦耶？解云：大而爲言，有兩種人失二諦。一者不學二諦失二諦，二者學二諦失二諦。凡失二諦不出此二種也。若是《百論》，即對不學二諦失二諦緣。何者？《百論》正對破外道。外道不知諸法性空，不識第一義諦，既不知諸法性空，亦不知諸法於顛倒因緣有，不識世諦。所以提婆菩薩從初破諸法性有，畢竟無所有，次《破空品》破性空，破外道性有性空竟，然後示如來因緣二諦，明諸法性空爲真諦，隨俗説故無過，即世諦，破彼空有，示其二諦，《百論》作此用也。次明《中論》者，具破兩種失。《百論》但破不學二諦失二諦緣，《中論》具破不學二諦失二諦及學二諦失二諦緣。何者？《中論》正破内，傍破外。正破内，則正破學二諦失二諦緣。傍破外，即破不學二諦失二諦緣。破不學二諦失二諦，如《百論》也。破學二諦失二諦者，復有兩種。一者正破大乘，二者傍破小乘。大乘學二諦失二諦，小乘不識二諦失二諦。小乘不識二諦失二諦者，即是前方廣、薩衛兩人，竝不識二諦。薩衛明諸法性有，不知諸法性空。既不知性空，即不識諸法顛倒有。不知性空，不識第一義諦，不知顛倒有，即不識世諦也。次方廣不識二諦者，未知此人何學？彼若小乘學，則推畫起邪見，明有分既無，諸分亦無，於有起邪見。彼若大乘學，則聞大乘説起邪見，聞大乘説畢竟空，不知何因緣故空，若都畢竟空，云何分别有罪福報應等？若有罪福，則不應空，推畫空便起邪見也。既起空見，即不識世諦。既不識世諦，即不識第一義諦，又此空是邪見空故，二諦皆失也。問：三藏明諸法有，云何於三藏起邪見耶？解云：於外道中，尚得起邪見，如六師中云，無黑業、無黑業報等。於外道中尚得起邪見，況於三藏中不得起邪見耶？此即小乘不識二諦失二諦也。次大乘失二諦者，大乘學二諦失二諦。龍樹正爲此人出世，造此《中論》及《十二門》《大智論》，竝爲學二諦失二諦也。然大乘失二諦復有二種。一者學二諦成性二諦，二者學二諦成一諦。前小乘有兩失，一、性有失二諦，二、邪空失二諦。今大乘亦兩失。如前佛法中，都有四種失二諦。學二諦失二諦，成性二諦者，聞有住有，聞空住無。如從來初章，他有有可有，有無可無。有有可有，不由無故有。有無可無，不由有故無。不由無故有，此有是自有。不由有故無，此無是自無。自有即有故有，自無即無故無。斯即失因緣二，成性二，失不二二，成二故二也。言學二諦失二諦成一諦者，有二種，一者學二諦成空諦，二者學二諦成有諦。學二諦成一空諦者，諸法於顛倒有，名世諦，諸賢聖真知性空，名第一義諦，明顛倒有爲非，諸法性空爲是。何以故？諸賢聖真知諸法性空，故知諸法性空定是也。此人聞空故空，聞有亦是空，學二諦，唯成一空諦也。學二諦成一有諦者，有二義，一者即鼠嘍栗二諦，二者心無義。鼠嘍栗二諦者，經中明色色性空，彼云：色性空者，明色無定性，非色都無，如鼠嘍栗中肉盡，栗猶有皮觳形容宛然，栗中無肉故言栗空，非都無栗故言栗空也，即空有併成有也。言心無義者，然此義從來太久，什師之前，道安、竺法護之時，已有此義。言心無義者，亦引經云：色色性空者，明色不可空，但空於心，以得空觀，故言色空，色終不可空也。肇師破此義，明得在於神静，失在於物虛。得在神靜者，明心空，此言爲得，色不可空，此義爲失也。然此之兩釋，竝是學二諦失二諦。失世諦，不識第一義，不識第一義，即不識世諦。何者？此是空有，失有即失空。又設得一有，此有是有見有，故二諦皆失。空邊亦爾，故皆失二諦。失二諦即失假，失假即失中，中假理教皆失也。學二諦成性二諦，亦一切失。聞二住二，不識不二，不識不二即失中，失中即失假。此非相待失，失中即失假。何以故？假即中故也。學二諦失二諦，既併失，不識二諦失二諦，理然皆失。大有三節。一者，學二諦成一諦，失二諦一切失。二者，學二諦成性二諦，失二諦一切失。三者，不識二諦失二諦，一切失。如此等人既一切失，諂作何物人耶？此乃是狂愚人耳。爲是人故，四依出世破之。有兩菩薩出世，提婆菩薩出世，破不識二諦失二諦，龍樹菩薩出世，破學二諦失二諦，此二菩薩，破病具足也。非但釋迦佛須此二菩薩，十方三世諸佛竝須此二菩薩。何以故？此二菩薩攝一切菩薩，兩失攝一切失，破此兩失，則申一切教。何者？此二失障二諦，破此二失，則二諦通。二諦通，則一切經申。若爾，故知三論不可思議。所以關中歎云：《中》《百》兩論文未及此，人又無通鑒，誰與正之？及至之後歎云：後談道之人始可與論實矣。實理如此，何者？失不出此二，《中》《百》兩論既破此二失，二諦即通，二諦通，一切教申故，三論有大利益也。通意如此。

次對當路數、論者。數人則不識二諦，彼不知諸法性空，但明諸法性有，一切皆有，不識第一義。既不識諸法性空，則不知諸法因緣有，二諦皆不識，故失二諦也。《成論》者，依彼論宗，則同三藏。何者？彼序云，故我欲正論三藏中實義，則同薩衞不識二諦。若就彼義中有二諦義，彼明人、法二空，但是聲聞空，終不識性空。何者？《大智論》云：佛於聲聞法中，不說自性空、自相空。以不說自性空故，不識第一義。不識第一義，即不識世諦。若爾，數、論皆失二諦。以如此等人竝失二諦，所以諸佛説二諦，菩薩申二諦教，令衆生識二諦。識二諦即識一切中假等，所以説二諦有大利益。前明失二諦有二種，一者不識二諦失二諦者，當世即數、論二人。數人不知諸法性空，但明諸法性有，此人不識性空，無第一義諦也。論人雖明諸法空是聲聞法空，非今第一義空。今以諸法本性空爲第一義諦故，論云：諸賢聖真知性空，名第一義。《成論》無此空，何以知爾？《成論》正明三藏法，龍樹判云：佛於聲聞法中，不説諸法自相空、自性空。既無自性空故，彼無第一義諦。於彼不無人、法二空故，彼引《羅陀祇喻經》，明人、法二空。但此空折法明空，不明本性空也。此則據毘曇一節，毘曇不明空，《成論》則明空。若爾，望毘曇則有二諦，望摩訶衍則無二諦，但是世諦。何者？今摩訶衍正以諸法本性空爲第一義諦，彼但折法明空，所以無第一義諦也。問：用此語爲何耶？解云：欲釋《十二門論》中一句語。彼論云：汝今聞世諦，謂是第一義諦。今將數、論等釋此語。問：若爲聞世諦，謂是第一義諦也？解云：毘曇亦明二諦義，謂十六諦理苦無常等爲第一義諦，刀杖逼迫等事苦爲世諦，彼就事理判二諦也。今明，此判二諦倒。何者？理之與事竝是世諦，諸法性空乃是第一義諦。無常等是世諦，謂是第一義諦，故云，聞世諦謂是第一義諦，是故墮在失處也。二諦既倒，則一切皆倒。何者？諸佛依二諦説法，二諦既倒，故一切皆倒，所以墮在失處也。次《成論》聞世諦，謂是第一義諦者，明諸法有爲世諦，拆[一]法空爲第一義諦。今明，諸法有、拆法空竝是世諦。何者？今就性空、非性空以判二諦，性空爲第一義諦，非性空爲世諦。汝拆法空非性空故，是世諦，汝謂是第一義，故墮在失處。何者？汝論宗云正明三藏，龍樹云：佛以三藏中不説性空故，無第一義。若有第一義，則乖汝論宗。且應云，故我欲正論摩訶衍實義，而傳格道正論三藏義，故無性空。無性空故，無第一義諦。進退皆屈。此非横破，道理如此也。

次明學二諦失二諦者。大師云，此如失瑠璃珠。譬在大池浴失瑠璃珠，諸人求珠不得珠，各提瓦石歡喜持出，乃知非真，實是唤魚目謂爲夜光，此即學二諦不識二諦也。問：此人得是聞世諦謂是第一義諦不？解云：亦得。此有二義，一者就破明，二者就立辨。就破明者，論中横破萬法，竪洗五句，一切畢竟無所有，彼便謂是第一義，此是真諦遣故一切空也。拙講三論者，亦作此謂，言此等破洗是第一義諦。今明，此是世諦謂是第一義諦。何以知之？且舉譬如十六知見我空，無十六知見我，爲是世諦，爲是第一義諦耶？彼云：十六知見我空，此是世諦空。何者？實無十六知見我，外道顛倒謂有，破十六知見我，十六知見我空者，此是世諦空。今亦爾，實無此等諸法，特是顛倒謂有，今破横謂明諸法空故，是世諦空。亦非是世諦，此乃是世諦所離，離如此等諸法，始是世諦。爲是故，破一切諸法無所有，是世諦，以彼不了，謂是第一義，是故墮在失處，故是聞世諦謂是第一義諦也。言立義者，因緣、無礙二諦。如《中論》所説，因緣所生法，我説即是空，即是假名，即是中道，横竪皆無礙。假即中即竪無礙。二不礙不二，不二不礙二，二爲不二用，不二爲二用，因緣生法，我説即是空，即横無礙。有不礙空，空不礙有，有爲空用，空爲有用。何但空有無礙？唯就有中一切法無礙。如《華嚴》所辨，三世無礙，淨穢、長短、佛刹無礙，如此無礙名曰聖諦。菩薩得無礙者，非是諸法是有礙，菩薩得無礙觀，令諸法無礙，得無礙通，使諸法無礙。良由諸法無礙故，菩薩體法無礙故，菩薩得無礙觀。得無礙觀故，得無礙辨，得無礙通。若諸法有礙，菩薩得無礙通，使令無礙者，菩薩則有過罪。以諸法自無礙故，菩薩得無礙觀，得無礙通，得無礙辨也。如此無礙故，名第一義也。若是由來人，二諦即有礙，三假爲世諦，四忘爲第一義諦，三假不得爲第一義，四忘不得爲世諦，第一義不得有名相，世諦不得無名相。所以大師云：彼作兩橙解義，聞説諸法空，即内置真諦橙中，聞説諸法有，即内置世諦橙中。世諦不得空，真諦不得有，如此有無皆礙，礙故悉是世諦。彼即云：我有真、俗二諦，云何併是世諦耶？解云：有無礙皆是世諦，汝自爲[三]是第一義故，是聞世諦爲是第一義諦也。如此等並失如來二諦，不能知佛法深義。若能知二諦，則知佛法深義，何者？識知毘曇二諦是毘曇二諦，知此二諦並是世諦，終不學如此二諦。識《成論》二諦是《成實論》折法二諦，非是諸法性空二諦。識從來有得大乘是有礙二諦。識諸佛菩薩無礙二諦，識如此等二諦故，知深佛法義。偈云：若人不能知分別於二諦，則於深佛法不知真實義。若反此，應云，若人能了知分別於二諦，則於深佛法得知真實義。

前就《中論》明得失二諦如此，次就《十二門論》以辨得失二諦。論文云：若人知二諦，則得自利、他利、共利。若不知二諦，則不得三利。此之二論互明得失也。言自利、他利、共利者，了世諦第一義諦，發生方便實智，名自利，了第一義諦世諦，發生實方便智，名他利，具了真、俗二諦，具生二智，名共利也。二者，菩薩自了真、俗二諦，發生權、實二智，名自利，菩薩如實而悟，今還如實而説，令衆生亦了真、俗二諦，發生權、實二智，名爲他利，自、他皆了二諦，皆生二智，名爲共利也。問：此兩種二智何異耶？解云：初則就真、俗判二智，後就自他、内外判二智。前真、俗判二智者，了世諦第一義諦，名方便實智，了第一義諦世諦，名實方便智，了二諦判二智也。後就自他、内外判者，内自悟二諦名實智，外爲他説二諦名方便智，此即就實智中開二諦，就方便智中開二諦，此即就内外、自悟、化他以判二智也。得此二智利益者，明此二智是十方三世諸佛父母故。《淨名經》云，智度菩薩母，方便以爲父，一切衆導師，無不由此生故，此二智是諸佛父母。若了二諦，則有二智，有二智故有十方三世諸佛。若不了二諦，則無二智，無二智則無十方三世諸佛。故知説二諦有大利益也。又利益者，了世諦第一義諦，離凡夫地，了第一義諦世諦，離二乘地。離凡夫地，離二乘地，是菩薩地。若不了第一義諦世諦，不離二乘地。不了世諦第一義諦，不離凡夫地。不離此二地，即在五百由旬嶮道之内。若了二諦，即出五百由旬外，入菩薩位，生在佛家，種姓尊貴。爲是故，了知二諦有大利益也。又利益者，離斷、常二見。了世諦第一義諦，離常見。了第一義諦世諦，離斷見。離斷、常二見，行於聖中道，見於佛性。若不了二諦，即不行中道，不見佛性。不見佛性，即無性佛等。若了二諦，即離斷常，行於中道，見佛性，即有性佛等。爲是故，當知識二諦有大利益也。略明得失利益如此。

次明悟教生智義。此義難解，若爲生智耶？大師舊語云：禀教得悟，發生二智，教轉名境。若不悟，即不生智。言不悟者，聞有作有解，有即住有，有不表不有，聞無作無解，無即住無，無不表不無，名爲不悟。言悟者，聞有不住有，有表不有，聞無不住無，無表不無，名之爲悟。作若爲悟耶？爲當悟非有非無不二，爲悟有無二耶？若因有無二，悟非有非無不二，應生不二智，云何生二智耶？若言悟有無二者，此乃是悟教，不應悟理，既不悟理，那得名悟耶？進退難明，未釋云云。

次明二諦是教義。攝嶺、興皇已來，竝明二諦是教。所以山中師手本《二諦疏》云：二諦者，乃是表中道之妙教，窮文言之極説。道非有無，寄有無以顯道。理非一二，因一二以明理。故知二諦是教也。所以明二諦是教者，有二義，一者爲對他，二者爲釋經論。爲對他，明二諦是境。彼有四種法寶，言教法寶、境界法寶、無爲果法寶、善業法寶。二諦即境界法寶，有佛無佛常有此境，迷之即有六道紛然，悟之即有三乘十地故，二諦是迷悟之境，今對彼明二諦是教也。言釋經論者，《中論》云，諸佛依二諦爲衆生説法，《百論》亦爾，諸佛常依二諦，是二皆實，不妄語也。《大品經》云：菩薩住二諦中爲衆生説法。又《涅槃經》云：世諦即第一義諦，隨順衆生故説有二諦。以經明二諦是教故，今一家明二諦是教也。誦得師語，復知其意竟，何者知爲對他，知爲釋經論？但此義未可解，何者？汝言二諦是教，説二諦有二諦，未説二諦應無二諦。若已有二諦，即同他家。若不同他家，説二諦始有二諦，未説二諦即應無二諦也？又難：説二諦始有二諦，未説二諦未有二諦者，説色空始有色空，未説色空應無色空。未説之前自有色有空，若爾，未説二諦，已有二諦，已有即同他云云。然二諦是教義若可了，二諦義即可解，三論文亦可解。若不了此義，二諦義即不可解，三論文則不可解。何者？他明二諦是境，汝今明二諦是教，説法是教，二諦亦是教不？若二諦是教，即違論文。論文云，諸佛依二諦説法，那忽言二諦是教耶？解云：有兩種二諦，一於諦，二教諦。於諦者，如論文，諸法性空，世間顛倒謂有，於世人爲實，名之爲諦，諸賢聖真知顛倒性空，於聖人是實，名之爲諦，此即二於諦。諸佛依此而説，名爲教諦也。問：教若爲名諦耶？解：有數意。一者，依實而説故，所説亦實，是故名諦。二者，如來誠諦之言，是故名諦。三者，説有無教，實能表道，是故名諦。外道所説，何故不名諦？外道所説，不能表道，所以不得名諦，諸佛所説，實能表道，是故名諦也。四者，説法實能利緣，是故名諦。外道説法，不能實利於緣，不得名諦，諸佛菩薩實能利緣，所以名諦。五者，説不顛倒，是故名諦。如《涅槃經》釋一實諦義，如來所説無有顛倒，名一實諦。今亦爾，所説不顛倒故，所以名諦。外道所説皆悉顛倒，不得名諦，諸佛菩薩説無有顛倒，是故名諦。六者得如實悟，如實而説，是故名諦。故經云，如語者，實語者，不異語者，不誑語者，此即如來誠諦不虚故，教名諦也。

次明於諦，何因緣名諦耶？爲從謂情爲名，爲從境爲稱，爲從解爲目耶？解云：於諦從兩情解爲名，但此義有兩種：一者，得失判二於諦，有於凡實，名爲世諦，空於聖實，名第一義諦，此有謂情有，此空真解空。謂情有爲失，真解空爲得，此就謂情、真解判二諦也。何以知爾？故論云：諸法性空，世間顛倒謂有，名世諦，諸賢聖真知性空，名第一義諦。既云真知性空，故是真解，前云顛倒謂有，故是謂情。若爾，故知此即謂情真解得失以判二於諦也。二者，就兩謂判二於諦者，如色未曾空有，凡謂色有，於凡是實名諦，聖謂色空，於聖是實名諦，此之有無皆是謂情故，竝皆是失。既凡謂有，聖謂空，此之空有悉須洗破，無如此有，無如此空，畢竟洗淨，始得明因緣空有。因緣空有，即非空有空有。既識非空有空有，即悟空有非空有也。前之空有，竝是所治之病，故皆失也。以如此義名教諦，以如此義名於諦，此是師語不？然此實是師語也。

次作一疑難安中，何者？依於諦説法，於諦是境不？若非境，即乖論文。論文云，諸賢聖真知諸法性空。真知即是智，智必有境，性空即是境，真知即是智。若爾，二諦是境，依二諦境爲衆生説法，生得附論文，即成他義。他亦云，二諦是境，説二諦名教，故有言教法寳、境界法寳，四諦二諦是境界法寳，説四諦二諦即是言教法寳。今亦爾，與他何異？若言我不如此，即乖論文。論文云，諸佛依二諦，爲衆生説法，那得言二諦是教耶？進退不可，扶論文即同他，不同他即乖論文也。又作一掩答難，有於諦，有教諦，於諦有真俗，教諦有真俗不？若言教諦亦有真俗者，《成論》死三論未知，若爲《成論》死者，今且問汝，説俗説是俗，説真説是真不？汝若言説是真，即乖汝義。何者？汝義教諦是言語，唯是俗故，不得言教諦具真俗。若畏改語言，若説非真者，那得言教諦有真俗耶？若是《成論》家解義者，即云：真、俗二諦是境，境有真、俗，説真説俗，此兩説竝俗諦，真不可説，寄俗諦説也。今問三論師：他家真俗是境，境中有真有俗，汝今明二諦是教門，教諦亦有真俗不？不解義者，必云教諦亦有真俗。何者？有兩諦，有於諦，有教諦，於諦有真俗，教諦亦有真俗也。問：若爲教諦有真俗耶？解云：説俗名俗教諦，説真名真教諦。問：説俗名俗教，教是俗，説真教，教是真不？説真之説，此是言教，那忽是真？若説俗之説，説是俗諦，説真之説，説亦是俗諦者，即成他義。他亦明，真不可説，寄俗説真，説真之説，還屬俗諦。今亦爾，故同舊義，三論之義還是我義也。所以《成論》暄正讀《中論》，《中論》云：言説是俗諦，第一義諦不可言説。若爾，言説皆是俗諦，何得言二諦竝是教耶？若又二諦是教，教唯是俗諦者，即學二諦成一俗諦。前來諸人學二諦成一諦既失，汝今學二諦成一諦，失之甚也。又難：他家明二諦是境，境中有真、俗，汝明二諦是教，教爲但俗，爲具真俗？若但俗即失真諦，便同他家。若具二諦，乖論文，義復不可。論云，言説是俗諦，真不可言説。又難：言説若爲是真諦，今爲取言説空名真諦，爲取空言説爲真諦耶？若取言説爲真者，言説是有，那是真諦？若云言説空爲真諦者，空言説爲是何物？汝只應云空説爲世諦，説空爲真諦。若云只説空爲真諦者，説空之説是真不？若説空之説是真，即竝難。若説空與空説皆爲真諦者，色空與空色皆真諦，反詰云云。前來至此，都有四難未解，後當釋之。

今更簡得失義。前得失凡有四種，今簡最後學二諦失二諦者。若是小乘，不足可簡，但正爲學二諦失二諦人也。明他家辨二諦義，今時亦辨二諦義，何異？解此凡有十句異。一者明理教義。他二諦即無理教，今明二諦有理教。他無理教者，彼明二諦是理，三假是世諦理，四絶是真諦理。

今明二諦是教，不二是理故。經云：文殊法常爾，法王唯一法，一切無畏人，一道出生死。又云：一切有無法，了達非有無。故知有無二是教，非有無不二是理，具有理教也。唯他有二無不二，則唯有教無理，可謂世間法者有字無義。一往如此，再往奪併無，何者？字本詮義，既無有義，字何所詮？故理教皆失。今明有無是教，表不有無理，此則有理有教，理教具足也。作如此說者，爲對他，爲釋經云云。次明稟二諦教發生二智教轉名境。何故作此語耶？亦爲對由來。由來云：真俗是天然之境，三假是俗境，四忘是真諦境，迷之即六道紛然，悟之即有三乘賢聖，常有此境，若是智從修習生，境即常有，智即始生，未有智時，前已有境，境智非因緣義。今對此明真俗是教，悟教生智，教轉名境，由智故境，由境故智，境能爲智所，智能爲境所，境所爲智能，智所爲境能，境智因緣不二而二也。問：諸有二者無道無果，何故明二耶？解云：爲對他無智有境，今明由智故境，由境故智，境智因緣不二二也。然今明二諦是教門者，正爲拔二理之見。彼埋二理見深，有此二理，終不可改。爲是故今明唯有一理，無有二理。何者？如來說有說無，爲表一道，此之有無乃是道門，非是理。爲是故明二諦是教，非是理也。二者，有相無相義。從來云：山門得無相義，他家明有相。何故他是有相，山門明無相耶？解云：他有有相，無有無相。有若無相，即無有有，無若無相，即無有無，便無二諦。既道理有二諦，即有有有相，無有無相，名爲有相義。今明有無有相，有表不有，無無無相，無表不無，有無表不有不無故，名無相義。以無相故，故名教門也。三者，得無得義。他有得義，今明無得義。他有有可得，有無可得。若無有可得，無無可得，即無二諦。既有二諦，故有有無可得，名爲有得。今明有不住有，有表不有，無有可得，無不住無，無表不無，無無可得故，名無得義。以無得有無，有無名爲教也。四者，明理内外義亦爾。他真俗理外，今真俗理内，以理内故，名之爲教也。五者，明開覆。他二諦是理，即覆，今明二諦是教，即開。何者？他有住有，無住無，此有無覆如來因緣有無也。今明二諦是教，有表不有，無表不無，有無表不有無，如來教即開，無有壅滯。故經云，譬如秋月處空顯露。今亦爾，故有無名教也。六者，明滿半義。他家二諦是半，今明二諦是滿。何者？他唯有二，無不二故，唯教無理，名爲半字。今明具足理教，名爲滿字。一往如此。他既無滿，是即無半。何者？半是滿半，既無滿，何得有半？安師云：滅滿爲半，足半爲滿。既無滿，何所滅爲半？故無滿即無半也。七者，明他二諦愚者，今是智者。何者？《涅槃經》云：明、無明，愚者謂二，智者了達其性無二。明、無明既然，真、俗亦爾。真、俗二即愚者，不二即智者。不二之性即是實性，故知不二是理，二是教也。八者，今明體用，彼但有用無體，無體即無用，今則具有體有用也。

九者，明本末。不二是本，二是末。他既無本，何有末？今具有二不二，具有本末，故云二諦是教，不二是理也。十者，明了義不了義。由來釋了義不了義者，明小乘教爲不了義，摩訶衍教爲了義。就大乘教中復有二，《般若》《法華》等爲不了義，第五《涅槃》常住教爲了義，此就五時教中，有了義不了義。如此二諦義，爲有了義不了義別耶？解云：彼明若以三假爲世諦理，四忘爲真諦理，此之二諦唯是了義，無不了義也。今明如此二諦皆是不了，何者？我二諦説有，欲顯不有，説無，欲顯不無，説有無，顯不有不無，名爲了義。汝有住有，不表不有，無住無，不表不無，有無不表非有非無，二不表不二，即不能顯道，故非了義。今明因緣有無，有表不有，無表不無，有無二爲顯清淨不二之道，故名了義。所以《大經》云：如是二語爲了一語也。今亦爾，因緣二爲顯不二。此因緣二悟不二故，二爲教門也，不取兩語爲教門也。然今家非但有了義，亦有不了義，具有了不了義。何者？只是一二諦教門，有方便，即聞二不住二，因二悟不二，名了義。無方便，即聞二住二，不悟不二，名不了義。故今時具有了不了義也。略明十種，判學二諦有得有失義如此。更撮十種者，一者理教義，二者相無相，三者得無得，四者理内外，五者開覆，六者半滿，七者愚智，八者體用，九者本末，十者了不了，云云。

次都總料簡。前云，他但有教無理，今具足理教，此事不然。何者？開善云：二諦者，法性之旨歸，一真不二之極理。又云：不二而二，中道即二諦，二而不二，二諦即中道。若爾，彼有理教，有二不二，何以言無耶？責云：汝二諦爲是道理，爲是方便？彼明二諦是道理也。難：若二是理，即無不二理。若有不二理，即成三理。汝唯有二理，無有三理，故無中道不二理也。今明二諦非理，乃是方便教門。如三車門外，門外實無三車，方便説三，令悟不三。今亦爾，實無二諦，方便説二，令悟不二，故二諦是教門也。又責：汝明不二是中道，中道爲在二諦外，爲二諦攝耶？汝明二諦攝一切法盡，真諦上超涅槃，下絶生死，四句斯忘，百非洞遣，一切無即是真諦，諸法有是世諦，外無處有法。若爾，唯有二諦理，何處有中耶？又且汝非有非無是何物耶？非有還是無，非無還是有，還是有無斷常，何説中道耶？爲是故，今明二諦是教門，不二是中道也。又他無不有無，有有無，今有不有無，無有無，反之也。他唯有有、無二理，無不二之道，今即唯有不二之道，無有無也。問：既無有無，應無二諦？解云：實無有無，但方便故，假言有無。假言有無，爲悟不有無。以是義故，明二諦是教門也。然二諦更無有二。只同學一二諦，有得有失，成性成假云云。大師從來學譬如甘露，有方便者服即長存，無方便者服即夭壽，甘露未曾脩夭，脩夭出自兩緣。今亦爾，只是一二諦，有方便學即成假，無方便學即成性，有方便故爲得，無方便故爲失，二諦未曾性假得失，性假得失出自兩緣也。然只自性因緣亦復無有二，有方便者，學自性成因緣，無方便者，學因緣成自性。如無方便者服甘露成毒藥，有方便者服向毒藥成甘露。學二諦人亦爾，無方便學因緣成自性，有方便學自性成因緣。爲是故，學二諦有得有失，有自性有因緣也。問：彼學因緣成自性天然之理，爲當取此理，不取此理耶？解云：具有取不取。言取者，今時亦有此二理，何者？於凡有凡理，於聖有聖理，有於凡有理，空於聖有理。然理實未曾有二，於二緣故有二理。故論云：淺智見諸法，若有若無相，是即不能見，滅見安穩法。非有非無名安穩法，見有無相，即不見安穩之法。好言爲淺智，惡詺則是愚人，見有無相，理實非有無。理實非有無，於彼有有無二理也。若翻此謂，即云：深智見諸法，非有非無相，是則皆得見，滅見安穩法也。言不取者，都無此有無之理。何者？謂有有理，謂有無理，有無是謂情。既有是謂情有，豈有此有理？無是謂情無，豈有此無理？都無此有無也。既畢竟知無如此有無，有何物法？唯有四倒八倒，實無有常，倒謂有常，實無無常，倒謂無常，實無有，倒謂有，實無無，倒謂無也。彼即云：我有有無二諦道理，云何言無耶？今現見有有無法，非是妄，那忽言不見？又有三世法，過未無，現在有，諸法從未來爲生，謝過去爲滅，有生有滅，有有有無，何得言無耶？爲是故，龍樹出世，求撿此執。汝言有有理，若箇是有理？汝言有無理，若箇是無理？求有不可得，云何言有有理？求無不可得，云何言有無理？如此有無生滅，特是汝顛倒，横謂爲是耳。故《中論》云：若謂以現見而有生滅者，是即爲癡妄而見有生滅。若爾，癡妄故見有無生滅，實無汝所見有無生滅也。前取即於二緣有二理，今破謂有實無有也。

問：前明二諦是教門時，爲當如來説因緣有無爲教，爲當即眼見耳聞有無爲教耶？然師答此語開合不同，今還作開合兩意釋之。言開者，即是理內外義，明理外亦有二諦，理內亦有二諦。理外二諦，即聞有住有，不表不有，聞無住無，不表不無，有無不能表理，不名爲教，此即理外無理無教。理內二諦因緣有無，因緣有不有，因緣無不無，有無表非有無故，有無名教門，此即理內有教有理也。此如初章兩節語也。初章前節即理外義，後節即理內義。前節者，他有有可有，有無可無。有有可有，不由無故有，有無可無，不由有故無。不由無故有，有是自有，不由有故無，無是自無。自有即有故有，自無即無故無。此之有無，不能表不有無，此有無非是教門，故理外無理教也。今對他明二諦是教門，無有可有，無無可無。無有可有，由無故有，無無可無，由有故無。由無故有，有不自有，由有故無，無不自無。不自有有，是無有，不自無無，是有無。無有不有，有無不無，此有無表不有無，故名爲教門，所以理內有理教也。一家初章言方如此，學三論者，必須前得此語。何意名初章？初章者，學者章門之初，故云初章。此語出《十地經》第一卷，明一切文字皆初章所攝。今亦爾，初章通一切法，何者？有無作既然，一切法亦例此作，故知初章通一切法也。此即開理內外二諦，是教非教也。次合釋者，明有無何曾有二？只是此有無，有方便者學即成教門，無方便者學即成自性。有方便學自性成因緣，無方便學因緣成自性。有方便學初章前節成後節，無方便學後節成前節。如前甘露譬，甘露未曾有兩，拙服甘露成毒藥，巧服毒藥成甘露。今亦爾，無方便學因緣成自性，有方便學自性成因緣。猶如一色，不了者，言定有，不知不有，了者知色有不有故。只是此有無，兩人學教，非教異也。問：何故前開理內外異，後復合明之耶？解云：開合竝爲對緣。前開理內外，正爲對由來人。由來人唯知有一種有無二諦，不知有兩有無二諦，唯知有一三假四忘，不知有兩三假四忘。今明有兩有無，有兩三假，有兩四忘。他有有故有，有無故無，有三假故三假，有四忘故四忘，此竝是理外二諦。今明因緣有無，因緣三假四忘，是理内二諦。開理内外得失，令彼識理内外得失，捨失學得，從外入内也。所以合明者，此爲三論學者。三論學者聞説理内外，便謂有理内外異，更成理内外二見。爲此人故，明二諦何曾有二？特是無方便不了者，謂爲理外，有方便了者，即名理内，然二諦實無異。爲是故，明開合兩種也。問：何故明此開合兩種耶？解云：此之兩種，竝爲開道令衆生悟入也。前開理内外令悟者，明有所得理外有無不能表道，明無所得有無，有是無有，無是有無，有無表不有不無，因教悟理，從假入中。故師云：聖人開真俗以表道，説有無以化物也。次合明令悟者，明有無未曾二，不了者成自性，了者成因緣，只了自性有無成因緣，因緣有無，有無即不有無，悟於正道故，此二種竝令悟於一道。經文皆爾，故《法華》云：唯有一大事因緣故，出現於世。又云：説種種乘，皆爲一乘也。

次問：既皆爲顯道者，何不發初即爲説非有非無，令悟正道，而忽諸法非有非無，説有無，表不有無，然後令悟非有非無，何乃迂迴者耶？解云：此可有兩意，今且作一種釋之。明若直説瓶衣等有是世諦，此賢聖真知諸法畢竟空名真諦，此已惆潛不受。明諸法實録是有，那得言究竟無耶？此尚不受，何況説諸法非是有、非是無，豈當信之？爲此人故，以方便於無名相中假名相説，説有是凡諦，説空是聖諦，令其改凡學聖。如《法華》所明：衆生諸根鈍，著樂癡所盲，如斯之等類，云何而可度？諸法寂滅相，不可以言宣，我寧不説法，疾入於涅槃。若直説世諦有、真諦無，何事言不可説耶？只爲諸法非有非無，所以不可作有無説。爲此故，方便説三，脱珍御服，得近其子，不得正門見，於窓牖中窺之耳。若不脱珍御服，不得化子。今亦爾，若即説非有非無，即不受，所以方便前説有無，令悟不有無也。若爾，斯乃物自迂迴，非關佛故曲巧也。廣洲大高釋二諦義，亦辨二諦是教門也。彼舉指爲喻，爲人不識月，舉指令得月。彼云：不識月故，尋指得月。雖尋指知所指，所指竟非指。所指竟非指，指月未嘗同。尋指知所指，所指因指通。所指所指通，通之由神會。指月未嘗同，所指恒指外。又云：真諦以本無受稱，俗諦以假有得名。假有表有不有，爲息斷見，非謂有也。本無表無不無，爲除常見，非謂無也。言有不畢有，言無不畢無，名相未始一，所表未始殊。此意明因二諦教悟不二，不二是所表，如因指得月，月是所表也。古人釋與今意同也。今明二諦如指，爲小兒不識月，此爲小兒，不爲大老子，大老子知月，何須爲？爲小兒不識月故，舉指令識月。凡夫衆生亦爾，不識理故，須二諦教。故經云，衆生癡如小兒，亦名著者，故不得前説不二之法也。前已作一種釋明，如須依二諦説法，不得發始即説諸法非有非無，何者？説有是世諦，説空是真諦，已驚潛不受，況爲説非有非無耶？如脱珍御服也。今更作一種釋，明依二諦説，不得説非有非無也。然前須作一問，然後乃得釋之。問云：經中具有説有説無，及説非有非無、非真非俗、非色非空。如《涅槃經》云：即於波羅奈轉正法輪，宣説中道。一切衆生不破諸結，非不能破，非破非不破，是名中道。説法非師非弟子，非得利非不得利，名爲中道。若爾，此即具有説二、説不二，何得言唯依二諦説，不得説不二耶？又且長者初脱珍御服，後還著珍御服，有脱有著，不常脱，那言常依二諦説，不説非有無不二耶？解云：説有説無，説非有非無，竝是教，非是理。一往開理教者，教有言説，理不可説，理既不可説，云何得悟？所以得悟理者，必假言説。爲是故，説有無，説非有無，竝是教，皆令悟理也。

問：説有無可是二諦教，説非有無不二，云何亦是二諦教耶？答：爲是義故，所以山門相承，興皇祖述，明三種二諦。第一明説有爲世諦，於無爲真諦。第二明説有説無二竝世諦，説非有非無不二爲真諦。汝所問者，只著我家第二節，二是世諦，不二是真諦。我今更爲汝説第三節二諦義。此二諦者，有無二，非有無不二，説二説不二爲世諦，説非二非不二爲真諦。以二諦有此三種，是故説法必依二諦，凡所發言，不出此三種也。又此三節二諦，竝出經論。有爲世諦，空爲真諦，如論所明，故論云：有爲世諦，此賢聖真知空爲真諦也。二爲世諦，不二爲真諦，亦出論，論云：有無竝世諦，故説第一義諦即無也。又《淨名》云：我無我不二，是無我義。反即我無我二爲我義，真俗亦爾也。二不二爲世諦，非二非不二爲真諦者，《華嚴》云：不著不二法，以無一二故。又《大論》云：破二不著一。若爾，故知非二非不二名爲第一義諦也。

次明所以大師明此三種二諦者，有數意。兩意已如前説。一者，爲釋諸佛所説常依二諦，亦是明諸佛所發言不出三種二諦也。二者，爲釋經論，經論復有此三種二諦，文如前所引云云。然經中所以有此三種説者，竝是赴緣不同，即是各各爲人悉檀。或有聞説有、無二諦悟，即爲説之。乃至聞説二不二爲世諦，非二非不二爲第一義諦，故説之也。又所以明三重二諦者，此三種二諦，竝是漸捨義，如從地架而起。何者？凡夫之人，謂諸法實録是有，不知無所有，是故諸佛爲説諸法畢竟空無所有。言諸法有者，凡夫謂有，此是俗諦，此是凡諦。賢聖真知諸法性空，此是真諦，此是聖諦。令其從俗入真，捨凡取聖，爲是義故，明初節二諦義也。次第二重，明有無爲世諦，不二爲真諦者，明有無是二邊，有是一邊，無是一邊，乃至常無常、生死涅槃，竝是二邊，以真俗、生死涅槃是二邊故，所以爲世諦，非真非俗、非生死非涅槃不二中道，爲第一義諦也。次第三重，二與不二爲世諦，非二非不二爲第一義諦者，前明真俗、生死涅槃二邊是偏，故爲世諦，非真非俗、非生死非涅槃不二中道爲第一義，此亦是二邊。何者？二是偏，不二是中，偏是一邊，中是一邊，偏之與中，還是二邊，二邊故名世諦，非偏非中乃是中道第一義諦也。然諸佛説法，治衆生病，不出此意，爲是故明此三種二諦也。此之三種，只得爲一緣，亦得爲三緣者。初節爲凡夫，凡夫謂諸法是有，所以説諸法有爲俗諦，空爲真諦，正爲破凡夫有見故，説有爲俗、空爲真諦也。第二重，爲破二乘人，二乘謂諸法空，沈空見坑故。《法華》云：我爾時但念空無相無願之法，於菩薩遊戲神通，淨佛國土，永無願樂。若爾，凡夫著有，二乘滯空，此之空有，竝是世諦，若非空非有、非凡非聖，乃是第一義。故經云：非凡夫行，非聖人行，是菩薩行。亦非有行，非空行，是菩薩行。爲是故，明第二重二諦也。第三重，爲破有得菩薩。有得菩薩云：凡夫見有，二乘著空，凡夫沈生死，二乘著涅槃，我解諸法非有非無、非生死非涅槃。爲是故，明有無二、非有無不二，生死涅槃二、非生死非涅槃不二，竝是世諦，若非真俗、非生死涅槃，非非真俗、非非生死涅槃，乃是第一義諦也。此即攝五乘爲三緣，開三種二諦，赴此三緣，皆令悟一乘一道。若悟此三即究竟，悟此三即非凡非聖、非大非小，若爾始是悟也。是故經云：我今得道得果，於無漏法得清淨眼。以得如此悟故，所以如來便入涅槃也。又所以明三種二諦者，爲對由來人。由來人明三假是世諦，四忘是真諦。今明，此之二諦是我家初節二諦。我家有三重二諦義，汝二諦是初重二諦，今過汝有兩重二諦也。第二節二諦，若真若俗爲世諦，若非真若非俗爲第一義諦。若爾，汝二諦是我家世諦也。又第三節，攝彼若二諦、若中道竝是今世諦。何者？前第二節明二爲世諦，不二爲真諦，汝二諦但是我家世諦也。彼即云：我亦有非真非俗中道義。爲是故，第三節明二、不二爲世諦，汝若二諦、若中道，悉是我家世諦。爲是故，明此三種二諦義也。

問：從來明有三諦義，一世諦，二真諦，三

非真非俗諦，故經云，有諦、無諦、中道第一義諦。若爾，云何言諸佛常依二諦説法耶？諸佛常依二諦説法，此即時長佛廣，常依故時長，諸佛故佛廣，此即十方三世諸佛常依二諦説法，那得有三諦？既有三諦，何得復言常依二諦耶？解云：常依二諦説法，不妨三諦。雖有三諦，不乖常依二諦説法。何者？今真俗是二諦，攝真俗二爲世諦，不真俗爲第一義，若爾，唯是二諦故，云諸佛常依二諦説法也。

次時明二諦廢立義。問：有無表不有無，悟不有無時，爲廢有無，爲不廢耶？次結二難。若悟不有無，廢有無，如得月忘指者，不然，何者？本了有無，得不有無，若廢有無，即無有無，無有無寧有不有無？《涅槃經》云：菩薩具二莊嚴，即能解知一種二種。若言無一二者，是義不然，何以故？若無一二，云何得説無一無二？要由一二得有無一二。若爾，要由有無得悟不有無，何得廢耶？若便不廢有無者，亦不然。若不廢有無者，何得從來云得月忘指，會理忘筌耶？師解云：具有廢、不廢義。所言廢者，約謂情邊，即須廢之。何者？明汝所見有者，竝顛倒所感，如瓶衣等，皆是衆生顛倒所感，妄想見有。故《中論》云：若謂以現見而有生滅者，即爲是癡妄，而見有生滅。顛倒感得此眼，求此眼不可得，諸法亦不可得，特癡妄見有，是故須廢也。此則用空廢有。若更著空，亦復須廢。何者？本由有故有空，既無有，何得有空？故《中論》云：若使無有有，云何當有無？又云：若有不空法，可有於空法，不空法尚無，何得有空法？此之空有皆是情謂，故皆須廢。乃至第三節，謂情言有，亦皆須廢，何者？竝是謂情，皆須廢之也。問：若此三種二諦皆廢，用何物爲二諦教耶？解云：約緣邊即是謂情，佛爲説邊即是教門。今明此等皆謂情，皆須廢之也。何以故？謂情所見皆是虚妄，故廢之也。又非但廢妄，亦無有實，本有虚故有實，既無虚即無實，顯清淨正道，此亦名法身，亦名正道，亦名實相也。然此已拔從來也。何者？從來云：取相煩惱感六道果報，此須廢，廢六道生死，得如來涅槃。今明有生死可有涅槃，既無生死，即無涅槃，無生死無涅槃，生死涅槃皆是虛妄，非生死非涅槃乃名實相。一往對虛辨實，若無彼虛，即無有實也。若就三重二諦義辨者，即由來人廢立在初節二諦義中，何者？彼廢世諦，立真諦，何者？取相煩惱感得六道果報名爲世諦，斷取相煩惱，六道果報謝，此即廢世諦而有真諦之境，由真諦境生佛妙智，此即廢世諦，立真諦。今明此之二諦竝是謂情，皆悉須廢。何但初節二諦須廢，乃至第三重皆須廢，何以故？此皆謂情，故須廢之也。此即一往廢三，不廢不三也。

次就三種二諦中論廢不廢，明無方便三即廢，有方便三即不廢。無方便三廢者，明此三倒謂有三，實無此三，是故須廢，如陽炎謂是水，實無水也，然亦無有廢。何者？有水可廢，既無水，何所廢？而言廢者，約彼謂有，故言廢也。有方便三不廢者，即不壞假名，説諸法實相，不動等覺，建立諸法。既云不壞假名，説諸法實相，豈當得不二廢二？若得不二廢二，即壞假名説諸法實相，動等覺建立諸法。唯假名即實相，豈須廢之？如《中論》云，是假即中。廢假名即廢中，既不廢中，豈當廢假？斯即空有有空，二不二，不二二，横竪無礙。故肇師云：欲言其有，有非真生，欲言其無，事像既形。又云：譬如幻化人，非無幻化人，幻化人非真人也。此唯幻化人非人，非人不無幻化人，幻化人非人，非人人。諸法亦爾，故不廢也。此就有方便無方便、因緣不因緣，論廢不廢如此。

次更就謂情生滅、無生滅二觀，明廢不廢。何者？由來云：小乘即斷二輪煩惱，得見思兩解。大乘斷五住地惑，得十地解。此即見思伐二惑，十地解斷五住地惑，此廢惑立解，廢凡立聖，若不斷二惑，見思無由成，不伐五住，佛果即不立，故大、小乘皆斷惑成聖也。今依《法華經》望，併除糞人。何故謂爲除糞人？欲鄙之耳。故經云：念子愚劣，樂爲鄙事。二乘斷惑既是除糞，菩薩斷惑亦是除糞，齊而過甚，何者？同斷故是齊，斷少多故過甚。二乘除糞，蓋是不足言，菩薩時長，除糞廣故，過之甚也。今明菩薩知惑本不生，今不滅，何所斷？斯即生在佛家，種姓尊貴，如轉輪聖王皇太子也。唯見客作賤人除糞，何曾聞長者之兒擔屎？故今明菩薩不斷惑，何者？菩薩知惑本不生，今不滅故，無所斷也。所以《淨名經》云：法本不生，今則無滅。《法華》云：諸法從本來，常自寂滅相。從來云，菩薩無生滅觀，何故明無生滅耶？如向所辨，知本不生，今無所滅故，言菩薩不生不滅觀也。問：他斷二惑得小聖，斷五住惑得大果，汝今不斷，云何得言小聖大果耶？解云：汝斷惑得有聖，我本無惑，豈無聖耶？又反之，汝見惑生今斷，不得聖，若知惑本不生不滅，乃得聖。何者？不生不滅是本，知本可得成聖，汝不知本，豈得成聖？故《法華》云：世尊，我今得道得果，於無漏法得清淨眼。今日得道，當知前來未得道。又《涅槃經》云：汝諸比丘，未爲大乘除諸結使。爲是故，從來斷不斷，今始是斷也。從前來略明二諦大意如此也。

二諦義卷上

校勘記

〔一〕「拆」，疑爲「折」，下二「拆」字同。

〔二〕「爲」，底本原校云一本作「謂」，下一「爲」字同。

二諦義中卷

胡吉藏撰

釋二諦名者，此義極難。解二諦名者，俗是浮虛義，真是真實義，從來久解，今未知。那得二諦名而欲釋耶？解此問者，我家明二諦有兩種，一、教二諦，二、於二諦。如來誠諦之言，名教二諦。兩種謂情，名於二諦。此則就情智判於、教二諦也。問：教諦是佛教，教諦名從佛起，於諦是緣於，於諦名從緣起不？解云：教諦是佛教，教諦名從佛起，於諦是緣於，於諦名亦從佛起。難云：教諦是佛教，教諦從佛起，於諦是緣於，於諦那得從佛起耶？解云：領僻。我云，教諦是佛教，教諦名從佛起，於諦是緣於，於諦名從佛起。於諦與於諦名，此語大挍。今明，教諦名從佛起，於諦名亦從佛起也。問：教諦從佛起，於諦亦從佛起，教諦既是教，於諦亦是教。反詰云云。解云：兩種二諦皆是佛教。問：教諦可是教，於諦若爲亦是教，既有於教之殊，云何併是教耶？解云：二於諦名，亦是爲衆生故説。爲衆生説有，於凡是世諦。爲衆生説空，於聖人是真諦。爲衆生説空有，是二於諦故，二於諦亦是教也。問：二於諦名是佛説，名從佛起，空、有二諦從何起耶？解云：只空、有二諦，諸佛出世故有，佛未出世則無。縮長爲短釋，佛未出世時，雖言空、有，不知空、有是二諦，如佛未出之時，亦有苦、集、滅、道等名，而不知苦、集、滅、道是諦。由佛出世故，説苦、集、滅、道四諦，故經云，甘露門初開也。空、有亦爾，由佛出世，詺空、有爲二諦，故云空、有，佛出世始名二諦也。次更長釋者，佛出世佛未出世，空、有竝由佛得知。所以《成論》云：劫初物未有名，聖人爲受用故，爲物立名，如瓶、衣等。空、有亦爾，佛未出世時，聖人爲空、有立名。若爾，佛出世佛未出世，空、有名竝由佛有也。

次問：於諦名如此，於諦從何而起耶？解云：於諦有兩種，一、兩情二於諦，二、情智二於諦。兩情二於諦可解，何者？兩情二於諦從佛教起，明佛爲衆生説二諦教，衆生不了，作空、有兩解，成兩於諦，此於從教起也。問：情智二於諦何因得有耶？解云：一於但一，一於有二。一於但一者，凡夫顛倒，謂瓶、衣等諸法爲有，此瓶、衣等物，有佛無佛，常於凡夫是有。如《涅槃經》云：十二因緣，有佛無佛，性相常住。但小乘釋有二人。毘婆闍婆提云：是無爲常住法。薩婆多彈云：恒有爲常，如火，有佛無佛常熱，不可言火有佛熱，無佛不熱，有佛無佛恒熱爲常，十二因緣亦爾。今明世諦亦如此，諸法於凡常有，常有世諦也。一於二義者，即是諸賢聖，真知諸法空爲第一義。言二義者，就本迹兩意以釋之。本迹義，則諸佛出世故有，諸佛出世，知向顛倒諸法性空也。迹本義，則諸佛法身本知顛倒性空。故《法華》云：我以佛眼觀見六道衆生。此即在法身地，本知顛倒性空也。略尋二諦名根本大意如此。

然義必須得其根本，識其大意。若不得意，義不中用。如《中論序》：大、小乘人不識佛説空、有意，所以成失。前序小乘云：像法鈍根，求十二因緣陰入界等決定相，不知佛意，但著文字。次序大乘云：聞説畢竟空，不知何因緣故空。爲此義故，龍樹出世造論，申佛教意也。既有明則，今昉而學之也。次問：既有於諦、教諦，佛何意説於諦與教諦耶？解云：如來所以説二於諦者，欲令衆生一節轉兩節轉，説於令悟非於非不於。何者？於無名相中，强名相説，無名而説名，令悟名無名。亦非於非不於，爲衆生説於，令悟於非於非不於。故經云：知有非有本性清淨。又云：欲令衆生深識第一義諦，故説世諦。又云：一切有無法，了達非有無。爲是故，説於，令悟非於非不於也。所言一節轉二節轉，何者是耶？一節轉者，説有於凡是諦，説空於聖是諦。作如此説者，令衆生轉有入空。何者？有於凡是有，此有實無所有。宣説有於凡是有，則知此有不有，此正爲凡夫。凡夫謂諸法實有，今説此有於凡是有，若知有於凡是有，即知此有非有，斯則因有悟不有。經云：知有不有。又經云：欲令衆生深識第一義諦，故説世諦。又論云：若不因世俗，不得第一義也。兩節轉者，說有於凡是實，對有於凡是實，說空於聖是實，名二於諦。既說空有於緣二，即知於二不二，說於二，顯不二。故經云：一切有無法，了達非有無也。若好釋者，於二者明非二，非謂是非二。若言於二爲顯不二，此言平鈍。若駿悟解者，於二者明非是二，非謂是非二。亦應須上揚，不得下抑，上揚則兩離。何者？於二非是二則離二。非謂是非二，不著不二。此則悟非二非不二、非偏非不偏清淨正道也。然作如此說，於諦者即是教諦，何處別有教諦？只作如此目諮於諦，即是教諦，即是依二諦說法。從來人聞師說於諦、教諦，作二諦解誦語，鸚鵡喙鵶脚耳。今明，如向所明，無別教諦，說於即教也。問：若爾，從來解那得云有於諦、教諦耶？解云：於兩情名二於諦，佛爲衆生說此二於，即是教諦，更無有二，但約義判。何者？於諦即是所，教諦即是能，能所判於、教二諦也。

又問：何意說於諦、教諦耶？解云：二意。一者，爲釋經讀論，經、論中竝有此言也。二者，爲對他。他明二諦是天然之境，有此二理。而二諦名境，復名理者，會二諦生二智，名之爲境，而道理有二諦故，名之爲理。道理有此二理，道理有此二境。今對彼，明此是於二理，此是於二境，非道理有此理、有此境也。若爾，今時有兩境兩理。兩境者，一、於境，二、教境。兩理者，一、於理，二、教理。爲是義故，明於諦、教諦也。然如來直說二於諦，凡有三句，謂得、失、亦得亦失。直作此說，若爲得解耶？今佛直說二於諦，云何得解？答：今明佛說於諦有三句，一、皆得，二、皆失，三、亦得亦失。言亦得亦失者，即是前二於諦。諸法於凡是有，此有爲失，諸賢聖真知諸法空，此空爲得。示其空有，令識得失，令其捨有學空，改凡成聖也。二皆失者，二皆是於，故二皆失。於凡有，有既失，於聖空，空亦失。何者？諸法未曾空有，於凡謂有，於聖謂空。如一色未曾空有，有見之人謂色有，空觀之人謂色空。一色於空、有兩緣成空、有故，此空、有竝是失也。兩皆得者，只知於二，即知不二，此下五句皆淨，於緣二，豈是二？問：於二非是二，可是非二不二耶？解云：於二非是二，明非是二，非謂是非二。既非二非不二，五句皆淨，斯則上拂霄漢，下漏淵泉也。從來只云二於諦皆失，不知有此三句。然此三句有兩種諦，前二句即於諦，後一句即教諦，前二句即於境，後一句即教境。於境即不轉境，教境即轉境。言前兩句是於諦不轉境者，諸法於凡是實有，有佛無佛常有此境，有境既常有，空境亦常有，諸賢聖常知諸法空，亦常有此空境。今時亦有天然之境，亦有天然之智，常有此境，常有此智，此之境智，竝是於緣境智，非是轉悟境智也。言轉悟境者，只說於緣有，即知於有不有，說於緣空，即知於空不空。識於有無不有無，識教悟理，悟理即生權、實二智。生二智時，空、有之教即轉名境，故是轉悟境也。問：猶有一疑妨，何者？前明二於諦一得一失，失是所化，得是能化，今那得云說於空令悟不空？若說於空令悟不空者，此乃所化，何謂能化耶？解云：前明二於諦，空是能化者，引凡令學聖。凡夫顛倒謂有，諸賢聖真知諸法空，明能化空，令其捨有。若玄變之徒，既知有不有，即知空不空，不須爲說空令悟不空。但鈍根之人，捨其所見有，學能化空，既學得能化空，作於空解。爲此人故，說道於汝是空，諸法實非空也。此約漸悟爲論，前令悟有不有，次令悟空不空也。問：他亦明有境諦、有教諦，彼有境界法寶，有言教法寶，境界法寶即境諦，言教法寶即教諦。汝既有教諦，他亦有教諦。汝有如來誠諦之言，他可無如來誠諦之言耶？若爾，皆有境教，斯有何異？解云：異。今明，汝二諦天然之境，是我家於境失。於境失中，有無量失，此是我家麁失，細失非汝所及。故經云：菩薩微細礙相，非二乘境界。今亦爾，汝天然之境，是今家麁失，故與彼大異也。所以《大論》云：外道與佛法相去玄殊，猶若天地。又云：天食須陀比人中臭糞。又如驢、牛二乳，驢乳抨成糞，牛乳抨則成蘇。今亦爾，他得爲今失也。此即是依二諦說法，二諦是境義也。又問：教諦爲若異耶？解云：一往拔者，我有三種二諦，汝所明二諦是我初節二諦。三假有爲世諦，四絶爲真諦，此之二諦是我家初節二諦也。又問：汝二諦教表何物？彼云：二諦還表二理。若爾，二還表二，指還指指也。又彼唯有二，無不二，則唯有教無理，無理則無教。今有理即有教，具足理教也。

前來明立名意，今次釋名。然雖無名而名，是故今釋名也。故肇師云：無名之道，于何不名？師云：於無名相中，强名相說。既無名强説名者，爲令因名悟無名。説名不令衆生住名中，若説名令衆生住名中，此還是衆生，非謂是佛。今明無名强説名，令衆生因名悟無名。然須知此名即無名，只名無名，無名而名。既知無名名，即知名無名，此即除故不造新也。若是從來人，則造新不畢故。何者？本有身心之病，今聞佛説真俗，後作真俗解，有真可真，有俗可俗，有名異無名，無名異名，即有所得義。有所得者，名曰聲聞，是魔眷屬。《像法決疑經》云：是十方三世佛怨。《佛藏經》云刀輪殺一切，有得之人罪過於此。《華嚴》云：譬如餓鬼等云云。所以《大論》云：有生死來，無能治此病也。今攝山興皇出世，拆破此病，説名令衆生悟名無名，不住名，亦不住無名。舉譬如雙六打隱，打不隱即爲他打。説二諦名，本爲除病，若住名中，名復成病。今明二諦，如雙六打隱也。

問：何故恒作此釋？解云：只爲恒有此病故，恒作此説，如諸聲聞恒障菩薩道故也。師何因得如此解？學龍樹、提婆兩論主。兩論主何因得此解？學諸佛也。問曰：經中有立有破，何得言皆破耶？解云：經中若立若破，皆爲破病。何者？經中若説一色一香，皆爲顯道。若不顯道，可不破病，既若立若破皆爲顯道故，破立皆爲破病也。

經既然，故論主學經，師學論主。大、小乘人有新、故兩病故，有兩論主出世破之，提婆破故病，龍樹破新病。論主既然，大師亦爾，破此新、舊等病故，作如此説也。然道義大意如此，必須得如此意，非爲立名道義，乃道義爲息名也。

將欲息名故，前須釋名。釋名凡有四句，一者，一名一義，二者，一名無量義，三者，一義一名，四者，一義無量名。名不出此二種，義莫過斯之二條。言一名一義者，一名即一俗名、一真名，一義者，俗以浮虚義，真真實義。從來得此一句，今明是四句中一句也。

次一名無量義者，若爲一名無量義耶？解言：一是無量一，一豈不是無量？此則無量一，一無量。故經云：一中解無量，無量中解一，展轉生非實，智者無所畏也。問曰：若爲一名有無量義耶？解云：就四義解之，一、隨名釋，二、就因緣釋，三、顯道釋，四、無方釋。隨名釋者，如俗以浮虚爲義，又俗以風俗爲義。然此具出内外故。律有國土毘尼，隨國土處所，風俗不同也。《禮記》云：君子行禮，不求變俗。故風俗爲義也。從來唯得前釋，無有後解也。問：此兩釋何異？解云：俗以浮虚爲義，此即望真釋，明聖人所知真實，凡夫所知浮虚，對真釋俗也。若是風俗釋俗，則當俗釋俗，只處所風俗不同，故名爲俗，此無所望也。前則望他，後則當自，自他異也。又前約經釋，後就律釋。河西云：佛法不出經、律二藏，阿毘曇只分别經、律耳，故經、律攝佛法盡也。前釋約經者，經明諸法浮虚無所有故，浮虚釋俗約經也。風俗釋就律者，明律中不得道諸法浮虚無所有，不得道人是浮虚、草木浮虚，何以故？爲制戒令佛法久住故，所以不得明物浮虚無所有，但明國土風俗不同也。此則就經、律釋異，由來亦不知也。次第二就因緣釋義者，明俗真義、真俗義。何者？俗非真則不俗，真非俗則不真，非真則不俗，俗不礙真，非俗則不真，真不礙俗。俗不礙真，俗以真爲義，真不礙俗，真以俗爲義也。問：前隨名釋有二義，一、望他當自釋，二、約經就律釋。今就何物義釋耶？解云：對有礙有得，就無得無礙釋。若言俗浮虚義、真真實義，此是凡夫二乘有得解義。今明菩薩無得無礙義故，明俗是真義、真是俗義也。他家無此義，他俗定俗，真定真，三假定俗不得真，四忘定真不得俗，真俗有礙，聲聞解義。今明真是俗義，俗是真義，真俗無礙，菩薩解義也。問：何故作如此説耶？解云：對彼自性，明今因緣，因緣動彼自性之執故。經云：前以定動，後以智拔。今前明因緣，動彼性執，後當拔之也。但今一往且明因緣，動彼自性。彼明浮虚定俗義、真實定真義，爲是故，今動揺已，明俗是真義、真是俗義也。問：若爲俗是真義、真是俗義，空是色義、色是空義耶？解云：《大品經》中自釋。彼經云：色即空，空即色，真即俗，俗即真。既云真即俗，真豈非俗義？又《中論》云：因緣所生法，我説即是空。因緣生法即是有，既即是空，真豈非俗義？釋此偈具釋經，論引經釋，論即釋經也。又義是名之所以，真是俗之所以，故真爲俗義。經云：欲令衆生深識第一義諦，是故如來宣説世諦。既説世諦，令識第一義諦者，則俗爲真名，真爲俗義也。俗諦既然，真亦爾也。次第三就顯道釋義者，明俗是不俗義，真是不真義，真俗不真俗義。真俗不真俗即名義，不真俗真俗即義名。真俗不真俗教理，不真俗真俗理教。斯則名義、理教、中假、横竪也。何處作如此説也？解云：即如《華嚴》所明，一切有無法，了達非有無。以達有不有故，不有爲有義，達無不無故，不無爲無義。亦如了達明無明、二不二，既達二即不二故，不二爲二義，了達真俗不真俗故，不真俗爲真俗義也。問：何故明不真俗爲真俗義耶？解云：前明因緣横義動，今真俗不真俗竪義拔。横義動，竪義拔，故一家從來明假伏中斷義。言假伏者，真是俗義，俗是真義，伏彼自性也。既知因緣真，即知真不真，知因緣俗，即知俗不俗，悟真俗不真俗，自性永斷，爲是義故，前横伏，今竪斷也。次第四節無方釋義者，明俗以一切法爲義，人是俗義，柱是俗義，生死是俗義，涅槃是俗義，無方無礙故，一切法皆是俗義也。問：何故明一切諸法皆是俗義耶？解云：從前第三義生。前第三義云，俗不俗義，真不真義，真俗悟不真俗，此則悟無礙道。既悟無礙道故，有無礙用。以得無礙用故，所以一切法爲俗義也。前則是從用入道，今則從道出用也。問：若爲得一切法竝是俗義耶？且引例通，汝家有别待通待義，長短、真俗、因果待即别待，長待不長，俗待不俗，此即通待義。所以俗待不俗爲通待者，明除俗之外一切皆不俗，故云通待也。一切法是不俗，不俗待俗，不俗既是俗義，故一切即俗義也。又汎簡待義，從來云，長短待，因果待，瓶、衣二果不得待，今明瓶、衣二果相待也。問：高下相傾，有無相生，可得待，瓶、衣二果云何待耶？反問汝：是非得待不？是瓶待非瓶不？彼云：是非得待，瓶待非瓶也。若爾，衣是非瓶，非瓶既待瓶，衣即待瓶也。衣既待瓶，則瓶衣因緣，衣是瓶義，瓶是衣義。衣既是瓶義，一切物皆是瓶義也。又明一切法是俗義者，就如義顯之。色如，一切法如，色如即一切法如，一切法即色。舉譬如破僧佉大有與瓶一義，爲有瓶不異，有即瓶，有與萬法不異，萬法亦即瓶。今亦爾，如與俗不異，俗即如，如與一切法不異，一切法即俗，何以故？體如故也。《華嚴》何意云一念無量劫，無量劫一念耶？體道故如此。何者？一念即是道，無量劫亦是道，故無量劫即一念。何以故？無礙道故。體無礙道故，得無礙用，一念無量劫，無量劫一念。無量劫一念非一念，一念無量劫非無量劫。非一念非無量劫，而一念無量劫，此中横竪無礙具足故。經云：一中解無量，無量中解一也。然此四義次第不得前後，何者？第一就世俗以釋義，俗浮虚義、風俗義，且隨情釋也。第二漸深，明俗真義、真俗義也。第三從真俗入不真俗，從用入道。第四悟道竟，從道起用，次第相生也。就真俗釋此四義，例一切因果、人法等皆爾也。

前釋一名一義、一名無量義竟，今次釋一義一名、一義無量名。言一義一名者，以正道爲一義，真俗爲一名。然正道未曾名，爲一道故立乎一名，亦立一名爲顯乎一道。何者？既爲一道立一名，一名豈不顯一道？故言一義一名也。

一義無量名者，還以一道爲一義，無量名者，爲顯一道立無量名，立無量名爲顯一道。既爲一道立無量名，無量名豈不顯乎一道？故言一義無量名也。問：若爲無量名耶？解云：名無量，略出四種，謂世諦、俗諦、真諦、第一義諦。問：唯有此四名不？解云：名無量，世諦、俗諦、有諦、凡諦、真諦、第一義諦、空諦、聖諦。故《華嚴·四諦品》云：此娑婆世界有四十億百千那由他四諦名，況十方世界名號？斯則有衆數名，不可具舉，若具舉，竹帛所不能載，今且略釋世與俗、真與第一義四名也。然此四名有離有合，合者合世、俗爲一諦，合真、第一爲一諦。故經云：世俗諦故説[一]，第一實義故即無也。離者則有世諦、俗諦、真諦、第一義諦。問：何故或離或合耶？解云：爲存略故離釋，爲義同故合明。世、俗名雖異，其義是同，故合名世俗諦，真、第一義亦爾也。問：此之四諦名何異？他解云：真俗當體得名，世與第一褒貶爲稱。言真俗當體得名者，明俗是浮虚爲義，當體浮虚，真是真實爲義，當體真實，故真俗當體得名也。世與第一爲褒貶者，明世是代謝、隔别爲義，第一則莫過爲義。既隔别爲世，莫過爲第一，故世與第一是褒貶之名也。然此釋不可解，且難之。俗當體浮虚，世亦當體隔别，俗體是浮虚，既是當體得名，世體是隔别，亦當體得名。若便貶世是隔别，非第一，我亦貶俗是浮虚，非真實。俗實是浮虚，既非貶，世實是隔别，那忽是貶耶？然俗之與世，世乍可是當體，俗應是貶毁，何者？知世隔别，今言世隔別，豈非當體？俗不知浮虛，今名其是浮虛，豈非是貶？若爾，那得言俗浮虛是當體得名，世隔別是貶毀爲稱耶？次難真與第一。真當體真實，第一亦當體第一。若對凡非第一，褒聖爲第一，亦對凡非真實，褒聖是真實。若言褒真爲第一，亦褒第一爲真，何得言真是當體、第一爲褒耶？問難他如此，今作若爲解釋耶？今明世與俗是横竪之名，何者？俗名則横，世名則竪。俗横者，俗是風俗義，處處皆有風俗之法。故云，君子行禮，不求變俗。一切國土各有風俗故，俗名即横也。世名竪者，世是代謝、隔別，三世遷異，豈非是竪？内外具明，經云，生生世世。書云，三十年爲一世。雖然，終以代謝、隔別爲世故，世是竪名也。然此二名竝是當體，俗當體是浮虛，世當體代謝，不有世而已，有世即是代別，不有俗而已，有俗即是浮虛，當體是浮虛、代謝，豈有褒貶於其間哉？故不可也。次望真釋之。論云：世俗諦者，一切法性空，世間顛倒虛妄謂有，諸賢聖真知性空。俗諦既顛倒虛妄謂有，當知俗諦虛妄顛倒。俗既然，世亦爾。此則望聖，世與俗皆虛妄顛倒。就顛倒中，自有俗有世，有横有竪也。此有差別、無差別義。以聖望之，同是顛倒，故無差別。而不無世俗、横竪，故有差別也。問：望聖唯無差別，亦有差別耶？解云：就聖亦知彼差別，故《大品》云：若諸法無所有者，何故有六道差別耶？佛答云：於彼顛倒故，有六道差別不同。若爾，佛具知顛倒差別、無差別，若是衆生，唯知差別，不知無差別也。次釋真與第一。所以説真對凡，凡謂所解真實，佛詺云：汝所解者，顛倒非實，聖人所解真實。此則對顛倒明不顛倒，對虛明實，對俗明真也。第一義對凡非第一，明聖所解是第一，何時褒爲第一，對非第一？明第一若是褒者，對非真實明真實，亦應是褒，反詰云云。問：若爾，從來何意言真俗當體、世第一是褒貶耶？解云：師作此釋別有意，若守語不得意，還成鸚鵡喙鵄足類耳，且自思之。

問：前明俗横世竪，俗有二釋，浮虚義望真釋俗，風俗義當體釋俗，世有代謝義、隔别義，此望何義釋耶？解云：代謝、隔别竝當體釋，世中自有代謝、隔别也。問：唯得是當體釋，亦是諸佛説耶？解云：亦得是佛説。但此説隨世説世，與前説俗異。前説俗是浮虚義，反俗説俗，今説世是代謝、隔别，隨世説世也。問：何故説此二耶？解云：衆生自謂所解爲實，聖人詺云非實，乃是虚妄。復有衆生謂其所解是第一無過者，聖人詺云，汝所解非第一，乃是世人所解耳。爲是故，佛説世説俗也。俗有浮虚、風俗，世有代謝、隔别，此之四名，有廣有狹，有通有别。何者？風俗與代謝則别，浮虚與隔别則通，别則狹，通則廣也。問：何故但解此名耶？解云：此四名具通别廣狹，通别廣狹攝一切盡，故但解此四名也。衆生國土等世間風俗，但是風俗之法，唯是無常，所以爲狹。若是浮虚則廣，浮虚只是虚假，明一切諸法皆是虚假，一切世間乃至諸佛菩薩所説所現皆是虚假，是故廣也。代謝、隔别亦爾，代謝但是無常流動法故狹，隔别則通常無常、空有，常無常、空有隔别也。故《佛母品》云：示五陰世間、十八界世間、十力世間、一切種智世間。世間即隔别故，隔别廣也。

次釋諦義，例前亦應有四，一、依名，二、因緣，三、顯道，四、無方。今就依名釋，諦以審實爲義，於諦於兩情審實故，名爲諦也。問：於諦爲當屬境，爲當在智耶？解云：於諦於兩情智爲名，何者？於凡所解爲俗諦，於聖所解爲真諦，於兩情智爲諦，不取空、有兩境爲諦也。問：於諦是智，教諦屬何耶？一切法不出境智，境智往收，爲屬境，爲屬智耶？解云：教諦屬境。問：教諦若爲是境耶？從來多不解此義，聞此亦不知是何言。今明是境者，如來如行而説，如説而行。如説而行，即二智照空有境。如行而説，即説二諦故。一家云：潛謀密照名智，外彰神口名諦。今亦爾，以二智照空有，空有則名境，説空有義表一道即名教。境即能所，教即所能。教能表道故，教是所能，境是所照故，境是能所。所照名境，能表爲教，故教諦屬境攝也。問：若爾，從來那得云，緣稟二諦教生智之時，教轉名境耶？解云：此不相關，前是能化，後是所化，此凡經兩過轉，前境轉爲教，後教轉爲境。何者？如來二智照名爲境，次説表一道，則轉名教。所化緣稟此教，識教悟理生智，教轉名境。此則教諦或名境，或名教也。問：教諦既得是教是境，於諦亦得是教境已不？解云：於彼何容不得？但無表道教，無生智境，於諦不轉故也。於二諦不能表十方三世諸佛正道故，不得名教。復不能生法身父母故，不得名境。若於彼是諦，於彼是境。於彼是教，於彼是理。何者？彼亦有言説故有教，彼亦言有理故於彼有理，此之理教，竝是謂情故也。

次更正於諦、教諦義。問：於諦是兩謂情，教諦得是諸佛二智不？解云：然教諦亦名二諦，亦名二境，亦名二智，亦名二身。諸佛二智爲教諦，衆生謂情爲於諦，此則迷悟判於教。何者？於諦即是迷情，教諦則是悟智也。問：若爲教諦是二智耶？解云：諸佛如行而説，如説而行。如行而説，説我所行，如説而行，行我所説。説我所行，説名行説，行我所説，行名説行。斯行説相應，皆是波若。《大論》釋聖説法、聖默然云：從波若心還説波若，名聖説法。説般若法已還入般若心，名聖默然。聖默然、聖説法皆是波若。今亦爾，如説而行名二智，如行而説名二諦。二諦亦得名二智，何者？説何所説？説只説二智，故云，欲知智在説，故二諦即是二智。但隨義不同，表理義爲教，宣智義名智，所照義名境。若爾，教諦之名，亦得名境，亦得名智也。問：於諦得如此不？解云：於諦於智、於教、於境定性義也。問：他亦明二諦是二境，二境是二見，今亦明二諦是二教，二教亦是二見，與彼更何異耶？解云：他二諦定是二境，今明二諦是教，不定是教，表理則名教，所照則爲境，宣智爲智，無有定相。既知教不定教，即知境不定境。若如此解，即是悟理。悟時悟教非教，即知理非理，教理非教理，如幻如化，空谷之響，明鏡之像，雖如幻化而理教宛然也。

次更正前二於諦。問：前二於諦一往判有得失，有凡聖故。論云：諸法性空，世間顛倒謂有，於凡爲實，名之爲諦。諸賢聖真知顛倒性空，於聖是實，名之爲諦。有於凡實，凡但有有諦，空於聖實，聖但有空諦，如此已不？解云：然一往於凡、聖兩實名諦，有於凡實爲諦，空於聖實爲諦。若兩互望，二竝非諦，何者？有於凡是諦，空於凡非諦，凡夫謂瓶、衣等法現見定有故，有爲實，空非實。聖人瓶、衣等空是實，瓶、衣等有非實。故一家云：凡實爲聖虛，聖實爲凡虛，凡虛爲聖實，聖虛爲凡實。若爾，凡聖各有一諦，凡但有有諦，聖但有空諦也。難：凡但有有諦，聖但有空諦，亦應凡但有權智，聖但有實智。解云：有例不例。言例者，於兩情有二諦，於兩情有二智，凡作有解，凡有有智，聖作空解，聖有空智也。言不例者，不可言聖人但有一智，聖人具權、實二智也。若言但有一智，則謗聖人，信一半不信一半故。經云，信六部，不信六部，信不具足。今若言聖有空智，無有智，則信不具足也。問：今明聖有一諦，而具有二智，然此解偏揭聖人，既具有二智，即應有二諦，何得但有一諦有於二智耶？解云：聖有二智者，聖人知諸法性空，故有實智，復知凡夫顛倒有，故有權智。照不顛倒性空名實智，照顛倒浮虛名權智。諦則不爾，二諦皆不倒，智則知倒知不倒也。二者，知實爲實智，知虛爲權智，知虛實故有二智，諦則不爾，二皆是實，爲是義故，聖人一諦而有二智也。

次更釋二諦名。前出他釋，他云：俗諦審實浮虛，真諦審實真實，以審[三]實、浮虛故，名真、俗二諦。今難：汝真諦審實，俗諦審虛，若爾，則審虛爲諦，何謂審實爲諦耶？彼云：俗審實是浮虛，是故審實爲俗諦。何者？俗三假，真四忘，俗實是虛假也。今家者，諦以審實爲義，俗於凡實，真於聖實故，諦以實爲義也。然此釋具出經論，凡有兩論釋，一者《百論》，二者《中論》。《百論》云：俗於世人爲實也。《中論》云：俗諦者，一切法性空，世間顛倒謂有，於世人爲實，名之爲諦。諸賢聖真知諸法空，於聖人爲實，名之爲諦。此則兩論皆以審實釋諦也。我明諦是審實，出於論文，汝明俗諦審虛，出何處耶？責之無通也。問：汝難他如此，汝明二諦皆審實，若爲相待耶？解云：俗諦於凡是諦，於聖非諦，空於聖是諦，於凡非諦。如《中論》明，諸法性空，世間顛倒謂有爲諦，諸賢聖真知諸法空爲諦。此則有於凡是諦，空於凡非諦。何者？凡聞空不信，謂是虛妄，非是真實。若瓶、衣等法，道理是有，何以故？今現見瓶、衣等法是有故，謂諸法道理實有也。問：既道理實有，云何是於諦耶？解云：於凡道理是有故，名於諦也。次空於聖是諦，有於聖非諦。何者？聖人知諸法虛妄非實，若諸法性空，此爲真實。故論云，諸賢聖真知諸法性空故，諸法道理是空也。問：既道理是空，云何是於耶？解云：於聖道理是空，故云於諦也。問：若爾，云何得相待耶？解云：《百論》明相待義，論文云，相待故如大小。言相待如大小者，如一棕望苽爲小，望棗則爲大，棕亦大亦小。俗亦爾，望凡爲諦，望聖則非諦，俗亦諦亦非諦也。問：何意舉大小釋耶？解云：此引例通。前明俗亦諦亦非諦，彼即云：若是則應言是，非則應言非，云何猶豫云亦是亦非耶？即爲是故舉棕釋，如一棕亦大亦小，望苽小，望棗大，何妨俗亦諦亦非諦，望凡是諦，望聖非諦耶？將棕釋俗既然，將棕釋真亦爾，望聖爲諦，望凡非諦，故真亦諦亦非諦也。他問：此明俗亦諦亦非諦，此是是非相待，二諦若爲言待耶？他二諦是空有虛實，可得言待，汝二諦竝實，云何待耶？今且反難彼二諦待義。師云：徑有人竪三假義，問：相待假義，汝世諦待何物耶？彼云：俗待不俗。責：不俗是何物耶？彼云：不俗是俗。難：俗待不俗，不俗還是俗，乃俗待俗。長待不長，不長還是長，則長待長也。彼又云：俗待真。難：汝真諦四念都絶，何得俗待真耶？汝義俗有三假，真非三假。汝今既俗待真，真則是相待假。何者？長待短，長是能待，短是所待，能待、所待皆是待。俗待真，俗是能待，真是所待，能待、所待皆是待。若爾，二諦皆是相待假也。彼脱又解云：俗諦待真諦名，真諦體絶不可待，但真諦名待也。責：汝真諦名是何物耶？若言名是俗諦，則俗還待俗。若名是真諦，那得言真絶名？進退無通也。前明諦非諦義未訖。若爲未訖耶？前云，俗亦諦亦非諦，俗於凡是諦，於聖非諦。真亦爾，亦諦亦非諦，真於聖是諦，於凡非諦。問：汝解如此耳，論何時作如此説耶？解云：論所以但明俗是諦非諦，此有義。何者？欲明二諦根本義。發初開真、俗二諦者，但俗得是亦諦亦非諦，真唯得是諦，不得是非諦。問：何意爾？解云：既名真，真即是真實爲義，故真唯得是諦，不得是非諦。若言俗諦即可疑，何者？俗是浮虚非實，既言俗，那得爲諦耶？是故釋云：俗亦諦亦非諦，俗於凡是諦，於聖即非諦，故亦諦亦非諦也。又真唯是諦，不得是非諦，俗亦諦亦非諦者，聖得望聖，聖得望凡，凡但望凡，凡不得望聖，故真但諦，不得非諦，俗亦諦亦非諦。言聖得望聖，聖得望凡者，聖人了達聖境，故得望聖。問：何物是聖境？解云：諸法性空，聖人還了達聖空爲實故，空於聖名諦。聖人復了達凡夫顛倒虚妄有非實故，有於聖非諦也。凡但得望凡，不得望聖者，凡但知凡顛倒境，此境於凡是實故，俗於凡是諦。凡不能知聖諸法性空故，真不得是非諦。凡若能了性空，則成聖，真復不得非諦。真有兩義不得非諦，一者，凡都不知聖空故，真不得是非諦。二者，若知聖空，則便成聖，空成真諦，復不得是非諦。

大而爲言，俗爲凡知，復爲聖知，故俗亦諦亦非諦，真唯是聖知，凡不能知，故真唯諦，不得爲非諦也。問：若爾，乖前言。前言，俗亦諦亦非諦，於凡是諦，於聖非諦，真亦諦亦非諦，於聖是諦，於凡非諦。有四句義，有於凡實，空於聖實，空於凡虛，有於聖虛，凡實爲聖虛，聖實爲凡虛，凡虛爲聖實，聖虛爲凡實。今那得言，俗有諦非諦，真但諦無非諦，前後之言自相違返耶？解云：不相違。今明俗亦諦非諦、真但諦無非諦者，此約初發心開真、俗二諦義。聖人有權、實二智，了性空即實智，知顛倒即權智，凡但知俗不知真，是故俗亦諦亦非諦，真但諦非是非諦也。而前明四句互虛實者，還是聖人詺之耳。明凡謂諸法道理實有，若於諸法本性空，便不生信故，性空於凡非諦。非是凡知性空，謂性空是虛。非諦乃是聖詺，道凡於性空不生信故，言非諦耳。若爾，前後無相違也。

次更釋於名。問：因緣假有爲教諦，謂情性有爲於諦不？解云：從來解如此，因緣假有是不有有，不有有悟有不有，名爲教諦，若是性有則有故有，名於諦，好乎唯得此解。今明不如此，今明於有爲於諦。然諸法本無所有，於衆生有。何以知然？論云：一切法性空，世間顛倒謂有。故諸法本無，於衆生有爲於也。若言諸法無所有因緣有，因緣有不有有名教諦，衆生有故有名於諦，此是後時語耳。

次更釋於諦義。明衆生本無所有，於衆生有。故《大品》云：衆生顛倒因緣故，有六道差别。又《涅槃》云：隨其流處，有六味不同。然此語竝是釋於義，何者？六道本性清淨無所有，於衆生故無所有如是有也。論釋亦爾，諸法本性空，世間顛倒謂有，名之爲諦。亦六道本無所有，於衆生有六道也。既云於衆生有六道，即知不六道。佛説此於名，不無所以，説此令衆生悟道。何者？既云於六，即知不六也。如人可怜，實不可怜，而言可怜者，於此可怜。既知於可怜，即悟不可怜。諸法亦爾，於有即悟不有也。

次釋真於諦也。問：俗於諦既然，可得真於諦亦爾不？實無有，於凡有，實無空，於聖空不耶？解云：一往發趾開真、俗二於諦，不得如此。何者？説於凡有，亦爲化凡，説於聖空，亦爲凡，説此二諦，竝爲化凡。何者？説俗於爲顯迷，説真於爲顯悟。如《中論》所明，諸法性空，凡夫顛倒謂有，諸賢聖真知諸法性空。正開凡聖真俗，明此是凡於、聖於，此是真於、俗於，正示其是迷是悟、是真是俗，示俗於是迷，示真於是悟。《大品》云：波若爲大事故起，所謂示是道是非道。今亦爾，説俗於示非道，説真於示是道。爲是故，於凡有不有，聖空是真空，此即第一節也。第二節併轉，於凡有既不有，於聖空亦不空，諸法非是有於凡有，諸法非是空於聖空，既知於空有，即知不空有，於二即知不二。關中曇鸞法師舉漁人與餓鬼譬，漁人入則鼓棹揚波，餓鬼入則炎火燋體，然水未曾水未曾火，於人見水，於鬼見火。火有兩微，觸具能燒，色具能照。水有三微，《成論》云，天雨無香。人中水具四微，餓鬼見則成兩微，漁人見則成四微。於鬼兩微，於人四微，水未曾二之與四也。諸法亦爾，於凡有，於聖空，於凡聖空有，實非空有，於凡聖二，實非二。此則於二爲世諦，不二爲真諦。故經云：明與無明，愚者謂二，智者了達其性無二，無二之性即是實性。故知不二始是真實諦也。次第三節，二、不二竝是俗，何者？於二於不二，正道非二非不二。正道既非二，豈是不二？但於凡夫聲聞二，於菩薩不二耳，道何曾二、不二耶？如《淨名》云：身子見穢，梵王見淨。《華嚴》五百聲聞不見法界，諸菩薩見法界。於身子見穢，於梵王見淨，正士非淨非不淨。亦於五百聲聞不見，於諸菩薩見，正道非見不見，兩人竝非見。一往聲聞修別異善根，菩薩修無得善，故聲聞不見，菩薩見，望道併不見也。問：諸菩薩在法界中，既於諸菩薩見者，如來亦在中，亦於如來見不？

釋云：不例，如來隨汝見，如來何曾有見不見？故經云：隨順衆生故，普入諸世間，智慧常寂然，不同世所見。故不得引如來爲例，如來非見不見。於汝見，於汝不見，見不見既是於，即知道非見非不見。今亦爾，於二乘二，於菩薩不二，二不二既是於，即知道非二非不二也。如此三節竝是於，非是正道也。問：若爲是正道耶？解云：諸佛不能行，諸佛不能到，諸佛不能説，今作若爲説耶？故經云：諸法寂滅相，不可以言宣。又云：甚深微妙法，唯我知是相，十方佛亦然，諸大聲聞、不退菩薩皆不能了也。然此始是好。情、智二諦，前來三節，竝是情謂二諦，離前三節，乃是智諦。所以《法華》明如來從三昧安詳而起，歎甚深二智也。

次更從前釋。問：前云，六道無所有，於衆生有六道。諸佛隨衆生現五道身，爲是俗諦，爲是真諦？真諦則無六道，衆生無所有，有既是於諦，佛隨衆生有六道，亦是無所有，有亦是於諦不？解云：不例，六道無所有，於衆生實有，故是於諦。佛現六道身，非是實謂有，故非於諦。難：既非於，應非是俗。解云：是俗，非是於。何者？以虚假故是俗，非實有故非於諦。自有是俗非於諦，自有是俗是於諦。顛倒六道則是俗，是於諦，諸佛隨衆生是俗，非於諦也。次時更簡此語。六道無所有，於衆生有六道，是俗諦。諸佛隨衆生有六道故，經云：隨順衆生故，普入諸世間。既隨衆生有六道身，爲是真諦，爲是俗諦耶？若是真諦，真諦無有六道。若是俗諦，復非實有，那是俗諦？爲是義故，就俗諦中有三句，一、是俗非諦，二、是諦非俗，三、亦諦亦俗。若圓成四句者，望真則有非俗非諦也。一、是俗非諦者，諸佛隨衆生有六道，非情謂實有，以有六道故是俗，非情謂實有故非諦，是爲是俗非諦也。然從來無此義，一往聞亦不信受。今明者，諸佛隨衆生有，非情謂有，所以是俗非諦也。二、是諦非俗者，望聖是俗，於其非俗。此兩名相妨，俗即非諦，諦則非俗。望聖爲俗，於其非俗，但是實有故，是諦非俗也。三、亦諦亦俗者，凡聖合論，望聖是俗，於凡是諦，故云亦俗亦諦。又就世俗諦中，復有亦俗亦諦義。何者？其自有風俗、世俗之俗，此之風俗及與世俗，於其竝實故，亦俗亦諦也。風俗之俗則横，世俗隔别則竪，此之横竪皆實故，名俗諦也。問：若爾，從來何意云，俗非諦，緣諦俗故名俗諦耶？解云：此語有兩望，何者？俗非諦，則望聖，緣諦俗名諦，則就緣。望聖，俗是浮虚，故非諦。於緣爲實，故秤諦。所以云，俗非諦，緣諦俗名俗諦耳。非俗非諦者，望真諦竝非故。論云：諸賢聖真知顛倒性空。顛倒既空，何處有俗？既非俗，何所論諦？故望聖非俗非諦也。

次更簡前諸佛隨衆生有六道是俗非諦，爲當唯得是俗非諦，亦得是諦耶？解云：此言非諦者，明隨順衆生，示有六道，非是情謂實有之於諦耳。問：既非於諦，得是何物耶？解云：得是教諦。然諸佛菩薩從實方便起迹現身説教，所現不出形聲，故形聲等竝是教諦。何者？此兩種竝諦，當根緣不差，是故名諦。此之兩種實能表道，是故名諦也。問：俗諦中有四句，真諦中亦有四句不？解云：真諦但有兩句，一者是真是諦，二者是真非諦。是真是諦，此可知，真必是諦也。言是真非諦者，隨真説故是真，非情謂之實故非諦。如前隨俗諦説非俗諦，今亦爾也。

次更明於諦、教諦合論，諦義有三句，一者能諦所非諦，二者所諦能非諦，三者亦能亦所諦。能諦所非諦即是於諦，所諦能非諦即教諦，亦能亦所諦於教合論。言於諦是能非所者，有於凡實爲諦，空於聖實爲諦，取兩情智爲諦，不取空、有二境爲諦，二境那忽是諦？但有於凡是諦，空於聖是諦，取二於爲諦也。此於亦不孤，然於不於，不於本於，空有能所竝是於諦，但能邊强，境智竝於諦，智邊强，此則帶所明能，取能不取所，帶智論境，取智不取境也。言教諦是所非能者，二智是能説，二境是所説，能説非諦，所説是諦，此就境、智判能、所。前於諦亦境所智能，取能爲諦，不取所爲諦，今教諦取所爲諦，不取能爲諦。故一家云：潛謀密照爲二智，外彰神口名二諦。二智能説，二諦所説，正取所説真俗化緣名教諦也。亦能亦所諦者，合取於教二諦，爲亦能亦所諦也。

更就教諦中復有三句，一能名諦，二所名諦，三亦能亦所名諦。言能名諦者，則是真、俗二教，以真、俗二教實能表道故名諦，二諦當根緣不差故名諦也。言所名諦者，從所表理爲名，以所表理實故，能表之教亦實也。此則從表實爲名，如《法華》云：開方便門，示真實道。此門即是實門，以通至實故，名方便門。又如佛門通至佛，故云佛門。今亦爾，教能通實，故云實也。亦能亦所者，即理、教合説，非理則不教，不教則不理，非理不教，教名理教，非教不理，理名教理，理、教因緣斯二皆實，故能、所皆諦也。問：教諦有三句，於諦亦有三句不耶？解云：於諦但有一句，唯是能諦，能謂之情爲諦也。次更舉事顯此三名。自有從能不從所，從所不從能，具從能、所。從所不從能者，如飲食名爲食，何者？口能食，飲食是所食，而飲食名食者，此即從所名食也。從能不從所者，如云行路，路是所行，人是能行，但從人能行爲名也。具從能所者，如云洗，水是能洗，物是所洗，直云洗，通能、所也。世間得名，既有此三句不同故，諦得名，亦有三句不同。

次簡經中一句義。《涅槃經》文殊問二諦義云：世諦中有第一義不，第一義中有世諦不？如其有者，即是一義[三]諦。如其無者，將非如來虛妄説耶？佛答云：世諦即是第一義諦，有善方便隨順衆生，説有二諦。此明道理唯有一諦，無有二諦，但隨順衆生，故説二諦也。問：若爲唯有一諦耶？大師舊云：有四諦、二諦、一諦。言四諦者，真諦、俗諦、空諦、有諦也。二諦者，空、有二諦，還是真、俗二諦，有還是俗，空還是真，故言二諦也。問：一諦者，若爲是一諦？爲當非真非俗爲一諦耶？解云：不相關，今言一諦者，團圝始終只是一諦。何者？望凡夫唯有俗諦，凡夫但知諸法是有，不知諸法性空，故凡夫唯有俗諦，無真諦也。若望聖亦唯一諦，何者？聖知諸法性空爲實名諦，知諸法虚妄不實非諦。然聖人知諸法顛倒虚妄非諦，非都無虚妄之法，若無虚妄之法，則成斷見也。何者？有大乘人聞畢竟空，成空見，便謂無罪福報應等。今明不無罪福報應，只罪福報應畢竟空，畢竟空而罪福報應不失也。又《中論》云：諸賢聖真知顛倒性空。非是離顛倒别有性空，只了顛倒性爲空故，性空於聖人是實爲諦，又知顛倒虚妄不實故非諦，望聖唯一真諦，無俗諦也。次轉者，俗於凡是諦，真於聖是諦，二皆是於，二皆非諦，非真非俗，始是真實，始名爲諦。故經云：世人知者，名爲世諦。出世之人如其性相而能知之，名第一義諦。於世出世人是諦實，非是諦，唯非真非俗是實是諦。若爾，亦唯有一諦也。然從來人無有此義，亦不得釋《涅槃經》文。何者？彼明二諦是二境，亦是二理，道理有此二理，何得言世諦即第一義諦，隨順衆生故説有二諦耶？佛親明無二諦，隨衆生故説二耳，不應云道理定有二諦也。彼脱云，此是二諦相即義，故云即是者，亦不然。彼雖相即恒二，二而恒即，終是二理，二理不可無故，彼不得言，實無二，隨順衆生故説有二也。問：經云世諦即第一義，隨順衆生，説有二諦，可得前兩節竝得作此説不？解云：竝得。一往正對凡夫，明唯真是諦，俗非諦。問：若爾，應無二諦。解云：實唯一諦，但隨順衆生，故説二諦也。《百論》亦爾，俗非諦，隨俗故説有俗諦。故論文云，隨俗説故無過也。第二節，明俗於凡是諦，真於聖是諦，真俗竝非諦，非真非俗乃是諦者，《仁王經》何故云三諦，有諦、無諦、中道第一義諦耶？解云：實唯一諦，無有三諦，但隨順衆生，説有三諦。隨真俗緣故，説真俗諦。所以《涅槃經》明世諦即第一義，次即云，世人知者名世諦，出世人知者名第一義諦也。脱真諦三藏明有三諦義。今明，此三諦竝隨衆生故説耳。二諦既是隨衆生説，中道第一義諦亦是隨衆生説。何者？既非二，豈是不二？故《中論》云：若有無成者，非有非無成。有無既不成，非有非無何成？一切皆淨。師云：四諦、二諦、一諦無異，只是一諦耳。然復有一種四諦、二諦、一諦義。若爾，有兩義[四]四諦、二諦義。前四諦、二諦、一諦，此無深淺。後四諦、二諦、一諦，則淺深大異。言四諦者，即無量四聖諦。次卷四諦爲二諦。次卷二諦爲一諦，真俗不俗，俗真不真，不真不俗，名一實諦。次卷一諦成無諦，真俗二，不真俗不二，二不二非不二，不二二非二，非二非不二，名無諦。次舒即無諦、一諦、二諦、四諦，無句、一句、二句、四句、無量句。卷舒明義故，此兩種異也。前鹿[五]盧唯有一諦。凡夫以有爲實，不知性空，於凡唯俗是諦，真非諦。聖人以性空爲實，知俗虚妄不實，於聖唯真是諦，俗非諦。菩薩即唯非真非俗是實是諦，餘則非諦。於三緣有三諦，三緣中趣舉一緣，唯一是諦，餘悉非諦。然經論正意，明唯真是諦，俗非諦，何故爾？真是實義，俗非實義，故唯真是諦，俗非諦也。

次釋相待義。問：若爾，云何相待？解云：約此義是虚實待、是非待、諦非諦待，不得二諦相待。何者？庶盧唯有一諦故，唯得諦非諦待也。問：經復有二諦，故云隨順衆生，説有二諦。又世人知者名世諦，出世人知者名第一義諦。既有二義，云何相待耶？然唯有一諦，隨衆生故，説有二諦，此一句語所淨[六]事大，何者？此語若成，他義則壞。非但義壞，亦不得讀《涅槃經》，今時得作此釋。非但經如此，論亦復然，由有論故解經，所以云，經有論故，義則易解也。前問云：既有二諦，云何相待者？從來解云：真俗待，二諦不待。若諦相待，則長長相待。故真俗待，二諦不待也。且難：真俗不自，諦是不自不？若真俗與諦皆不自，真俗與諦皆相待。若真俗待，諦不待，真俗不自，諦應是自也。今明，無非因緣，無非相待。故師云：我佛法中，無非因緣。若非因緣，乃是外道義也。問：若皆相待，師何意云真俗待，諦諦不待耶？解云：此語有意，人不解師語耳。原相待義，必須相顯相成，如長短相待，非短不長，非長不短，由長顯是短，由短顯是長，名曰相待。故《中論》云：非如長短彼此待他而有無自性也。若直云諦諦，若爲得相顯，若爲相成？故諦諦不得相待也。今言相待者，諦帶真俗，名真諦俗諦論相待。由性空是真俗，則顯有是俗諦，亦由瓶、衣等法是俗諦，顯性空是真諦。此則由真諦顯俗諦，由空諦顯有諦，由聖諦顯凡諦，就此義故，明二諦相待也。舉事如善人惡人，直言人，不得相待，由此是善人，顯彼是惡人，善、惡二人待，二諦亦爾也。

次斷鄭二諦相待義，彈他釋非，顯山門正意。

彈他者，凡彈兩人，一者彈《成論》，二斥學三論不得意者。彈《成論》者，彼釋俗諦審是浮虛，此解定非。今不將三論難，彼不學三論，聞三論不信，今將《涅槃經》文以彈之。經云：世人知者名爲世諦，出世人知者名第一義諦。汝若謂審浮虛是俗諦者，世人應知諸法審是虛假。既有此理，世人豈能知諸法虛假耶？世人既不知諸法虛假，故不得以審虛爲俗諦也。今釋是諦實義，正會經文，世人所知，於世人是實，名爲世諦，出世人所知，於出世人是實，名第一義諦。今得作此解，論釋如此，故云，世若無論，即爲邪智所障也。次斥學三論不得意者，明二諦真俗待，非真俗二諦待。此義不然，如前所彈。今反此釋，明真俗故宜相待，只二諦正論相待。何者？由二諦相待，故有二諦。若不相待，則無二諦，唯有一諦。何以故？若不相待，則無可簡別，混成一諦。要由相待顯別，所以得有二諦。雖二諦相待，要須真俗標別，由真諦顯是俗諦，由俗諦顯是真諦，故真、俗二諦待。雖真、俗二諦待，正是二諦待。正是二諦待故，經論皆云，諸佛常依二諦説法。二諦若不待，則無二諦，無二諦，佛無所依，故是二諦相待也。問：若爾，用真、俗何爲耶？解云：真、俗標别二諦，明此是真諦，此是俗諦，由真諦顯彼是俗諦。猶如一赤色，雖同是赤色，而色有勝劣，此是劣赤，此是勝赤，由劣赤顯此是勝赤，勝劣兩赤待。二諦亦爾，俗是劣諦，真是勝諦，勝劣兩諦待。凡聖、空有、真俗皆例爾。問：此爲教諦待，爲於諦待耶？解云：教諦待義易，於諦相待難解。爲此義故，今開三句釋之。一者俗於諦，唯有不待，無有待義。二者真於諦，亦待亦不待。三者教諦，唯待無不待。言俗於諦唯不待者，凡夫知實有，不知性空，但有俗諦，無有真諦，既無真諦，故無相待。若知真諦，即知俗虚，俗即非諦，此亦無待。以其不知真故，無真諦可待，若知真，則無俗諦可待，故俗於無有二諦待義也。真於諦亦待亦不待者，言無待者，例如俗[七]真於聖實，故真是諦，聖知俗虚妄不實，俗於聖非諦。若爾，唯真是諦，俗非諦。俗非諦故，不得有二諦待也。言亦有待者，聖有權、實二智，就權智中有兩知，一知俗虚，於聖非諦，二知俗虚，於凡是諦，就此而論，亦有二諦待義也。言教諦唯待無不待者，此義易知。如來因緣有無教諦，有名無有，無名有無，有無皆是因緣假名義。所以《華嚴》云：諦了分别諸法時，無有自性，假名説故。有無教諦，皆是因緣假名義也。

次更正前二於諦待義，明凡於諦無待義，但聖於諦有待義。有兩種待，一者，知俗於聖虚，即虚實待，二者，知俗於凡實，即兩實待，兩諦待也。凡於諦無兩種待，一者，凡不知真故，無虚實待，二者，凡不知真於聖實故，無兩實待。此則聖於有待，凡於無待。以聖於有待，是得、是悟、是因緣，以凡於無待故，是失、是迷、是自性，此正開能所、得失、凡聖故也。

然二諦雖有十重，餘重不可要急，今遂要急者以辨之。《涅槃・聖行品》明十種二諦義，今次第依經釋之。經中，前文殊問，次如來釋。文殊問中有三，一牒，二定開，三詰難。文殊白佛言：世尊，所説世諦、第一義諦，其義云何？即牒二諦。世尊，第一義中有世諦不，世諦之中有第一義不？即定開。如其有者，即是一諦。第三詰難。亦前是領佛語，次問佛語，第三難佛語。難中有二，初難第一義中有世諦義。然此中言有者，非如穴中有蛇、屋中有人，人、屋二諦論有。今言有者，乃明世諦即第一義諦，二諦一義，名之爲有也。舉譬如僧佉因中有果，因果一體，名之爲有也。爲是故難云：如其有者，即是一諦也。如其無者，將非如來虚妄説耶？第二難第一義中無世諦。前難若有即是一，今難無則是二。如外道僧佉因中有果是一，衛世因中無果即是二。今亦爾，如其有即是一諦，如其無當知是二諦也。問：既有二諦，若爲言虚妄耶？解云：有兩義故虚妄，一者即事虚妄，二者遠望虚妄。言即事虚妄者，那得有二諦？諦是實義，唯有一實，唯有一諦。若有二諦，則應有二道，諸有二者，無道無果，道既無二，諦那應有二？故云，將非如來虚妄説耶？言遠望者，明若第一義中無有世諦，乖大乘經。佛從來於諸摩訶衍經中説真即俗，俗即真。如《大品》，須菩提問云：世諦、第一義諦異耶？佛答云：世諦如即第一義諦，如是二無二無別。今若有二諦者，將非如來虚妄説耶？進退兩關難也。善男子，世諦即第一義諦。此佛答彼二難。答二難者，即前一關通，後一難印。前者明世諦即第一義諦，如汝所言也。答後者，明此難虚設，何者？我明唯有一諦，無有二諦，但明有義，不明無義，故無虚妄之過也。斯則一即之言，二難雙拆也。世尊，若爾，即無二諦。此更別難，若世諦即第一義諦，即無二諦，佛何意從來説有二諦，又云諸佛常依二諦説法耶？佛答云：有善方便，隨順衆生，説有二諦。即答前一難，明道理唯有一真諦，無有二諦，而言二諦者，善巧方便，隨順衆生，説有二諦，隨凡有説有，隨聖空説空，隨兩緣故説二諦也。然此兩隨但爲一緣，兩隨不同也。兩隨但爲一緣者，隨凡説有爲凡，隨聖説空亦爲凡也。隨聖説空亦爲凡者，聖如實悟空，今還説聖所悟，引化凡夫也。兩隨異者，隨凡説有爲凡，隨聖説空不爲聖。一往開得失二諦，此是能化之聖，何須爲説耶？問：若爲凡説空不爲聖者，何故有《佛話經》却除諸菩薩，兩佛共話？此則佛佛相爲也。今明佛話不爲佛，佛話爲衆生，若不爲衆生，佛則非話。故隨凡説有亦爲凡，隨聖説空亦爲凡，不爲佛也。善男子，如出世人所知者名第一義諦，世人之所知者名爲世諦者。前明依二諦説，今明所依二諦。即前是教二諦，今是於二諦。然此文與《中論》一種，故三論義可信也。《中論》云：世間顛倒謂有，於世人名俗諦，諸賢聖真知諸法空，於聖人名第一義諦。如此文，世人知名世諦，出世人知名第一義諦也。論次云：依是二諦爲衆生説法。即是此云：隨順衆生説有二諦，隨世人説世諦，隨出世人説第一義諦也。《成實論》義壞，今明隨衆生故説二諦，何時道理有二諦耶？二諦義若壞，一切義壞也。次更簡前一句，前既云世諦即第一義，可得第一義諦即世諦不？解云：通皆得，於聖唯有真諦，世諦即第一義諦，亦於凡唯有世諦，第一義諦即世諦，通論皆得。但今正是世諦即第一義諦，唯有真諦，無有俗諦。何者？唯真是實，俗非實，唯有一如無二如，唯有一真無二真，故無世諦也。而今有二諦者，有二義。一者，隨順衆生故説有二諦，即教諦。二者，於衆生有二諦，即於諦也。然於、教二諦，他家所無，唯山門相承有此義也。問：此經何意明於、教二諦耶？解云：爲答文殊與大衆疑，謂唯有一諦，正作無二諦難，爲是義故，佛開於、教二諦答之，明善方便隨順衆生説有二諦，何意無二諦耶？次云，世人知者名世諦，出世人知者名第一義諦，何意無二諦？前隨衆生説，即二教諦。世出世人知，即二於諦。爲釋無二諦疑故，明於、教二種二諦也。問：經明於教二諦可如此，論何意明於教二諦耶？解云：《百論》正爲諸外道不識不聞如來二諦，所謂迦毘羅論等，昔所不聞，昔所不識，爲其不識二諦，所以論主示其二諦也。《中論》明二諦者，通爲一切，但正爲内學不識大乘二諦，如薩衛等五百論師，不識諸法性空二諦。此則與《百論》挍一節，有小乘二諦、大乘二諦。《百論》緣皆不識二諦，爲彼不識故，提婆示大乘二諦，此即簡異數論。數論亦破外道，《百論》亦破外道，何異？解云：大異。數論破外道，示小乘法，故是小乘論。《百論》破外道，示大乘二諦法，故是大乘論也。若是《中論》，緣已學佛小乘二諦，不識大乘本性空二諦，爲是故，龍樹菩薩明大乘本性空二諦也。今此經竝異兩論，何者？文殊與大衆已解二諦，但疑無二諦故，佛明有二諦也。善男子，五陰和合有衆生，名世諦，即陰離陰無衆生，名第一義諦。此下更就異義，約法廣明二諦義，不同前明教二諦，次明於二諦，世人知者名世諦，世出人知者名第一義諦，今第三就我無我明二諦，與前異。前明二諦，通直明世人知名世諦，世出人知名第一義諦，不判有人無人、有法無法，今的就有人無人明二諦也。善男子，或有法有名有實。第四二諦。前就人明二諦，今就法明二諦。前就真、俗明二諦，今就世諦中更開二諦。前就真、俗明二諦者，我是世諦，無我第一義諦。《大論》云：人等世界故有，第一義諦則無也。今就世諦中自明二諦者，世諦者，世諦法中，自有有名有實，自有有名無實，有名有實爲第一義諦，有名無實爲世諦。如火、水等物，有名有實，有實者，有實義，爲實有義應名，有名表義，故爲第一義諦。有名無實者，如蛇床虎杖。《大論》云：草名朱利，此云賊。何其曾作賊？但有假名，無有實義應名，以無實義，故爲世諦。此則就於虚實判二諦也。善男子，如我衆生。第五二諦義，此就事理明二諦義。束前有名有實、有名無實，竝爲世諦，苦、集、滅、道爲第一義諦。何者？陰界入等有名有實，龜毛等即有名無實，此之二種，竝爲事法，故爲世諦。苦、集、滅、道是理法故，爲第一義諦。善男子，世法有五種者。第六，就如實知、不如實知判二諦。不如實知五種世法則名世諦。如實知五種世法無有顛倒，爲第一義諦。五種世法者，一、名世，二、句世，三、縛世，四、法世，五、執著，如經文釋云云。善男子，若燒壞者。第七，就續、不續明二諦。若謂燒壞等法相續不斷名世諦，若知燒壞等法念念生滅，實無相續，爲第一義諦。此異《成論》假實義，假名不滅，實法則滅。今明，若言諸法相續不斷爲世諦，若諸法實不續爲第一義諦。如肇師《物不遷論》云：旋嵐偃嶽而常靜，江河競注而不流，野馬飄鼓而不動，日月歷天而不周。即其義也。善男子，有八苦者。即第八，就生死、涅槃明二諦。有八苦生死爲世諦，無八苦生死爲第一義諦。然大判，生死爲世諦，涅槃爲第一義諦。今言，無八苦，不全是涅槃。何者？涅槃有有所無、無所有義，無八苦生死等，是涅槃有所無義。故經云：空者二十五有，不空者大般涅槃。今無八苦生死，即涅槃有所無義也。涅槃有所無，既無生死，涅槃無所有，亦無生死。今無生死，具含涅槃，故言生死爲世諦，涅槃爲第一義諦也。次文云：依因父母而生名世諦，十二因緣生名第一義諦。此則第九，就因緣判二諦，亦是親疎判二諦，亦是麁妙判二諦。因緣者，父母和合則緣，十二因緣即是因，因親緣疎也。又父母生麁，十二因緣生妙，衆生但知麁，不知妙，故父母生爲世諦，十二因緣生爲第一義諦。此即九種二諦義。足前菩薩對聲聞判二諦義，爲十種二諦也。中間簡二諦義，舉譬如一人多有所能，或名走者，或名茹者，或名鍛者，只是一人，隨義立多名。二諦亦爾，只是一二諦，隨義有多名也。問：此經何故明此十種二諦耶？解云：爲答難故，明此十種二諦。文殊與大衆疑無二諦，正作無二諦難，所以如來開十種二諦答也。此則爲釋無二諦難，故明二諦説，二爲破不二，二既去，不二亦不留。故《大論》云：破一不著二。又説二表不二，今因二悟不二，二無不二無也。然此十種，置前一種，就答難中，有九種二諦。前明二教諦，次明二於諦，此正明二諦義。從我無我去，就世諦中自有深淺不同，歷法廣論二諦義。然此七種二諦，應須一一判其廣狹，辨其深淺。如我無我二諦，但就人明，不就法辨，此義則狹。有名有實，有名無實，虚實判二諦，此義則廣，義可知也。須一一釋之。

二諦義中卷

校勘記

〔一〕「説」，底本原校云一本後有「有」字。

〔二〕「審」，底本原校疑爲「真」。

〔三〕「義」，疑衍。

〔四〕「義」，疑爲「種」。

〔五〕「鹿」，疑爲「庶」。

〔六〕「淨」，疑爲「諍」。

〔七〕「俗」，底本原校云一本無。

二諦義卷下

胡吉藏撰

次明二諦相即義第三。然此義横無不多條緒，豎入極自深玄，今且略出三處經文，明二諦相即義。一者即向所引《涅槃經》，世諦即第一義。二者《大品經》，空即色，色即空，離空無色，離色無空。三者《淨名經》，色性自空，非色滅空。然此三經文，雖異意同也。問：此三經來意若爲異耶？解云：此三經來意是同，言不無奢切，何者？《涅槃經》言奢，《大品》《淨名經》言切。《涅槃》奢者，《涅槃》云世諦即第一義諦，不云第一義諦即世諦，故《涅槃》言奢。《大品》《淨名》切者，《大品》色即是空，空即是色，《淨名》亦爾，所以爲切也。又《涅槃經》但明世諦即第一義諦，不明第一義諦即世諦，通皆得，世諦既即第一義諦，第一義諦豈不即世諦？但《涅槃》隻用故，世諦即第一義諦也。若《大品經》則平道雙用，空即是色，色即空也。問：何意《涅槃》隻説，《大品》雙明耶？解云：通皆例也。問：經既不例，汝何得輒例耶？今明所以不例者，《涅槃》正釋諦義，明唯真是實故，唯真是諦，俗即虚妄非實，故俗即非諦，爲此義故，但明世諦即第一義，不得言第一義即世諦也。若是《大品》不爲釋諦義，直明空即色，色即空，平道用也。《淨名》亦是隻用，唯得言色性自空，非色滅空，不得言空性自色，非空滅色，通即皆得。而今但言色性自空，非色滅空者，正對二乘有所得人義。小乘人折色求空，對此故，明色性自空，非滅除此色然後方空。此即開兩觀，分二空，明小乘人折色空觀，大乘人即色空觀，小乘人折色空，大乘色本性空。爲是故，但明色性自空，非色滅空也。

雖有三經文，諸師多就《大品經》明色即空，空即色也。然此義難解。大忍法師云：我三十年思此義不解，值山中法師得悟。此師既悟，始信三論云云。由來釋相即義者，有三大法師。光宅無別釋，此師《法華》盛行，《成論》永絶也。今出莊嚴、開善、龍光三人釋二諦相即義。莊嚴云：緣假無可以異空，故俗即真，四忘無可以異有，故真即俗。雖俗即真，終不可以名相爲無名相，雖真即俗，終不可以無名相爲名相故，二諦不異，爲相即也。次開善解云：假無自體，生而非有，故俗即真，真無體可假，故真即俗。俗即真，離無無有，真即俗，離有無無。故不二而二，中道即二諦，二而不二，二諦即中道。問：開善明中道，莊嚴不明中道，何意爾耶？解云：莊嚴不以中道爲二諦體故，不明中道。開善明中道爲二諦體故，彼云，二諦是不二一真之極理，是故明中道也。次龍光解二諦相即義。此師是開善大學士，彼云：空色不相離，爲空即色，色即空。如《淨名經》云：我此土常淨。此明淨土即在穢土處故，言此土淨，非是淨穢混成一土。何者？淨土是淨報，穢土是穢報，淨土淨業感，穢土穢業感，既有淨報穢報、淨業穢業，故不得一，但不相離爲即也。然此三師釋攝一切人，何者？開善與莊嚴明一體，龍光明異體，釋雖衆多，不出一異，故此三人攝一切人也。

龍光明異體，此義自反經，不須更難。今且難莊嚴、開善二家。莊嚴云：緣假不異真，四忘不異俗，名相終不爲無名相，無名相不爲名相。此言自相反，汝既真即俗，俗即真，名相爲無名相，無名相爲名相，那得俗即真，名相不得爲無名相耶？彼師云：我名相復有即無名相義也。又責：汝若名相即無名相，可得世諦無名相，真諦有名相不？彼云：真諦終無名相，俗諦終有名相。若爾，終是二見，不得相即也。彼云：我體常即，但名義異耳。又責：汝俗體即真，俗名即真不？若名義即真者，真諦既常，名義即常，名義無常，真亦即無常。若名義不即真，名義出真外，出法性外，故不可也。此難如《百論》難有一瓶體一名義異。論主難云：汝瓶是有，瓶家之形對及五塵等亦是有不？若使瓶家之形對五塵等是有者，有既常，五塵等即常，五塵既無常，有亦無常，總別亦爾也。若言五塵等非大有者，五塵即是空出大有外，大有攝法則不盡。今難彼俗即真義亦爾。此是提婆菩薩難，豈是人之能通？若能通者，提婆難即壞，經義亦壞。提婆難既不可壞，故此難不可通也。

次難開善有兩關。非但難開善，遍難衆師。經有二諦相即，總而難之。第一難云：色即空時，爲色起之時，空與色同起故，云色即空，爲當色未起前已有此空，故云色即空耶？若使色未起時已有即色之空者，此則空本有，色即始生，本始爲異，云何相即？本有空即常，始有色則無常，常無常異故，不得即也。若言空與色俱起者，則空與色俱是始有，皆是本無今始有，皆無常也。第二難云：汝色即空時，爲空色分際，爲不分際？若不分際，則混成一，若空色一，皆常皆無常。真俗一，言俗無常真常者，即例難真俗一，真無常俗常也。若分際，則空色異，雖即，終分際終異，如沈檀雖合爲案，沈檀終分際終異。若異，方等之經便壞，覆面之舌不成也。此即彈他竟。

次明今釋。要須彈他盡淨，乃得出今時解也。大師舊云：假名説有，假名説空，假名説有爲世諦，假名説空爲真諦。既名假有，即非有爲有，既名假空，即非空爲空。非有爲有，非異空之有，非空爲空，非異有之空。非異空之有，有名空有，非異有之空，空名有空。有名空有故，空有即有空，空名有空故，有空即空有也。師釋相即義，方言如此，今作若爲解耶？亦得用前難難之。汝因緣空色即不？因緣色即空，色壞空壞不？又如長短因緣，有長即有短，無長即無短。若爾，空色因緣，有色即有空，色壞空即壞云云。然此義應須得其根本，識其大意。只爲不得意故，所以成失。故《中論》云，像法中人根轉鈍，雖尋經文，但著文字，此即失因緣有。又云，聞大乘法説畢竟空，不知何因緣故空，此即失空意也。又《涅槃經》明諸諍論，一一諍論云，是諸弟子不解我意，爲不解教意故，所以成失。是故須知其大意，識其根本。故《法華》云：知佛所説經因緣及次第，隨義而解説。然原由來人不解二諦相即者，凡有兩失故不解。一者，不識四悉壇故，不解二諦相即。言二諦相即，是何物悉壇耶？四悉壇是通經之要術，解四悉壇，則一切經可通，若不解四悉壇，一切經即不可通。大師約四悉壇明四假義。四假者，因緣假、對緣假、就緣假、隨緣假。彼尚不識四悉壇，豈解四假？以彼不識四悉壇故，不解二諦相即義也。二者，謂有真俗色空道理，道理有色，道理有空。若無空色，則無六道衆生、三乘賢聖。由有色、空二諦，迷之則有六道，悟之則有三乘。爲是故，道理有空，道理有空，道理有色。既道理有空色，則是有所得，有所得豈能通他難，豈能難他通？故《中論·五陰品》末云：不依空問答，問不成問，答不成答。空者只是無得異名，以不依無得故，不能難，不能通也。又只爲有空色道理故，得作前諸難。汝既有色即空，爲當有色之時，空、色俱時起，言色即空，爲當色未起之時已有空，言色即空耶？若色起時，空與色俱起，爲色即空者，此則皆無常，失真諦。若色未起時已有空，爲色即空者，即空本有，色始生，空、色兩異，不得相即。俱起真墮無常，不俱起則成異體。次難：汝色即空，爲分際爲不分際？不分際，則混成一體，即皆常皆無常，例難云云。若分際，則異體不得相即。不分際得即失二諦，分際得二諦失相即，進退不可，作若爲解耶？此難若可通，提婆、龍樹則成漫語。此二人若是漫語，佛則漫語。佛親記二論主，二論主豈當漫語？既非漫語，作若爲解耶？龍光難開善，開善云：待我面黄只得解耳。實理如此，若非三論意，終不得解。故叡師云：《中》《百》二論文未及此土，又無通鑒，誰與正之？前匠所以輟章遐慨，思請決於彌勒者，良在此也。《中》《百》二論既至赤縣，歎云：此區之赤縣，忽得移靈鷲以作鎮，險陂之邊情，乃蒙流光之餘惠，而今後談道之賢始可與論實矣。故除三論之外，有所得心終不解此義也。

問：他解既非，今若爲釋耶？師云：只洗淨如此二諦一體異體畢竟無遺，即是二諦相即義。所以山中師云：今時若更有解，乃是足載耳云云。有開善解、莊嚴解、龍光解已竟，今攝山復解，即成足載濃，今何處有别解？但須盡淨從來一異等見，即是二諦相即也。師云：二諦一體異體，只是《百論》中兩品。二諦一體即是僧佉義，二諦異體即是衞世義也。彼云：汝安處如此耳，我義何時如此耶？今明此義與外道一種。汝真諦是常，是遍，是總，瓶衣世諦法等是無常，是不遍，是別。彼亦爾，大有是常，是遍，是總，瓶、衣等無常，不遍，是別，一類如此。又類彼常無常、總別一體，而義常異，義常異，而總別、常無常一體。汝義亦爾，真俗一體，而義常異，俗浮虛義，真貞實義，義常異而體常一。此義一種，但大有與真諦爲異耳。雖大有與真諦名異，而常無常義無異。論直破常無常一體，然有預常無常一體者，皆墮此破。言雖屬在外道，意實遍洗衆師。爲是故，《百論》有傍正，言屬外道故爲正，意遍破衆師故爲傍也。次龍光如衞世。衞世本是僧佉學士，晚椎僧佉一義，明大有常，瓶等無常，大有遍，瓶等不遍，大有總，瓶等別，大有了因，瓶等生因，大有不可壞，瓶等可壞。若言一者，瓶破，大有即破，而有常無常異，乃至壞不壞異，那得一體？是故明有與瓶異體。龍光亦爾，本開善學士，廣難開善二諦一體義。二諦若一體，燒俗即燒真，俗生滅，真即生滅，既有可燒不可燒異，生滅無生滅、常無常異故，二諦不可一體，故彼明異義也。二諦雖異，而不相離。衞世亦爾，大有雖與瓶異，而不相離故。彼云：瓶有合故，瓶不離有，而瓶與有常異。龍光亦爾，雖異終不離，不離而異，與衞世義一種也。義既是同，破僧佉、衞世，即是破開善、龍光。又論主直破一異，即一切一異皆破。一異既破，則横洗萬法，竪窮五句。以洗淨如此等見，所以最後始得示如來因緣假名二諦，此二諦無得無礙也。《百論》既然，《中論》亦爾。前發趾即洗生滅、一異故，云不生不滅、不常不斷、不一不異。既不一不異，則不一切一異。發初彈於八謬，然《中論》有兩種八謬，如韋紐天生、微塵、世性等，此是一種八謬，生滅等復是一種八謬。微塵、世性等八謬，佛未出世時起，生滅等八謬，佛滅後起。以龍樹知有如此八謬故，所以出世破之。發初即破一異，破一異者，不但破一種一異，乃遍破一切一異。一異既無，乃至五句畢竟無遺也。故云，從《因緣品》來，有亦無，無亦無，亦有亦無亦無。如此洗淨，然後明如來無得無礙二諦。故《三相品》末云：如夢亦如幻，如乾闥婆城，所説生住滅，其相亦如是。三相既然，二諦亦爾。如夢亦如幻，如乾闥婆城，所説真俗諦，其相亦如是也。此略明二諦相即之大意如此，玄悟之賓已足解了。

次時更簡二諦相即義。然他家明二諦是兩理兩境，今明約何物義明二諦耶？解云：今明二諦有二種，一、於二諦，二、教二諦。道理未曾二不二，於二緣故有二諦。又隨順衆生，故説有二諦。既於衆生有二諦，隨順衆生有二諦，道理實無二諦。既無二諦，論何物即與不即？教化衆生，故有二諦，亦爲教化衆生，故有即不即也。總判如此。別明即，於諦亦有即義，教諦亦有即義。於諦即者，論云：世俗諦者，一切法性空，世間顛倒謂有，於世人爲實。諸賢聖真知諸法性空，於聖人爲實。發初開二諦，明唯真是實是諦，俗虚妄顛倒不實非諦，正欲令衆生改凡成聖，捨有入空，得一重悟也。次捨有入空，知有是顛倒，空是真實，便謂捨有入空，拆色入空，是故爲説色本性即空，非是破拆方空。此即於諦中第二重，明色即空。前發趾開色空二，令捨色入空，便言色與空異，拆色入空。是故爲説色即空，色性自空，非拆色空。故論云：諸賢聖真知顛倒性空。只顛倒性本空也。問：色即空如此，空即色云何耶？解云：聖人知顛倒性空，則於凡夫宛然常有。聖人知顛倒性空，色即空，於凡夫宛然有，空即色。此即約迷悟凡聖判色即空、空即色，聖悟故色即空，凡迷故空即色。問：經中何意多前明色即空，後明空即色耶？解云：如向聖人了色即空，但於凡空即色耳。何以知然？如《中論》，一切法性空，世間顛倒謂有。此即於凡空即色也。

次舉譬顯之。如空華，爲眼病故見空華，説華空。無華可即空，但眼病故空，空即華。空即華，華不動空。差故華即空，空不動華。色空亦爾，悟故色即空，迷故空即色。悟故如是有無所有，迷故無所有如是有。迷故如是有，不動無所有，悟故無所有，不動如是有。迷故空即色，色不動空，悟故色即空，空不動色。迷故謂空爲色，何曾有色可動空？悟故色即空，何曾有色可異空？色、空既如此，論何物即與不即？四句皆淨也。如此排前難逈去，難不能著。他所以著難者，彼有色有空，以色即空故著前難。今明色畢竟空，將何物即空耶？爲衆生見色故，言色即空也。問：前云，迷見有色，悟即色空，如空華，病故見華，差故華空，此乃是夢虚空華義，何得用耶？解云：爲彼有故，以空華破彼有。若無彼有，豈復有空？故論云：若使無有有，云何當有無？故無有即無空，五句皆淨。故什師云：十喻以悟空，空必待此喻，借言以會意，意盡無會處，既得出長羅，住此無所住也。又有於凡有，空於聖空。非有於凡有，有爲有華，非空於聖空，空爲空華。有爲華，無有有，空爲華，無有空。如是三節二諦，皆是空華，皆無所有也。

次依經釋。《大品》云：色即是空，空不名色。從來不解此言。今明者，此則雙搏一異兩見。何者？色即空，此破凡夫二乘等見。彼謂，色異空，拆色方得空。是故破云，色即是空也。空不名色者，破即見。向明色即空，便作即解，是故破云，空不名色。若有色，可言色即空，既無有色，何得言色即空耶？此即借一以出異，借異以出一，借有以破無，借無以破有。此言即不即，竝爲衆生，四悉壇中，對治悉壇用也。如此等意，竝是隨順衆生，作如此説耳。若是般若，色即無礙，色即空，空即色，常即無常，無常即常，空爲有用，有爲空用，常爲無常用，無常爲常用，一念無量劫，無量劫一念，三世爲一世，一世爲三世等用，無來無積聚，而現諸劫事，爲是故，即色即空也。

次明二諦體第四。然二諦體亦爲難解，爰古至今，凡有十四家解釋。若一一詳其得失，約經論簡其邪正者，則大經時序。今略出當路三家解，試而論之。大師常出三家明二諦體義，第一家明二諦一體，第二家明二諦異體，第三家明二諦以中道爲體。就明二諦一體家復有三説，一云真諦爲體，二云俗諦爲體，三云二諦互指爲體。第一真諦爲體者，有二義。一者，明空爲理本，明一切法皆以空爲本，有非是本，爲是故，以真諦爲體也。二者，有爲俗諦，折俗本爲悟真故，真爲體也。言俗爲體者，要由折俗故得真，若不折俗，則不得真，良由前折俗故得真，所以俗爲體也。第三家説互指爲體云：前兩家竝僻，今明具二義。明空爲有本故，真爲俗體，俗爲真用。折俗得真故，俗爲真體，真爲俗用。二諦互爲體，真俗互爲用也。此即是開善門宗有此三釋，開善本以真爲體，餘兩釋支流也。第二家明二諦異體，三假爲俗諦體，四忘爲真諦體，名相爲俗諦體，無名相爲真諦體，故二諦體異也。第三明中道爲二諦體者，還是開善法師，用中道爲二諦體，彼明二即於不二故。彼《序》云：二而不二，二諦即中道，不二而二，中道即二諦。故以中道爲二諦體。此即總論有三家，別開則有五釋也。

然雖有三家解釋，二諦一體、二諦異體，此不足可簡，今略論中道爲二諦體義。何者？攝嶺、興皇皆以中道爲二諦體，彼亦明中道爲二諦體，故須簡之。然彼有三種中道，今用何物中道爲體耶？三種中道者，一、世諦中，二、真諦中，三、二諦合明中。世諦中道者有三種，一、因中有果理故非無，即無果事故非有，非有非無因果中道也。二者，實法滅故不常，相續故不斷，不常不斷相續中道也。三者，相待中道，後當辨之云云。真諦中道者，非有非無爲真諦中道也。二諦合明中道者，非真非俗爲二諦合明中道。此異真諦中道，真諦中非有非無，不非真非俗，二諦合明中道即非真非俗也。次彼明三種中，用何中道爲二諦體耶？解云：彼不用俗諦中道爲二諦體，亦不用非真非俗中道爲二諦體，何者？彼無別非真非俗法，莊嚴明佛果涅槃出二諦外，開善明二諦攝

法盡，今言非真非俗者，互望爲非，覈論唯是真
俗，俗非真，真非俗，爲非真非俗，非俗只是
真，非真只是俗，無别非真非俗，故不用爲二諦
體也。言中道爲體者，真諦中道爲體。真諦中道
還是真諦，故彼《序》云：二諦者，一真不二之
極理。從來言彼相違，彼定不相違，中道還是真
諦，真諦還是中道故也。問：開善何因緣以中道
爲二諦體耶？解云：此有原由，何者？山中法師
之師，本遼東人，從北地學三論，遠習什師之義，
來入南吴，住鐘山草堂寺，值隱士周顒，周顒因
就受學。周顒晚作《三宗論》，明二諦以中道爲
體。晚有智琳法師請周顒出《三宗論》。周顒云：
弟子若出此論，恐于衆人。琳曰：貧道昔年少時，
曾聞此義，玄音中絶四十餘載，檀越若出此論，
勝國城妻子頭目布施。於是始出此論也。次梁武
大敬信佛法，本學《成論》，聞法師在山，仍遺[一]
僧正智寂等十人往山學，雖得語言，不精究其意。
所以梁武晚義異諸法師，稱爲制旨義也。開善爾
時雖不入山，亦聞此義故，用中道爲二諦體。既
不親承音旨故，作義乖僻，還以真諦爲體也。今
明即以非真非俗爲二諦體，真俗爲用，亦名理教，
亦名中假，中假重名中假，理教重爲理教，亦體
用重爲體用故，不二爲體，二爲用，略標章門如
此。若了前二諦大意，則二諦體義已應可見也。

問：今明中道爲二諦體，有何所以，釋何物
經，解何物論，對何物病耶？解云：所以明中道
爲二諦體者，二諦爲表不二之理。如指指月，意
不在指，意令得月。二諦教亦爾，二諦爲表不二，
意不在二，爲令得於不二，是故以不二爲二諦體。
又今明二諦是教門，爲通於不二。故山中師云，
開真俗門，説二諦教故，二諦是教門，教門爲通
不二之理，故以中道不二爲體也。此則明教諦不
二爲體如此。次辨於諦不二爲體者，道無有二，
於二緣故二，既知於二，即顯乎不二，故不二爲
體也。此即於、教二諦皆有所爲故，以不二中道
爲體也。又所以中道爲二諦體者，正爲對由來埋

二見根深。何者？如上所辨，别開即有五家，總論但有三釋，一云真爲體，二云俗爲體，三云真俗各體。雖有三釋，終不出二諦。真諦爲體，則道理有此無爲體。俗諦爲體，則道理有此有爲體。二諦異體者，有爲俗體，空爲真體，道理有二，則是二見衆生。今對此故，明不二中道爲體。對此病，即是釋經論。故《中論》云：淺智見諸法，若有若無相，是即不能見，滅見安穩法。汝今各見有見無，即是淺智，不能見安穩之法。安穩法者，即是不二之道。安穩法非是有無，汝見有無，故不見也。又諸佛唯有一道，故《華嚴》云：文殊法常爾，法王唯一法，一切無畏人，一道出生死。既唯有一道，無有二道，唯有一理，無有二理也。又若二諦有二理，即成有所得。《大品》云：有所得見，名曰二見。云何二見？謂眼色二，乃至一切皆爾。又云：諸有二者，無道無果。衆生既本有二見之病，諸佛若更説道理有二，便是故病不除，更增新惑。爲是故，諸佛隨順衆生，

説有二諦，道理無二也。故《涅槃經》云：無有二諦，善巧方便，隨順衆生，説有二諦也。又説有三諦，作若爲解耶？《仁王經》明三諦義，彼便曲解如此等經，皆是他妨礙之處。今明無礙。或時爲三諦，有諦、無諦、中道第一義諦。或時非真非俗爲理，真俗爲教，理教合論，故有三諦也。

問：何處有經文，的明中道爲二諦體耶？解云：《中論》偈即是，彼云：因緣所生法，我説即是空，亦是爲假名，亦是中道義。此偈是經，是論，何者？此是《華首經》中偈，龍樹引來即是論。既云假名即中道，故中道二諦體也。又《華嚴》云：一切有無法，了達非有無。達有不有，達無不無，達有無不有無，故不有無爲有無體也。又《仁王經》云三諦，亦是不二爲體，有諦、無諦即是教，非有非無中道第一義諦即是理也。彼云，我亦明非真非俗中道者，不然。且問：汝非真非俗是何物耶？非真還是俗，非俗還是真，非有還是無，非無還是有，還是有無二見故，無中道第

一義諦也。又《中論》云：是故知虚空，非有亦非無，非相非可相，餘五同虚空。只六種非有非無、非真非俗，何者？六種是俗，無六種是真，既非有非無，即非真非俗也。又《涅槃》云：明與無明，愚者謂二，智者了達其性無二，無二之性，即是實性。黑法白法、漏無漏、真俗二，皆例爾。又云：前於《摩訶般若》中，説我無我不二。我即俗，無我即真，我無我不二，即真俗不二也。又《法華》云：若有若無等，依止此諸見，具足六十二。若見有見無，即具六十二見。若能捨有無二見，即悟中道也。如此處經文無量，故知無有二理，唯有一理也。問：汝既有三諦，應有三體。我有二諦，有二體。解云：若得一家意致，不應作此難。前云：假有爲世諦，假無爲真諦。假有不有有，假無不無無。不有有，有無所有，不無無，無無所無，那忽有三體耶？又問：有無終是二諦，非有非無是中道諦，終是三諦，終有三體，既有假三諦，有假三體。解云：不得。假有假無是教，非有非無是理，中道第一義諦是理諦，真俗是教諦，開理教爲三諦則得也。次泯之。一往開理教二不二，再往皆泯，何者？二不二，不二二。二不二，非不二；不二二，非二。斯即非二非不二，乃至五句皆流，一無依倚，畢竟清淨，理教亦然。故《華嚴》云：一切有無法，了達非有無，不著不二法，以無二二故。達有無二不二，既無二，即無不二，故云，不著不二法，以無一二故也。然此語是兩處説，師合爲一偈説之耳。前説二，爲表不二，悟二不二，無二更住不二，則還爲縛。故《大經》云：如擒捕獼猴，隨觸隨著。爲是故，今明既識二不二，無二即無不二，如是清玄轉悟，一切皆離也。然二諦體義，大格如此。

猶有竝觀義兩句難解，今且論一句義，一句付後釋也。言一句者，他明二諦是有二理，三假爲世諦理，四忘爲真諦理，以有二理故，有出入觀，有二諦竝觀。汝今明唯有中道不二一理，云何得有出入觀？有兩物，可有出有入，既無有二，若爲明出入耶？又無有二理，若爲明並觀耶？有二可論並，既無二，何得有並耶？今且論出入觀、並觀位處，何位出入觀，何位並觀耶？古有三釋。一者，靈味法師明，初地菩薩二諦並觀，初地得真無生故，得並觀也。二者，什、肇等諸師明，七地菩薩得並觀故。肇師云：施極於施，而未嘗施，戒極於戒，而未嘗戒。此即施無施並故也。三者，即是三大法師於世盛行者，八地並觀，初地至七地出入觀，八地始得並觀，八地菩薩道觀雙行，真俗並照也。然此之三釋，皆出經論，若偏執是則爲非。第一家，以初地爲是，餘二爲非，第三家，八地爲是，餘二爲非，所以成失。

今山門釋者，即四節明並觀義。然此之四節，非但是菩薩之要行，亦是二諦之大綱也。四節者，一者，山中師云：從初發心已來即並觀。問：若爲初發心即並觀耶？解云：初發心即學二諦，無有菩薩不學二諦者，凡是菩薩，即學二諦觀，爲是故，初發心即學二諦竝觀，乃至後心亦學二諦並觀，而不無明晦爲異，晦故爲初心，明故爲後心，此明晦判前後，非是並不並而判前後也。問：何處作此説耶？解云：《大經》云，發心畢竟二不別。問：若爲不別耶？解云：今明初心亦二諦並觀，後心亦是並觀，以皆並故，所以云二心不別也。問：若爲初心即學並觀耶？解云：有所得、無所得，聲聞行、菩薩行異。若是聲聞行，即拆有入空，從空出有，是生滅觀。若菩薩即異聲聞，發初即作不生不滅不二之觀。對聲聞故，明是菩薩者，從初發心即作不生不滅無所得觀。故《大品》須菩提問云：菩薩何時學無所得？佛答云：從初發心即學無所得。故初發心即學並觀也。此即有二意，一者，釋經初後心不二，二者，爲對聲聞，明發心即作不二之觀。爲此二義故，明初發心即作並觀也。第二節明並觀者，明地前三十心未得並觀，初地菩薩始得並觀。地前非不並，將初地格之，明地前淺故云未並，初地深故並，地前是凡夫位，初地是聖位，地前伏道，初地斷道，就此等義判並不並也。然前節對聲聞明菩薩並觀，今就菩薩中自論並不並也。然此義具出經論。《大論》云：初地得真無生。七地得無生，七地定慧等，初地得無生，初地定慧等也。《仁王經》《瓔珞經》皆明初地二諦並觀，故《仁王經》云：善覺菩薩四天王，雙照二諦平等道也。第三節明七地菩薩並觀。《大論》云：七地菩薩得無生忍。《大品》云等定慧地也。所以七地並觀者，攝前六地，並爲順忍，故未並，七地得無生忍，故並也。十地皆無生，前無生淺，故爲順忍，七地無生深，故爲無生忍也。又約行論，初地檀波羅蜜，六地般若波羅蜜，未得方便，七地得方便。慧無方便縛，方便無慧縛。七地得方便慧有方便解，方便有慧解，具二慧故並觀。前六地非不並觀，但二慧一慧蔳，如兩輪一輪蔳故，未得好並。若七地二慧皆勝，二輪並强，故並也。第四節者，從初心訖至七地，未得並觀，至八地始並觀。此就功用、無功用判之，初心至七地，未得無功用道，八地得無功用道故。七地已前未得無功用道，未並觀，八地得無功用道，故得並觀。此約功用、無功用道，判並觀、不並觀也。今明並觀，有此四節，並出經論，若偏執者，則成失也。

前問未釋，何者？汝雖明並觀有此四節，若爲得並觀耶？汝無有二理，唯有一理，云何得出入觀，復若爲得並觀耶？今反難：汝二諦一體，二諦一體，亦無並觀，何遑問我耶？汝明有二諦理，理何時有二？一切經論何處道有二理？諸大乘經明無有二理，皆云空即色，色即空，世諦即第一義諦。若言有二理，即乖經。故龍樹呵迦旃延子不讀不誦摩訶衍經，迦旃延子自説耳，今亦爾也。設使得明並觀者，師諂爲簫管並伏鼈出鼻，並有兩境在中，而雙照爲並觀。是事不然，經明，照有即是空，照空即是有，何時有兩境凝然在中，雙照爲並觀耶？又二諦一體，亦不得並觀。汝難我云，一體不得並觀。汝家一體，云何得並觀及出入觀耶？出入觀從此入彼，既無二，云何得並耶？彼云：我有即不即義，常即常不即，不即故有並及出入觀也。難：俗不即真者，爲當在真外，在真内耶？若在真内，則與真一，還著前難。若不在真内，則出真，出真則出法性外，佛説法性外無復有法，故不得出真外也。彼又解云：體即義異。還責：義爲即真不即真？即真即一，不即真則出真外。難：二諦一體、異體既不成，則無二諦，既無二諦，論何物即不即？故彼二諦一體無並觀。汝今明不二中道一體，云何得並及出入耶？今明有三種並，如《涅槃經》文殊問無二諦，佛答有十種二諦，今亦爾，汝言無並，我有三種並。且明出入觀。出入觀者，大師云：心常在正觀中行名爲入，纔生心動念即名爲出，起斷常心爲出，在正觀爲入也。次明三種並，然此三並即三出入。言三並者，一者，即横論二諦教並，如前所説，假説有非有爲有，假説無非無爲無，非有爲有，指無爲有，非無爲無，指有爲無，指無爲有，照有即照無，指有爲無，照無即照有，諮此爲並觀也。問：他二諦一體不得並，汝今照有即照無，亦是一體，云何得並耶？解云：他義有礙，有即空即失有，空即有即失空，故不得並。今只有即是空，空即是有，有即空，空不壞有，空即有，有不動空，故得並也。二者，二不二横竪並。二不二，不二二，只二即不二，只不二即二，無二異不二，無不二異二。故不壞假名，説諸法實相，不動等覺，建立諸法。若二異不二，則壞假名説實相。不壞假名説實相故，二即不二，所以二不二横竪並也。問：此出何處？解云：《中論》偈即是，因緣所生法，我説即是空，此是空有横並也。亦爲是假名，亦是中道義，即二不二竪並也。此之二種並，是諸佛菩薩假名方便並也。第三明得失並，何者？有所得斷常衆生行有所得法，無所得諸佛菩薩常行無所得法，此即得無得各路，凡聖兩隔，感應不交，理外云何得成理内，理内云何得化理外耶？今明不然，菩薩常照無得，照有得，道未曾得無得，於衆生有得，於諸佛菩薩無得，今還照衆生有所得，照菩薩無得，此二觀常照，無有一念不照時。若使一念不照有得衆生，諸佛即有漏機之失，衆生機發，即便不覺。爲是故，所以常照有得衆生。故《法華》云：我以佛眼觀見六道衆生也。此即常照得無得名並觀也。此義最要，應須知之。略明三種並觀也。

次一句難解，何者？前云：有於凡實爲諦，空於聖實爲諦。發始開凡聖得失二諦，明有於凡實爲失，空於聖實爲得。從來云，兩於諦皆失。今明，若皆失無有能化、所化，衆生無由得悟，改凡成聖，捨失從得。今明發初二於諦有得有失，有迷有悟，明此是凡諦，此是聖諦，此是俗諦，此是真諦，俗諦所化，真諦能化。故云，一切世諦，若於如來是第一義諦。此是能化，於今隨此於而説，亦是能化。此即能化隨所化有而説有，能化隨能化所悟空而説空，故此二於諦是得失迷悟也。問：用此語何爲？解云：欲判凡聖得失迷悟，何者？衆生迷故見有，聖人悟故不見有。若爾，同夢虎空華義，迷故見有，悟故不見有也。又今悟不見衆生，則唯真無俗，感應不交，凡、聖兩隔，斯即孤真獨存，迴聖單立也。解云：聖人知於聖空，知於凡有，以知於凡有，故得化也。難：今不問汝知，但問汝爲見爲不見耶？若不見，化道即隔，若見，即還是迷。汝親判迷故見有，悟不見有，今既見有，即還是迷也。何者？《中論》偈云：若謂以現見，而有生滅者，是則爲癡妄，而見有生滅。長行釋云：從顛倒無明故有眼，眼故見。今若見，還是癡妄也。次解云：迷故見有故有，見柱故柱，今悟則知有是不有有，柱是不柱柱。然此雖能解，而大有失，一者，同《成論》，二、同《地論》，三、復著難。言同《成論》者，《成論》明有假、實兩惑，有假、實二境，迷假、實境故，名假、實二惑。如柱是假，四微是實，迷即見有故有，柱故柱，悟假、實二境，即知是假柱，不柱柱，不有有。他亦明迷見有，悟知不有有，今亦爾，則與他無異也。同《地論》者，彼云：只一樹，若作相心取，則有漏樹，若作無相心取，則無漏法林樹。是還是迷悟，迷故有相，悟故無相，迷故樹故樹，悟則不樹樹也。若悟時見不有有，則同《成論》及《地論》。若悟不見者，同夢虎空華義，夢故有虎，覺則不見有虎，諸法亦爾，迷故見有，悟故不見也。梁武何故作夢虎空華義？爲此故，作此義。若悟猶見猶迷，迷故見，悟故不見也。又同大頓悟義，此是竺道生所辨。彼云：果報是變謝之場，生死是大夢之境，從生死至至金剛心，皆是夢，金剛後心豁然大悟，無復所見也。又有小頓悟義，明七地悟生死無所有，此出《大論》。《大論》云：譬如人夢中度河，作諸簰筏，運手動足而去，此覺都無所有。七地菩薩亦爾，生死已來，至六地已還，如夢所見，七地菩薩豁然而悟也。師爲此義，故云，迷故有，悟則不有有。作此語，正爲對夢虎空華義。彼悟時都無所見，今對彼故，云見不有有也。第三難且並。汝前云，迷故有，悟故空，則迷故見，悟故不見。今遂不有有，則不見見，不迷迷也。然見有不見有，此未悟耳。且問：那得此有？只瓶柱三界果報。那得此果耶？爲倒業所起，不倒業所起耶？倒業起，唯迷見，悟不見。若言不倒業起，則不然，諸佛菩薩三界之業已盡，豈更得三界之果？故不可也。若言三界衆生倒業所起，諸佛菩薩入三界化衆生者，是亦不然。諸佛入三界化衆生，爲見三界故化，爲不見故化耶？見則同迷，不見何所化？此義進退不可云云。難今家如此，亦得難他人。汝言三界何業所起？十二因緣，過去無明與行感得五果，無明即煩惱，行即業，業煩惱所感。諸佛斷五住惑盡，無復煩惱業，則不應見三界。見則同迷，不迷則不見。彼云：諸佛斷假實上惑，不無假實二境故，雖無煩惱故見也。責：只問所見境何業所起，悟業起，迷業起？若迷業起者，悟則不見。悟業起則無此理也。次難《地論》相心見樹有漏，無相心取則無漏法林樹。只問：此樹何業所起，爲妄業起，爲真業起？若妄業起者，悟真則不見。若真業起者，何有真業起於妄樹耶？故此義難解也。

　次明二諦絶名第五。然此義三大法師無別釋，並云：世諦有名，真諦絶名。世諦有名者，世諦諸法，有名有物，名有召物之功，物有應名之實。如喚火名，即得火來，不得水來，故名召得物，物應名也。真諦絶名者，真諦無名，真諦四忘之絶，絶名故，彼云，以名詺真，去真逾遠，所以真諦絶名也。問：若真諦絶名者，經中何故説有二諦耶？彼解云：經中説有二諦名者，借世諦名詺真，故有二諦也。次難彼義。汝真諦無名，借世諦名詺真諦者，世諦中何處有此名？真只是真如法性，世諦中何處有此名耶？世諦中若有真如法性之名，則可借此名來詺真諦。如詺苟爲烏龍白虎，世諦中有烏龍白虎，可借此名詺苟爲烏龍白虎。世諦中何處有真如法性名，而云借此名詺真諦耶？此難意，出《大論》第一卷。人等世界故有，第一義則無，如法性第一義故有，世界故則無。世界既無，何所借耶？而彼通云：聖人爲作真諦名，故名真諦。脱爾者，借名義壞，聖人爲作真諦名，則非借世諦名詺真諦也。又難云：真諦無名，借世諦名詺真，此名爲得真，爲不得真？名若得真，則真有名。若名不得真，借名何益？然此難可通，何者？彼云：真諦無名，爲人不知真無名，借名詺真，令人知真諦無名，故借名詺真也。此難他不著，今更難之。汝云，俗諦有名，真諦無名，名無名待不？若名待無名，則名無名待。若名無名待，則真俗待，那得從來云三假是世諦？故不可也。若名不待無名，名則無所因，名無所因，自然名也。彼云：名體待，何意無因耶？難：汝世諦名體待，世諦待何物？此已如前難云云。更難云：三有爲三無爲待不？開善云：三有爲三無爲皆世諦故，有爲無爲相待也。問：有爲待無爲，無爲有體，無爲有名。無爲之名，爲是有爲，爲是無爲耶？解云：無爲之名是無常，是有爲，無爲常法無名也。難無爲之名是無常是有爲無爲常法無名也[二]。難：無爲無名，無爲既待，真諦無名，真諦亦待。真諦無名，真諦不待，無爲無名，無爲不待。此正就俱無名爲難也。

次明今釋二諦絶名。師從來有四句，俱絶，俱不絶，真絶世不絶，世絶真不絶。絶不絶既有四句，説不説亦有四句。世諦不絶，真諦絶，此義可知。言二諦俱絶者，真諦絶四句，離百非，世諦亦絶四句，離百非。然此義從來所無，唯今家有也。言二諦皆絶四句、離百非者，俗不定俗，俗名真俗，真不定真，真名俗真，真俗假俗，俗真假真，假俗則百是不能是，百非不能非，假真亦爾，何者？假俗則是是不能是，百是亦不是，非非不能非，百非亦不非，假真即非是不能是，百是亦不是，是非不能非，百非亦不非，是故皆離四句、絶百非也。雖二諦皆離四句、絶百非，然二諦俱絶而大異，何者？俗諦絶則絶實，真諦絶則絶假。俗諦絶實者，是是則是實是，非非則是性非，以俗諦絶實故，是是不能是，百是所不是，非非不能非，百非所不非也。真諦絶假者，非是是假是，是非是假非，真諦絶假故，非但是是不能是，非是亦不是，非但非非不能非，是非亦不非。是是與非是，一切不能是，非非與是非，一切不能非，真諦雙絶世諦假實。此即漸捨，明二諦皆絶義，俗諦絶實，真諦絶假實。此開八不義，至八不中，當廣解釋也。第二，次就平道明二諦俱絶義。俗不定俗，由真故俗，真不定真，由俗故真。由真故俗，俗是假俗，由俗故真，真是假真。既云假俗，即四句皆絶，假俗非俗，假俗非不俗，假俗非亦俗亦不俗，假俗非非俗非不俗，假真亦爾。興皇、長干皆歎此語，直唱假俗，則四彈。假俗那是俗？若是俗，則非假俗，既云假俗，故非俗也。假俗既非俗，可是非俗不？親言假俗，那是非俗？若道假非俗，可是非俗，既云假俗，那是非俗耶？問：若爾，應是亦俗亦非俗。既云假俗，那是亦俗亦非俗？既非亦俗亦非俗，應是非俗非非俗。既云假俗，那是非俗非非俗？假俗既然，假真亦爾，故二諦皆離四句。既竪離四句，則横絶百非也。此則平道用，二諦無異。俗諦絶俗諦四句，真諦絶真諦四句，俗諦絶俗諦性實四句，真諦絶真諦性實四句故，二諦是齊，平道用也。第三，明二諦絶者，二諦絶即絶二諦，明二諦是教門，爲表不二之道。諸法非是有，非是無。非是有，爲衆生故强説有，爲表不有。非是無，爲衆生故强説無，爲表不無。此即有無表不有不無，故有無絶也。正意者，不絶爲表絶故，不絶即絶也。第四，明二諦絶者，只二諦即絶，與前異。前二諦望表道故二諦絶，今明只二諦即絶，只言説即絶。如《淨名經》天女與身子論解脱相，關中云：身子雖知解脱無言，不知言即解脱，只言説文字即解脱，解脱不內不外不兩中間，文字亦爾，不內不外不兩中間，故文字即解脱，只文字即絶。略明四種絶義如此，此四種絶攝一切絶也。《涅槃經》明絶待樂，對苦明樂，非是好樂，無苦無樂，乃是大樂。大亦有二種，相待大、絶待大。此是何物絶耶？解云：此是漸捨絶，前明相待樂非好樂，非苦非樂樂乃是好樂，故是漸捨絶也。二諦俱不絶者，然絶有此四種，不絶亦有四種，翻此四種，即是四不絶。第一不絶者，俗諦絶實是非，不絶俗諦，真諦絶假，不絶真諦，真諦絶假生滅，不絶真不生滅，故二諦皆不絶也。第二不絶者，既云假俗，何時絶俗？假真，何時絶真？假俗名真俗，假真名俗真，真俗俗真，故二諦不絶也。第三不絶，二諦爲表絶，何時絶二諦？二諦有二義，爲表絶故言絶，而有二諦故不絶也。第四不絶，二諦言説即絶，只絶即不絶。師從來舉佛影譬，遥望相好宛然，至邊都無所有，二諦亦爾，言説宛然而絶，絶而言説宛然。此亦是世諦絶，世諦不絶，從來所無。從來云：絶即真諦，不絶即世諦。難：若爾，遥望佛相好是世諦，近之無相好應是真諦。今明，只相好宛然而無所有，無所有而相好宛然，諸法亦爾，只不絶而絶，絶而不絶也。

次明二諦攝法義第六。然此義，開善、莊嚴兩家釋不同。開善云：二諦攝法盡，下至生死，上極涅槃，預名相所及者，故皆世諦，只此名相即體不可得，爲真諦，爲是義故，二諦攝法盡也。又彼明，生死涅槃皆是虚假，故是世諦，既是虚假，故可即空，爲真諦，所以一切法無出二諦也。彼引《大品》云：佛與弟子知法性外無更有法，法性還是真諦，法性既攝法盡故，真諦攝法盡也。又引《大品·幻聽品》：須菩提問：生死如幻如夢，涅槃亦如幻如夢耶？佛答云：生死如幻如夢，涅槃亦如幻如夢，設有一法出涅槃者，亦説如幻如夢。涅槃既是幻夢，故涅槃虚假。以虚假故是世諦，虚假即空故爲真諦也。問：彼何故明涅槃是世諦耶？解云：彼明涅槃，三假中，是相待、相續二假所攝。若是生死，則具三假。何者？爲異具所成故，是因成假，異具所成者，四微成柱，五陰成人也。前念滅，後念續前念，名相續假。長短方圓，名相待假。具三假故爲世諦，三假舉體不可得爲真諦，生死爲二諦攝也。涅槃爲續、待二假攝者，佛果續金剛心，金剛心滅，佛果起，續故是相續假。涅槃復待生死，故涅槃是相待假。佛果不爲異具所成故，非因成假也。問：萬德成涅槃，何故非因成假耶？解云：萬德無别體，非别法成此人，人即是法，但義論人法，可軌義爲法，統御義爲人，無别異法成人，故云，佛果不爲異具所成，非因成假也。以涅槃具二假，故是世諦，即以此二假空爲真諦，故涅槃具二諦攝。彼云：《大品》權教，雙林實説，二諦往收，悉無不盡，故明二諦攝法盡也。莊嚴明二諦攝法不盡，二諦故自不攝涅槃，攝生死中法亦復不盡，何者？生死中有有法，有空法，虚空不爲二諦所攝。虚空不爲異具所成故，非因成假，無前滅後生，非相續假，亦非相待假。開善明虚空非因成假，非相續假，是相待假，何者？虛空有名相故，是相待假。莊嚴明虛空故，非因成、相續，亦非相待假，何者？虛空是常，無有名相，名相是無常，以虛空常故無名相，無名相故非相待假，故虛空非三假。非三假非世諦，非三假故不可即空，故非真諦。問：虛空既然，數滅、非數滅云何？解云：小乘數滅、非數滅還是無常，還是世諦，但昔方便説爲常，望今大涅槃，皆無常也。若今日數滅還是大涅槃，復不得爲二諦攝，非數滅同虛空。然三無爲法，虛空無爲常通今昔，餘二無爲昔無常今常，以今常故，皆不爲二諦攝。《成論》明三無爲一體，開善、莊嚴皆明三無爲一體。此則開善明三無爲皆爲二諦攝，莊嚴明三無爲不爲二諦攝也。然彼明涅槃非續、待二假，難解。佛果續金剛心，何故非相續假？涅槃待生死，何故非相待假耶？彼解云：涅槃是續而非假，涅槃是待而非假。三假中因成假，涅槃非因成亦非假。若是相續，則是續非假。若是相待，是待非假。假是虛妄，涅槃是實，故涅槃非假。而有相待，虛實待，假非假待。佛果實續金剛心，佛果是實，故續而非假。非假故非世諦，既非假，不可即空，故非真諦。引《涅槃經》云：若言解脱譬如幻化，凡夫禍[三]得解脱者即是磨滅，有智之人應當分別，人中師子雖有去來，常住無變。故知涅槃非虛假也。開善將前文難，《大品》云，涅槃如幻如夢，設有一法出涅槃者，亦如幻夢，云何言非假耶？莊嚴解此懸去，彼云：《大品》明空蕩相，第二時教，猶帶昔教意故，云如幻化。《涅槃》極説，明涅槃是妙有，亦名善有，不可空故。經云：空者二十五有，不空者大般涅槃。若爾，莊嚴涅槃亦爲二諦攝，亦不爲二諦攝。《大品》至《法華》，明涅槃爲二諦攝，常住教明涅槃不爲二諦攝也。開善更將一經文難懸屈，經云：迦毘羅城空，大涅槃空。既云大涅槃空，云何非二諦攝耶？彼即曲解言：涅槃空者，涅槃空無諸相故，云涅槃空。難役置不令得去，經親云大涅槃空，何時道空無諸相？空無諸相，別復是一種語，涅槃空無十相。十相者，三界男女相及五塵相。涅槃無此十相，故云涅槃空無諸相，何時明涅槃空耶？莊嚴終明涅槃不可空，明涅槃非磨滅法，常住妙有，故非假也。然《仁王經》的有此文，《仁王》云：常住薩云若覺，超出世諦、第一義諦外。此的是一文，而諸法師不引爲證。不引亦有意，言此經預疑故，不足爲證也。

兩家互相破如此，今時若爲耶？解云：此兩家明涅槃未足，今更將《大論》及《中論》足之。《中論》偈云：一切實非實，亦實亦非實，非實非非實，是名諸佛法。是四句束爲三句，一切實非實爲第一句，亦實亦非實爲第二句，非實非非實爲第三句。一切者，即是有爲無爲、生死涅槃，故云一切。非實者，明有爲無爲、生死涅槃皆是虛假，故云不實。一切實者，亦爲無爲一切法，皆入真如法性故，云一切實，如衆川入於大海，同一鹹味。此即開善義也。亦實亦非實者，即是莊嚴義。莊嚴明生死非實，涅槃是實，故云亦實亦非實也。非實非非實者，非一切實，非一切不實，雙彈兩家故，明非實非非實也。是名諸佛法者，論釋云：若於此三種並皆得悟，則名佛法。若於此三種各執，則成戲論，不名佛法也。所以明此三種者，欲彈從來定執，論明此三種皆是如來方便，爲衆生作如此說，若是實相，非三非不三，此三句並是方便。開善、莊嚴不知是方便，於方便中復不盡，何者？兩家所計，方便中一枝義耳。得方便一枝亦好，而復於一枝中各相破射，各執是非，謂是道理實說，開善云二諦道理攝法盡，莊嚴云道理不盡，爲是義，所以成失也。問：今時所明二諦攝法盡不盡耶？解云：大乘經具有二文，此並是如來方便爲緣之說，有時爲緣說二諦攝法盡，有時爲緣說攝法不盡，具有盡不盡二種法門也。又欲令攝盡則盡，欲令攝不盡則不盡，無所妨礙，何者？一家有單複六種二諦，前後明三種二諦，有時開則有三諦，有諦、無諦，非有非無中道第一義諦，有時攝三諦爲二諦，有無並世諦，非有非無爲第一義諦，乃至二不二爲世諦，非二非不二爲第一義諦。就此而論，則無出二諦。就前節復出義，有如此經文，則作前釋，有如此經文，則作後釋，無相違也。

次明二諦同異義第七。然此義，前諸章中已明，今更略辨。何者？第一，約《涅槃》《大品》二經，明二諦同異。第二，明衆家釋二諦同異。言二經明二諦同異者，大師舊云：《大品》以空有爲世諦，有空爲真諦。《涅槃》明有空爲世諦，空有爲真諦。何故爾？《大品》是摩訶衍之初，《涅槃》是摩訶衍之後，説此二經，各治病不同。《大品》摩訶衍之初，正對三藏明諸法是有，多明有所得義故，經云，有所得者，聲聞緣覺，以小乘是有所得故。欲淨此有病，明説諸法有者乃是世諦，諸法畢竟空爲第一義諦。所以爾者，叡師《大論序》云：見邪思之自起故，《阿含》爲之作，知滯有之爲惑故，《般若》爲之照。若涅槃空爲世諦，有爲真諦者，正對破三修斷無涅槃，小乘明灰身滅智得無餘涅槃以爲妙極。故肇師云：智爲雜毒，形爲桎梏，智以形倦，形以智勞，故滅身以歸無，絶智以淪虚。《涅槃》對此斷無之病，故明斷無乃是世諦耳，若常住涅槃三點具足、四德圓滿，妙有涅槃是爲第一義諦。師云：若約此義而論，得作斯判，若約餘義，則不得也。此是二諦一枝之别義耳。今次通明之，《大品》《涅槃》，一切摩訶衍經，皆以空有爲世諦，有空爲第一義諦。此義《大品》故自有文，《涅槃》亦有此釋。故《涅槃》答文殊問中，開十種二諦，皆以有爲世諦，空爲第一義諦。又經論中並明諸佛常依二諦説法，明所依二諦，有爲世諦，空爲第一義諦。今依《大品》，有爲世諦，空爲第一義諦，《涅槃》反此者，唯《大品》依二諦，《涅槃》應不依二諦。既云諸佛常依二諦説法，豈釋迦一佛説兩經，便爾相背耶？以此而推，故知有爲世諦，空爲第一義諦，此義則通也。又《大品》云：諸法如幻如化，涅槃如幻如化。《涅槃經》亦如此，故文云：迦毘羅城空，大般涅槃亦空。是故空、有二諦通二經也。又《大論》明四悉壇通十二部經八萬法藏。四悉壇中，前三是有，後一是無，故四悉壇即是二諦，四悉壇既通，二諦即通也。又二諦空、有二境生權、實二智，照有是權智，照空是實智。然從來人空有二智是《般若》二智，動靜二智是《維摩》二智。今明不爾，空有、權實二智，十方三世諸佛法身父母。故《維摩》云：智度菩薩母，方便以爲父，一切衆導師，無不由是生。既是一切導師皆由二智而生，豈止在《大品》，而不通《涅槃》耶？以二智通故，二諦亦通也。又《大論》云：若如法觀佛，般若及涅槃是三無異相也。又動靜二智亦不的在《維摩》第三時教。何者？内靜照爲實，外變動爲權，此則自行爲實，化他爲權，始自發心，終於窮覺，皆有此之二智，豈止局在《維摩》耶？爲是義故，空有二諦通一切經。空有二諦既然，三節二諦亦爾。又約叡師《喻疑論》意釋之。何故《大品》明空，《涅槃》辨有？彼云：《大品》爲除虚妄，《涅槃》爲顯妙有故也。然此兩語相成，要除虚妄，妙有得顯，亦妙有得顯，虚妄即除。雖復兩經相成，要前洗於虚妄，妙有方顯也。然此即是今家涅槃有所無、無所有義，洗妄即《涅槃》有所無義，顯有即是《涅槃》無所有義。故經云：空者二十五有，不空者大般涅槃也。一往如此，再往皆無。故經云：智者見空及與不空。智者既了生死空不空，即知涅槃有不有，斯則顯諸法非空非有、非生死非涅槃也。此即有三節義，如前可知。

次明二諦同異者，古來有鼠嘍栗二諦、案苽二諦。嘍栗二諦，即空性不空假，假爲世諦，性空爲真諦也。案苽二諦，假爲世諦，假體即空爲真諦。廣如常解云云。次周顒明三宗二諦，三宗者，一、不空假，二、空假，三、假空。野城寺光大法師用假空義，開善亦用。用中最不得意者，如醜人學西施嚬，轉益醜拙，彼知美嚬，不知嚬之所以美。開善用三宗不得意，猶是學嚬之類也。然三宗義，不空假還是鼠婁栗，空假是案苽，今家所辨初節二諦是假空義。假故空，雖空而假宛然，空故假，雖假而空宛然，空有無礙。略明二諦義竟，有常別當廣述云云。

二諦義下卷

校勘記

〔一〕「遺」，疑爲「遣」。

〔二〕「難無」至「名也」，底本原校疑衍。

〔三〕「禍」，疑爲「謂」。

（洪艷麗整理）

〇九三八

大乘三論略章一卷[一]

胡嘉祥法師導義之要

二諦義　二智義　般若義
真應義　涅槃義　佛性義
二河義　二種次第義　正像義
金剛三昧義　生法二空義　涅槃義
真應二身義　常無常二鳥義　半滿義
佛性義

校勘記

〔一〕底本據《卍續藏》。

第一明二諦義

攝山師云，二諦者，乃是表中道之妙教，窮文言之極說也。道明有無，有無不乖其道。理雖絶要二，因二以得理。是以開真俗門，説二諦法，以化衆生。是故經云，善男子，隨順衆生，説於二諦。隨凡説名俗諦，隨聖説空爲其諦。

問：理既非二，説二云何得理？答：説二住二，便不得理。如聞有住有，聞無住無，此則名失，不得理也。若聞二不住二，因二悟不二，如聞有不住有，因有悟不有，聞無不住無，因無悟不無，便爲得理。問：若聞二住二，名之爲失，聞二悟不二，稱之爲得，此之得失，爲共爲一教，各各稟不同？答：此教實無二，但行有得之失，故兩名不同。是以經云，若服甘露便得長年，若不巧服反成促壽。

問：有爲俗諦，空爲真諦，唯有一判，更有餘釋？答：攝嶺山相承，略明三種二諦。一者單明二諦，但空有爲俗諦，有空爲真諦。二者複明二諦，空有有空，應稱爲俗諦，非空非有，乃名真諦。三者重複明二諦，空有爲二，非空非有名爲不二，二與不二應爲俗諦，非二非不二，方是真諦。問：但得有爲俗諦，空爲真諦，亦得空爲俗諦有爲真諦不？答：在義亦通，但用處爲異。若是《大品》所明，有爲俗諦，空爲真諦。若《涅槃》所明，空爲俗諦，有爲真諦。所以然者，《大品》多破有病，故以有爲世諦，歎畢竟空，日[二]爲真諦。若是《涅槃》，破著空空病故，以空爲俗諦，歎涅槃妙有故，以有爲真諦。是以經云，空者二十五有，不空者謂大涅槃。

問：前云爲凡説有，爲聖説空，亦得爲聖説有爲凡説空不？答：亦得如，故《釋論》解《往生品》云，聖人知有是假名。問：諸佛善巧，何故不直説非有非無，而令衆生因於有無方悟非有非無？答：要須因指方乃識月，不因指無由得月。要因有無悟非有非無，若不因有無不得悟非有非無也。故有無之教，表非有非無之理。非有非無之理，應有無之教。故《華嚴》云，一切有無法，了達非有無，則其證也。《玄通論》云，真諦以本無受稱，俗諦以假有得名。假有表非有名爲有，除其斷，非謂是有也。本無表非無名爲無，除聖常，非謂是無也。是爲有不畢有，言無不畢無，二言未始一，所表未始殊。問：爲破有無明非有非無，爲不破有無明非有非無？答：具有二義，若執顛倒定性有無，即與破有而明非有破無明非無，若因緣假名義，即識因緣有非有因緣無非無，故不破也。

問：今釋二諦，與他非是，此方外何異？答：今教解種種不同，略出二家，一者不空假名二諦，二者空假名二諦。所言不空者，衆緣生法，無有自性，故爲空，以無性空，偏目真諦，衆緣假法，不可令空，故爲世諦。第二解云，明衆緣生法，即是世諦，衆緣舉體不可得，目爲真諦。故舊云，不空之義爲鼠嘍栗，後家爲安瓜義也。此之二説，意各不然。經云，色即是空，空即是色，汝云何言假是不空？經又云，不壞假名而説實相，汝云何言色舉體空無故有色？問：今時亦得有此不？答：隨緣方便亦有此義。如一往爲論，衆緣假有，此即爲俗，無有自往，此即爲真。二往爲言，雖無有自性，而有衆緣，猶是俗諦，體以衆緣皆不可得，名爲真諦。漸捨爲言故，宜有二意，是以有無喻若芤浮。

問：何名爲俗諦第一義諦？答：由來唯有一種，今無依得，義有多途，略而爲言，凡有三種，一依名釋，二横論，三竪釋。依名釋者，世別不同，第一義是莫二種云。問：世俗與第一真爲同爲異？答：具有同異。言其異者，雲瓔法師云，世是縱論，俗是横論。經云，凡夫生生世世，往來五道。書云，三十年爲一世，故是縱也。俗是横者，毗尼云，國土風俗不同，故俗是横也。真與第一，言其異者，真是對僞，當體受稱，第一形二，稱歎爲目。所言同者，雖有世之與俗，猶爲有諦，第一與真，猶爲空諦。此即是依名釋義也。所言横釋義者，真以俗爲義，俗以真爲義，空以色爲義，色以空爲義。是以經云，欲令衆生深識第一義諦故説世諦，欲令深識世諦故説第一義諦，即是其證也。所言竪釋義者，真以不真爲義，俗以不俗爲義。經云，一切有無法，了達非有無，即其證也。問：諦是何義？答：諦以審實爲義。問：真諦可是審實，俗是浮虚云何名實？答：他釋云，俗諦審實浮虚。今謂此乃審實，何謂審二？明二義故論其實，一者於實，二者教實。教實者，佛説有無二言必能表道，必能應物，故名爲實也。於實者，有於凡是實，無於聖是實，故名爲實也。

問：今明二諦，與他此有何異？答：他明二諦是二理二境，今明二諦即是教門。是故論云，諸佛常依二諦爲衆生説法。《大品經》云，菩薩住二諦中爲衆生説法。衆生雖蒙二諦教門發智，即二諦教轉名爲境。問：他云世諦有言説，第一義無言説，不可以世諦言説目真諦，真諦實無言説，今説云何？答：備有四句，俱説俱不説，一説一不説。俱説者，世諦説生滅，生滅之言即是世諦，第一義説不生滅，不生滅之教即第一義。所言俱不説者，二諦雖説，實無所説，名俱不説。一説一不説者，世諦雖説，説無所説，真諦雖不説，不説能説，故一説一不説也。

問云：何是二諦體？答：有二釋，一云二諦各體，即龍光所用，謂有無性異，豈得同體？第二解云，二諦一體，就一體中更有兩釋。一云二諦同以有爲體，以析有得空故，以有爲體也。二云二諦同以真爲體，空爲諸法本故。今明二諦以中道爲體，以説於二諦爲表不二，不二即是中道。問：二諦云何相即耶？答：佛爲凡聖兩緣故説二諦，有爲俗故有名言，空名真諦，故言語路絶，衆生便謂空有定異，爲此緣故云即空是有即有爲空也。問：二諦攝法盡不？答：開善所明，攝法即盡，莊嚴所明，常住佛果及虚空，出二諦外，故不盡也。今明經具二義，即應破，並須臾之。

校勘記

〔一〕「日」，疑爲「目」。

二智義

二智者，一是權智，二是實智。權是善巧之名，實是實諦爲因。斯乃般若妙用，利物明術，其猶二鳥，無相捨離。俱〔二〕凡夫滯有，闕彼鑒虚，小智沉空，罔知權用。是故菩薩方便，具二智也。如來以二智察緣，即知病識藥，説於二諦，即應病授藥。以智諦故如得，而説諦故如説。如説定得，得行我所説。如得而説，説我所得。故二智即能説，二諦即是所説云云。

前須識有得無得二種二諦，然後方識發生二智。有得二諦，初章前節，不能發生二智。無得二諦者，初章後節，故能發生二智。經云，欲令衆生深識第一義故説世諦，欲令衆生識世諦故説第一。俗是真俗，俗表不俗，真是俗真，真表不真。既悟真俗，表非真俗，即發二智。真俗之教，即轉名境。教生智能所照境能所云云。

今明蒙教門悟轉爲境，離境無智，離智無境，境智因緣，豈是前後及與一時異？故因緣境智，即是非境非智，非能非所。是故論云，因緣所生法，即是寂滅相。境能生智，此是因緣生，智能照境，此是因緣照。因緣照無所照，因緣生無所生，故此生此照，即是無生無照，此境此智，即是無境無智。無境而説境，指智以爲境，無智而説智，指境以爲智，豈同他性境故智耶？

應判二智，云何明得五時教分二智也？第一時前説有相教，照十六諦理，名爲實智，照事中色心，名爲權智。第二時無相教，即《大品》之流，照空以爲實智，照有以爲權智。第三時抑揚教，即《淨名》等，抑挫聲聞，高揚菩薩，照二諦理爲實智，現反動等爲權智。第四時會三歸一教，即《法華》之流，照三乘爲權智，照一乘爲實智。第五時常住教，照無常爲權智，照常住爲實智。今謂五時教，無有經文，故不依也。他明《涅槃》中云，五味相生，即是其證也。今明不爾。經云，從牛出乳、出酪，酪生蘇，生蘇出熟蘇，熟蘇出醍醐，合譬云從佛出十二部經，乃至後方等經出《大涅槃》。若爾從牛出乳，乳既言是義，從佛出十二部經，亦是義耶？又《般若》是第二時未是滿字者，此事不然，既未是滿字，亦應未是大乘。若已是大乘，應已是滿字。又難，若言《淨名》抑小揚大，是亦不然，彼經呵十聲聞，斥四菩薩，此乃大小俱彈，何得偏判？又《淨名》既毁聲聞猶如燋種，言是抑者，《般若》亦可遵，其猶如癡犬，豈非挫耶？若言《法華》會三歸一，《般若》等經亦得會宗之義，故總束方以爲一大乘，豈非會耶？若言《般若》第二《法華》第四，此事不然。《大論》解《畢定品》云，善吉已聞《法華》中記聲聞作佛事，復聞此經明菩薩有退，是故今問佛爲畢定爲不畢定。若觀此意，即《法華》在前，《般若》在後，故不可定判也。隨緣方便，必有深致，亦可有無量時，何止爲五？

問：今判云何？答：此無定也。一往爲論，照有爲方便，照空爲實智。二往爲論，照空有應爲方便，照非空非有是實也。他照真之慧不能照俗，俗〔三〕之智不能照真。照真之慧不能照俗，故慧無方便縛。照〔三〕之慧不能照真，故是無方便慧。今明以實爲方便，方便爲實，實方便只是實，方便既照俗，豈不能照真？以方便爲實，此實只是方便，實通照真，寧不照俗？故兩慧無礙，但互舉一邊，故方便照俗，實即照真也。

問：方便與權實，若爲其異？答：通而爲論，猶是眼目之異名。若就別門，方便義長，權義即短。以外國云漚和俱舍羅，此言善巧方便故。諸佛出世所作施爲，無非方便。若是權慧即短，以權是暫，於方便中，更抽權用故。或復手接大千，身入婬舍，並是權也。以方便義長故，屬在般若等教，權義既短義，即是《淨名》等經也。問：他明三乘是方便，一乘是實，與今何異？答：此是一句義耳，自有二，一俱實，二俱權。一俱實者，昔説三權昔爲實，今説一權今爲實。昔説三望今一，三既是權，今説一望昔非，今是權也。二慧二智通猶是一物，即不同一者。慧即解智，其義猶劣，故在因門。智名決斷，其義即勝，故在果地。故《大品》明菩薩有道慧、道種慧，佛有一切種智也。慧名照空，智名照有。故《淨名經》云，智一切相門起於慧業，智種相門起於智業也。智於總相名道慧，智於别相名道種慧也。一切智、一切種智，例此可知也。道種慧云云，氷山瑶十〔四〕師解云，宗彭城憑法師解云云，今謂不得定如此。何者？菩薩發心，其知別總，即具二慧。道種慧有高下者，佛一切智、一切種智，復可不也？前云三是方便，一亦是方便，在此何處明？《勝鬘》云一乘大方便，即其證也。

校勘記

〔一〕「俱」，底本原校疑爲「但」。

〔二〕「俗」，底本原校疑前脱「照」字。

〔三〕「照」，底本原校疑後脱「俗」字。

〔四〕「十」，底本原校疑爲「法」。

般若義

問云：何爲般若？答：依《釋論》凡有八解，今略解述六家。第一解云般若但是真無漏慧。位在何處？答：大乘爲論，初地以上，即是真無漏慧，三十心名相似。小乘爲論，從苦忍以上，名真無漏，自爾之前，名爲有漏。第二般若但是有漏慧，以菩薩除煩惱得般若，故知是有漏也。第三云有漏無漏二種智慧皆是般若，所以是有，菩薩從發心至坐道場，皆是般若，故智通也。第四云般若非有漏非無漏，非有爲非無爲，不可言説，離諸戲論。龍樹菩薩出世，評兩解云，有人言，前之四説，皆有道理，皆出佛口，隨衆生故，作種種説。有人言最後解者是，以過語言道，離諸戲論，依無所得，是真般若也。

問：六解中今用何解耶？答：若隨緣方便，並皆有此義，如其爲執，悉非般若。秦言智慧，故可翻，實相宗重智慧輕薄，故不可以智慧秤量，般若不可翻。《大論》云，般若有二種，一者有爲般若，有生有滅，故是無常，二者無爲般若，無有生滅，是故有常。實相般若者，道超四句，理絶百非。《大論》云，般若般若波羅蜜，實行不顛倒，念〔二〕想觀已除，言語法亦滅。此方便般若者，有生有滅，有智有愚。般若無智，無行不知，以般若無智即是愚方便，此無所不知即是智方便。文字般若者，即佛説波若，説名字及小經卷也。實相般若既非愚智，所以爲體。方便般若者有愚智，即是用也。實相般若爲當體受名，爲從境受秤，具有此義，自有智實境，故名爲實相，亦當般若體即是實相也。般若未曾因果，一往爲論，宜名爲因。《釋論》云，般若不屬般若二乘，但屬菩薩，故智慧因也。若至果即反名薩般若，薩般若悉爲一切智，亦得爲果。如涅槃三德中般若，涅槃既是果三德，般若豈非果耶？問：《涅槃經》云，般若者，一切衆生毗婆舍那，一切聖心闍那者，諸佛菩薩，是事云何？答：此無淺深中作淺深。般若宜翻爲慧，其義劣。毗婆舍那翻之爲智，其義小勝故。是一切聖闍那，此翻爲見，其義最勝，故在諸佛菩薩。般若波羅蜜者，道安法師翻爲度無强，《大智論》云彼岸到也。然常有二説，般若從有相此岸，至無相彼岸。若是涅槃，從生死此岸，至涅槃彼岸。今説如此釋度，非究竟也。若然彼此乖勉，方是究竟度義。

校勘記

〔一〕「念」，底本後衍「慧」字，據底本原校删。

真應義

經云，佛真法身，猶如虚空，應物現形，如水中月。論云，佛有二種法身，一父母生身，二法性生身。所以有此二身者，肇師云，非本無以垂迹，非迹無以顯本。他明常住，此是法身，昔辨無常，此是應身。亦得昔爲法身，今是應身。若由來所釋，五時不同。若初故佛壽八十年，以相好爲佛，第二時佛壽亦八十年，以智慧爲佛。第三時佛壽七百阿僧祇，第四時佛壽復倍上數，第五時即是常住。有四時明佛並是迹身，第五常住方是本，今明五時不立云云。

《般若經》云，欲得壽命無量，光明無盡，當學般若。何時定言佛壽八十年云云。始迹終本者，明王宫不生而生，故是始迹終本。吾今此身即是法身，常樂我淨，無有變易，故是終本也。始本終迹者，我從無量劫來久已成佛，法身非雜食身，即始本也。後云今入涅槃，示同毒樹，即終迹也。始終俱迹者，明王宫方便現生，雙林方便示滅，此生滅應皆是迹也。始終俱本者，王宫現生，生而不起，是故不生，雙林示滅，無所失，是故不生不滅，故始終俱本。生滅爲迹，無生滅爲本。然生滅由無生滅故有，即是非迹無以顯本。然由生滅故有無生滅，即非無生滅，由無生滅故有生滅，即非生滅，是故非生滅非無生滅。由無生滅故有生滅，即非生滅，是故非生滅非無生滅。故云本迹雖殊，不思議一也。

有人云，舍那釋迦猶是一佛。故《華嚴經・名號品》云，或名盧舍那，或名釋迦文。故知是一佛也。地論師解云，佛有三身。一者應身，即是釋迦。二者報身，即是舍那，以修十地因滿感得，此謂報佛。三者即梨耶真如法，本性清淨，故名法佛也。今所明者，並不同此二説。然此二佛，自有同義，自有異義。同者如去或名舍那，或名釋迦也。異者，《梵網經》云，我今盧舍那，方坐蓮華臺，周迊千華上，示現千釋迦。故執同有失異，對有忌同云云。問：云何爲失？答：舍那是華臺佛，故是本，釋迦是千葉上尊，故是迹也。既言釋迦舍那並是迹，故不得爲本迹也。今分於本迹，故舍那爲本，釋迦爲迹也。

問：諸佛爲同作一佛，爲各各作佛？答：三釋，云在因異故，得果亦異，如張王二人云云。三云次在因雖異，得果便同，如小流大海云云。三云亦同亦異，世諦即異，真諦即同。《華嚴》云，十方諸如來，同共一法身，一心一智慧，力無畏亦然。一法身何得言異，十方諸佛何得言同？十方而一，何妨言同？一而十方，何妨言異？問：法身爲有色爲無色？答：如此亦得。問：法界名與法性身云何同異？答：他釋法性名即是真諦身，法界身即是世諦名也。今明且出叡法師解，如來之身名種種，或法性身，或實相名，或感重法身，或虚空法身。言其生，即本之法性，故得法性。言其妙，即無相無爲，謂實相法名。言其大，彌淪大虚空法身。明其用，即無感不形，謂應法身。今法界法性，亦復如是。取廣大，故云法界法身，言其體性，無有生滅，故云法性云身。問：他云應身説法身不説，今釋云何？答：脩通四句。問：此出何處？答：《釋論》云，法身佛滿虚空，所有音聲説法亦滿虚空，即有〔一〕證也。

校勘記

〔一〕「有」，底本原校疑爲「其」。

涅槃義

所言者，外國名摩訶般涅槃那。摩訶者，或摩醯，《大論》三解釋，一者大，二者勝，三者多，正翻爲大，餘二兼釋也。所言大者，《名字功德品》云，名之爲常，二者《四相品》，所言大者，其性廣博，就此二義，爲簡昔也。昔曰有餘智體猶是無常，爲簡昔有餘無常，故云常也。廣博者，簡昔無餘，昔無餘是無所苞也。今明涅槃廣博，方有所苞。問：對小明大，爲絶待稱大？答：具有二義，一者對小故名大，小即無常不苞，大即是常是苞。二者絶待明大，非大非小，歎美名大。如不因小空，名爲大空。涅槃亦爾，不因小涅槃，名爲大涅槃。

所言涅槃者，自古至今，凡三釋，一云涅槃無翻，二云有翻，三云但有義訓，故不可得翻。一者名含衆義，故不可翻。彼義序云，涅槃者，蓋是神道極號，八味都名。一者含衆義，故不可得翻，如先陀婆，一名四實也。三者名含衆義，義含衆名，名義既圓，不可翻也。今難，若使涅槃，此土衆生無由得解，而實有緣故可翻。次難云云，亦名説樂，昔亦名説樂，既也不可翻，亦不可翻。今既具萬德，昔亦可具德也。又難，若存外國名，不可翻者，般若乃至佛陀，亦不可翻，何故存般若名耶？又問，般若是圓名，此品應圓翻也。第二師云，涅槃可翻，凡有七解，一者肇師翻爲滅度，即開善用也，謂大患永滅，超度四流，四流謂欲流有流見流無明流也。又翻涅槃作無爲，言其虛無寂漠妙絶於有故也，亦是肇師云所翻，其法師所用。第三曇影師云，涅槃秦言安樂。四者，竺道生法師直翻爲滅。五者，靜師翻爲寂滅。六者，宗法師翻爲解脱。第七，梁武翻不生。今難，若衆涅槃定可翻者，在經何故猶在般若？叡師《大品序》云，不可翻者即而書云云。次難，涅槃定可翻者，經何故云或言寂滅、或稱滅度？今的用何物翻耶？第三義訓凡有三師，遠師秤爲實，愛公秤秘密藏，宗公秤無累。

今明義釋，猶是無翻，不須別難。問：今云何？答：前須識涅槃有名無名，然後方得辨其翻與不翻。若未識其名與無名，今云何得論其有翻無翻？但他絶義多種不同。或言本絶生死，遠絶涅槃絶生死。又云涅槃即是真諦，故以倫絶。今時所有諸法清淨，假名方便，故有所言義無有根本，皆是因空而起。是以經云，空中種樹方覺其巧。何者？明涅槃無名，强爲作名，此是則無名名，亦是强作無名，即是名無名。名無名故，所以不絶而絶。以無名名故，絶而不絶。以名本於無名，豈定是無名。無名本於名，豈定是於名。絶本於不絶，豈定是不絶。不絶本於絶，豈定是於絶。所以名無名，絶不絶，非名非無名，非絶非不絶。故云免其名無名，無名豈定是名。無名之所能，此非名非無名，故能名能無名也。名無名既然，翻亦爾。

問：今釋涅槃，以何爲義？答：涅槃即是總別爲義也。涅槃爲總別者，具三點四德，是故總也，若云解脱不生，此即爲別。問：涅槃既是總，解脱爲別，亦得解脱不生爲總，涅槃爲別以不？答：亦有此義。若作解脱名説，即無非解脱，故解脱爲總。若作不生名，則無非不生爲總，涅槃爲別。涅槃但對生死而是果，果亦得是別。問：今昔涅槃此有何異耶？答：昔日涅槃不一時具三德，有身智時，未必無餘解脱，有無餘解脱時，無有身智。今日涅槃三德一時，故有法身，即有般若解脱也。所以唯明三德者，三義故即盡。何者？無感而不竟故是法身，無境而不照故是般若，無累而不盡故即是解脱也。舊云法身爲體，餘二爲用。今德既圓，體用無礙。舊一體即是妙有，一體即是圓心以爲體也。

問：云何是本有涅槃始有涅槃、方便淨涅槃性淨涅槃？答：此間多明本有始有，他人明方便淨涅槃性淨涅槃。但解本有義不同，略出數家。第一開善云，本有於當常，故云本有。第二解云，本來已有衆德，用惑鄣故不得修習。第三解云，於此無常，即有常義，説爲本有。第四云，本有而非德，道理即是常，例如二諦天然任有也。始有者，佛修因始得，故名始有。如此等釋，並皆須難。今所釋者，須得本有之言。《大經》云，涅槃之體，本自有之，非適今也。是爲答德王難，本無今有是無常，是故爲常。至論涅槃，未曾有無，豈是本始。何以知之者？爲破衆生有身有累，是秤破無身無累，以爲涅槃，衆生便著斷無，是故今説有身智方是涅槃，此是對治悉檀，非第一義諦也。羅漢斷煩惱，及未來生已盡，而餘有身智果在，名有餘涅槃也。灰身滅智，累果畢竟，名無餘也。又身在時，無爲未足，即是無爲有餘，灰身滅智，即是無爲具足，故得無餘也。問：大乘有有餘以不？答：有二釋，一者大乘直是無餘，不説有餘。次解云，約金剛心以還，惑未盡爲有餘，佛果名無餘。問：大乘論今釋涅槃與他何異？答：今明諸法清，未曾生死，亦未是涅槃。但衆生空倒故，便成生死，諸佛欲度空倒生死。若空倒生死息，即空涅槃亦淨。不如他家生死斷苦，涅槃獨存也。有餘無餘，亦因此爲衆生言。有煩惱有患，息此煩惱，故名有餘。猶有身智，亦名有患。身智若盡，名曰無餘。其論身智，本非曾有，今何以無。對惑情之有，明於無也。

佛性義

解正因佛性，凡有十家。第一解云，心爲正因，故經云，凡有心者必得菩提。第二云，衆生爲正因，故經云，正因謂諸衆生。第三云，以六法爲佛性，六法者，五陰及衆生，故經云，不即六法，不離六法也。第四解云，避苦求樂心爲佛性。第五解云，以當果爲佛性。第六解云，以冥傳不朽爲佛性。第七解，以真神爲佛性。第八解云，以得佛之理爲佛性。第九解，以真如爲佛性。第十師，以梨耶識爲佛性也。今明如此等釋，須皆破之。今明者，以中道爲佛性，不同十家也。問：中道爲佛性，出何處文？答：略有四文。第一即瑠璃珠譬，明此寶珠圓而且正喻此中道無餘爲佛性，故云明與無明，愚者謂二，智者了達其性無二，無二之性即是實性也。次《師子吼》云，佛性者名第一義空，所言空者，不見空與不空，即是中道。次迦葉白佛言，以何爲佛性？答，汝今何故失意作如是問，我先不説中道爲佛性耶？故知中道爲佛性也。

常解云佛性有五，一緣因佛性，二了因佛性，三正因佛性，四果佛性，五果果佛性。緣因佛性，言境界能爲觀智作緣，故名緣因，通善惡等法。了因者，即六度萬行，了出佛果，唯取善不取餘法。言正因法者，如前十釋，以所因能感佛故，名正因也。果性者，即三菩提名爲智德也。果果性者，即大涅槃名爲斷德，以因智而得是果中之果。今云五性，然異常用也。今明五性，此開爲二，一者正性，即非因非果，二者緣性，即有因有果。是因中更開爲二，就果中更開兩異。因者即十二因緣，名之爲境。因因者即觀照，名之爲智。問：經云，是因非果，名爲佛性，是果非因，名大涅槃，亦因亦果，即十二因緣所生之法，非因非果，即是佛性，此義云何？答：是因非果，即境界佛性。是果非因，即大涅槃，謂果果性。

亦因亦果，即是觀智諦，境界是果，望菩提故是因故。非因非果，即是中道正性，亦得通於因果諦，觀智即是果諦，涅槃斷得即是因。問：既云正因，何者爲正果？答：他云以涅槃爲正果，今明涅槃是果法，非正果也。以正性非因非果名帖正性，故名正因，果名帖正性，爲正果也。

二河義

二河者，凡有五種相對，一者緣河對佛性，二者生死河對涅槃，三者衆生河對佛性河，四者善法河對惡法河，五者煩惱河智慧河。問：此五種二河，並出何處？答：經教不同。釋迦教其中具有河之與海，多借河名。舍那教中具有河之與海，多借海喻。此因取其深廣無邊流注不沈浮等義。若是《師子吼品》，明生死河中有七種人，欲度生竭死，即生死河也。《迦葉品》中，有七類人求涅槃，即涅槃河。又云，衆生壽命入如來壽海中，即衆生河佛陀海佛也。又云，雖有龜魚，並不離於河。《大智論》云，舍利弗不能度布施，即河善法。又云，如來海、衆生海、佛智慧海，即善法惡法等河也。問：《師子吼》明七種衆生，《迦葉品》明河中七人，云何判一是生死二是涅槃耶？答：《師子吼》明七種人，同欲度生死，有度有不度者，欲斷煩惱，有斷有不斷者，故是生死河。《迦葉品》明七人，同欲求涅槃，有得有不得，同欲見佛，有見有不見者，故是涅槃河也。問：此中河義爲同異？答：總而論，唯有二河，一生死河，二涅槃河。今一往離之，故或十也。若是十二因緣河與佛性河，此是二用相對。若是生死河涅槃河，此是得失兩果相對。衆生河佛河，此得失兩人相對。若是善法河惡法河，此明乖扶兩法相對。煩惱河智慧河，此就迷悟解惑相對。

問：二河云何有始終二義？答：十二因緣河，具有始終義，無始終義。無始終者，無明爲因，老死爲果，老死復爲因，無明復爲果，此則往還無盡，牽果不窮，即無始終義。始終者，《中論》引《四百觀論》云，真法及説者，聽者難得故，如是即生死，非有邊無邊。得真法説者聽者，以無明爲因，因更作果，以老死爲果，果更作因，此即十二因緣，始終即無始終也。佛性河亦有始終、無始終義。無始而始，始自發心，不終而終，終於佛果，此即無始終、始終義也。問：云何交終論始終等四句？答：自有生死之始爲涅槃之終，涅槃之終爲生死之始，涅槃之始爲生死之終，生死之終爲涅槃之始。所言生死之始、涅槃之終者，若起一念有無顛倒，生死之始便失正道，無復涅槃，故是涅槃之終。爲生死之始者，即是上句無別意也，但明涅槃若其終盡，便是生死之始也。涅槃之始爲生死之終者，若一念與般若相應，即涅槃之始，生死即便盡淨，故有生死之終。

二種次第義

《釋妙莊嚴等品》，三世諸佛唯有二種次第，一根緣次第，二義次第，亦云論次第。言義次第者，如先説苦諦，次説集諦也。根緣次第者，如先説苦諦，後説十善等，非四諦之次，但隨根緣也。佛説法具此二種次第，而多就根緣次第。諸菩薩造論，亦具二種次第。但弟子欲解佛語，多依義門次第，撰集佛語，次第釋之。

問：二次第何者爲正？答：以根緣次第爲正。所以然者，佛及弟子説經造論，唯令人悟，而教無有定。問：叵有定義以不？答：如前云，唯以悟爲定，故則不定。如《大經》云，菩薩餘事諍論得，皆是如來隨根緣説。以此衆生非一國土一種根性一善智識，是故如來不作一説，但令取悟耳。若爾前説《法華・壽量》，後則明諸菩薩。又前説陀羅尼呪，後説妙莊嚴王本事。根緣次第，不必辨呪居第一，妙莊嚴王爲第二故，非義次第，此通釋二十八品經八萬四千法藏也。問：直聞妙莊王本事，云何悟道耶？答：佛見根緣，説必得道。無論事理及以古今，設不見機，雖説妙道，於緣無益。

問：上説妙音來往，得悟無生。今聞往古事，復得淨眼。然大小二悟，要見空後得道。今説有事，云何成聖？答：雖質小疑，實壯哉大問。《成論》人云，見空得道。數人云，見有成聖。諍論紛然，由來久矣。今明如數論等四句，皆不得道，何以故之？《釋論》解般若度中云，不得般若方便力故，學阿毗曇墮有見中，學空門墮空見，學有無門墮亦定亦有見中，學非有無門隨愚癡論，故知四句皆不得道也。若得般若方便，學此四句，不墮四見。若爾者，善巧學四句皆得道，不善巧學四句四句皆不得道。又即此明菩薩往來而得道者，即是善巧方便學有，故得道。問：云何善巧？答：菩薩來者，此是不來於來，雖來不來。悟解此來，即生二慧，是以得道。問：見有得道，爲作有解故得道作空解故得道？答：已前説，作有解即有見，作空解即空見，如是四句皆不得道。識有是空有，雖有而不有，因此得入道。有終非道，乃是道門耳，空等亦然。

正像義

此義總釋諸受記中法住久近。問：釋迦佛法住世，凡得幾年？答：正法千年，像法千年，末法萬年。出《祇桓精舍碑》、《善見毗婆沙》中亦有此説。但度女人出家，損正法五百年。有人言，都失五百年，正法但五百，像法千年。故《摩耶經》但明千五百年中，論文亦爾。有人言，損正法五百，流入像法，像法便有千五百年。有人言，修八敬故，正法還復千年。

問：何故三時復但言像正？答：言像正者，攝末法入像也。言末法者，開像爲二，謂像及末。

問：何以故像即末耶？答：《十二門論》云，末世衆生薄福鈍根，即名像爲末也。問：云何爲像正？答：此具多義。一者佛在世爲正，佛滅度後爲像。二者未有異部爲正，有異部爲像，則百十六年後方樂像法耳。三者得道多爲正，得道少爲像。故釋迦前五百年得道多，不得少，後五百年得道少，不得者多。四者破正法未破正法分像正，《大經·耶正品》，我滅度後七百年中，是魔波旬漸當破壞我之正法，則六百年未破爲正，七百年破爲像。五者諸惡法起分像正。《像法決疑經》云，千一百年諸惡法起名像，若千年内惡法未起爲正。然千年内雖有惡法起，起猶未盛，故屬正也，惡盛爲像。六者二千年皆屬正法，萬年轉衰微爲像法。七者諸菩薩見如來法無有滅，常見諸佛，則萬二千乃至一切時皆是正法，二乘人見佛法有興衰，故有像正耶？

問：何故釋迦正法但得千年耶？答：過去釋迦佛，正法千年住世。而釋迦本作陶師，因發願，願我作佛爲釋迦，令我正法亦千年住也。以是事故，正法但千年。問：佛滅度以來凡得幾年？答：至今已得一千五百九十六年。問：經何故云正法千年住世，何故千年外別有佛法？答：此不相違。所以然者，佛法有二種，一正得，二正教。正得者即得道人也，正教者佛正法教也。言千年佛法滅者，此就正得爲言耳。千年内有得道人，千年外得道人少，故名佛法滅也。正教法者，乃至萬年住世也。問：佛法滅時有幾因緣？答：有七因緣，如《思益經》廣説，問有三大劫三小劫，《法華經》中身子正法住世三十二小劫，像法亦三十二。何故但言小劫，非大劫耶？答：應是小劫。所以然者，大劫則無佛世界，豈有佛法住耶？而今云三十劫者，此是小劫耳。問：三大劫通淨穢土，三小劫但是穢土，若爾身子成佛時皆是淨土；云何有小劫起耶？答：外國名劫波，此云分別時節。今但有時節久近如小劫起，有盡之數名小劫耳，實無小劫起也。問：小劫時節云何？答：從八萬四千歲漸減至十歲，名一小劫。問：一大劫唯有八十小劫耳，《常不輕品》中云，彼佛正法住世，如四天下微塵劫耶？答：大劫有長短不同，短大劫者但有八十小劫耳，長大劫者其事不定，如娑婆一劫，比四方爲一日一夜，如是乃有百萬阿僧祇品，如《華嚴》廣説，以此推之，無所疑也。

論佛入涅槃，釋此經諸佛入滅事，諸佛有六事故入涅槃。一者爲所應成就衆生已竟，故入涅槃。二者令二乘人捨小涅槃，令歸大涅槃故。所以然者，如來捨此身歸法身者，二乘之人亦應捨此身求佛法身也。三者爲除衆生輕慢心故，淺識之流取信耳，自謂如來身有生老病死與己身同，於如來身起輕劣想。是故今明佛有二身，一變化身，捨之入滅，此與人同，二者法身，無老病死，此與人異。四者爲令衆生生渴仰心，若恒見不滅，必生厭薄，示現捨滅，故生渴仰心。五有令衆生懃加精進，悟世非常。諸佛有三種力勝一切衆生，一父母生身力，勝一切人天，二神通力，勝一切人，三解脱力，勝一切人。雖有三力，爲無常所滅，故知無常其力最大。因此悟世無常，懃修道。六者爲已懃修道者，速令成熟，是故現滅也。

金剛三昧義

金剛是譬喻，亦名三昧，直心行處，或云調直定。或喻喻三昧名金剛三昧，或喻心金剛心，或喻般若名金剛般若，或喻法身名金剛身。但金剛是世間之寶，體堅用利。一切物不能寝，體堅也。而能權一切物，用利也。又此寶世間第一，此三昧亦爾。又此寶世人不能評價，三昧亦爾。又此寶色，是即不定，此三昧亦爾。或名三昧，或名般若，照靖爲三昧，靖照名般若。但三昧之智，極細之惑，此心能斷，云金剛三昧也。然一往借此爲喻，而實非喻。金剛世間之寶，得之即憙，失之即憂。三昧不爾，不憙不憂，一得不失。

又世間金剛即破壞，三昧不爾，畢竟不壞也。

生法二空義

五陰中，求衆生不可得，名衆生空，求法不可得，名爲法空，亦名衆生忍也。得衆生空，堪忍無我相，故名衆生忍。法忍例然。《大論》云，行衆生忍，生諸福德。行諸法忍，生諸智慧。此義將生法二空竝難之，生法二忍既分福慧，生法二空亦應然也。生法二空既名智慧，生法二忍亦應並皆稱德。解云，此則通例。但二空是自行解心，故皆是智慧。二忍自他兩對，生忍忍他，法忍自行，故濟也。

涅槃義

外國應云摩訶般涅槃那。摩訶此翻名大，《大論》具三義，大、勝、多，以大爲正。大有六義，一常故，《大經》云，所言大者，名之爲常。二者廣故，《大經》云，所言大者，其性廣博也。三者多義故，《大經》云，勝如大城，多諸珍寶，涅槃亦爾，多妙法珍寶，故名大也。四者深義爲大，淵深難測，故名爲深，經云，大名不可思議，一切人天二乘所不能測。五者高義爲大，一切聖人所不能甲，經云，勝如大山，一切世人不能得上，二乘菩薩不能得上，故名爲大也。六者勝義爲大，世間中上勝之人，名爲大人，涅槃亦爾，諸勝故名爲大也。又大有二義，一體大，謂甚深法性。二用大，應化無方，故經云，住大涅槃，能建大義。又有二種大，一待大，二絶待大。一往相待名大，再往絶待，乃是好大，非但無小，亦復無大，非大非小，嘆美爲大。故經云，無苦無樂，强名大樂也。

般者翻入，涅槃者翻滅，正翻入滅，亦云滅度。肇師云，大患永滅，超度四流，故秤滅度。若翻解脱不生，此並義訓，非正翻也。若翻解脱不生，物應不生非物。又今悉同名涅槃，問名爲成也，但今昔涅槃異。昔日有餘解脱，不具無餘，復闕身智。今日涅槃，法解般若三德，具足圓備，涅槃有德，法身般若，各有三德。如是伊字，伊字如今草下字也，如自在天面上三目也。云有餘無餘者，小乘煩惱滅縛盡名有餘，身智果累滅即無餘。大乘五住因有名爲有餘，無常法滅爲無餘。《攝大乘論》具四義云，今所明者，有二煩惱，一客二舊，生滅爲客舊，皆盡無餘。又云，但爲解脱觀名有餘，解觀但淨名無餘也。

真應二身義

經云，佛真法身，猶如虛空，應物現形，如水中月。故虛空喻法身，以遍無礙義故也。水中月喻應身，如月昇天，水皆現諸身照鑒，物感便顯形。又水濁不見月，水清便見月。衆生心水不淨，不見佛身。心若清淨，即見如來也。又有三佛義，《地論》《像法決疑經》明三佛，謂法報應身，如本有爲法身佛，法身顯酬因義爲報佛，以應機化物爲化佛。《金光明經》三佛，謂法應化也。法身如前。應佛有三義，一與理相應，故名應佛，此猶報佛也。然三皆秤佛，三皆名覺。覺義云何？别解法佛如理，報佛知行也，應佛具知理行故也。又云三佛俱知三法，既秤佛，豈有不知者耶？又法報應三佛，即合應開真，開真爲法報二佛也。

《金光明經》三佛即合真應，真應爲應化二佛也。然二佛更無别體，只真如正法爲體。真如本有爲法佛，酬因名報佛，化物爲化佛。又此三佛皆常，皆是常者，法身本有故常，報佛修因顯常，應佛常説法化緣故常。有時云法報常，應佛無常，三佛説法。有時云法佛説法，應佛不説。應佛説法，報佛不説等耳知。又三佛因者，有時明因唯二種，謂了因生因。法佛了因現也，報應生因生也。又云，法佛了因現，報因具二因，親辨起爲生因，疎而助爲了因。如《大經》云，六度爲生因，佛性爲了因，應佛無別因。既顯時法報，自然應物。又云，大悲誓願是應身因，只大悲誓願般若身了因，能了法身也。

常無常二鳥義

故經云，云何共聖行，如娑羅鳥，迦隣提日月，大伯與歲星。但二鳥有前後飛義，前説苦無常，後説常樂我也。二鳥有並飛義，明涅槃之法，非常非無常，常無常也。又説涅槃能建大義，具常無常二種方便，名爲竝飛。二鳥有上下飛，即常無常勝劣義。我今爲汝説勝三修法，苦無常無我三法爲前爲下，常樂我爲勝爲上。此即三修六修義，昔日名三修，今昔合明之六修也。

半滿義

經云，云何解滿字，及以半字義？還成常無常義耳。一者無常爲半字，常爲滿字。何爾？昔日爲破外道横計生死中有常樂我淨，故説苦無我。破外道邪見，爲起小乘，名爲半字。明常之病既消，無常之患廢。又經文云，其後不久須得病，須用常樂，爲發菩提，故名滿字。若今昔治病，並得名滿字。今昔相望，昔小今大，昔半今滿也。但行始之徒，不知説此常樂爲息無常之病，而復但爲至極，故次明常無常並爲息，俱非究竟，悉名半字也，非常非無常不二，乃名滿字也。爲破二病，故明不二爲滿，此未具足，亦未是滿。前明常無常二皆是用滿，次明非常非無常不二皆是體滿。又若單明體，亦非好滿。若能非常非無常、常無常具足，二鳥雙遊，體用具足，乃名滿字也。

佛性義

夫如如至道，非迷非悟，蕩蕩玄津，無縛無解。特由虚妄衆生，撫執成惑。金揚銅葉，刀似蓮華。乳色不分，象形莫了。隨其流處，六味不同。競捉瓦礫，謂爲真寶。故種智靈覺，世雄調御。示金錍之旨，眼瘼即除，處良醫之方，眉珠便顯。言佛性者，以覺了名佛，不改名性，十方諸佛以此爲性，故言佛性也。佛性有五種，他釋不同。開善云，一正因，二緣因，三了因，四果，五果果。正因者心也，凡有心者皆當作佛，故心爲正因。緣因者，即十二因緣。了因即所生智慧，了出菩提也。果性即菩提。果果即大涅槃也。《莊嚴》云，衆生爲正性。經云，正因者謂諸衆生，緣因謂六波羅蜜，餘同開善也。

山門明中道爲佛性。《大經》云，何故失意，我先不言中道爲佛性耶？又云，第一義空名爲佛性。第一義即中道也，更無有多，但有時爲衆生故，開之爲二，謂正性與緣性。緣性名傍性，就緣性中復開因果，因中二因，因與因因，果中亦二，果與果果。因中有境智，境爲因，智爲因因。果智菩提智爲果，涅槃爲果果。故今五性，一因，二因因，三果，四果果，五正性，非因非果也。但經文有兩四句。初四句云，因與因因，果與果，此並緣緣性。十二因緣名因，所生智是因因故，是因因從因故，所以名因因。菩提是果，涅槃是果果者，涅槃是果德果，故果果也。後四句謂是因非果，是果非因，是因果，非因非果。他云，此四句但明三性，今明此四句具足，明緣正五性。是因非果，即十二緣境性也。是果非因，即涅槃果果性也。是因是果，具於二性。觀智與菩提，此二同是果，智性又是因是果，觀智是境果果，是菩提因因，菩提由觀智果，是涅槃因，故是因是果具二性也。非因非果名佛性，即正性。但正性非因因名帖，强名正性，非果果名帖，强名正果。若爾此有三，足前四句，便成七種。解云，不然，正性雖三名，只是一法。若作正性名，即没正因正果名。若作正因名，即没正性正果名。故唯是一法，足前四句五句。問：正性帖緣性，亦帖不？解云：正性非因非果，故帖名因果。緣性是因是果，更令帖作何物。又並正性帖，緣性不帖，正性中，緣性非中，皆中皆帖。經云，十二因緣不生不滅，非因非果，既雙非，何故不名帖？解云：即通例，今明義。涅槃十二緣，非因非果，非生死因果，如是佛性因義。正性非因非果，即非佛性因果，故不例也。

復有四句佛性，善根人有，闡提人有，善根人無，二人俱有，二人俱無，釋者不同。一云善根人有，有觀智性，闡提人無此也。闡提人有，有即境界性，善根人無，無惡境界性。二人俱有，有正因性，正因是心故。二人俱無，無果性也。山門釋佛性非善非惡，善惡方便，及理内外義。理内闡提有佛性，理外善根無佛性也。理内善根有，理外闡提無也。二人俱有並是理内，二人俱無並是理外也。人有五性，凡夫如雜血乳，須斯二理如純乳，那含如酪，羅漢如生蘇，辟支如熟蘇，佛如醍醐。復有七種六種五種佛性，如《迦葉品》三十二廣釋也。

三論略章造，道藏爲七世父母、現在父母及一切六道四生衆生。

卍云：此書恐邦人所摘録，而所抄出者則係嘉祥大師製作，故姑收藏爾云。

（潘桂明、李永晟整理）

○九三九

三論遊意義[一]

碩法師撰

略有[二]開四重：一明經論遊意，二明四論大歸，三明中觀宗者，四明無方問難也。

第一明經論遊意者，略明三種：一者明人論菩薩不同，二明諸經論不同，三者所化緣利鈍不同也。此即是佛菩薩因緣，經論因緣，能所因緣也。

人即是釋迦，作佛行化。若是龍樹，即是菩薩行化。有佛應有菩薩，有菩薩應有佛，所次非菩薩行化，有佛即不菩薩，佛行化故。二智方便益物，以菩薩行化故。二慧被緣，二智益物故，所説名之爲經。以二慧被緣故，所説被緣爲論。所説被緣爲論，即是破邪顯正也。所説名之爲經故，即是二諦教門，以二諦教門，正是被緣故也。所被之緣，便稟二諦教。以教破緣故教是緣教，稟於教故緣是教緣。教是緣教故教稱於緣，緣是教緣故緣稱於教。教稱於緣故名爲應感，緣稱於教故名爲感應也。感應故説空有二諦，次應感故悟空有二不二。如是作益當時，開悟一道所作已故，方便涅槃是名菩薩佛方便也。次有菩薩佛方便者，明諸佛去世，必有菩薩興者，聖由日月爲成就四生。是故在雖隱，必有月興也。故諸佛去世，便有菩薩。所以遠法師云，白日雖没寢光，猶可係之朗月。所以有龍樹興也。但末世鈍根，聞有作有解故，有住於有，不識有非有。聞無作無解故，無住於無，不識無非無。既住有住無，不[三]不識有非有無非無，亦不識有無非非有非非無。是故既告不二，亦失於二。既失理故失於教，如是二不二皆失，故理教皆失，但成斷常虚忘[四]故。序云：上聖爲之流滯，大士所以栖惶。是龍樹出世，破衆生斷常諸見故。明不斷不常，即是中實。既識於中，方了諸佛假名因緣，空有二諦也。此之假名二諦，即是不生不滅，乃至無來無去也。是故假名二諦，即是八不。所以《瓔珞經》云，二諦者，不生不滅，乃至無來無去也。今龍樹爲破斷常迷錯，申空有二諦，還使衆生識於空有二諦，即是悟不二。如是作益當時，同表一道，菩薩出世大意爲如此也。

問云：何是經通經别，論通論别。

答：如來始自鹿苑，終訖雙林，説雖有十二部經，八萬八[五]千法藏，推其大歸，皆爲息衆生虚妄顛倒，開一道耳，是衆經通也。所言經别者，如來謂大小二種根緣故，開生滅無生滅二種方便觀也。若是大小之緣，説無生滅生滅方便，若大小之緣，開生滅無生滅方便，此是經别意也。次言論通别者，佛滅度後，傳持法藏有二十三人，並爲破於邪見迷，開申正教也。破邪迷，即是符提弱喪也。開申正教，即是報佛恩故也。衆論雖多，同爲此意，是論通也。所言論别者，佛既有生滅無生滅二方便，末代之緣，薄福鈍根，稟此二教，並皆失旨也。聞生滅即住，不知此生滅是無生滅生滅，故雖生滅即是無生滅也。聞無生滅，即住無生滅，不知無生滅是生滅無生滅，故雖無生滅即是生滅也。是以馬鳴、龍樹，即是四依大人，破此二緣故，申佛無生滅教即是無生滅論，申佛生滅論方便故名生滅，此是論别意也。

今且置生滅之經及生滅論，正明無生滅經，以對無生滅論也。無生滅經雖復無窮，略明般若涅槃始終二教。明三種義者：一者明二因二果，二者明一因一果，三者明非因非果。所言二因二果者，《大品》所明，般若爲因，薩婆若爲果。《涅槃》云：佛性爲因，涅槃爲果。此即二因二果義也。然般若之因，猶是佛性之因，故雖二因，終是一因。薩婆若果，猶是涅槃果，故雖二果，終是一果。此是一因一果義也。而由因故果，果是因果，所因[六]非果。由果故因，因是果因，所以非因。是故非因非果，施名正法。在經爲正法，在論爲中實。中實所發，名之爲觀。觀之所宜，名之爲論也。然正由於緣，緣既非緣，正生非正，所以非緣亦復非正。既非正，即非觀非中，則不經不論，非佛非菩薩，泯然無際，其道乃平。故開之彌論[七]法界，卷之則一豪無從也。

第二重明四論大歸，就中凡有二意，明[八]四論意同，二明四論意異也。第一明四論意同者，略有二種同，一者人同，二者法同也。

人同者，馬鳴、龍樹、提婆、天親，雖復人世有殊，同是四依菩薩出世行化。是故《涅槃》云，四人出世，能多利益，爲世四依，當知如佛也。雖同是依，而傳持法藏，始末爲論，有二十三人也，始自摩訶迦葉，終訖仰子比丘也。

問：馬鳴付屬何人，乃至提婆付屬何人。

答：馬鳴去世，付屬比羅比丘。比羅比丘去世，付屬龍樹。龍樹去世，付屬提婆。提婆去世，付屬羅什。如是相承，乃至付屬師子比丘也。

問：法勝呵梨乃至旃延達摩，付屬何人。

答：此並是諸論議師異部相承，非傳法藏，皆爲馬鳴、龍樹之所破也。

次言法同者，略明四種。一明四論雖復名部不同，同是摩訶衍論，無依無得，爲聖大宗。二者，四論是佛滅後，爲正教淩遲，迷錯失道，故此四論，同爲破迷，同申佛大教也。三者，明龍樹、提婆，雖是師弟子有殊，同稟如來二諦教，發生二智，故慈風外扇，著此共論也。四者，龍樹、提婆四依之人，同是佛性河中作此行化，了悟諸法不生不滅，乃至無來無去，故能申佛教也。若法勝呵梨，既成斷常生滅，即屬生死十二緣河也。今之四論，申明八不，破於斷常，即是欲使佛性水生，緣河竭義。是故四依出世作此四論，大意同也。

次明四論雖同而異者，先就三論對《釋論》明異，次明就三論自明異義也。對三論明《釋論》異者，若是三論，名別通論，若是《釋論》，名通別論也。三論名別通論者，三論通申佛一切教，通破一切迷錯。所以《中論》《十二門論》，破內人一切迷，申佛一切教，《百論》破外人迷，亦申佛一切教故。論二十七品横竪破一切法，始破因緣，終破邪見，二十七條生死涅槃凡聖釋惑，無不洗破也。竪破者，從因緣，訖邪見，五句皆除，故有二破，無二破，有〔九〕乃至非有非無，非非有非非無，皆悉破也。衆病既息，佛大小假名方便二教自然得開，是故别通論也。若是《釋論》意，乃通申衆教，通破衆迷，而文的釋般若一部，故是通别論。就《釋論》中開有四句：一者破而不收，二收而不破，三者亦收亦破，四非收非破也。破而不收者，如迦旃延子及諸論義師，自恃聰明作佛法，謂非但不謂非但，不謂大乘中意，亦失三藏之旨，是故論主意，但破不收也。收而不破者，則是佛假名方便大小教門故，但收取而不破之。三亦收亦破者，爲緣迷佛大小教，今但破迷，以所秤破收取佛教，所以名收。四非收非破者，明諸法本性清淨故，實無所破，亦無收也。若是三論，但破衆迷而收取佛教，故異《大論》也。

問：三論曲破不收，《釋論》亦收亦破，豈非取捨之必〔一〇〕。答：三論雖破，實無所破，《釋論》雖收，而無所收也。

次就三論自明異者，略開十條：一者〔一一〕三論立名有理教不同，二明三論有諦智不同，三明三論辨諦有於教不同，四明三論辨智有長短不同，五明三論破緣有内外不同，六〔一二〕明三論中破有傍正不同，七明三論用假有就對不同，八明三論有對緣不對緣不同，九明三論所對之緣悟有深淺不同，第十三論師弟出世久近不同也。

第一名立不同者，小乘諸論，凡有三從：一者，從人立名，如《舍利弗毗曇》是也。二者，從法受名，如《成實》等也。三者，從譬受名，如《甘露毗曇》及《日出論》也。今此四論，受名有通别。所言通者，四論并破斷常，皆明中道實，是故四論通得稱中。又四論并爲開道，令衆生反迷悟入，是故四論皆得稱秤〔一三〕門。四論皆有偈數，是故四論并秤曰百論。四論皆釋佛意，是故四論通名釋四[一四]論也。通而致別，即有四意：若是《中論》，從理實爲名。若是《十二門》，從言教受稱。若是《百論》，從偈數立名也。問：《中論》何故從理實立名。若從理實立名而稱中者，何故不從理實立宗，以中爲宗。答：宗是二諦，爲申佛教，名是理實，欲明二諦所表，故二諦所表不二之理，名之爲中，故名理實，宗是二諦，此即教理具足，所以宗名互辨也。《十二門論》從教立名者，明行人籍言教並得入道，此教能開通道，使行人悟入，是故從言教立名也。是故《中論》從理實爲名，《十二門》從教爲稱，此即教理因緣能所義也。《百論》所以從偈數爲名者，大師舉喻云：如百健將，能破怨敵，使人民安穩，國家得全，故歎此人爲百健將。提婆亦爾，以此百偈，破九十六種外道怨賊，使衆生慧明得開，如來正法宣流行世，故歎此百偈有能破之功，即名爲《百論》也。問：《百論》亦得稱中不。答：凡有四句：一者，兩捨而非中。二者，中於[一五]而非兩捨。三者，亦中亦兩捨。四者，非中非兩捨。一言兩捨而非中者，即是《百論》，雖復罪福兩捨，不作中名也。中而非兩捨者，此即經中所辨，一色一香並皆是中，未必皆須兩捨也。亦中亦兩捨者，即是《中論》，雙捨斷常，故名兩捨也，亦强名中實，所以名中也。非中非兩捨者，此有二意：一者，斷常顛倒故，非中非兩捨。二者，諸法本性清淨故，非中非兩捨也。

第二明三論宗教不同者，若是《中論》，以二諦爲宗，若是《百論》，以二智爲宗。《十二門論》，前後兩出，一云同《中論》以二諦爲宗，又云以境智爲宗也。《中論》以二諦爲宗者，諸佛說法，常依二諦。但龍樹與外人，同學佛二諦，有其得失。外人學佛二諦，成斷常生滅來出一異也。龍樹了佛二諦，不生不滅，乃至無來無去，所以捨[一六]初章即牒八不。八不即是二諦，是故以二諦爲宗。若是《百論》，面折外道，使故[一七]九十六種理屈辭窮，故歎此二智有閑邪顯正之功，故以二智爲宗[一八]《百論》宗也。

第三明三論辨諦有於教不同者。通明三論辨諦，即有於諦及以教諦。通而致別，《百論》即明於諦，《中論》即明教諦。所以然者，於諦即淺，教諦即深。《中論》明如來假名空有教門，皆是不生不滅。若是《百論》，即就二緣而明於兩諦也。問：於諦、教諦有何異耶。答：教諦就佛成諦之言，於諦即約兩緣明二實，故於凡爲實也。問：經云一切世諦，若於如來即是第一義諦，此何物於諦。答：此諦是因緣於諦也。同[一九]：若爾教諦便不就緣用教，何爲於諦。便無言教，那得諦名。答：教諦非不被緣，但緣稟此教，即便悟理，故名教諦也。於諦亦稟佛教，但於恃作解，不能博悟故名於諦也。

第四明三論用智長短者，若是《中論》明實智方便，《百論》即明實智與權智故，權智即短，實智長也。問：何故龍樹用實方便智，《百論》用實與權智。答：提婆面折外道，一時權巧功用故。權智即短也。《中論》匡正佛法，整里[二〇]家國，非時用，是故二智則長。例如《大品》《淨名》二經辨智有長短，《大品》即明實方便智故，其用則長，《淨名》則明權實二智，其用則短也。問：二經長短三[二一]智與三論長短智云何。答：二經明智，通於破立故，如《大品》破有所得，而廣明因果法門，《淨名》破但大但小，而廣明菩薩不思議用也。若是三論，但破洗諸法，不明立也。問：佛法大海，無量寶聚，三論何但用一破一，而言是佛法通方論耶。將舊醫用乳，田父食鹽。答：一切衆生未觀波若以來，並皆依著，稟教成病，是故三論廣破依著，廣破衆生病。衆生病若消，如來正教自開也，是故不須別立。

第五明三論破緣有內外不同者，若是《中論》與《十二門》，即破內學，若是《百論》，即破外學。所以然者，龍樹出時，正法始滅，像法始興，此中有內病興世故。《大論》云：佛滅後五百歲後有五百部出興於世，皆執自見爲是，他見爲非，不知佛意，爲於解脱故聞畢竟空法，開邪覆正，是故菩薩破邪顯正，所以秤爲破内學也。問：龍樹破内學，不但除迷教之病，通收取佛教者，提婆破外學，亦有收取義不。答：亦有收義。如《大經・文字品》云，一切經書呪術皆是佛説法，非外道説，是故亦有收歸内。又《大經》云，輪王出世，還收取諸牛，亦是其事也。問：《百論》破外，而有收外義者，《中論》破内，亦有收内義不。答：亦有此義。故《大論》云，諸論義師自作此説，尚不得三藏中意，況大乘此破不收也。

第六明三論申破傍正不同，凡有二種，一者就破明傍正，二者就申明傍正也。就破明傍正者，《中論》正破内，傍破外道，《百論》正破外迷，傍破内執也。所以然者，若外執同内執者，《中論》傍破。若内執同外執者，《百論》即破也。就申明傍正者，《中論》正申佛教，傍破外道，《百論》正破外道，傍申佛教。所以然者，《中論》初發始，即牒八不二諦，後方破外，故正申傍破也。若是《百論》，初發始即歸三寶，故正破傍申也。《十二門論》與《中論》云何。答：大師有時云，兩[三二]諸義無有異，有時云，《十二門》申義爲强，破義爲弱，故初發即云説曰，今當略解摩訶衍義也。若是《中論》，初牒八不破外人，故論文云，諸法無量，何故但以此八事破。故知《中論》正破傍申也。

第七明三論用假不同者，假者四種：一者，因緣假，如空有二諦。二者，隨緣假，如云世者説有我，我亦説，世智説無我[三三]。又《百論》云：佛隨衆生意。故下中上施戒智。三者，就緣假，如衆生執有就求有無從，衆生執無就求無不得，此是就緣假也。四者，對緣假，如説常爲對治無常，説無常爲對治常也。若是經中及以《大論》具足四假，若是三論，唯有二假，一者就緣，二者對緣。若《中論》正因緣假强，對緣假故[三四]弱，故龍樹就外人覔生滅斷常皆不可得。若《百論》對緣假强，就緣假弱，故外道執一，借異對破，外道執異，借一對破也。

第八明三論有對緣不對緣不同者，若是《百論》，提婆菩薩廣集九十六種外道邪師故，八方論士，皆集四衢，各建其宗也。初立無方論者，提婆對面折外道，辨屈邪師也。若《中論》，龍樹菩薩潛惟著筆，玄收迷情，以爲折破，故不面對外人，異提婆也。問：何故如此。答：龍樹出世，如第三佛，是故傳云，智慧日以頹，斯人再輝世，昏寢以久闇，此人悟令覺。又云明即白月爭輝，智即聖人並照。故外道小乘聞名立伏，不敢論義，所以龍樹面不破也，但著論破也。提婆不爾，初但隱迹爲婆羅門，故外道諸師不畏彈之，故與此交論也。問：提婆面對外道，亦有著論以不。答：提婆九十日中，與外道論義，後還閑林，撰當時之言，著此《百論》也。

第九明三論所破之緣根有利鈍不同者，以衆生根生不同，今約《中》《百》二論，略開三論種不同。有一種根緣，《百論》始捨罪福，終破空有，當此言下，即悟無生也。第二有一種衆生，即是外道，經聞提婆當時所破之理，屈申未悟，後出家稟受佛經，方始得悟，是中根人也。第三下根人，外道聞《百論》所破，雖復言理俱屈，而不得悟，後稟佛經，亦不得悟，非但不悟，學於佛經，更復須迷執邪，後爲《中論》所破，方得悟也。問：亦有內道之人，雖聞《中論》所破不悟，聞《百論》破方始悟不。答：亦有此義，故《中論》深聞不解，《百論》就情玄略，故便得悟也。

第十明三論師弟不同者，叡公云：天竺有十六大國，方八十里，三百五十年，有馬鳴菩薩出世，令大乘之化重啓閻浮提。後五百三十年，有龍樹菩薩出世，扇無相之道，三啓末俗也。八百餘年，有婆羅門種名曰提婆，是龍樹上足弟子。其人[二五]皆與玄師並照德，與皆機淨行故，令佛法興隆，邪道隱塞也。問：《中論》既得秤中，《百論》亦得秤中不。答：二論俱得秤中。問：若俱得秤中，更有何異。答：若是《中論》，即對偏辨中，若是《中[二六]論》，即對邪辨中。所以然者，《中論》迷教之緣，學佛二諦，不悟二不二，故成偏執。所以今破此偏二故，明不二之中也。若是《百論》，不學佛教故，一向邪錯，破此邪錯以明中故，是破邪中也。

次第三約《釋論》《中論》，宗《百論》，明秤《中觀論》。今作離合兩釋也，前則離解三字，次則合釋三字也。然雖復離釋，非是異義，雖復合釋，非是一義。所以然者，正爲學人若聞合釋即作一解，若聞離釋則作異解。爲此人故，所以言雖復離釋，非是異義，雖復合釋，非是一義。例如人聞波若如佛性、法界、涅槃，便作異解，若聞波若即佛性、法界，即是涅槃，便作一解。對此人故，明波若、佛性、法界、涅槃，雖復合非一，雖復離非是異也。

所言中者，以實爲義，亦以正爲義也。以實爲義者，開[二七]中叡師云：以中爲名者，然其實也。以正爲義者，肇公《正觀論》云：中，即是正也。若以實爲中義者，即名爲實相實際。若以正爲中義，即名正法正性也。問：云何中以實爲義。答：正爲失道之人，明學皆是虚妄。對此虚妄，故名中實也。問：何者是失道人。答：通而爲論，未見佛性，未觀波若以來，並是虚妄也。斷常中行，故是失道人也。别而爲言，有三種人。第一是失佛教人，言世諦是有，真諦是無，生死定斷，佛果定常，如此人等，即是虚妄也。第二自樹之人，即是九十六種外道所行所學皆是也，邪錯之是虚妄也。第三即是任運顛倒，不學佛教，亦不自樹邪候[二八]，直是隨逐世樂，任運失道故。如此三種人，皆虚妄也。問：今辨中實，正對何人。答：通而爲論，並對三人。别而爲言，正對第一失佛教人也。問：此失佛教人是何時失。答：正法之末，像法之始，禀佛教人，成斷常虚妄，以成斷常，故失中道，是虚妄故，便失實相，成邪見故，即失正法也。問：何故失教人爲虚妄耶。答：彼云有生有滅，有有有無。是故龍樹責外云：汝若實有生滅，實有有無者，就汝救之，便應可得。今就汝生滅無從，實有無不得。故知汝之所見，是無而謂有，故是虛妄。是以對此虛妄偏邪故，明不斷不常，不生不滅，則是中道。以中實故，名爲正法。故《淨名》云：觀身實相，觀佛亦然。如此觀者，名爲正觀，以他觀者，名爲邪觀。故知中則是實，實即是中也。

所言中，解不同。一者，外道明中。二者，毗曇人明中。三者，成論人明中。四者，中假人明中也。外道明中者，僧佉人言：涅團非瓶非非瓶，即是中也。次衛世師言：聲不名大，不名小，爲中。勤娑婆言：光非明非闇，爲中。三師並明中也。次毗曇人明中者，彼有事理。事中者，如國中滿大王，不在欲界，復離非想相，離此二邊，居在中道也。理中，苦集之理，不斷不常，即是中道也。次成論人明中者，彼有三種中：一、世諦中道，即是不斷不常等也。二、真諦中道，即非有非無等也。三、□諦中道，即非真非俗也。次中假人明中者，如非有非無爲中，而有而無爲假。如此等解，別須廣破，付在論文也。

今明中，略有三種：一對偏中，二因緣中，三絶待中也。所言對偏中者，學佛教人，既失其旨，故成斷常偏執，對此偏執的申[二九]，故言對偏中也。次言因緣中者，如假有不得言有，不得言不有，此有即是中也。次言絶待中者，本對偏故，所以有中在，偏既去，中亦不立，故非偏非中，强名中也。

所言觀者，論有廣略二文。若是廣文，則云《中觀論》也。若是略文，但言中也。關中影、叡兩師，具廣略釋二義也。影師云：寂此諸道，故名爲中，問答折徵故，秤爲論也。又云：觀者直以觀達於心，故名觀，論宣於口也。叡師云：以中爲名，照其實也，以論爲秤者，盡其言也。但釋中、論，不明觀也。今依廣本明觀義也。所言觀者，觀照爲義。龍樹正觀，照了諸法不斷不常不生不滅，故名爲觀。有二種，一生滅觀，二無生滅觀也。生滅觀者，有惑可滅，有解可生，有聖可取，有凡可捨，故生滅取捨之觀也。無生滅觀者，知惑本自不生，今何所滅，故了悟諸法不生不滅，故名無生滅觀也。就此二觀，各有三種：一名字觀，二義相觀，三心行觀也。名字觀者，知一切諸法但名字，不內不外，亦非中間，不住亦非不住，故不名。悟名字，即是解脱，故言名字觀也。義相觀者，既有其名，必應有義，如真俗是名，非真非俗是義，亦得真俗是名，真以實爲義，俗浮虛爲義。了達此義，名義相觀也。心如此行，名心行觀也。

所言論者，論有二種：一者小乘，二者大乘。小乘論亦有二種：一通論，二別論也。大乘論亦有二種：一通，二別也。小乘通論者，即是《成實》《毗曇》等二論，通釋佛三藏教意故。《成論》云：我欲正論三藏中實義也。小乘別論者，《釋論》云：有脇比丘造《四阿含論》也，此上無也。大乘通論者，《中》《百》等三論，通明佛大乘經意也。大乘別論者，即是《釋論》《地論》《波若論》，別釋經故也。問：論是何義。答：直名論，交言曰論，又云賓主往復爲論也。今依《關中序》云：論者，欲以窮其源、盡其理也。又言：論者，盡其言也。他[三〇]問：盡言爲論者，爲當用言爲論，爲當用無言爲論。若用言爲論，言[三一]那得導盡言。若用無言爲論者，復何秤盡言耶。答：導盡言爲論，那得用言爲論。若無言，何得盡。是故賓主交言，爲欲盡言，以爲論也。若不交言，言何由[三二]盡也。問云：交言爲欲盡言。答：論主之難擬無不摧，外人無不屈。外人若不屈，即斷常不盡，擬若不摧，戲論不消。戲論不息，則中不生，斷常不盡，觀則不發。中若不生，則佛性不現，波若不顯。今斷常息，所以中生觀發。中生觀發，故佛性現，波□[三三]顯。是故以盡言爲論也。問：但盡邪言爲盡，爲盡正言□[三四]盡耶。答：一往爲論，但盡邪言。二往爲論，邪言既盡，正言亦息。問：論主既言，那得盡言。答：論主爲論盡言，是故言也。如《大論》云：執事比丘舉手唱言，衆皆寂靜。此是以聲遮聲，非求聲也。今以言盡言，非立言也。

次合釋三字者，以爲二意。以中對觀，即是境智之名。以觀對中，即是智境觀。即是境智以境是中實故生觀，便是正觀。以觀正故，所以境即是中。故中發於觀，觀發於中也。所言中發觀者，由諸法不生不滅，無來無去，是故能發菩薩正觀。故理乘云：十二因緣，不生不滅，非因非果。故能生觀者，猶如胡荿能發熱病。是中發於觀義也。觀發中者，以觀正故，能了達諸法皆無生滅，是觀發於中也。以觀對論爲行説者，觀論即是如行而説，論觀即是如説而行。如行而説，即是説我所行。如説而行，即是行我所説。説我所行，故名爲中論也。行我所説，故名中觀也。問：此中觀論三字，通別云何。答：通而爲論，三字皆中皆觀皆論也。所言三字皆中者，中既不生不滅，觀亦不生不滅，故即是中。中即所行不生不滅，觀即能行不生不滅。中即所照不生不滅，觀即能照不生不滅。論即是能論不生不滅，所論不生不滅既是中，能論不生不滅亦是中也。三字皆觀者，中即是義相觀，觀即是心行觀，論即是名字觀，□故三字名觀也。三字皆論者，論則是能論故，能論既是，所論中觀亦是也。

第四無方問答也。

問：經中二諦，論中二諦，經中中道，論中中道，同異云何。答：通而爲論，更無異也。論中二諦既即論中二諦也，經中二諦亦即是經中二諦也。通而致別，經中所辨則前假後中，論中所辨即前中後假也。所以然者，經中前明二諦教門，説此二諦，爲表不二，如説空有爲俗，有空爲真。空有爲俗，有不自有，有即是假。有空爲真，空不自空，空即是假。故此空有既是假名，因此空有之假，表非空非有不二中，是經中前假後中，故因假得中，因教悟理也。若是論中，則前中後假，將執教之緣，聞有即住有，聞無即住無，此有無即成性實故，龍樹破此性實，明諸法非有非無，即破性有故云非有，破性無故云非無，非有非無即是雙去，不知何以名，强爲中。是前明中義，因此中悟假，由非有非無中故，得生而有而無之假，是前中後假也。

問：經中明中實，與論中辨中實，同異云何。答：若是經中，明二諦教實，若是論中，已辨中實，即理實也。

問：中〔三五〕教實云何，理實云何。答：教實者，即是諸佛二諦教門，成諦之言以爲實。若是理實，則是明諸法不空不有，實相爲實也。復有於緣實義，有於凡是實，空於聖是實，此二緣故，秤兩實也。問答未盡，付入中文辨也。

又成實論師云三論師不得破《成論》，三論師云得破也。成論師言不得破，意以有八義故。何等是八。一者破異同，二者明二諦同，三明中道同，四明波若同，五明人同，六明異出世故，七明破小大同，八明破而有立故也。第一破異同者，可辨也。第二明二諦同者，《成論·十號品》云，不説世諦爲第一義諦，説〔三六〕第一義諦爲世諦也，又《論·文品》云，有我爲世諦，無我爲第一義諦，故不得破也。三明中道同，《論·有無品》云：方便説有，方便説無。若決定有，即墮常邊。若決定無，即墮斷邊。離有無二邊，名爲中道也。四明波若同者，可解也。五明人同者，《增一阿含》云，是故比丘當成四諦故也。六明異出世者，龍樹七百餘年造論，呵梨跋摩亦八百餘年造論，如此有前後，前不得破後也。七明破大小故不及者，放廣道人破故也。八明破而有立者，亦可知也。彼雖如此云，而三論家皆得破也，破方可解也。至理非有非無，非因非果，而《涅槃》以無所有爲宗，《大品》以有所無爲宗故。

依《涅槃經》辨不有有十種，無亦然。不有十種者，一就體明不有有，二就側明不有有，三就假有明不有有，四就舉用結體明不有有，五就萬法明不有有，六對病明不有有，七竪明不有有，八就有無明不有有，九者對無名有明不有有，十者還以諸用結明不有有也。一就體明不有有者，《大經》云：正法寶城善有，此有是不有有也。此妄作何者。不二正法非有非無，而强名善有，故此有是不有有也。二就側有〔三七〕明不有有者，直從體起有，此有是不有有。何者。空有故言不有有。所以者〔三八〕側者，置無邊言有邊故也。三就假有明不有有，此假有是不有有，以假有非真有，故言不有有也。四舉用結體明不有者，此用有如體是不有，故言不有有也。五就萬法明不有者，此萬法是不有有，以其空有故，故言萬法是不有有也。六對病明不有者，撥無闡提言一切無故，此無病明不有有故，言不有有也。七竪明不有者，有非有非非有，是不有有，故言不有有也。八對無名有明不有者，以對無故言此有，是不有有也。九就有無明不有者，此有無非真有無故，言不有有也。十明不有還以諸用結體，故言不有有也。

又能所四句義者：一、經能經所，論能論所，合爲一句也。二、經能爲論所，經所爲論能，論能爲經所，論所爲經能，合爲一句。三、經能所皆是經能，論能所皆是論能，合爲一句。四、非能非所爲無句義也。經能者，即是佛能説二智。經所者，即是所説經教者。論能者，即是菩薩二慧也，論所者，即菩薩造論也。

問：何故二智與佛，二慧與菩薩。即答：通而爲論，皆得相通。别而爲言，於佛二智，菩薩二慧者，依《大品經》云，於佛種智一切種智，於菩薩道慧道種慧也。智是決斷義，慧是解知也。異句可知也。內道有四悉檀：一者世諦悉檀，二第一義悉檀，三對治悉檀，四各各爲人爲人悉檀也。外道亦有四悉檀：一平等悉檀，二不平等悉檀，三依止悉檀，四自證悉檀，又之可解也。

三論家對何人明三種中道耶。山止觀法師云，正對《成實論》明也。山師常讀誦《大品經》故，依之而説也。彼經云，言説是俗諦，無言説是真諦，作中相，可解也。而後師等依《中論》文不生不滅等，不轉依生滅明之也。用小頓悟師有六家也，一肇師，二支道林師，三真安埵師，四邪通師，五理[三九]山遠師，六道安師也。此師等云，七地以上悟無生忍也。合年天子竺道師，用大頓悟義也。小緣天子，金剛以還皆是大夢，金剛以後乃是大覺也。又用五時教師不同也，白衣劉虬云用七時。一樹王成道爲聱聾説三歸等，爲世俗教也。二爲説三乘別教。則是三教并，四時也。五，《大品》《維摩》《思益》《楞伽》《法鼓》等是也。六者，《法華》也。七者，《涅槃》也。又用五時師慧觀、開善等，如常聞也。而慧觀師云，從第二《大品》爲常教。何以知之。《仁王經》云：超度世諦第一義諦湛然常住。又偈云：一轉妙覺，常湛然也。開善云：前四時皆是無常教也。用四時者，慧觀師也。《大經》云五味相生，解師不同也。劉虬云：從佛出十二部經者，即是世諦。及三乘別教從十二部出修多羅者，《大品經》也。從修多羅出方等經者，即《維摩》《思益》等經也。從方等經出波若波羅蜜者，即《法華經》也。從波若波羅蜜出《大涅槃》等經也，即第五常住教也。開善慧觀師説，如常聞也。今三論家云，佛出十二部經者，世諦俗半教也。從十二部經出修多羅者，初半教也。從修多羅出方等者，《維摩》《思益》等也。從方等出波若波羅蜜者，《大品般若經》也。從波若波羅蜜出大般涅槃者，即是《涅槃》也。所以然者，波若爲因，涅槃爲果故也。

若爾波若能生一切法，應是法本也。何故初教爲法本耶。答：理應波若是法本，所以初教爲法本者，此家不須五時次第，但以滿半故也，以半爲因，開滿教故也。

問：何故《成論》師等，從方等出波若波羅蜜者，爲第四《法華》教不常經名耶。答：《見多寶塔品》云，善哉，釋迦牟尼佛，能以平等大會教菩薩法也。平等慧者，即是般若也。又《涅槃》爲本有三種，一者雙卷《泥洹》，即支謙法師翻，云胡音般泥洹。二者釋道安法師抄作雙卷，云胡本《般泥洹》。三者佛陀拔提作雙卷，云《方等泥洹》。智炎法師作十卷《泥洹》。又法顯法師自天竺將六卷《泥洹》。初雙卷，後六卷也。此二部多行世也。雙卷者，但説《涅槃》第一第二卷也。六卷者，唯説第一至第一[四〇]卷也。《涅槃》四十卷者，智炎法師於武威郡孤[四一]臧縣翻也。又曇無懺[四二]法師，自中天竺將來諸巨牟儞國，翻爲四十卷。後東安寺慧嚴師，道場寺慧觀師，謝令郡作三十六卷。其來所以，如傳云也。又竺道生師，《涅槃》未至漢地時，看六卷《泥洹》一闡提成佛。爾時國中諸大德云，《泥洹》無言闡提成佛故，而生師獨言闡提成佛，是故諸大德擯生師虎山五百里也。晉末初宋元嘉七年，《涅槃》至陽州，爾時里山慧觀師，令喚生法師講此經也。又《涅槃》或云二萬五千偈，或云三萬五千偈，外國以三十二字爲一偈，而《大品》有二萬千偈，以此而當《涅槃》有三萬五千偈也。

校勘記

〔一〕底本據《卍續藏》。
〔二〕「有」，底本原校疑爲「明」。
〔三〕「不」，底本原校疑爲「亦」。
〔四〕「忘」，底本原校疑爲「妄」。
〔五〕「八」，底本原校疑爲「四」。
〔六〕「因」，疑爲「以」。
〔七〕「論」，底本原校疑爲「淪」。
〔八〕「明」，疑前脱「一」字。
〔九〕「有」，底本原校疑衍。
〔一〇〕「必」，底本原校疑爲「意」或「心」。
〔一一〕「者」，底本原校疑爲「明」。
〔一二〕「六」，底本作「大」，據文意改。
〔一三〕「秤」，底本原校疑衍。
〔一四〕「四」，底本原校疑衍。
〔一五〕「於」，疑衍。
〔一六〕「捨」，疑衍。
〔一七〕「故」，底本原校疑爲「彼」或爲衍文。

〔一八〕「宗」，底本原校疑衍。
〔一九〕「同」，疑爲「問」。
〔二〇〕「里」，底本原校疑爲「理」。
〔二一〕「三」，疑衍。
〔二二〕「兩」，底本原校疑後脱「論」字。
〔二三〕「世者説有我」至「世智説無我」，《大般涅槃經》（曇無讖譯，《大正藏》本）作「世智説有，我亦説有，世智説無，我亦説無」。
〔二四〕「故」，疑衍。
〔二五〕「入」，底本原校疑後有脱文。
〔二六〕「中」，疑爲「百」。
〔二七〕「開」，疑爲「闕」。
〔二八〕「候」，底本原校疑誤。
〔二九〕「申」，底本原校疑爲「中」。
〔三〇〕「他」，疑衍。
〔三一〕「言」，底本原校疑衍。
〔三二〕「由」，底本原校疑爲「無」。
〔三三〕「口」，底本原校疑爲「若」。
〔三四〕「口」，底本原校疑爲「爲」。
〔三五〕「中」，疑衍。
〔三六〕「説」，《成實論》（《大正藏》本）前有「不」字。
〔三七〕「有」，底本原校疑衍。
〔三八〕「者」，底本原校疑爲「言」。
〔三九〕「理」，底本原校疑爲「匡」。
〔四〇〕「一」，疑誤。
〔四一〕「孤」，疑爲「姑」。
〔四二〕「懺」，疑爲「讖」。

（劉如東、常峥嶸整理）

○九四○

無依無得大乘四論玄義記（二）

唐均正撰

無依無得大乘四論玄義記目次

卷第一
十地義闕文。
卷第二
第二，明斷伏義
一，明斷伏一，明斷伏。二，論修行。三，辨得失。
二，論雜問答
料簡第三，明時節劫數
金剛心義
一，明大意
二，釋名
三，明出體
四，料簡
卷第三 卷第四
闕文
卷第五
二諦義
一，明大意
二，明釋名
三，論立名
四，明有無
五，辨觀行
六，論相即
七，明體相
八，辨絶名闕文。
九，明攝法闕文。
十，明同異闕文。
卷第六
感應義
一，大意

二，釋名
三，明體相
四，廣料簡

卷第七

佛性義
一，明大意
二，論釋名
三，辨體相
四，廣料簡一，辨宗途。二，明證中道爲佛性體。

卷第八疑卷頭有闕文。

三，論尋經佛性名。四，明本始有義。五，辨内外有無。六，論見不見佛性。七，料簡。八，會釋。

卷第九

二智義
一，大意
二，論釋名
三，體相
四，辨料簡一，辨料簡。二，論須彌入芥子。三，明斷伏。

卷第十或卷第十二歟。

三乘義
一，釋名
二，體相
三，廣料簡
四，明五乘

莊嚴義
一，明釋名
二，出體相
三，廣料簡

三位義
一，釋名
二，體相
三，料簡

無依無得大乘四論玄義記目次終

校勘記

〔一〕底本據《卍續藏》，缺第一、三、四卷。

無依無得大乘四論玄義記卷第二

第二，明斷伏義，有兩[一]：一，明斷伏；二，論雜問答[二]。

第一，明斷伏，有三：一，明斷伏；二，論脩行；三，辨得失。

第一，明斷伏義，略如夢覺義中釋也。今約地明之，十地義，成實論師推與莊嚴家也。周、齊二國，盛明十地義。此義從來雖盛明之，復後時菩提、勒那兩三藏來，飜《十地論》，功用由[三]兩師也。今《成實論》釋十地斷、伏義不同。

一，莊嚴家云：所伏之或，略有四種。一者，見諦或；二者，思惟；三者，習氣；四者，無知也。於此四惑，分爲十品。見論[四]或爲三，謂上、中、下品，從多爲言，以上品生地獄，中品招畜生，下品墮鬼神，如論說也。以思惟爲三品，即繫三界，欲愛住地以爲上品，色愛住地以爲中品，有愛住地以爲下品也。此三界思惟繫地，必異不同也。見諦𢹂拾[五]三塗，是從多說之也。習氣是見、思之餘殘，故不須分別，合爲一分也。無明住地，其力最强，能鄣深行，斷之最久，且約事相分爲三別，謂色塵無知以爲上品，心難無知以爲中品，集起無知以爲下品。誠論三無知，互[六]有麤、細，今以從多遂事故，如向說也於四分中，開爲十品，亦十階伏之：第一，地前，前十心，伏見諦上品；第二，中十心，伏見諦中品；第三，後十心，伏見諦下品；第四，初地，伏欲界思惟；第五，二地，伏色界思惟；第六，三地，伏無色界思惟；第七，四地，能伏餘習氣；第八，五地，伏色塵無知；第九，六地，伏心難無知；第十，七地，伏集起無知也。所以必論於地前伏見諦惑盡者，從凡成聖，此事良難，見諦違聖道，若伏此惑已，句[七]可入聖位，如其未邊[八]，不容得道也。斷道亦十階：初地，斷見諦上品；二地，斷見諦中品；三地，斷見諦下品；四地，斷欲界思惟；五地，斷色界思惟；六地，斷無色思惟；七地，斷習氣；八地，斷色塵無知；九地，斷心難無知；十地，斷集起無知。引大亮師釋生生中云：三住見諦盡，四住欲界思惟盡也。開善等云：六地之末必與羅漢齊功，故無色結盡，如《瓔珞經》意也。又即知五地色界思惟盡也。莊嚴家云：《十住論》云初地見惑盡者，此意正言能斷見諦，不言都盡也。如須陀洹得見諦盡，必至涅槃，以譬初地得生佛家，故生觀[九]喜。少分爲喻，不言初地見諦都盡也。如《十住論》中，亦以初地已斷三界思惟，可令初地思惟都盡耶？故知言斷諦縛而未盡也。又云：別相與無知有別故，習氣必麤，無知必細，麤則先除，細則後斷。八地已上，正斷無知，則知習氣於七地中盡也。故彼云：從初地至七地，則能伏能斷者，初地，斷欲界見諦，兼伏欲界思惟；二地，正斷色界見諦，兼伏色界思惟；三地，正斷無色界見諦，兼伏無色界思惟；四地，正斷欲愛住地，即玄[一〇]伏三界外無明恒沙上煩惱；五地，正斷色愛住地，充[一一]伏色塵無知；六地，正斷有愛住地，即充伏心難無知；七地，正斷習氣，即充伏色心集起也。從初地至七地，亦斷亦伏；從八地已上，只斷而不伏。餘句可尋也。

二，少[一二]莊嚴、龍光傳開善義，或云三地斷見惑盡，或云初地斷見惑盡，而多用初地盡。故開善問[一三]從報恩等，依《瓔珞經》云，初地菩薩斷見諦惑故。《十地論》亦云，初地見諦惑盡也。二地菩薩斷人中煩惱，三地菩薩斷天上煩惱，四地菩薩斷三禪已下煩惱，五地菩薩斷三空已下煩惱，六地菩薩斷非相非非相煩惱，故五住惑中，後四住地惑亦蕴在其中，是舊意。彼云四住惑與見、思惑，無別異體，大、小兩乘名爲異耳。抧菌寺槁法師義宗，五住地惑並是總癡惑也。又古舊相傳，取《瓔珞經》意，羅漢與六地齊功也。

七地已上，義家云：恒沙上煩惱等，五種習氣，九品無知，總癡九品，含在中也。若三十心菩薩，伏相惑煩惱，亦得言斷，報因力與鄣解力、習因力滅也。故《大經·迦葉品》云，住忍法時，斷無量三惡道報。當知不從智緣而滅也。

又伏義解不同：一云，如積伏也。二云，如魚鱗伏也。三，報恩云，必須品品各各相翻伏也。初地菩薩，斷見惑而不伏，而望思惟惑亦伏義也；二地菩薩已上，至十地菩薩已下，亦伏亦斷；金剛心菩薩，伏而不斷；佛果，斷而不伏也。若解與惑相對辨者，六地已下，如前説也，但四住地惑、見諦惑、三界思惟惑依五九品無知者，四九品三種，各各一除道袪也。於七地已上所斷伏惑，亦有三種性不同：一，總癡無明住地九品；二，無知九品；三，習氣九品。此三種性一除道所斷伏也。恒[一四]沙上色塵等五種，即是無明、無知、習氣性收之，所以只立三種性。若名目論之，四種也。若斷伏者，七地，斷恒沙上煩惱，則伏色塵無知；八地，正斷色塵無知，則伏心難無知；九地，正斷心難無知，則伏集起無知；十地，正斷集起無知，則伏無始無明也。餘二種蕴在其中也。

問：習氣是見、思之餘氣，安得與無明住地、無知齊輕重耶？彼答：有漏凡夫所起尚輕，三乘聖人所起習餘氣安得重耶[一五]。

問：如《十住論》，初地已斷三界思惟，安言二、三地已去始斷耶？答：如云因滅故果忘[一六]，以因收果，遠義明之，非品扶相翻也。大乘明義，斷伏數種勢。自有人於凡夫時，無量劫，心樂經，學無所得大乘人，或於假位中無數劫中，學無所得人，一人中觀心意洗，即是如經云，一念相應慧，斷無量煩惱及習。若爾，何只斷三界思惟耶？今大乘意，望彼兩種斷、伏，亦是傍經論中語説之，而彼心意存故。終不離斷、常宗，故被破也。故大乘明義，或一種㦟戾根緣，或樂多功德根緣，開之，得言發心十住明伏，初地已上斷也。若無量劫學無所得利根之緣，未必須兩種開之。故如《菩薩頭陀》云：最上利根者，不出生死，亦不入涅槃。又經云，我成佛時，無三寶名字等也。

又依經論中，對除明義，亦有兩種：一，功德門明之，如施伏慳乃至定伏亂也；二者，就智慧門明之，正見伏耶見，乃至觀因緣能伏癡等。不二而二，約假上假名説之也。又約功德門，伏枝條，不伏根本相惑也；就觀門，習學空無所有，則能伏根本，枝條自忘之，是無名相假名説也。又一往分門明義，習空慧，能伏相惑，此則必次第從重至輕，無有中間不次第，如十地義從淺至深也。而約有中別知及諸功德行，此則造心行各起更互深淺，如施行已深，定行則淺等也，或可觀理則深，觀事猶淺也。別行門户既不同故，更互同起，亦可於行自有階級淺深，從下至中至上也。故《大論》云，有上、中、下、下下、下中、下上、中下、中中、中上、上下、上中、上上也。

又如《大經》云，拔木與浣衣譬等也。經云，從散心入初禪，從初禪入二禪，乃至入滅定，從滅定出非想定，非想定出非用處定，如是次第，下出散心，如是次第入出也。又經論云，從散心入二禪，從二禪入第四禪，如是間次超入滅定，出定亦如是，間次超出滅定，復有順逆超出，入種種行。定行既如斯多種者，餘諸行類亦然也。雖不二而二，開之無量門，如空中書也，無有蹤迹，但假名名字耳。無空行異於有行，無有行異於空行，無入別出，無出別入，無超異順異超等不同。

《地》《攝》兩論，《成》《毗》二家等，有定處所也。利根者，遇一華、一草、一色、一香、一光明，即能斷、伏無量煩惱，聞飯香亦悟無生也。故《華嚴經》云：一中解無量，無量中解一。如是，展轉生非亦實，智者無所畏也。何必須次第門與超順門等耶？又必須善智識境智等。然改〔一七〕境智萬法無有二相，如有不有，無不無，畢竟清淨，即是斷、伏義。於此中，畢竟清淨名爲斷義，於中味者名爲伏也。故《大品經》云：一念相應慧，斷無量煩惱及習也。無得大乘斷、伏義者，功而明之。反觀自心，心非心，畢竟清淨，四句、五句不可得，有何煩惱係屬於心？何有心能係煩惱？故《無量義經》云，心意識已也。故《大品經・相行品》云：行亦不受，不行亦不受，行不行亦不受，非行非不行亦不受，不受亦不受也。《三慧品》亦云：若心、心數法不行故，行般若波羅蜜。又品云：如是，須菩提，菩薩摩訶薩行般若波羅蜜，如佛所化人行也。《菩薩頭陀經》云：照明菩薩問心王菩薩云：觀煩惱性内度脱衆生，其相可解，外法云何？心王菩薩答：内、外法不異。雖彼不異，要先觀内，一煩惱淨，衆多亦淨。何以故爾？内是外之根本，衆聖之源，得斯妙法，法度衆生，衆生無盡，佛身無盡，衆生無邊，佛身亦無邊，衆生性即是虛空性，虛空性即是佛性也。又彼經云：心爲毒虫，大乘法杖，鞭於心毒虫，内外清淨也。《華嚴經》云：無心於彼此，而能充〔一八〕一切。往往經云，無心意也。《維摩經》云，譬如幻化人，爲幻化人説法，當違〔一九〕是意而爲説法也。《中論・成壞品》云：若有所受法，皆是斷常也。又一切大乘經常云，舉幻化人説法之意，顯於聖人無心也。

《地》《攝》與《成》《毗》四家義宗，一向不得如幻化人行行。何以故爾？彼《地》《攝論》等含意識與阿梨耶識，《成論》等含六識故，不同幻化人説法也。一家意：一往麁論，現起解，斷成就惑。若功而論之，現起觀，斷現起心。此心四句盡淨，即已現起心，即成就或隨己也。不同有所得家等，煩惱雖去，而有淨心體行，在至佛也。故彼師等引《夫人經》云：不思議空智慧斷一切煩惱藏。此文證唯空解斷惑也。今大乘宗一往論之，亦有此義。而要論之者，空、有兩境，智雙盡淨，名爲空智斷一切煩惱藏也。故一家宗，假伏中斷，中伏假斷，中、假俱斷，中、假俱伏。亦得言，有解伏、空解斷，有解斷、空解伏，空、有俱斷，空、有俱伏。至[二〇]而論之，假、空有斷、伏，中即乖斷恒伏。何故爾？解、惑相除正是假故。而前論四句者，一往開中、假相也。

問：前云，若利根者，一華一草等亦得是斷、伏者，十信、三十心等，亦得言名斷耶？答：二而不二明之。如經云初發心菩薩等三世諸佛者，發心亦得言斷、伏，三十心亦同斷、伏，初地已上皆然也。但初發心者，從凡以來，始向入畢竟不二心，名爲發心也。伏心者，折有不有，折無不無，屈折動轉，無所平於有無等相，名爲伏心也。斷心者，逈出有無等盡淨，離四句、百非，名爲斷也。此意正欲相除，兩相相望，故就假明也。若爾，向入不二名爲發心，屈折平相而未明，不都淨者名爲伏心，永淨者名爲斷心也。故一家云，一往大意，斷、伏雖如此，經論中有四種名目。解、惑相番，相對論之，如正使見論[二一]與思惟二種麤煩惱惑，於任[二二]十信斷，意從中發心已上，至六地已下，斷見、思家[二三]習氣煩惱惑也；從七地已上，至第十地已下，斷二種無知惑也。故《瓔珞經》云，六地菩薩，即非想想慧煩惱。又第七地，經論多云，遠離三界，故言遠行地。所以如此者，見、思有二種：一，正使見、思；二，習氣見、思惑也。論師云：習氣、别無知、總癡無知，三種品帙齊輕，故一除道所除。今論不然，寧得無知同習氣輕耶？如身子等惡口與忽忽[二四]無知同品耶？

問：開善等諸師，約世法與若[二五]忍，道種終心與初地初心，解、惑相並，不相並，解不同。

一，開善舊相傳云：解生惑滅一時，而同言解生故惑滅，不得言惑滅故解生也。此解最儜。汝見諦上品惑，必在世法心邊，若忍明解心邊，終不帶上品惑，那得言解生時是上品惑滅，明同時釋耶？又汝言惑滅之語，目無目有，終是目有，是惑有，向誚無時，不得與明解同時，如源品無明是佛斤[二六]斷無明，此無[二七]品無明，只得言金剛心斤帶，不得言是佛心斤帶。金剛心是前念，佛心是後念，那得同時？故解生時是惑滅時，此釋太無所以也。此義既然，爲毦[二八]最後望初地，類此責之也。

二，報恩云：解生與惑滅，決定不得同時，只得言惑滅故解生。若爾，惑滅當世法時，解生當次念苦忍時。故引《釋論》云：福將生時罪滅也。又正類因滅故果生等也。此師於彼系宗，大勝前解，而終不離即常有斤同。汝解未有時，寧得惑滅於前耶？若爾，此惑即不須除道[二九]，亦非相對除，什難則無量也。今謂具如前說。如成論師云，同時不同時，忘法了悟，畢竟非時非不時，名爲斷、伏。何處解與惑有南斗[三〇]，明同時、不同時也。

問：若然者，都不論同時與前後時耶？答：不二而二，開之有二。一，依《釋論》云，福充[三一]將生時罪滅者，名字同惑滅故解生，義理應然也。二，由解起故惑滅，若解不生，惑則不滅故也。雖爾，若解惑於却蒙，於無名相中假名相說，就假用明之。又《成論》等，有門同宗，以解即惑，必是現起。前解斷成就惑，今則現起解斷現起惑，亦同言現起解，除成就惑義也。若悟中時，非解非惑，而亦得言非解非惑，了悟非解非惑故，名爲中即者，亦有此義也。

問：前云中、假皆斷等四句相違耶？答：彼四句明者，爲彈片常途一向云，真斷假不斷故爾。若不二而二開者，從淺入深，一往相斷、伏，就假明之。若通而明之，四句如前也。此義，後金剛心中具釋之也。又論師開善云，於五方便與三十心中緣境，前、後釋不同：法師在東山時釋云，並緣虛假理也；中出陽洲時云，緣真不秤緣；近臨死時定云，是緣虛假理。何以故？故《論・四無礙智品》云，外人問：何者近法位世諦知？論主答云：望煗[三二]、頂法中是也。又《論・三三昧品》云：共分脩者，脩定脩慧，是世間三昧。世在煗、頂法中是也。聖正三昧者，入法位，即是若[三三]忍已上是也。故知五方便與三十心，並緣虛任理境也，虚假理即是世諦故也。彼宗，若緣真境，出緣虚假理，解進不斷，退不伏。何者？被導心行故也。若緣虚假理者，則伏亦得言斷，如報因業互滅故也。今大乘明義，具如前釋。於真、俗並得斷、伏，非真非俗亦得言斷、伏。若畢意[三四]淨者，有何斷伏耶？於假名方便開，則無往不得説也。論師等舊云：世諦狁法觀，以有解入空，若得空解現前，名爲真法觀，則名爲空解。若以空出有，名爲世諦觀，即名爲有解。向者，若無空解導有解，有解即觸境生着。若從空出，有空解導，不令着境。知世諦三假七灾[三五]虚任故，即不生着，排俗入真，即是有解資空解。從空出有，即是空解導有解。空解即是空慧，有解即是方便慧。彼宗有解終異於空解，空解終異於有解。有方便無實慧，此方便亦被縛；有空無方便，此空亦被縛。如是縛，若爾，豈是能斷、伏耶？今謂須依經，先以定動，然後慧拔。因緣假名伏，假名因緣斷，故先以假破性，次因緣破任。如此即是根本清淨，即須中假度之，空是有空，有是空有，生是滅生，滅是生滅。若如此者，捶盪動轉，則名爲伏道。空非空空，有非有有，生滅非滅，滅生[三六]非生非滅，非空非有，此即是斷惑寂初入道之方法也。又一家作十部者，初地斷凡夫我相部，二地斷衆生身耶門[三七]部，三地斷無明暗相部，四地斷解法慢部，五地即[三八]身淨我慢部，六地斷微煩惱部，七地斷微細集[三九]部，八地斷除無相有行部，九地斷不能利益一切衆生部，十地斷一切諸法不自在部也。十地對十部明之。斷二十無明者，初地斷凡夫我相部，即斷二種無明：一者，部一切法無明；二者，潤三惡道無明也。問：何意初地菩薩斷除凡夫我相部耶？答：若是道種終心菩薩，猶有習氣，即雖二種我見，亦名生、法二我也。

問：生、法二空，同論師意耶？答：大異。大乘明義，二諦並是生空。何者？二諦並是假故。若法空者，即是中道正法爲法空也。若登初地，即能除麁習，即離我見，得真生、法二空。故言除凡夫習我相鄣入真聖位也。一往明之，初地斷二種無明，除凡夫我相鄣，而初地斷、伏，實是無量，何正斷二種無明，除凡夫我相鄣？此是編[四〇]舉一方爲語耳。

問：初地何意斷凡夫我相鄣耶？答：地前得道種終心，所以猒生死，欣樂涅槃，捨生死之過，更求出離之樂。良計有我氣故爾，無我氣故脩禪等諸行，安我置好處，猶我相氣，故名爲凡夫我也。明初地則斷即離我見，得空無我真觀，即名爲真聖位也。他家云：有此空無我理，可會之境，今則不爾。向者未悟，猶言有我。今悟，不見外其所見云我，故言無我。何得別無我理可會耶？見即向見有我，名之爲惑；今悟我無我，此即爲伏。即是斷只[四一]名伏爲斷，何處更別斷、伏可得耶？約位明之，道種終心，未離五怖畏，只猶計我氣未洗盡，故有怖畏。今初地既得真空無我慧，不見有我可得，故離五怖畏名真菩薩也。

問：前明十鄣，出何經論耳[四二]？答：出《相續解脱經》云斷二十二愚心也。初地斷二愚，乃至十地斷二十愚，一地斷二愚，即唯爲十障也。寂後兩愚即等學[四三]地所斷。故經云，二十二愚，凡十地能過也。二十二愚者：一，衆生及法計者愚；二，惡趣煩惱愚；三，微細犯戒愚；四，種糸愚；五，欲愛愚；六，滿足聞持愚；七，正受愛愚；八，法愛愚；九，向生死背思惟愚；十，向涅槃背思惟愚；十一，諸行生愚；十二，諸行相愚；十三，微細相愚；十四，方便思惟愚；十五，微發愚；十六，相自在愚；十七，無量陀羅尼無量字句上上知慧愚；十八，樂説自在愚；十九，神通愚；二十，微細秘密愚；二十一，爾炎正受微細愚；二十二，鄣閇愚也。

問：論師云，五方便與三十心等解所含相惑，故緣真不秤，今大乘亦同此説不？答：並不同也。今只出諸師説不同也。一，南澗云：非想九品相惑，入似解體也。而非想第九品相，是界外煩惱故。世第一法相，是界外無漏所斷也。今謂此意非小義宗。若爾，第一法解體無有被柔義也。二，莊嚴云：見諦上品相惑既被伏故，以第二品已上相惑，並得入似解體義也。三，法雲、報恩、龍光傳開善義云：非相九品相惑，與五方便三十心，似解體相惑齊。若爾，無間第一法，解體相惑，與非相第九品相惑恰齊。何者？非想第九品相惑是起相之始，第一法相是相盡之終，始則從輕向重，終即從重向輕，故二處齊也。小乘明義既始此，雖彼大乘明義，解惑類此皆然也。今大乘明義即不然，無惑入解，無解含惑，但假名名字開爲解惑，惑解因緣也。若未淨了悟爲含惑，畢竟了悟時名爲勉相惑。何處別有解體，而含相惑體，故不秤緣耶？今無得宗明之，彼智慧等，並是無明，故須洗除也。

第二，論脩行。

脩行門，成實論師釋不同。莊嚴，聞[四]脩功德，有十重：三十心中，初十心，脩初地功德；於中十心，脩二地功德；後於十心，脩三地功德；於初地中，脩四地功德；於二地中，脩五地功德；三地中，脩六地功德；於四地中，脩七地功德；於五地中，脩八地功德；於六地中，脩九地功德；於七地中，脩十地功德也。此是約階級略言。次第然之，亦不全如之。何者？正以空解爲成地之要，所脩功德，未必次二行相隨故。如地前已脩十二門禪，三地後脩此法，則成無定定門。如之餘行，類亦然也。今謂未必然之。如八、九、十三地中何不脩功德耶？若言念念空、有並觀者，即是脩功德智慧，何必言五、六、七三地中脩八、九、十功德配之耶？開善門徒云：空、有兩行齊進，只有有行長一品，所以金剛心菩薩有中萬行等，佛未有空智一品，故名爲等覺佛也。

問：初地菩薩三十心所伏惑斷却者，何德二行只長一品行？答：彼云小乘不了教明義，於十五心中不出觀。彼大乘明義，初功品品中出觀脩萬行，故終長一品而已也。但須深功德，資發初地空慧，故其所脩品品多深也。今大乘明義，具有四句，有解多與深而空解上與淺，空解多與深而有解小與淺，有解具有多小淺深，空解無多小深淺也。如一中解無量，量量中解一。但一中解無量等，約有行、空行開者也。但一往宗途明之，有行多功德資發空行也。若約多根性論之，如單複、中假，出入無定也。開善云：空行長深一品，故無明住地佛菩提智行斷，如《夫人經》中説也。

問：定行同慧行者，小乘聲聞慧有三，定亦例不？答：此充例。今且依論師云者，三種聲聞：一，充聲聞，此即充定慧；二，義聲聞，此即義定慧；三，名字聲聞，即名字慧。故聲聞人有得八定、慧，有不得八定有[四五]也。

第三，明得失義，有二。一，明得、失；二，説並觀、不並觀。第一，得、失，有二義：一，明內、外凡；二，説三退。

且前論階級位虛所定，然彼論得、失也，階位諸説不同。若欲見十地，《本業經》與《持地經》明十地義宛分明。又《十地經》與《十住經》《本業瓔珞經》《仁王經》等，悉辨十地也。具如大意中一一引意，今更明出也。《護國仁王經》第三品云，地前習種性、性種性、道種性也。《瓔珞經》云，初十心爲習種性，中十心爲性種性，後十心道種性也。又此經云，乃至有六種性。何者？習種性、性種性、道種性、聖種性、等覺性、妙覺性。前三性是地前位三也，後三性是初地已去是也。《持地[四六]經》地前有二種住：一，種性住；二，解行住。又明種性云，略有二種：一者，性種性；二者，習種性也。諸法師取文意云：從具縛凡夫以去，自能殊勝者，名性種性。性不改，故名爲性。習解已成，不改[四七]爲惡，名爲性種性也。若脩行所得，名爲習種性。亦不言兩性高下也。又《持地經》分解行以爲三忍，謂下忍爲初十心，中忍爲中十心，上忍後十心也。又云，解行住是初發心，未同淨心地，淨心地即是觀[四八]喜地也。論師分位如此也。

今謂初發心，心有中假三種發心：一者，二

諦觀中明之，即是無所得偏[四九]行六度菩薩發心也；二者，具中假觀爲發心也；三者，通五十心爲發心也。故言解行住是發心。但釋初發心，未得淨心地，有兩義：一是初發心，具中、任，爲淨心地。二是三十心，未得初地觀[五〇]喜，故言未同淨心地也。如《持地經》云，二種之解行位，則别名五十心。爲解行者，即通三位也。

問：内、外凡夫位何者。答：《地》《攝》兩論，《成》《毗》一家，釋不同。一云：初六心已下爲外凡夫位，從七心已上爲内凡夫位。故《瓔珞經》《本業》兩經爲證。二經同云：身子於第六心中退爲小乘，至七心便不退。故退爲外，不退爲内也。二云：初十心爲外凡夫，中十心已上爲内凡夫位。故《菩薩斷結經》云有十二賢聖人，云中十心爲性行人，後十心名爲解行人，以十地爲十人，合二人爲十二賢人。經説不數初十心人，故知猶是外凡夫位也。三，諸論師等多云：三十心並是内凡夫位，類小乘五[五一]便内凡夫位也。故《持經》中四十二賢聖人，云初十心爲習種性，中十心爲性種性，後十心爲道種性。又《十地》足前三十心，金剛心爲等覺地，佛地爲妙覺，故四十二也。又所以知三十心是初地前者，《大論》第二卷云，三十心並是地前方便位也。又此位中，已能厚習善根，脩諸善行，善習助道法，供養諸佛，習諸清白法，爲善知識行護，具如斯法位，無容退轉，故知是内凡夫位也。又四依中一衣故，是内凡夫位。十信發心位，是外凡夫也。今大乘明義。山中舊云：從十信反[五二]心已，是内凡夫，菩薩位，其已能八相成道，爲天、人作師。故《大經》及迦葉最後卷，七言偈云，發心、畢竟二不别，如是二心先心難，自未得度先度他，是故我禮初發心，發心已爲天人師，勝出聲聞及緣覺，如是發心通三界。故亦是初依人也。《大品·三慧品》亦云：從初發心行彼[五三]若。此經豈非從初發心行彼若也。

問：小乘五方便是内凡夫，具如《成實論》

中說。大、小相准望，充〔五四〕如彼師説耳？答：不例。小乘中引不了教，寧得相准望耶？小乘中一生得道者可准望，大乘亦得一生得道耶？今大乘意，十信位中已能八相成道，已證正法波若，寧得猶秤外凡夫耶？今一家意中，十信前，如偏行六度菩薩，未得正法波若，唯得二彼無行得用波若，爲内凡夫，如無行，同二乘人，亦是無所得，契内二乘，故《大品經・大如品》云：有六十菩薩，於五百佛所，行六波羅蜜等，具行萬行，而無方便故，實際作證，故不得入菩薩位。亦如《勸學品》明，有菩薩摩訶薩無量劫行六波羅蜜，而不入菩薩位，亦不入聲聞位。此等並是彼十信位人等也。問：若爾，兩品明菩薩無行得菩薩耶？答：亦非無所得菩薩。今列意者，彼菩薩位，至二諦空中准望論之，亦是有所得故。從是外凡夫位故被破，如《地》《攝》等四家菩薩也。今謂就十信前，未得二諦假、空、無所有，爲外凡夫位；得二諦任、空、有所無〔五五〕無所得，爲内凡夫位也。故大師云：未得彼空，有所得行。如《地》《攝》四家人。若迴心，值無所得善相識，專學無所得行行，如入無所得者，即是外凡夫入内凡也。又以此外凡，行無所得，得入十信無所得位。雖得入十信，由前無便〔五六〕方便行行故，雖入正位，而猶有明昧，故開爲十地。若未得二諦任、空時，無量劫行，無所得人，一人〔五七〕彼十信位，無量劫行，行利根者，即便頓斷，衆惑洗盡義。故經云：不在涅槃，不在生死。亦不由妙覺等覺入菩薩。又經云，一念相應慧斷無量煩惱及習也。經意亦是初發菩薩也。

第二，論三種退，有兩。一，明三種退；二，論墮頂義。

所言三種退義者，釋三退位，次第亦不同。招提云：位退，行、念退也。今謂行、位、念三退也。又釋位退者，釋不同。一云：地前第六心已下退位，聲聞惑退爲凡夫也。故彼云：三十心中，第六心，猶有三塗業，牽生之業未盡故，墮三惡道，連羈不絶；若第七心，只有報果，無復牽生業，勉三塗之業也。二云：第六心已下，但退爲二乘，不退作凡夫。報恩所説也。三，白琰法師云：舍利弗於第六住退者，《十住斷結經》第七品身子自説云，或[五八]曩昔在坏器時，或從一住至五位[五九]，復還退墮而在初地，復從初住到六住，如是經歷六十劫中，竟不能到不退轉地。今取此文，身子於六住退，非六心退。此謂六地以爲六住，开[六〇]文正明七地爲不退忍故也。今謂不然。彼師等定執經中心與住及地三名，安處所故。一師或安下位中，一師復安上位中，故作此説，終是着名隨相耳。諸佛及弟子不着名，不隨相也。經中或三十心位中作住地名説，或安初地已上等説，故或上或下，須得通途意也。故一家舊判，十信發心中，前第六心已下退爲二乘也。故《瓔珞本業經》云淨目天子、法才王子、舍利弗不能入七信者，正是十信發心位説了[六一]。何以知之？《十住斷結》云：身子自秤[六二]云，我昔在坏器時也。今謂十信前得二諦空位中退也。《本業經》云退入外道、起大耶見及作五逆等，豈非初發心前具縛凡夫，菩薩汎明之也。若得中、假十信位，與三十心菩薩，及初地已上，更造大耶見等，無有是處。初發心菩薩已能八相成道，爲二乘作師，豈更起大耶見等？但一家舊云：初地菩薩生在佛家，不離諸佛。豈更造五逆等耶？且約今政明之。如彌勒菩薩，是初發心菩薩，而爲阿羅漢等之所禮敬，豈更起五逆、耶見等耶？

問：若爾，十信位中，如彼經説是下劣凡夫耶？答：從來學有所得凡夫，遇大乘法門，悟無所得正道，而猶暫時起有所得心，名爲起大耶見等，故經云，寧起五逆、四重等罪，而不能起有所得心之斷也。

今謂十信前，開作十信，明之不開發心十信。如《仁王經》云：三十心中，初十心爲十信也。毗曇家云：調達得煗法，已退大耶見等。論師釋不同。一云：五方便中有此義，終是數氣。二云：五方便前蹹行觀中起五逆、四重等罪也。

問：此菩薩退爲凡夫耶？答：大乘明義，或可暫時起，更還正道。此菩薩異法有故，終不爲凡夫也。

問：三退配於三位，其[六三]相何耶？答：不二而二明之。行退，觀假，初發心位中，第六心已下。一家舊云：中發心中前第六心，發心已下，位退，亦於第六發心已下亦娓之；念退者，即七地初忍已下娓之也。故經云：七地菩薩愛佛地功德，不名無煩惱也。

問：三退退相何耶？答：行退者，已伏煩惱，種類更暫起，名爲行退也；位退者，退起作二乘位心，名爲位退也；念退者，七地初忍菩薩，所未斷煩惱來現前，名爲念退。若爾，七地初忍已下有此義，中忍已上則無也。

問：行退，行[六四]因緣故退？答：如經中說，有四事故退：一者，久習放逸煩惱因緣利，故退也；二者，久植愚癡之業，親近有所得惡知識，故退也。此二事，師云：有所得學問等也。若造十惡等事，不足及言也。三事，見王等多生怨家讎慉故，所以退也；四者，資財不具足，故退也。如《大經》迦葉問佛：若利根者，何故不現般涅槃？佛答：爲不具足故，所以不般涅槃。若爾，爲多有闕少，故所以退也。位退者，如《瓔珞經》云大士退也。大士所以退者，行菩薩行時，天帝釋見菩薩行行有真實堅固以不識之，一時化作婆羅門來乞眼。行菩薩者，不逆一切衆生意故，即排眼童子與之，婆羅門亦得眼童子，即擲之脚蹹破之。法財王子即念言：汝既無所用者，何意就我乞眼？得眼即蹹破之，改[六五]何益？眼是導行之主，衆生難化。即起退心。我不復行菩薩道，我退作二乘，自調自度也。若至七心，即充不退也。念退者，如《十地經》云，七地菩薩愛佛地功德，不名無煩惱也。《花嚴》亦云：三界煩惱盡故，不名有煩惱；愛佛地功德故，不名無煩惱。故念退也。今正取未斷煩惱來現前名爲念退也。

問：此菩薩行已深，何意起此念耶？答：論師説不同。一，開善門徒云：引接名字明之有二乘，故經云，有三種意生身。何者？空解、萬行相資，乃同二乘人不脩萬行，云何得空解，斷三界惑，出界外耶？又此菩薩雖斷正使已盡，始出界内，未得空、有並觀。鈍根菩薩，有時起愛佛地功德，或時樂没空時也。二者，有實行二乘家，即是莊嚴等門徒，云：不唯鈍根，無方便菩薩愛佛地功德，亦是聲聞等二乘，斷三界正使盡，往生反易生死時，聞佛無量功德，即生愛佛地功德。又此菩薩正就有行明之。初地至第六地，猶有退轉，以正使未盡，萬行難精故。從來所脩之法，或有已得勝品，而須申[六六]退勝品，名爲墮頂也。或復入空、無相、無作等生法，名爲着空也。報恩亦同此説。故《華嚴經》云：七地菩薩者，寂不脩萬行，故諸佛來摩頭勸發，種種教化，汝未得無量法門三十二相、八十種好，發起萬行。又《楞伽經》亦云：七地菩薩着空故，十方諸佛七過來摩頂，勸發萬行。同前經文。《釋論》第十卷云：七住菩薩，觀諸法空無所有，不生不滅，如是觀已，一切世界中心不着，欲放捨六波羅蜜，入於涅槃。爾時，十方諸佛，放大光明，照菩薩身，以手摩頭，語菩薩言，汝勿生此心，汝億[六七]本願，欲度一切衆生，汝未得三十二相、八十種好也。又《夫人經》亦云：無漏業爲因，無明爲緣，能生聲聞、辟支佛三種意生身故，定有實行二乘人。若無實行人者，七地菩薩無容無三十二相、八十種好，改着空寂，不脩萬行，始欲捨六波羅蜜入於涅槃也。若如開善云實無二乘者，而諸經説者，皆是跡中爲物引接故。此釋不成語也。真諦三藏自性責開善云：彼國中無有人言無實二乘者，汝自輙言，無有實行二乘。故三藏師引《夫人經》云：三種意生身，即是聲聞意、辟支佛意、菩薩意生。於變易生死中，今謂通而爲語，亦有二乘，亦無二乘也。言有者，佛隨緣方便，彼名字開三乘，故有之。故經云除佛方便説也。言無者，無如四家説七地中會三乘故。一家云，具四句也。

問：如斯三經一論等，著寂菩薩等，若爲通釋了[六八]。答：大乘無所得義，通云，如《地》《攝》兩論，《成》《毗》二家。有所得無方便菩薩，難改迴心入正道。而由前無方便行行故，至七地時，猶見思惑習故着寂，不如法行行，故諸佛來發起，汝等未得真三十二相、八十種好。若小小分三十二相、八十種好，如初正八相成道，三十二相、八十種好並有之也。

問：中十心中，自有頓斷煩惱，不由等覺妙覺究竟涅槃者；七地已下菩薩等，寧得有着寂不脩萬行，爲諸佛來種種發起，頓如此差降耶？答：正是前時有方便無方便行行，故須如斯，則與鈍差别。如釋迦文，久已成佛，無有一切煩惱，而尚受九報，今煩惱未盡菩薩中，自有着空，而不着空，何疑了[六九]？

問：釋迦文久已成佛，而爲一切衆生，方便受九種報耶，得相例了[七〇]。答：久已得種覺，猶尚爲物九報者，煩惱未充，菩薩自有，由有方便、無方便行行故，上七地，下有汎[七一]空不汎空，何須疑之無方便地？《攝》等諸家，好有此疑也。故《手德楞伽渚經[七二]》云，一一地中，逕百千大劫，方本一地之行，軟根不在其[七三]數。故知初地已上，並有利、鈍。鈍者，即是前無方便行行，故至七地，自有沈空着寂故，諸佛來發起也。

問：如真諦三藏云，與諸論師釋六地與七地中爲二國中間也？答：今大乘義不同彼説。今謂假十信與中十信中間，爲二國中間，難可過度，即是分段，與反[七四]易兩種生死爲中間故。一家舉譬言，有南、北二國中間，如大江五十里中間，復有清江與監察故，難可通度。正意任十信中雖斷正使盡，而轉入中十信爲難，亦是正使雖煩惱而爲習氣故，萬行難精，故從來所脩之行，或時勝品而須申退失，劣品名爲墮頂義。或改入空、無相、作等生法心，名爲着寂等，如前説也。若從凡夫來依偏學無所得者，一入假十信時，復進得中十信，即成種覺有限。故得中十信已上，至七地亦無有着寂沈空者也。故《大經》云：八萬劫到，六萬劫到，四萬劫到，二萬劫到，十千劫到。如此等人，並是利根者也。鈍根經無量劫，方成一任行也。亦有人言，多經論云，七地着寂，是三乘共十地中七地，非菩薩獨十地中七地。又言餘經論言之，或可是如彼說，而《華嚴經》語，豈是三乘地意？彼經未明二乘事，云何是耶？但《華嚴經》中，雖未說二乘事，而理中明十地相，唯望斷正使盡，出反易生死中，受生二乘事義，故記而明之。經兩意不相違背也。亦是解脫月菩薩請說二乘法，故充有二乘，但彼經來意亦未盡也。三，今說釋迦教，對舍那教明之。釋迦具有但、不但教也，舍那所說教不但教也。舍那教中，直明並諸微塵世界大小緣事，如釋迦說西方事，非是舍那緣事也。故金剛藏菩薩爲解脫月菩薩說法文言，此中不宜聞二乘法，所以不說小乘教。教解脫菩薩請金剛藏菩薩云，此中亦充有堪聞小法有利益者，爲說之，而文不見說，故二家相傳云：雖請說，而不說，故無有但教，亦無二乘，何勞說也。而《觀世音菩薩授記經》云，釋迦佛光明至時，三乘人同光來事者，一家判云，迴小入大。二乘有二義：一，實是菩薩，仍歸本名爲二乘，如《法花經》云，已授記三乘，從本爲名聲聞也。二，無所得二乘，亦不妨但無。有《攝》《地》兩論，《成》《毗》二家，二家但者也。彼經與論等云，七地菩薩着寂等故，諸佛來摩頂發起事。四家定執安置高下，故須更料簡之。今剖空着別明之，故開合散束，不相妨意，故七地着寂。且初發心着寂寂且[七五]，初發心着寂[七六]即是七地着寂，初發心明了即是七地明了，七地淨了即是初發心淨了也。故《華嚴經》云：一微塵世界即是無量微塵世界，無量微塵世界即是一塵世界。一多、多一等也。如《支楞伽經》云，初地即是第十地，第十地即是初地，初地即是第八地，第八地即是初地等也。而經論中，偏約第七地明着寂等，故諸佛來發起者，開不二而二論之，第七地是斷四住地習氣盡，出七地入八地等事，故經論中多約七地釋之。此釋意，《地》《攝》等四家，二見難受信。若得大乘無所得意者，任運義理説也。

問：三退位定有高下耶？答：不異。而異明之，亦得高下。異而不異論之，初行退即是復[七七]念退，復念退即是初行退，位退亦然也。三位，開善云：從凡至聖，階位高下，略分爲三也。一，具縛凡夫位；二，善惡供[七八]位；三，性地位也。此三位並是初地之與凡、聖成，分别耶正也。從凡、聖與未登初地，約發菩薩心，略有三階級，初二是凡夫位，後一是似聖。似聖有爲内凡夫，前具縛、供位名爲外凡夫。於外凡夫中，復有二也。一，有見衆生已立，而未有一念勝善心，名爲一立也。二，有善惡供位。此位之人，雖復渓澮要有歸期，故從具位之供位。性地者，既入正定，即是高湿善根已不改，退斷善根也。

今大乘明位，不同前説也。就無所得善根假中分之，自從未曾得起，向無所得善根已還，名爲具縛凡夫位也。自從是《大經》念，向無所得善根已上，名爲善惡共位也。即是《大經》云，從值熙連河沙佛未滿，一沙已還，階位之末，此中人、法悉名爲共位不定聚，亦是暫出還没位。以耶正、善惡爲體也。若曾值一熙連訶沙佛所，發菩提心，名爲性地也。故經云，得十六分中一中道分仅方是發菩提心位，如五種菩提心中説也。具縛位，流轉無際，無有出期，故具縛也。所以共位者，凡有兩共：一者，下同具縛；二者，上同性地。所以然者，行位雖有高下，值緣即諦法還成具緣也。不失念時，乃呼[七九]三十心，十地方便故，與性地同也。故《大經》云，譬如有人出家剃髮，雖未受沙彌戒，已墮女，若有發心，始呼此經。雖未階位十地，已墮十假[八〇]安中，故知與性地共也。故知還同。具縛假[八一]者，《菩薩戒經》云，性地菩薩，始能不謗法斷善根，故知共位人備秤具縛也。此人名爲信根菩薩，亦名假名菩薩。所言以假名者，非唯道心未是似解，亦改迹立，今曰菩薩，是非假立也。《大品經》亦云，輕毛菩薩，譬爲名，解行未深，多生退轉，有似毛之隨風東西也。《大經·迦葉品》云，菩薩有二也，一者，假名，二者，實義。此目假名，與《本業經》名目同，故言名字，即是輕毛，不定故名字説之耳。分別耶正善惡者：若具縛，唯耶無正；若性地，但正不耶；共位者，耶、正兼有，善、惡具行也。高下昇沈者，具縛之位，唯是沈没，鄙下流轉，無際不出也；性地者，既入正定，則能高昇，善根已立，不改退斷善根也；共位者，可上可下，亦昇亦沈，暫出還没，故不定最也。《大品經·莊嚴品》云，畢定衆中干慧地不取安故，起期望故，不定位也。

問：性是三十心中明之，寧同於發心中明耶？答：多二義：一是發心，當躰是性地；二，是從三十心向下扙十信，亦是性地也。問：性是何義，向三十心、十信明耶？答：性是不改義，而有二種：一者，解假性；二者，解中道。故發心以上明地性也。依《大經》，有恒河七種人中，初三種人即是三位人也。一，常没人；二，暫出還没人；三，住人也。常没人者，起耶見一闡提等，趣向有所得，皆以重惡自沈没，不能出生死，故言常没也。蹔出還没人者，若遇大乘善知識，發菩提心，故出生死，求生信心正見脩善。若經生，若遇有所得惡知識，還起耶見，斷善根，故還復没，惑昇惑沉，故言暫出沉人也。此兩人，必是出家人也。住人者，安立無所得善提[六二]，是第三人。如《師子吼品》云，小乘四念處煗法人。依《迦葉品》小異，如佛性義中説也。無所得善根已立，求[六三]不復斷善根，不退起耶見等，名爲住理人也。又《大經》云三種病人者，即此三人也。何者？解不同。一云：初具縛凡夫者，不可除必死人，爲具縛耶定位也；遇退[六四]醫得差，不遇即不差者，共位不定人也；斷自差人，即是性地人也。二云：若未立信根，名爲必死不差人，爲初人也；若初發心，至第六心，差、不差病人也；第七心以上自差人，不如前說也。

又諸經論中有三種名：一，耶定聚；二，不定聚；三，正定聚也。解此三聚位，開善云：耶定者，起耶見，失正理，遇或之名。亦言耶定起心定執劃計也。不定者，惑正惑遇善知識，信三寶、四諦、因果，信善現前，即是正見。正見未善安，還復失忘，遇緣謗法斷善根故，復生耶見，故不定也。正定者，信根已立，習善安立，不謗正見，不斷善根，故名爲正定也。其位亦同前具縛等三位也。今大乘明之，亦同具縛等中三位説也。通稱聚者，有二義：一，聚集義；二，類義，亦是同義，同類而聚集，如方以類聚也。凡鄙有所得耶心之位，是類者悉入耶聚中也。不定、正定亦然之。又具縛、共、性三位，此别名者，具者，備有，有所得鄙劣，故以鄙法所成也。夫者，是行者通秤，若凡等庸劣所成，即是庸夫也。共位者，善、惡相兼未決之名。若化緣善，其位未立，善性成故也。耶、正亦猶未決定，雜一切善、惡，故共在一位中也。性者，不改故名性。習性已成，不改[八五]爲惡，信根安立，能生諸善，故言地也。通秤位者，分尊卑高下，各自處也。作如斯明者，大都得無得大判之。若細論之，如前釋也。《地》《攝》兩論，《成》《毗》二家，一切善、惡，無非具縛，並是理外故，若學無所得心想，依諦向不二者，亦是共位也。

十信位中，釋不同。一，山家舊云：中十信中，前六心已下亦同言共位，從七心已上性位也。二云：假十信中，前六心已下共位，第六心已上性位也。又山家從多約菩薩位中，隨名分位之，略有三階：一者，七心上，名爲入不退法；二，初地已上，名法位，亦言阿鞞跋致，至此處即生在佛家，如前引經論釋初地文中說也；三者，七地，名爲法位，亦言阿鞞跋致位也，《發趣品》明七地名爲等定慧地也。故《大論》云，前三地慧多定小，後三地定多慧小，不能入菩薩位；七地已上定、慧均等，漸得種智，名爲等定慧地。此意亦是教門明之。菩薩初發心，萬行但〔八六〕進，至七地方等二門耶。又須知之，小乘二十七賢聖位，今大乘明之，撮合爲十信位，故二十七藴在其十信中也。

第二，墮頂擗義。所言墮頂者，《大品經・勸學品》云：菩薩摩訶薩，不以方便行六波羅蜜，入空、無相、無作三昧，不墮聲聞、辟支佛地，亦不入菩薩位，是名菩薩法生故墮頂也。此經文意説不同。馮法師云：六住中，空心爲頂，有心爲墮，以六地終心正由空解，故出離二乘也。岌法師云：七住空心爲頂，有心爲墮也，七地之始永離二乘故，六地以還未勉二乘，故言墮。故《釋論》云：從忍〔八七〕、無生忍中間名爲頂。故六地以下從〔八八〕忍，七地已上是無生忍也。通法師：六地寂極爲頂，未登爲墮也。尚禪師云：三十心極處爲頂，登頂即入初地菩薩位故。《大品》第三卷《勸學品》云：不以方便行六波羅蜜。既言不以方便行六波羅蜜者，未得真解，故無方便，猶存著，所以不得入初地。又不墮二乘地者，二乘獨善爲境，今大士久行六波羅蜜，欲來作佛，不墮二乘，但滯著心，故不得登初地真位。故法生故墮頂者，此習解未熟，未稱無生。於一切法猶起著心，故言法生也。若深廣心秤獨成菩薩位，來不退二乘也。招提云：七地無生法即爲頂，是六地之上決定入七地之心，以起取著之名爲法愛，于時不能至頂故，必不爲二乘，進退無授，故名墮也。今謂《釋論》第四十九卷直云：頂，空從〔八九〕忍、無生忍之間。地前爲從〔九〇〕忍，初地已上爲無生忍也。今觀經論意，起有欲心爲墮，無欲心爲頂。故經云：菩薩不方便行六波羅蜜，入空、無、相、無作等，故法生故墮頂也。若爾，菩薩方便行波羅蜜，迴出凡夫、二乘、有所得菩薩相情之外，名爲頂；非方便行六波羅蜜，故法生墮頂。如《地》《攝》等四家菩薩等也。若爲位論之，前三退即是墮，非前三退即是頂也。故《大品經・差別品》云：得無所有已，見一切法空，四諦所攝法皆空。若見觀是時，便入菩薩位中，是爲菩薩位〔九一〕性地中，不從墮頂。用是墮頂，故〔九二〕聲聞、辟支佛地也。而諸法師多用六地心終爲頂，惑言七心初爲頂。約位明頂者，觀經文意，應是六地終心爲頂也。大陌而論之，八地以上無生寂滅忍，入法流水，無功用心，無改有念，故無念退也。《釋論》云，登第八地，第六地中增。退中云：六住退得無生也，第八、九位入法流也。

第二，明並觀、不並觀，釋並照、不並照，具如二智説也。今略出之，而説者不同。一云：八地已上始能並照，七地已下未能並也。二云：六地已下悉未並照，始入七地已上皆並照也。三云：中忍已下未能並照，七地上忍已去一向並照也。四，招提云，三階明之：一，六地已下一向不並照；二，八地已上一向能竝照；三，七地或竝不竝。澤於七地，以爲三階：一，下忍力微弱，竭力即竝照；二，中忍漸勝，竝照轉多；三，終心，一向能並照，仍入八地位大寂也。五，開善云：七地中三忍，下忍失念，亦不並照，中忍不失念，亦未並照，上忍得並照，八地任運行也。六，寶亮法師云：初地已上已能並照。地〔九三〕師亦同此説，故彼師云：取《仁王經》意云，初地並照，八地已上任運自成美其勝同名耳今大乘明義，初發心中十心〔九四〕菩薩，已能八相成道，即能並照。如《仁王經》説意，復必須識，偏圓橫竪之立，既能並照，無故入空，出有異時，但爲化緣，宜現入定、出定、入觀、出觀等也。若爾，非直真、俗並照，亦就俗中法法並照，就真中如十八空等並照，一中解無量，無量中解一，如是橫竪總別，無不滿足也。琰公云：七地菩薩定有並照者，終心一向能並，正是斷習氣極品，明心與有知並也；下忍並者，必是温，故空心與有知共竝，斷惑之心不能與有知竝也；中忍之心，自能屢竝，應多是温，故空心、有知得並，斷惑之心小[九五]能爾也。正以什公、肇公等，多七地自動而寂故，今推斥七地爲三階之辨也。開善意亦略同此意，但上忍明之也。今謂多種之説，並是正入發心，向入發心，觀行未調利時，學方法得有如此義，已入正位時，任行亦有也。但什、肇兩師，多偏約正使盡明之，大意同今説也。又彼師云：發[九六]照七地上忍，悉羅[九七]發照。初地已去，至七地中忍，亦得反照，但不恒反照也。大勢並照義類之，從淺至深，反照之力，轉增進也。於初地已去，至七地中忍，即罷[九八]反照，我是某地，已得爾許法門，無若干煩惱也。六地已下，不能自於空心知入其地；至若干品七地已上則能知，如向空、有並照也。今謂亦如照[九九]初發心菩薩已能反照等也。成論師解並照鄣不同：一云，别有無知鄣也；二云，無别鄣，但有緣由之鄣，良由惑多知弱故不能照[一〇〇]，惑小知强故能照，直是多智竝生，便無别照，故無别鄣也。今謂未必一向爾。若不二而二論之，一智照多境，多智照一境，多智照多境，一智照一境，境發智亦爾。照義既多種，鄣義亦應有别者也。反照智解亦不同。一，開善云：照青之智[一〇一]反照照青解也。二、龍光云：别有智智，但自反身反照，如是無窮反照也。若爾，一知知青，還以此知此知。如開善者，鄣亦説有别無别，不同境别，故有别鄣，還以青智反照，故無[一〇二]鄣也。龍光云：有别鄣也。今明不二而二明之，並得兩説，但名字同意異也。論師云：小乘之人，有高位利根者，有中則得照[一〇三]一切空心，不能與有知並也。中乘人，於有中並照，温故，空心亦可能與有智並照，如《大論》云：惑侵習氣，與七地下忍相似也。反照亦可，如論云：凡夫總相自緣名爲反照，如定行自反緣住得，如菩薩别反照則無也。今謂初發心菩薩並有之，若菩薩二乘亦菩薩一種也。如成論師所明，三乘别異，善根人捨波義論之，如彼説而已。今大乘宗望彼有所論都無之也。

第二，雜簡。

問：何者功德智慧莊嚴耶？答：且弃功德與智慧兩門，不二而二明之，依《大品經》第一卷《序品》，舉萬行與萬德、境、智等勸學文，意依一種開八段意，攝法無不盡。㝡後結云，欲得功德如是者，當學波若波若波羅蜜者，正法，波若爲本，所開三乘觀與三果并境、智等爲功德也。正法，波若之實，非功德智慧等，而舉末用目之，亦得言功德智慧等。所開六度〔一〇四〕爲功德，就功德中，開爲第六度爲智慧，五度爲功德，并造境生爲智慧，如善靜爲功德等，並得之也。又《大經》第二十五云，慧莊嚴者，從一地乃到十地者，惑可舉正法明之，惑可舉第六度説之。福德莊嚴者，謂檀波羅蜜乃至波若，非〔一〇五〕波若波羅蜜者，舉任明之。今謂福慧慧福，因緣語耳，而六行中分之，前五度是福，第六度爲慧。又第六中，分有分爲福，空爲慧，故經云：波若，非波若波羅蜜。如前也。

問：若爲是大莊嚴與大莊嚴發趣耶？答：《釋論》三空文云，大莊嚴，發趣大莊嚴〔一〇六〕，乘於大乘也。又云：菩薩行檀波羅蜜乃至波若波羅蜜，能捨内外財物，而行猶存有吾我，所以未得生空，直名爲大莊嚴也；若菩薩行檀波羅蜜，罷捨内外所有，無有吾我之心，即得生空，名爲發趣大乘也；復次，菩薩行檀波羅蜜，乃至波若波羅蜜，罷捨内外，忘三事，畢竟淨具足生法二空，故名爲乘於大乘也。《釋論》第五十卷云：初地至三地，慧多定小〔一〇七〕，未能深攝心故；四五六地，定多慧小，以是故不得入菩薩位；今生空、法空，定、慧等故，能安隱行菩薩道，從跋致地，漸漸得一切種智地也。論師釋此意言：定、慧，以正觀空理理靜爲定，有中分別知爲慧。如《成論·止觀品》云：分别陰、界等心爲觀，會真我之心爲止。立名各取一義也。又就此一説，分爲四階：一，初三地，照空心小〔一〇八〕，照有心多；二，四、五、六三地照空心多，照有心少；三，七一地，兩勢齊，而猶互起也；四，八、九、十三地，兩智必並照，念念寂滅。所以然者，見諦之惑，品數本少，非止可略，此欲界思惟而先在三十心，今中已伏意故，今就真觀斷之，不煩多力，故初三地在真觀心少也。脩行之意，本爲濟物，既已成聖，無客〔一九〕獨善，故多出空觀，權智恐〔二〇〕度人，致令有心，心起甚段也。此言小、多，是依前〔二一〕空說，非與奪之意也。四、五、六地仍前以來，多起有智，資此入空，空心長久，以四地所斷是欲界思惟等，於見諦惑品轉細細，故難斷，愛著人天，彌難捨；雖五地所斷是色界思惟，有四禪繫縛，於諸禪定，易起味心，兼以轉細，彌更難遣；六地所斷，是無色界思惟，有四空轉縛，此惑轉細，起味心彌多，故斷惑心多，多須數數入觀，謂爲多也。有心小者，四地脩道品，五地習五明，六地論觀因緣，此則有中觀行，亦殊不小，不客高位沾〔二二〕有反小。前三正皆此三地，空觀心小，有行必多。今則空觀心多，謂有心稍少耳。空録六地，隣於七地，七地空、有稍均，謂之定、慧平等；六地未能相及，故存小、多之秤。然空六地，以前猶亦多，須沾有也。例如《大經》第二十八云：十住菩薩智慧力多，三昧力少〔二三〕，聲聞、緣覺三昧力多，智慧力少，故〔二四〕不見佛性。此義意言，十住菩薩受法王位，兩〔二五〕復爲衆生雨甘露法雨，常有分別，故智用則多；任刀〔二六〕者空，未餘求進，故言定少。此皆義言之，非是定說。今於六地以前，多、小之義亦充爾也。二乘分內，但念脩空，於菩薩神力心不喜樂，如《法華經》中說，義言定多智用少也；七地之終，脩習萬行，大段已脩，故云七地定、慧均平也。七地所斷之惑，惑品與見諦、思惟正等故，斷此細惑，空慧轉多，備脩萬行，必具足故。有中福慧，甚亦倍多。空、有二行俱多，而大略相類，故云等也。七地之終所備〔二七〕略具。次入八地，念念常寂，八地文云，皆乘船入海，爲譬船中所須事事已足，故任力待時。自去九地已去，功德亦然也。今謂無爲法中而有差別，亦有此義，而未必一向。

如此理而論之，菩薩一證中道，必脩萬行俱進。如《仁王經》云：初地一念具足八萬四千般若波羅蜜，載爲摩訶衍，即滅爲金剛，亦言定，亦言一切行，如是廣讚波若波羅蜜中說也。《大論》云定、慧者，隨義一往論之。何者？依《瓔珞經》云：欲界見、思惟、習惑，前三地菩薩斷；上二界見、思、習惑，後三地菩薩斷。故定、慧各有二義。前三地慧多定小者：一者，隨所化衆生處，菩薩於見、思惟、習之地，定淺小難用，故言定少；而有中分別，行易而多，故言慧多，如于慧地也。二者，汎論初入道，必入空爲端，亦是道與俗反，故平於諸法爲正道，專者此心，故言慧多定少也。後三地有二義：一者，色、無[二八]處衆生，多者靜心，亦是定深，而易用故，菩薩隨并者定爲意，故言定多；而有中分別等小，故言慧小也。二者，菩薩因諸禪定，諸[二九]神通，行十二門禪等，故言定多慧小也。故須假諸廣之，又不唯隨所化明之，菩薩自行明昧多、小，亦得《大論》説也。

又古舊云：人[三〇]地已上斷惑不同一糸[三一]。次，南法師傳述舊云：八地已上念念斷惑，亦不須諸佛來開化。何以故？念念入法不出觀，寧同被開道耶？而經云，諸佛來摩頂勸發起者，聞是迹中爲物故耳。二云：止同言空、有並觀，寂無出入觀，故言念念寂滅，常居法流水耳。八地已上，去佛劫數甚多，猶[三二]須感佛，而俱得開化，不容都無，所待念念進行也。故《漸備經》云，第十住菩薩，猶須承佛威光，得百萬三昧，故知猶夜化，無容念念自斷惑、進行也。今謂八地以去，亦須諸佛開化，既是未淨之地，無容一向不須開道也。故經云，初地不知二地境界，乃至第十地不至如來舉足下足也。亦是大頓悟家云，至第十地，始見無生。小頓悟家云，至七地始見無生也。又七地菩薩，諸佛來摩頂勸發者，至第八地，不容一向頓不須待也。經云念念常寂者，如經云，不起滅定而現諸威儀。心、意、識亡，幻化無心，於彼此而能應一切，名爲常寂；何時遵有心神，常在觀不出觀，名爲常寂。若七地已下有心神躰出入觀耶？理而論之，初發心時已，平於諸法，心、意、識等如虚空，幻化人無心於彼此，此是彼非，而約動爲散爲出，嘿而爲静爲入，於幻化人，動、静無二也。菩薩一證正法者，動、静即是用也，住大涅槃建立大事也。故經云，初發心、畢竟二不別也。而經云，八地已上常寂入法流，七地已下有出入觀等者，欲濟物故，習氣充淨，故割折空，差別明也。諸菩薩，非静非動，能静能動，非出非入，而能出能入也。故雖開之，無纖豪之別，具如前説也。

又論師云：於十地中，利、鈍分判，三品明也。一，初地至六地，灼然有利、鈍，如二乘也。二，七地亦有利、鈍，而轉微相，比不堪懸絶心有二種也。三，八地已上，説不同。一云：學功已備，念念自斷惑，故無改(三三)鈍，唯利一品而已。二云：七地學功備者，此是大數言耳，然空得此法時，猶有偏觀，故有遲速。八地已去，無容念念斷惑故，則捨一念，猶有多少之惑。此人數十刹那温故，未進斷惑，故品段亦無定也。若七地之終，功行始弁，故八地以去遲束，必不懸絶，而則異於七地。所以開三階者，彼師云：六地以前，猶斷正使，所脩福、慧未央成滿故，此、彼神道異故，有無量遲速心不等也；七地，正使已盡，唯斷習氣，備脩萬行，大段粗周，故遲束之相就咸也；八地，餘習已斷，止斷無知，常無出觀，故利、鈍相微也。龍光云：七地已去，或斷二性，或三性煩惱，而習性不同，故微微有遲、疾行也。又就遲、疾，雙約定、慧，有三階明之：一者，六地已下，同定發慧，惑以淺定發深慧，惑定發淺慧，如二乘所宜不定也。若大士之行，六度俱脩，不同與二乘正爲空解，故得深慧者，定則心深也。开餘諸度類之，而开力多能能於淺定發深慧也。二者，七地菩薩，於師子奮迅逆順超越故，能從滅盡定入散心，散心直能入滅盡定。此是溫故之慧，於定門利者，力能如是。若是斷惑之心，多用勝定，入於深慧。滅定，解不同。一云：空解義枰[二四]滅定，能從神通說法動轉事心能斯靜也。二云：是滅定，以此定起說法等也。三者，八地已上，常以深定，與深慧共俱，亂心久盡，故定、慧俱進，但遂慧言之，故成遲疾也。四等諸度，其鄣亦已文亡，當其分限，階品品齊，進亦逐慧品言之，以成遲疾也。今大乘明之，不二而二，開差別明之，悟心有明昧論之，兼有論[二五]說。故彌勒尊者《摩德勒伽藏經》中言，如是於一一地中，逕百千大劫，有[二六]成一地之行，軟根不者开[二七]段。故知初地已上，一一地並有利、鈍也。經言，並有諸說而空寂不同，如前說也。又如偈中，言諸地行、相、入、脩習、出法門五種法。釋云：相分如初地，爲閻菩提王，乃至第十地爲摩醯首羅天王。又相者，以相別爲義，能標別於諸地也。入分者，以進入義，進入地躰，即是下忍初入其[二八]地也。行分者，是趣地之因，三十心爲初地之行分，從二地以去，各有因也。脩習分者，研脩爲義，自是中忍，脩習地躰增明滿足。出分者，出離爲義，即是是上忍一地滿足，高勝顯出也。通秤分者，亦以別爲義。五種既殊別，故即爲分，亦名五門，門能通義也。

論師云：《大品》所明十地，與《地經》所說十地異也。何者？《大品經》明義，是三界內事，不了未說高位菩薩所斷，是恒沙之煩惱，是無邊集諦。又未說十地爲常住之因，如此比類，如《居士經》，並是不了地經。今大乘明義即不然。龍樹菩薩於《大論》自明言，《波若》《法華》等經是顯現教，《法花經》云秘蜜教。大師云：《大經》亦例云，亦是秘蜜教。宇得闇心，言不了經，如涅槃義中所破也。諸師作如此言：依《泥梨品》明之，恐是無間之因也。又《大論》第四十九云[二九]，引十地名竟，云如《十住論》中說。此《十住論》，傳云：是龍樹論別有《十住論》，非天親《十住論》也。今一家傳云，《大品經・發趣品》所説十地，與《地經》所明十地一種，但説之方法少少〔三〇〕異，宗致意無異也。及《大品經》第二云十地，《十地斷結經》十地，《菩薩本業》《瓔珞經》十地等大乘經所明十地，一種究竟大乘十地也。但間中惑隱，改〔三一〕説方法異，無爲高下了不了義也。

問：受生者凡有三種，若因結業生，名爲生身；若以願他愛結業生者，名爲願身；若知充〔三二〕機而現身生者，名充身。此事云何？答：釋不同。一論師等云：十地中，前二地，於三惡道及三界人、天，具三身；第三一地，於三惡道，但𠦑生，無有結業，生因已盡，故於三界人、天具三身義；第四地上忍，於欲界但一應身，更無有𠦑身，於上二界具三身也，尋中、下忍，意可知之；五地上忍，於二界但一應身也，於上一界得有三身，中、下兩忍，尋之可知；六地上忍，於三界中但一應身，又依身不定，於三界外則具三身，中、下兩忍，尋之可知；七地以上，於三界中但一應身，於三界外具三界〔三三〕，於下殆咸之。二云：無有以願他愛徠生〔三四〕則逐，結尓不爾，但應，生身故𠦑生也。而約地生多小者，依《瓔珞經》云，初地斷見諦煩惱，二地斷人中煩惱，三地斷天上煩惱，四地斷三禪以下煩惱，五地斷三寶以下煩惱，六地斷非相非非相煩惱者，例前可知。七地以上，金剛心以下，斷恒沙等煩惱，亦是可尋也。三，今大乘明，如《大經・迦葉品》，住忍法時，斷無量三惡道報，當知不從知緣而滅者，五善根已斷三惡道報故。今任〔三五〕十信中，無有於三惡道結業生義，亦是無有人、天中結業生身。此舉三學果明之。自此已去，逐所斷惑有生身、無生身，尋之可解，又中七信已上，依經，斷見、思兩習氣惑與無知惑，判可知之。但三生身，逐結業生，與應生可知之，但以願他愛狹生身，應〔三六〕必須業與願共，方得受生身，無有但願力生義。何者？何菩薩不願度一切衆生而不得並被化者，唯有願而不得並受化者。彼衆生若無有自結業者，不蒙被化；若少有結業者，則被化入道也。

問：諸地菩薩作王云何？答：依《仁王波若經》云，初地作四天王，二地作忉利天王，三地作炎摩天王，四地作兜率陀天王，五地作化樂天王，六地作他化自在天王，七地作初禪梵王，八地作二禪天王，九地作三禪天王，十地作四大靜王也。諸師云：前三王通關三身生，後七王但一應身也。

問：十地有色、無無[一三七]云何耳？答：解不同，一云：六地已下有色相，惑因未盡故；七地以上無色相，惑因盡故。二云：七地以下有色，有習氣因故；八地以上無色，習氣盡故。三云：十地並有色，由惑因故；常住佛無色，惑因盡故。四云：至佛有妙色，例如至佛妙心判此已現法身。論師多曰第三師說。今大乘明義，約彼名之，至佛有色，並是彼故也；若約中論之，非色非心等也。

問：十七地行[一三八]者。答：真諦三藏師，如牽十七經，證有九訶[一三九]義。彼論云，九品心，故有第九訶，而此間不出此經，故難信。而开名目義[一四〇]。一名善心地，謂布施、持戒等善心地。二者，聞慧地。三者，思慧地。四者，脩慧地。此四種是欲界善心地。此三慧於三界分之，段[一四一]與論釋不同，段明欲界有聞、思兩慧，色界有思、脩二慧，無色界但脩慧也；論意，欲二界具有三慧，無色界唯有脩慧。故彼論《三慧品》云，欲界、色界，一切也；無色界中，唯有脩慧也。五者，有心定地，謂四禪、四無色定。六者，無相定心地，謂無想定心，說滅盡定三地是凡夫定善心地故。七者，聲聞地。八者，緣覺地。九者，十信地。十者，十住地。十一者，十行地。十二者，捨小乘迴向大乘地。十三者，大乘十迴向地。十四者，十地。十五者，佛地，如來相慧功德。十六者，有餘涅槃地。十七者，無餘涅槃也。二涅槃是斷德也。今謂非有餘非無餘，亦非智斷，强名無餘涅槃也。

料簡第三，明時節劫數。

經中成明三劫：一十里石，惑言四十里方石，用六欲天衣，人間日月三年一下拂石盡，石[一四二]爲一小劫也；六十里石，梵天衣六殊重，三年一下拂石盡，若[一四三]爲中劫也，然彼天無日月，以寶珠光明，取开明珠，以辨歲數也；八十里石，淨居天衣無餘兩重，亦三年一下拂方石盡，若爲一大劫，亦無日月，取玴鏡光明，有易曉脱，以内數歲月也。然劫數亦不定，或言八千里八萬里方石，若爲一大劫，下一千一萬里石，故自是大劫也。又《華嚴經·阿僧祇品》云，略攝开要數，明千萬爲一億，爲一那由他，千萬爲一億，爲一那由他[一四四]千萬億那由他爲一加那，千萬億加那爲一頻婆，千萬億頻婆爲一阿僧祇。僧祇，此云不可得、不可說、不可量也。諸法師云，前萬里石若爲大劫，即是一阿僧祇也。今明此大劫，約地位辨行，行久近經，數之少多者：從十信發心供養熙連河沙佛，一劫，得到中十信；以中十信，二劫，到習種性之初；從習種性，經三劫行，得慧性種性；性種性故，經四劫，得到道種性；道種性，經五劫，得到初地；初地，經六劫，得到二地；二地，經七劫，得到三地；三地，經八劫，得到四地；四地，經九劫，得到五地；五地，經十劫，得到六地；六地，經十一劫，得到七地；七地，經十二劫，得到八地；八地，經十三劫，得到九地；九地，經萬劫，得到十地；十地，經百劫，學佛威儀，得到佛地也。出《本業瓔珞經》，作如此都合一萬一千八百四十劫，行行方得到佛地也。若如二乘人，八萬劫乃到十千劫，行行到中十信位也。依《仁王經》判，地前到佛，中間劫數大，准望相似，後結撮始終，經無量劫，但從十地到金剛心，到佛，此與《本業經》不侖倍校言。若爲釋者，諸法師云：《本業經》據大劫爲明也，《仁王經》取中劫爲暗，故兩經文文不相妨也。又依《莊嚴》《楞伽藏經》云：於一一地中，經百千大劫，方成一地之門，不數軟根者也。着[一四五]爾，時節即不事定也。

金剛心義，有四重。第一，明大意；第二，釋名；第三，出體；第四，科簡。

第一，大意。經論所明金剛心者，乃是借譬之名，以況事、理二種也。何者？一是以況於窮學之地等學[一四六]也。二是以況於不二之道也。所以此兩意者，開横竪之宗致，即是具中、假方得秤金剛，非中、假則非金剛也。金剛有多義，要略，有堅、有利二能也。一者，金剛妙寶體有堅故，衆物所不能傷也；二者，能有利故，所擬皆破，物無不破也。金正法遠，離一切趣、不趣也，故況之爲堅；洞遣是非，故譬之無不破，爲利也。又等覺之地，衆累斯盡，故言無不破，故言利；衆惑所不能侵，爲堅。故言金剛心如金剛妙寶，用利、體堅也。

第二，釋名。金剛心者，堅、利爲義。正法道，百非所不非，百是所不是，故言堅實爲義；所擬[一四七]無不破，言利爲義，亦是十地上忍勝身菩薩，所擬無不破，故堅、利爲義也。心者，有二意：一者，正道爲心，故《大經》云阿耨多羅三藐三菩提心也；二者，欲脩心法，更非遠物，心是迷悟之主，故衆生神明研脩，悟此心非心，入理之門爲心，又得果之心，故秤金剛心也。

第三，明出體。金剛心，有二種：一者，正法爲體；二者，横而爲論之，終學之地，照斯圓，萬累都盡，空、有兩解爲體。兩用之中，亦得言常解爲主也。若言望堅[一四八]正道，則二法並是假用非體。問：金剛心體位云何。答：解不同。一云：窮學地，窮學地又說不同。一云：窮學望結，望故名爲金剛。體位言，約作用，極邊受金剛體位名故，如金剛寶瓶，即足無缺也。三，建初云：通因、果爲金剛體。彼意取《波若經》云：引燃燈佛所空所得，此證因前以爲金剛；從彼經故文云，於燃燈佛所，無所得菩提，此證果前爲金剛位也。彼師等定因、果處所，故作此說。今謂不二而二論之。聖《大論》波若非二乘法、又非佛法者者〔一四九〕，因；名爲波若者，果。若爲菩薩、婆〔一五〇〕若者，因爲波若，果爲菩薩。若若〔一五一〕望《大經》片昔曰三照爲涅槃者，波若通果地。若論正法，波若如大火聚者，非因非果也。金剛心正約因爲金剛心也。

第四，料簡。

問：前云金剛心者，拔闍羅薩埵，而金剛有多義，要略有能。何者多義耳？答：世間金剛者，清淨爲義，無有穢濁故；二者，窮勝爲義，諸寶中勝故；三者，難惻爲義，一切世間無能本價故；四者，難得爲義，如世間金剛，貧人所不能得故；五者，有勢爲義，如轉於聖王，金輪寶飛行自在，有大力勢故；六者，不定爲義，金剛若置諸色中，隨色變，無定故；七者，主爲義，如轉輪王金輪寶，爲衆寶之主，一切諸寶悉皆隨從也；八者，能集爲義，如世間金剛，若得者，一切寶物自在聚集教；九者，莊嚴莊教爲義，如金剛能莊教佛者法身首也。如此九種義，譬於金剛三昧之用，具如《大經·德王》第六功德中説也。

問：世間金剛，唯山羊角與龜甲二種能傷損者，今橫、堅〔一五二〕二金剛，亦有非金剛義不？答：世間金剛有兩種能傷損，餘一切物莫能傷損者，亦有二義：一者，偏若餘物無傷損義；二者，窮學金剛心，一切煩惱不能累，爲譬唯生滅没，況於二種物，今正法之道遠離一切故。又諸有所得顛倒，於正觀中洗盡，故得稱爲金剛也。

《成實論》釋能斷、所斷不同。一云：能、所盡，皆就相續假中論之，實法中則無也。所以知然，一念之起，惑則自謝，後更不續，故是空無一等，云何决有能爲累耶？故要須是相續不斷，能有斷鄣之用。以此義推，故所斷之惑，要是相續道中明也；能斷之智〔一五三〕，亦是就相續明也。實法則無決有能滅之力也。二云：解惑寘理，相違之法起，則於惑之治爲，豈得言一違一不違耶？所斷之惑，本觸成就，不名假明之。龍光傳開善義：成就長假無智，有念念謝滅，故不約實法論也。三，釋恩傳建無云：按假談實，能斷之解，假、實俱能；所斷之惑，但假無實也。刀斷草木不例。何者？刀斷木等是色法，故能斷、所斷，假、實俱。又云：刀斷木等，既無成就，故約假明之；實法自在，故不假論能斷、所斷也。解斷之惑，但成就，無有念念生滅，唯有流動無常也。今大乘明義則不然。如《十地》大意中說，撿責我、我所，了悟不得我與乘[一五四]所。爾時理外容煩惱，尚得名爲斷伏也。不如《成實論》等假、實解實。分汾云：相斷伏也。

問：《大品經・差別品》云：菩薩斷無礙道行，佛於解脱道行，兩行何相耶？答：不二而二明之。金心爲因，佛地爲果，因無礙，果爲解脱而得名。論師不得。一，南澗仙解云：舉義則無礙與解脱，舉因、果別。金剛心當體是無礙，佛果當體是解脱。何者？金心伏源品惑，惑體無決，有牽習果力與鄣解力、釋因力，直是是[一五五]成就。惑體在，既失三力，於解牽習果無決有礙，故無礙義顯，故目金心爲無礙。既有惑體，故不足秤解脱，解脱義不鄣也。既不礙於金心，金心習因，牽起佛果，斷此彼，伏源品惑，逌然無礙，故解脱義顯，名爲解脱也。二，龍光綽師傳述開善義云：無礙、解脱兩道，並是果地當體名。何者？佛果斷惑，故惑不礙於解，名爲無礙。解體逌然無累，名爲解脱。帀[一五六]由解脱故無礙，不由無礙故解脱。解脱勝於無礙，無礙劣於解脱。故解脱在果，無礙在因。何者？如被縛故有礙，則不得云有礙故被縛，故解脱故無礙也。大乘宗明之，就假横論之，如仙師釋。於名字中明之亦好，而彼處所被落無所得中。大乘意，只了此有無心畢竟盡得名爲解脱者，此有無心爲被縛，若爾，不起有無心體名，名無礙道。畢竟盡解，名爲解脱道。義開爲有，故經中不二而二云，菩薩無礙爲[一五七]行，佛爲解脱中行。此是因果義。由因[一五八]果，由果故因，因是果因，果是因果，故無因實於果，無果實於因。故無名相中開兩爲[一五九]，故無處所也。又如假故中無假實中無中實假所，論云亦假亦中，二爲亦然之。

問：無礙、解脱有傍正不？答：不二而二。對境明之，兩種悉正。若開論之，劫惑解脱爲正，無礙爲傍。若言於正行，無有有所得，脱有所得，名爲無礙，名爲解脱者，則無有傍、正。若從假入中，假爲伏，亦是無礙爲[一六〇]，是菩薩爲着者，正觀中名爲斷，亦是解脱道，是佛道故。《大品經》第十三卷《一念品》云：無所得即是道，即是果，即是阿耨多羅三藐三菩提。故《菩薩頭經》云：窮上利物菩薩，初發心時便成正覺，不由次第。等覺、妙覺，前念爲因，後念爲果。金剛聖體種知現前，涅槃中究竟果也。

問：佛果所斷惑滅時，即是佛花時。若爾，是惑滅時，解生時不？答：成論師解不同，如十地義中說。一云：解花時當佛果，所斷惑滅當金心時，佛果與金心不問[一六一]，云何言解生時是惑滅時耶？金必或充[一六二]別佛，而金心已積伏惑。惑無，既三中不鄣，金心牽習果，習果起，惑體自逍亡。逍亡時，終當金心時，不至佛。此義於十地義中已破竟也。二，龍光述開善云：解生時，是惑滅時。如苦忍時，解生時，是惑滅時。何者？若忍邊成就，惑體向無，苦忍向有，向有、向無非前、後故，故言一時也。佛果斷源品惑者，此一處斷伏，不同餘處。何者？此源品無明成，終係於金心無明體，終不假[一六三]佛果。而言菩提智斷無始惑體者，如果起故因滅。若不應起者，因則不滅。由果應起，故因滅也。

問：若應起果能斷金心惑，此則應未有寂得，未有解體，能斷金心之已有惑耶？答：由果應向有，故金心邊惑滅。若佛果不向有，金心成就，惑終無有滅。由當佛果向有，解向[一六四]或逍亡，故推正與佛果羅[一六五]斷源品無明。此源品惑，雖係於金心，金心非其治道，故推佛果也。今大乘明義，不同兩說。惑體本來不生，今亦無滅，解亦然。善言惑滅解生、解生惑滅，作此動念心，即是顛倒，豈能隔凡成聖聖[一六六]。但假名開爲解、惑，明治而言方明之。如《大論》説，福將生惡滅者，得言惑滅解生，而常解是所惑，故惑滅無所失，解生亦無所起，畢竟無迹，名爲斷、伏也。而觸位明之，𢇁既云菩薩無礙道行、解脱道行，故金心斷惑也。

問：經云，金心所有相前如常[一六七]中月，所有煩惱如烟微鄣，故智金心惑未盡也。答：此經意，金心菩薩所逍盡煩惱如烟微鄣，惑不至佛故也。

問：金心菩薩，定有兩解，並不及佛耶？答：論師常一往論之，有解齊佛，出解則不及佛一品，故金剛心等覺佛。若能而論之，有解亦有明、昧。何者？金心雖得册吾[一六八]品，元金心，猶及惑體，故有解昧於佛地。佛地無惑，故明也。

問：金心及解與佛道解等者，二地無淺、深耶？答：釋不同。一，南澗仙師云：境上有淺深之義，故妙覺、等覺兩智有淺義。等覺但伏不斷，便羅窮顯段，得與佛一等。而淺、深之處，既難智，故要除惑，方得覩深處。又帶[一六九]無常，故唯佛窮也。答彼舊云：惑是一品，而於境上自有難、易故也。二，龍常師云：約有解明之，一往論之，無難、易，淺、深一等，故言等覺佛。惑體有兩力。一，惑體能鄣於解；二，惑體罷[一七〇]障用。用既被伏，無既鄣解之用力、牽果之用，如死人，無所能爲。惑望於解傍緣，故惑體雖有，而不能令解闇。解既偏，照了無二，但無常故，不及爲昧。又常、無常殊耳。今大乘明義，無二而二，假名名字，開爲淺深、勝劣明，明得有多種勢也。因，有三義：一，因滿；二，元無明向無；三，果。釋具足三義，故昧也。果，亦有三義：一，果滿；二，無惑體；三，極果。故明也。何以故知之？經云，後身菩薩，但見終，不見始，亦[一七一]故身菩薩小見。故又《瓔珞經》云：金剛心菩薩百劫者，學佛威儀，故知昧佛也。若無上多義，即應佛等而逐緣昧也。

問：此金心菩薩明解那得生耶？答：論云，

要以由金剛前心了明解，未能除惑。由映潤故，得生金剛心，令有也。

問：伊既此一品惑生，伊得起時，那忽反能伏除耶？答：得有如此者，良由伊積此前心明力。雖既[一七二]爲伊所生，要由前既解力，後微微增勝，所以還復能有除力也。無異況[一七三]從木生，還復能有燒木之用。以此義，惟解由惑有，而復能除也。大乘明義，金心之前，細有所得，潤起金心。金心有所得心盡者，金剛心，解向有，惑向無，故假名名字開之，無不如斯種種義，但意永異。論師等説，今雖言由惑有之不有有，除而不除除，並是若[一七四]方便。

又論師釋金心斷惑盡、不盡，古、今諸法師相傳不同。莊嚴等師傳述，金剛心斷惑盡，但傳無常義異於佛。彼義宗，佛，若二諦之外源品無明是惑因，所得故，金心所斷故。何者？惑因即空，是真諦，金剛心體源品惑，名爲斷惑。佛是至有，有真有出二諦外，故不斷也。故《菩薩瓔珞本業經·釋義品》云，金剛心菩薩，登大山頂，入百千三昧，集佛威儀用坐處，其知見亦常、無常，一切境智，當知如佛名爲學佛也。而經中云，佛菩提智斷者，覺佛菩提斷也。問：若金剛菩薩斷惑盡，佛無異者，何經云如佛名爲覺[一七五]佛？則應言是佛也。又金剛心，彼映潤起以不？答：斷惑盡則無惑，映潤起。若是敍映潤，則斷惑未盡之。大乘宗，如《夫人經》云：佛菩提智所斷。故是金心已斷惑盡，佛則無所斷也。而《十住斷結經》云，金剛心菩薩智慧，如定中曰，所有煩惱如烟微鄣，此則所斷惑如烟微鄣，非猶有惑如烟微鄣也。

二，開善等諸師傳述：金心斷惑未盡，唯佛菩提方盡。故《大品經·差别品》云，菩薩，無礙道中行；諸佛，解脱中行。解脱於惑，即是斷惑。故《斷結經》云，諸佛解脱道中行，是斷惑也。亦如《夫人經》等所説也。亦道理明之，解、惑相對，理應然也。又難云：若金心斷惑盡，即應是佛，何故猶是因？今何故然？無既有惑累故也。莊嚴家難：金剛心解未足，猶有體存，故則應爲集諦。佛苦無常等耶？開善義答：或惑應佛，苦等但被伏，故無復能爲，故大明至，苦果等不來也，即是因、果不遂義。故彼家義，從七地中忍已上，有惑因無果，因、果不隨義也。又大乘明義，念念惑果有成，就因緣差不惑[一七六]，亦得因、果不隨義也。

問：若金剛心斷惑不盡，何得名金剛耶？答：解不同。仙公云：雖金剛惑未盡，而衆惑所不累，故秤金剛也。又彼云：金剛心羆[一七七]伏、斷，非一念力，如刀斫續假用也。龍光傳開善義：只一念自是假，則能伏斷也。仙公義，假不當前後。綽公義，假當於後。各執不同也。

問：金剛不可破壞者，此心不及得言暗矚由窮微惑，豈非微惑使令然？身既使其矚，則有損亦瘵義，則非金剛也。答：金剛心解體内是明解，非暗，乃是小明，而不及佛真明，故相待言暗，不同凡夫相惑入體中也。

問：解體是解非惑者，在忍歡喜等門，應名之金剛，體無惑故也。答：通乘得有此義。但約位分別者，其體不可破，而能破惑盡，一種已滿，唯在金心，獨受金剛名也。大乘義，就横疎[一七八]論了，並同有了，但得同意，如空中鳥跡明義，故水異彼，有所同義。大乘明義，解惑相治，假上明之。故一家宗云：金剛心正論相治，佛則逍然無果也。故《大品經》第五卷《發趣品》最末云，菩薩摩訶薩行六波羅蜜、四念處，乃至十八不共法，一切種智具足，滿斷煩惱，及習住十地，當知如佛也。而今兩佛異者有四：一，因滿、果滿異也；二，小見、多見異；三，常、無常[一七九]異；四，解、惑並、不並異。有四義故有明、昧異，如前説。而經云等覺者，等見與等滿故等，而實不等也。

問：就勝者爲談，佛是金剛，體怪諸法盡，更無餘故也。答：義實爾。故《大經》第三卷《金剛身品》明佛是金剛。但尋此品意，唯取其常不可破壞義爲金剛，不論罷功以顯彼滿足無用也。

問：窮學是金剛，其既有無常，寧譬金剛耳？答：無差別。差別明之，實是後心方是真金剛，但隨分明無非金剛也。亦得當體分有之。亦得言〔一八〇〕。

問：金剛更名耶？答：要有四名。一，名金剛心，如前；二，金剛三昧；三，金剛身；四，金剛慧。亦同當體分有身。亦得言，前兩從因、緣，遠因於心，近緣於定。後二，體、用也，身即是體名，慧是屬用名也。

問：《大經》出幾名？答：有五名。一，名首楞嚴，此言曾伏，亦言究意〔一八一〕，亦言健定，亦名脩治也；二者，金剛，譬於堅利；三，名波若，亦得名當體名，亦約智慧也；四，名師子吼，譬於無畏說；五，名佛性，亦得言當體，亦得言因果也。彼經意，隨用得有無量名。

問：彼跋闍羅，此言金剛，金剛定是何物？答：成言是勝金，成言是利鐵也。

問：此金剛心金，與金堅之金、《金身品》金、《金光明》之金，若爲同、異？答：不同不異。一往彈之，而亦得言。《金光》之金與《金剛身品》之金，並就果地法身明之。故《大經》答云，金剛身因果，明法身常住不可破壞，猶如金剛。明護法爲因，能得此法身果，舉果辨因也。《金光明》之金，譬法身，明懺悔施食不然等，所得但總別異也。金堅之金，有二義：一，正法明之。一〔一八二〕，約因中明之，果則薩婆若。故金剛心之金，約等覺論也。金堅之金，雖云薩婆若明，明之是因，而因中舉於下地也。若言摩訶婆若，亦非涅槃意，亦通〔一八三〕果地也。十地金剛心義竟。

無依無得大乘四論記卷第二

校勘記

〔一〕「兩」，底本原校疑爲「三」。

〔二〕「答」，底本原校疑後脫「三明時節劫數」

六字。

〔三〕「由」，底本行間有夾注「歸」字。

〔四〕「論」，疑爲「諦」。

〔五〕「祀拾」，底本原校疑爲「配於」。

〔六〕「互」，底本作「牙」，據文意改，下四「互」字同。

〔七〕「句」，底本原校疑爲「方」。

〔八〕「邊」，疑爲「遍」。

〔九〕「觀」，底本原校疑爲「歡」。

〔一〇〕「玄」，疑爲「應」。

〔一一〕「充」，疑爲「應」，下二「充」字同。

〔一二〕「少」，疑衍。

〔一三〕「問」，底本原校疑爲「門」。

〔一四〕「恒」，底本作「洹」。底本「恒」字多誤作「洹」，以下皆據文意改正。

〔一五〕「得重耶」，底本行間有夾注「在其中也」。

〔一六〕「忘」，疑爲「亡」。

〔一七〕「改」，疑爲「知」。

〔一八〕「充」，《大方廣佛華嚴經》（《大正藏》六十卷本，下同）作「應」。

〔一九〕「違」，《維摩詰所説經》（《大正藏》本）作「建」。

〔二〇〕「至」，疑爲「要」。

〔二一〕「論」，疑爲「諦」。

〔二二〕「任」，底本原校疑爲「假」，下八「任」字同。

〔二三〕「家」，疑衍。

〔二四〕「忽忽」，疑爲「惚癡」。

〔二五〕「若」，底本原校疑爲「苦」，下一「若」字同。

〔二六〕「斤」，疑爲「所」，下三「斤」字同。

〔二七〕「無」，底本原校疑爲「元」。

〔二八〕「毢」，疑爲「配」。

〔二九〕「道」，底本原校疑爲「遣」。

〔三〇〕「南斗」，底本原校云一本作「南計」。

〔三一〕「充」，疑衍。

〔三二〕「燸」，疑爲「煗」，下同。

〔三三〕「若」，底本原校疑爲「苦」。

〔三四〕「意」，底本原校疑爲「竟」。

〔三五〕「灾」，底本原校疑爲「空」。

〔三六〕「生」，底本原校疑後脱「非生」二字。

〔三七〕「耶門」，據《十地經論》（《大正藏》本，下同），疑爲「邪行」。

〔三八〕「即」，疑爲「斷」。

〔三九〕「集」，據《十地經論》，疑爲「習」。

〔四〇〕「編」，底本原校疑爲「偏」。

〔四一〕「只」，底本原校疑爲「亦」。

〔四二〕「耳」，底本原校疑爲「耶」。

〔四三〕「學」，底本原校云通「覺」。

〔四四〕「聞」，底本原校疑爲「開」。

〔四五〕「有」，疑爲「慧」。

〔四六〕「持地」，疑爲「地持」，下一「持地」二字同。

〔四七〕「改」，疑爲「復」。

〔四八〕「觀」，底本原校疑爲「歡」。

〔四九〕「偏」，底本原校疑爲「偏」。

〔五〇〕「觀」，底本原校疑爲「歡」。

〔五一〕「五」，底本原校疑後脱「方」字。

〔五二〕「反」，底本原校云一本作「發」。

〔五三〕「彼」，底本原校疑爲「波」，下一「彼」字同。

〔五四〕「充」，疑爲「應」。

〔五五〕「有所無」，疑爲「無所有」。

〔五六〕「便」，底本原校疑衍。

〔五七〕「人」，疑爲「入」。

〔五八〕「或」，底本原校疑爲「我」。

〔五九〕「位」，底本原校疑爲「住」。

〔六〇〕「开」，底本原校疑爲「其」，下二「开」字同。

〔六一〕「了」，底本原校疑爲「耳」。

〔六二〕「秤」，疑爲「説」。

〔六三〕「其」，疑爲「菩薩」。

〔六四〕「行」，疑爲「何」。

〔六五〕「改」，底本原校疑爲「復」，下六「改」字同。

〔六六〕「申」，底本原校云一本作「臾」，下一「申」字同。

〔六七〕「億」，底本原校疑爲「憶」。

〔六八〕「了」，疑爲「耶」。

〔六九〕「了」，疑爲「之」或「耶」。

〔七〇〕「了」，底本原校疑爲「耳」。

〔七一〕「汎」，底本原校疑爲「沉」，下一「汎」字同。

〔七二〕「手德楞伽涺經」，據《彌勒經游意》（《大正藏》本），疑爲「摩德楞伽藏經」。

〔七三〕「其」，疑爲「菩薩」。

〔七四〕「反」，疑爲「變」。

〔七五〕「寂且」，底本原校疑衍。

〔七六〕「初發心着寂」，疑衍。

〔七七〕「復」，底本原校疑爲「後」，下一「復」字同。

〔七八〕「供」，底本原校疑爲「俱」，下三「供」字同。

〔七九〕「呼」，底本原校疑爲「學」，下一「呼」字同。

〔八〇〕「假」，底本原校云一本作「住」。

〔八一〕「假」，底本原校云一本作「位」。

〔八二〕「提」，底本原校疑爲「根」。

〔八三〕「求」，底本原校疑爲「永」。

〔八四〕「退」，底本原校疑爲「良」。

〔八五〕「改」，底本原校疑爲「復」。

〔八六〕「但」，底本原校疑爲「俱」。

〔八七〕「忍」，《大智度論》（《大正藏》本，下同）作「柔順忍」。

〔八八〕「從」，疑爲「順」。

〔八九〕「空從」，據《大智度論》，疑爲「柔順」。

〔九〇〕「從」，疑爲「順」。

〔九一〕「位」，《摩訶般若波羅蜜經》（《大正藏》本，下同）作「住」。

〔九二〕「故」，《摩訶般若波羅蜜經》後有「墮」字。

〔九三〕「地」，底本原校云一本後有「攝」字。

〔九四〕「心」，底本原校云一本作「信」。

〔九五〕「小」，疑爲「不」。

〔九六〕「發」，底本原校云一本作「反」，下一「發」字同。

〔九七〕「羅」，疑爲「能」。

〔九八〕「罷」，底本原校疑爲「能」，下二「罷」字同。

〔九九〕「照」，底本原校云一本前有「並」字。

〔一〇〇〕「照」，底本原校云一本前有「並」字。

〔一〇二〕「智」，底本原校云一本後有「還此青智」四字。
〔一〇三〕「無」，底本原校云一本後有「別」字。
〔一〇三〕「照」，底本原校云一本前有「並」字。
〔一〇四〕「度」，底本原校云一本後有「等」字。
〔一〇五〕「波若非」，底本原校疑衍。
〔一〇六〕「莊嚴」，據《大智度論》，疑爲「乘」。
〔一〇七〕「小」，《大智度論》作「少」。
〔一〇八〕「小」，疑爲「少」。
〔一〇九〕「客」，底本原校疑爲「容」，下一「客」字同。
〔一一〇〕「恐」，疑衍。
〔一一一〕「前」，底本原校云一本作「事」。
〔一一二〕「沺」，底本原校疑爲「涉」，下一「沺」字同。
〔一一三〕「少」，《大般涅槃經》（《大正藏》本，曇無讖譯，下同）後有「是故不得明見佛性」八字。
〔一一四〕「故」，《大般涅槃經》作「以是因緣」。
〔一一五〕「兩」，底本原校疑衍。
〔一一六〕「刀」，底本原校疑爲「力」。
〔一一七〕「備」，底本原校云一本作「脩」。
〔一一八〕「無」，底本原校云一本後有「色」字。
〔一一九〕「諸」，底本原校云一本前有「發」字。
〔一二〇〕「人」，疑爲「入」。
〔一二一〕「糸」，疑爲「系」。
〔一二二〕「猶」，底本原校云一本作「行」。
〔一二三〕「改」，疑爲「復」。
〔一二四〕「枰」，疑爲「秤」。
〔一二五〕「論」，底本原校云一本作「諸」。
〔一二六〕「有」，疑爲「方」。
〔一二七〕「不者开」，疑爲「者不開」。
〔一二八〕「其」，疑爲「菩薩」。
〔一二九〕「云」，疑衍。
〔一三〇〕「少」，底本原校疑衍。
〔一三一〕「改」，底本原校疑爲「復」。
〔一三二〕「充」，疑爲「應」，下一「充」字同。

〔一三三〕「界」，底本原校疑爲「身」。

〔一三四〕「生」，底本原校云一本後有「生」字。

〔一三五〕「任」，疑爲「假」。

〔一三六〕「應」，底本原校云一本作「意」。

〔一三七〕「無」，疑爲「色」。

〔一三八〕「行」，底本原校云一本作「何」。

〔一三九〕「詔」，疑爲「識」，下一「詔」字同。

〔一四〇〕「義」，底本原校云一本作「者」。

〔一四一〕「段」，疑爲「數」，下一「段」字同。

〔一四二〕「石」，據《菩薩瓔珞本業經》(《大正藏》本，下同)，疑爲「名」。

〔一四三〕「若」，據《菩薩瓔珞本業經》，疑爲「名」，下一「若」字同。

〔一四四〕「千萬爲一億爲一那由他」，底本原校疑衍。

〔一四五〕「着」，底本原校云一本作「若」。

〔一四六〕「學」，底本原校云一本作「覺」。

〔一四七〕「擬」，疑爲「疑」，下一「擬」字同。

〔一四八〕「堅」，疑爲「豎」。

〔一四九〕「者」，疑衍。

〔一五〇〕「婆」，疑爲「波」。

〔一五一〕「若」，疑衍。

〔一五二〕「堅」，疑爲「豎」。

〔一五三〕「智」，底本原校云一本作「仅」。

〔一五四〕「乘」，疑爲「我」。

〔一五五〕「是」，疑衍。

〔一五六〕「市」，疑爲「不」。

〔一五七〕「爲」，底本原校疑爲「道」。

〔一五八〕「因」，底本原校云一本後有「故」字。

〔一五九〕「爲」，底本原校疑爲「道」，下一「爲」字同。

〔一六〇〕「爲」，底本原校疑爲「道」，下一「爲」字同。

〔一六一〕「問」，疑爲「同」。

〔一六二〕「或充」，疑爲「惑應」。

〔一六三〕「假」，疑爲「數」。

〔一六四〕「向」，底本原校云一本作「故」。

〔一六五〕「羅」，疑衍。

〔一六六〕「聖」，底本原校云一本作「耶」。

〔一六七〕「常」，疑爲「空」。

〔一六八〕「册吾」，疑爲「四十五」。

〔一六九〕「帶」，疑爲「常」。

〔一七〇〕「罷」，疑爲「能」。

〔一七一〕「亦」，疑衍。

〔一七二〕「既」，疑衍。

〔一七三〕「況」，底本原校疑爲「火」。

〔一七四〕「若」，疑爲「名」。

〔一七五〕「覺」，底本原校疑爲「學」。

〔一七六〕「惑」，底本原校云一本作「感」。

〔一七七〕「罷」，底本原校疑爲「能」，下一「罷」字同。

〔一七八〕「疎」，疑爲「豎」。

〔一七九〕「常」，底本脱，據底本原校補。

〔一八〇〕「亦得當體分有之亦得言」，疑衍。

〔一八一〕「意」，底本原校云一本作「竟」。

〔一八二〕「一」，疑爲「二」。

〔一八三〕「通」，底本原校云一本作「舉」。

大乘四論玄義記卷第五

二諦義，有十重：第一，明大意；第二，明釋名；第三，論立名；第四，明有、無；第五，辨觀行；第六，論相即；第七，明體相；第八，辨絶名；第九，明攝法；第十，明同異。

第一，明大意。二諦者，實是非前非後，復非一時，豈有重數？但對破開善寺十重，故無差別差別，十重釋之。解二諦大意，置師辭不同，略有五家有所得《成實論》小乘師。第一，光宅寺雲法師云：二諦者，乃是聖教之幽宗，靈智之淵府也。第二，莊嚴寺旻法師云：二諦者，蓋是却惑之勝境，入道之要津也。第三，開善寺藏法師云：二諦者，蓋是法性之旨歸，一真不二之極理也。第四，宗〔一〕國北多寶寺廣州大亮法師云：

二諦者，蓋是言教之通詮，相待之假稱，非窮宗之實因也。第五，攝嶺西[二]霞寺無所得三論大意大師詮法師云：二諦者，蓋是表理之極説，文言之妙教，體非有、無，有、無不永[三]於體，理非一二，一二不違於理之[四]。

今依大師説，所言真、俗二諦者，即是有、無。有、無共顯一道，佛隨緣説有、無二教，貫於衆經。《華嚴經》有十重二諦、十種四諦等。《菩薩瓔珞本業經》十卷云：世諦有故不空，真諦空故不有。以有於凡是有，故不空；以無於聖是空，故不有。有即是世諦，無即是真諦，所以隨二緣故説於二諦。《大經》中，文殊問云：世諦之中有第一義諦不？第一義中有世諦不？如其有者，即是一諦。如其無者，將非如來虚妄説耶？佛答云：世諦者，即是第一義諦。但有善方便，隨順衆生，説有二諦。所以明真、俗二諦者，欲有所表，故有表不有，表無[五]不無，所以非有非無，是所表之道。有、無二諦，是能表之教。教能表理，理能應教，教、理相稱，故名如是。故經云：一切有無法，了達非有非[六]無。不著不二法，以無一二故。《華嚴經》云：諸佛聖主道，微妙甚難解，非思量境界，唯智者行處。此明無所得二諦，非二乘、凡夫境界，乃是佛、菩薩行處。雖非凡夫、二乘境界，而亦可得聖、凡境界；雖言是佛、菩薩行處，而非有所得佛、菩薩行處。故《大經》云，有所得者名爲無明，無所得者名爲智慧，乃至有所得者是二乘，無所得者是大乘，有所得者名爲二十五有，無所得者是大涅槃，有所得者無道無果，無所得者有道有果也。《大品·三慧品》云：諸有二者名爲有所得，無有二者名爲無所得。何等爲二？所謂眼、色爲二。若言眼爲能見，便成異於色；色爲所見，必殊於眼等。即名爲有所得也。

若成論家義，有亦是有，無亦是無，故以三□有爲俗，即物之無爲真。此有、無既住有無處，故無所表。既無所表，即無理應教。教無此表理，教即無能詮理。不能詮理，即非理教。理不應教，即非教理。非教理故即無理，非理教故即非教，故以世間法者，有字無義也。今則有、無二教，表非有非無之道。非有非無之道，故有有、無二教。故經云出間法者，有字有義也。

山門義與成論等師，常有異義。

《成論》等云：境、智是二，各不相關。境自稱空。有二諦智，自是權、實二智。智自生自滅，境無生滅。一往大判如之。若復細而論之，境、智並有生滅、無生滅。何者？彼明真諦境無生滅，俗諦境生滅；因中智有生滅，果上智則無生滅也。如斯之義，非唯是有所得，亦復不能所緣之義。故淨名訶云，莫以生滅心行説於實相法。今寧得以生滅行心緣於實相境也？今謂境、智不二，相因故有。境、智如同虛空。虛空是無生無滅，智[七]亦無生無滅。故《華嚴經》云：諸佛妙境界，其[八]如虛空。此明境同虛空。《大品經·三慧品》云虛空生故般若生等，《空品》云般若空等，明此智同虛空。非直無生無滅同於虛空，生滅亦同虛空。以虛空無生無滅而有生滅之用，境、智亦無生無滅而有生滅之用。以其有同虛空，故以虛空之有爲俗諦；無同虛空，故以虛空之無爲真諦。亦以有同虛空，故虛空之有爲權；無同虛空，故虛空之無爲實。有、無既通境、智，生、滅亦通境、智。但此生、滅亦同虛空，故以虛空生、滅，爲境、智生滅。故《大品經》云，如虛空生故般若生。此意欲明虛空以無生爲生，般若以無生爲生。故《十地經》云地行如虛空。彼文先解境同虛空，不生不滅，出過三界；後舉地行，始明地行亦如是，不生不滅，出過三界。

山門意：境、智並不生不滅，與數論等永異也。如數論等云：若有表有、無表無者，此即各有相，有相故有所得，有所得則名爲理外；若有表不有、無表不無，非有非無，名爲無相。既有表不有，故無有有[九]相；無表不無，故無無相。以無有有、無相，故名無所得。無所得者，即名理内也。了義、不了義者，若有表不有、無表不無，則名爲了義；若有表有、無表無者，則名不了義。亦有是有、無是無者，則名爲秘藏。有表不有、無表不無者，則名開秘。開秘則名了義，秘藏即名不了義。不了義者則[一〇]名爲半字，了義者名爲滿字。滿字名曰大乘，半字名曰小乘。以小乘不了義故，名爲有所得；了義故，名爲無所得。故有、無二諦，凡、聖、佛、菩薩共行，而有得有失。若有是有、無是無者，則名爲失；若有表不有、無表不無，則名爲得。以了有表不有故，則名爲聖；□[一一]有是有故，名爲凡夫。所以道未曾二，但約得、失兩明，故成凡、聖，乃至有生死、涅槃之異。故《大品經》云，方等亦名甘露，亦名毒藥，服消則爲藥，不消即爲毒。一藥未曾甘毒，但爲有方便、無方便兩緣，故成毒藥、甘露之殊耳。

問：數論師等，亦云二諦之境是凡、聖共行，今時亦言凡、聖共行，與彼云何異？答：彼云八法世諦境，無異。但凡夫取相故著，聖人從真觀出，被道無漏心行故不著，爲異。今明凡夫則言有可有、無可無，聖人知有非有、知無非無，故異彼也。

問：若聖人有、無表非有非無，凡夫有、無只表於有、無者，凡聖頓永[一二]，理、教殊别，寧言二諦是凡、聖共行耶？答：二諦名雖同，而意大異。凡夫，有則表有，無則表無；聖人，有則表不有，無則表不無。故在名雖同，而隨凡、聖兩人有、無異。凡夫，既有表有，有不得轉爲不有。今既不得轉爲不有，凡亦不得轉爲聖；聖人，有既表於不有，無既表於不無，故有得轉爲不有，凡得轉爲聖人。凡人，有既是有，故煩惱即是煩惱，不得爲無煩惱；今聖人，説有表不有，即煩惱轉爲不煩惱，故雖有煩惱，如無煩惱，而煩惱性本自不有，無所有故假名無明，所以有得轉爲非有也。

問：説有、無爲表非有非無，令衆生因有、

無之教，悟非有非無之正道者，何意不直説非有非無中道，令其得悟，而説有、無，令人於有無成病耶？乃似故欲令衆生煩惱因緣，住理外、人[三]地獄也。答：衆生顛倒，惑心不可頓悟，以漸法門化之。但衆生聞[四]有著有，聞無滯無，則爲説非有非無，則便不受化。故佛與衆生同源，不於僧那，故聖人慈悲，方便甫化。譬如長者脱珍御服，著垢膩衣，同子糞作，即是隨緣。假令聖人方便甫同衆生，故世間説有，我亦説有，世間説無，我亦説無。後則就求其有、無相不可得，令其悟此有、無，非有非無，則是有、無非有、無，非有、無有、無也。

問：若以有、無表非有非無，令得悟非有非無之中道時，有、無兩教廢去不？若悟理教廢，教廢故理亦應廢；若悟非有非無時，有、無教不廢，故從非有非無之理有起無二教者，與舊折俗入真、從真出俗，及《地論》息妄還真、從真起用，有何異耶？答：彼師等所執有真、俗二境，故折俗入真，復從真出俗，息、妄亦然；今明有不有，爲破有病；明無不無，爲破無病。有、無兩病若除，復有何二教之可得？既無二教可得，復有何非有非無之理可會耶？故非有非無，亦非非有非非無，故有、無非有非無，泯然無際。故《居士經》云，不離文字説解脱義也。《大品經》云，是字不住，亦非不住，是字無所有故。

問：若然，只見破外人有、無教，言非有非無，那得云是佛二諦教以表非有非無之道耶？答：只教令其識有是非有，無是非無，即是破，復是教。又一切諸法本若是有，可表非有時，或得或失；而今本來不有，而假名説爲有，只有本不有，不有假名説有。故《大品經》云，善吉，不壞假名説實相義，不動實相而説假名，故於有、無心動摇也。

問：本藉有、無二教，得悟非有非無之道，今若有、無、非有非無俱盡者，寧非墮於邪見耶？答：本爲謂有、無，可有、無，故明有表非有、無表非無，以有、無之教表非有非無之道。今若無有、無二病，復用二教何爲？既不論教，復有何非有非無之理可得？故理、教，有、無、非有非無，本性清淨，但顛倒衆生所怖畏處。故《百論》云，畏處何染也。

問：若理、教俱盡淨者，何須説二諦教耶？答：具如前説，治衆生病故須説。但言方爲説言有，不住有言空。不住有説有，不住空説空。諂空爲有，諂有爲空。此有不有有，此空不空空。空有爲世諦，有空爲真諦也。故《大品經》云開宗[一五]，以不住法，住般若波羅蜜中，《大經》第五卷末云：善男子，如來惑時説一爲三，説三爲一。又《梵行品》云，如來世尊有大方便，無常説常，常説無常，説樂爲苦，説苦爲樂，我、淨等一切法類爾也。又《德王》云，永斷二十五有，故得名淨，淨則是涅槃。亦如是涅槃得名有，而是涅槃實非是有，諸佛如來隨俗故説涅槃是有，如世人非父言父，非母言母，涅槃亦爾，隨俗故説言諸佛有大涅槃也。《華嚴經》云，一無量、無量一，多一多一等。

第二，釋名。所言二諦者：謂真諦，亦名第一義諦；俗諦，亦名世諦也。

按字釋名：真，以實爲義，則有之無體，無虚僞故，稱爲真諦；第一義，理極莫過謂之第一，旨趣實爾故稱義。俗者，以虚僞爲義，有非性實，賴衆緣成，無自故稱俗也；世者，以有隔别，名相不同，故曰世。問：此釋名以《成論》何異？答：名雖同，其意大異。

若以義釋名，有三種勢：一，横論顯發；二，竪論表理；三，當體釋名。所言横論顯發者，欲顯俗是真爲義、真是俗爲義。何故俗是真爲義者，欲顯真是俗家之所以，故言俗是真爲義；欲顯俗是真家之所以，故言俗是真爲義。故《大經·梵行品》云：欲令衆生深識世諦，是故如來宣説第一義諦；欲令衆生深識第一義諦，是故如來宣説世諦。爲此義故，言横論顯發也。

竪論表理者，真是不真爲義，俗是不俗爲義。故《居士經》云：五受陰洞達空，是苦義；諸法畢竟不生不滅，是無常義。此則是以非苦釋苦，不無常明無常也。《大經・聖行品》云，知苦非苦，苦聖諦，知集非集，集聖諦等。故言竪論表理也。當體釋名中，是實爲義等釋也。亦得言當體、從他爲義。苦隨空故爲俗，實故爲真，隔别故名世，理極稱第一，則是當體釋名。若隨俗人所知名俗，真智所知名真，世人所知名世，第一智所知名第一，須〔一六〕他爲名也。所以明真、俗意者，爲表非真非俗，即是名表於無名。無名之道，有何不名？所以有、無之名，本於無名。無名而名，故名爲有、無。有名俗諦，無名真諦。真以實爲義，俗以浮虚爲義。此名是義名，義是名義。即是一名無量名，無量名一名，故有一名無量義，一義無量名。無量名、無量義，一名、一義，俗亦名世，真亦名第一義。世，是伐〔一七〕謝爲義。第一，莫過爲旨。故真、俗是虚、實相待，世與第一從褒、貶爲名也。

通秤諦者，成論師云：有三家。一，光宅云：言教爲諦，理本自實，説有耶有正。正言中，理無有永〔一八〕謬，爲之審諦；耶説永宗，呼爲不諦。諦與不諦。闕近者之言，在理不異，俱稱實也。二，莊嚴云：如四諦，知是諦。引《大經・四諦品》云：佛造〔一九〕迦葉，所言苦者，不名苦聖諦。何以故？若言苦是苦聖諦者，一切畜生及地獄衆生應有苦聖諦。又言：凡夫有苦無諦，聲聞、緣覺有苦有諦。復結云：是名知苦非苦，名苦聖諦。是則凡夫但有苦境而無苦智，故云無諦；二乘有照苦之智，故言有諦。若爾，知能尋求秤境，故知爲諦。三，龍光傳開善云：實名在理。諦有三義。實義釋諦，此即在理；審當釋諦，從言教爲目；推審釋諦，推審就解，解能推於理。雖有三種秤，而在理爲正宗。審有此理，故秤諦。今謂不然。彼有教、境、行三法異故，各執不同。大乘義望之，並是有所得二見之説。第一師，境、智既非諦，豈有能説之文得是諦耶？文言何所詮而得諦耶？第二師，解智爲諦者，所觀之境既非諦，豈有能觀之智得是諦耶？第三師，境爲諦者，《大經》已破，故不用也。今大乘明義，無二爲二説，一往亦得言以教爲諦，而實大異三師説。前雖言以教爲諦，而經明諦名目理，教得諦名。若言教當體諦，而文是詮理，文不自表。又異於境、行，故大異也。今謂理乃是非諦，教正是諦，但諦名不自待非諦而得。就教中爲言，境與智並是教，亦悉得是諦。後兩家境、智悉自是理，非教。今明境、智並是教，理即非境，非智非教，故異於三説也。

問：山門宗理説非有非無教乃是有、無者，理異於教，教、理相乖，何得名諦？此即非諦也。答：有二意。一，今釋諦名，本以不諦爲義，所以雖言有、無，爲詮非有非無，方自得，故是諦也。二，亦不必須道諦是不諦，直置有、無，詮非有非無，自是諦義。何者？若有、無不詮非有非無，可是非諦；今有、無不乖非有非無，非有非無亦不乖、有無，所以相表，故得諦也。今明無有此能，亦無此所，乃至人、法等，但假名因緣，故名能、所。能、所則通亦長，故一切諸法不出於能、所，因果即短亦別。若非能無以成所，非所無以成能，故能必待所、所必帶能，但世間受名有便、不便。或在能爲便，所則不便。或在所爲便，能則不便。乃至能、所合論則便，單能、所，則不便。何者？如體中能爲便、所爲便者，如好精美食，宜在所；能、所合爲便者，如水洗物非淨故物淨，能、所俱名爲淨也。

今明通名諦者，諦以審當義。但一家釋諦有二義：一説，有、無二教當於理，故審當；二，當機緣，故審當。則片二乘、凡夫無理可當，無機照也。若如《百論》云，真、俗相待，故二諦皆實，所以真待於俗，世待於第一，故《百論》云：如㮰待棗爲大，待苽爲小，一一俱爲實[二〇]。今諸法，於凡謂[二一]實有，於定[二二]謂無，故名爲諦。

如凡愚小兒，看所作約事爲實有，於彼便爲諦；幻師知其實無所有，亦是爲諦。諸法亦然，凡隨爲實，於凡爲諦；聖知有非有，知無非無，有、無畢竟無所有，於聖爲諦。故諦待不諦，實待不實。真待於不真，不真名爲俗；俗待於不俗，不俗名爲真。故凡真則聖俗，聖真即凡俗。俗名真俗，真名俗真，俗真非真，真俗非俗，故非真非俗，名爲中道第一義諦。通釋於教，二諦意也。

問：他既約虚、實釋二諦，今亦就虚、實明二諦，與他何異？答：彼明虚、實，而虚、實並安二諦理，如髖鼻，論虚、實二諦。今明虚、實迭伐[三]，明虚、實二諦，如榇待棗爲大，此則爲實，望莸爲小，則便不實，諸法於凡是爲有即名爲實，於聖不有則名不實也。

問：他家虚、實並安，可論相待；今山門虚、實迭伐者，應無相待。答：彼虚、實並論，如髖鼻故，不得明相待。兩法性實自有，何須論相成？長、短等並類然。今明無名無相中，虚、實迭伐，相由成立，方復是相待義彰。如榇於棗爲大名實，望莸爲小則名虚，榇實不當大、小，相因成大、小。一切諸法於凡隨有，故名爲實；聖知有不有，故名爲虚也。

問：若然，唯應有一諦，寧言二諦相待？答：理實應然。故《大經》云，世諦者則第一義諦，但隨順衆生故説二諦也。

問：如彼經者，只成一諦，寧言二諦相待耶？答：實論無兩、一，但於凡、聖二人故説二諦。二諦有何失耶？如凡夫謂諸法實有，則名爲世諦，於聖人不有。不有，於凡名不諦，於聖則名諦。有既轉爲不有，故凡轉爲成聖。故有二諦。若如彼義，有不作無，無不轉爲有，性實不改，故失。一無量、無量一，展轉生無礙，解脱法門義也。

問：若言於凡是實名爲世諦、次悟不實名爲真諦者，唯見約凡、聖二人辨二諦，真、俗二諦相待在何耶？答：約二人則是相待，人、法悉相待故也。《十二門論》云，因世諦得第一義，第一義諦得涅槃。則是因俗悟真，因真悟[二四]非真非俗中道第一義諦，中道第一義諦則是涅槃，故言因第一義諦得涅槃也。又釋純陀疑問，論云：二諦是相待也。

問：若然，唯是一諦，何一諦？答：於凡是實，即是凡一諦；次於聖是實，即是聖一諦；次轉悟非真非俗，則是中道第一義諦也。

問：於諦、教諦，何諦正宗？答：各有正宗，《百説[二五]》於諦爲正宗，教諦即傍；《中論》教諦爲正宗，於諦即傍也。

問：若然，《百論》應是性，《中論》應是假。《百論》應是當，《中論》可是無當。若使兩論皆是無當，兩論皆是假，則應兩論並是教諦，寧言一教、一於，一假、一性耶？答：若望論主邊，恒是教，恒是無當，恒假，是就緣明之，有迷、有悟，故有教、有於，有無當、有當，有假、有性也。

問：若然，《中論》可是因緣知，《百論》應是非因緣智。答：亦約論主悉是因緣，就緣假因緣、不因緣，大判如此耳。

問：於兩諦皆表不？答：得有此義，

問：若爲是於表耶？答：遠望爲論，變有、不有及無、不無，得有於表義。

問：變有、無、非有無，正是教表，何關於表？復次，當執有、無時是於，若爾，當執非無時表耶？若當執有無時不表，變故方表，故知有表、不表，有諦、不諦也。答：得如前説，當相如問，但通别爲異耳。

問：《中論·四諦品》云：佛依二諦説法。若俗諦於俗俗諦，真諦於真真諦，爲二於諦者，此兩於諦並是病迷不？答：悉是病迷。

問：若爲是病迷？答：並乖道。道未曾有無，作性實有、無解，故有、無悉乖道，故是病迷也。

問：若言皆是病迷者，並應是俗是凡耶？答：望道爲論，亦得悉是凡是俗也。

問：若望道爲語亦得言是凡是俗者，亦得應有俗二名。答：望道論之，皆是俗，而於俗中自有真、俗也。

問：若於俗中自相望有真、俗者，亦望道道自有真、俗耶？答：不例。於中道不二，故不論二；於俗中開淺、深，故得二也。

問：二諦並破性不？答：亦得明二於諦，不論教諦也。

問：若此中不論教諦者，何故前云佛依二諦説法耶？答：二諦語通故爾。

問：若二諦通者，外人不迷於諦，何故明迷諦耶？答：今明二諦者，出外人二心教，故兩雙迷。既迷教諦故，於迷爲於諦也。

問：若得言並迷二諦，亦應並迷有、無，而識有不識無者，識於不識教耶？答：不例。今兩雙失，有、無明之。問意執一不執一，故不列[二六]之。前云有無兩雙失者，不識有亦不識無，若識有即識無也。

第三，立名。所言立名者，如來隨機設教，其名無量，故如、真如、實際、無生、施[二七]離、鈍[二八]淨、平等、涅槃、無相、無作、無願、第一義空也。俗諦名者，世事物有差別，陰、界、入等也。但經論所盛説，偏明之，各有二種。雖明二種，唯成一種。二何者？真與俗，是一種二；世與第一，復一種二也。真，是真實爲義。俗，是浮虛爲義。第一，莫過爲義。世，是隔別名相，代謝不同，曰世義。此四種諦通表於道，而有相兼之義。何者？世諦須從第一義爲名，第一義須從世受秤，真待俗爲目，俗因真爲名。而真、俗義通，世、第一則別。何者？真、俗通明方便有、無二教，故通；世與第一，於真、俗上褒、貶之義，故別名也。真，貞實近道，故名爲第一；俗，浮虛遠道，故名爲世。第一附真，故當褒名；世附於俗，故受貶名。所以世與第一，還是褒、貶於真、俗，故唯成真、俗一種二也。故真、俗爲表非真非俗之道，道尚非真非俗，豈是第一與世耶？若欲隨緣，作名有無量，隨世與第一、虚實、真俗、有無等名，但一種教門。指假名説，真、俗相資，不如他三。假有爲俗，無相理爲真。真、俗二理，鼈鼻竝安，殊别無有相資義也。

今山門義：因俗故真，即是俗資於真；因真故俗，即是真資於俗。以俗資真故，得轉凡爲聖；以真資俗故，得改聖爲凡。既資俗故，真則非真，所以名爲俗真；既資真故，俗則非俗，所以名爲真俗。真俗非俗，俗真非真。非真非俗，共顯法實。既改凡[29]聖即非聖，所以名爲凡聖；改聖爲凡即非凡，所以名爲聖凡。聖凡則非凡，凡聖則非聖。非凡非[30]，共顯法實，則是中道一實諦也。故竺道生法師云：物須因緣無自性故非有，順因緣起故非無，非有非無，共明法實，實故名真，不謬故稱諦，乖真故名俗，不實故非諦，是故虚、實相待，真、俗名生也。前所明四名，依《般若經》，只是有、無二諦，世與俗是有名，真與第一是無名。但此有、無並是因緣假，假有不名有，只是非有；假無不名無，只是非無。非有非無則有、無，有、無只一非有非無。而四名只是有、無，有、無二諦，二諦[31]只是一非有非無中道。於非有非無，立無爲真；於非無非有，立有爲俗。此則有、無屬能表之教，非有非無屬所表之理。是則無名相中假名説，須中出假也。

問：若然，與有所得以[32]成論師，體、用别，能、所之異，復何殊耶？答：大異。彼明體、用别，能、所殊，今明體用、能所不二，只指體爲用，指用爲體，能、所亦爾。若然，豈同從來有此法，然後立名等義耶？

成論師等舊云：俗體有此體皃，故稱爲相；真理則無，故曰無相。俗不勉名相，故稱爲有；真絶名相，故名爲無。而尋二諦之理皆絶名。絶名不同：真理無可名之相，名無能名之功，故絶名也。俗有有[33]絶名。通有五家：一，本無名故絶；二，無定名故絶；三，互絶故絶；四，則真故絶；五，冥真故絶也。問：真、俗二諦，皆假爲立名，何故常言真絶名耶？答：解不同。一，仙師云：世諦之名，與所名[三四]法，有不一異義，故俗不絶名；將真覓真，去真彌遠，故真絶名也。二云：當相論，俗本無名，及定一名，而非無可詺假[三五]，故不絶名；真，無可詺之體，故絶名。三，報恩師云：真一向絶名，俗不施[三六]名。所以然者，承名取得俗，故俗不絶名；承名取不可得真，故絶名。此三説雖言方有異，義不殊也。還就俗中復有絶、不絶。何者？如有爲法，應名有，隨名去來，故有爲法，不絶於名；無爲法，不逐名動轉去來，故絶名也。還約有爲法中，有是名字者，爲不絶名。若爾，衆生及心無作等非是名字法，故爲絶名也。

又成論師等云：有寄名、不寄名。但以字約他曰寄。若爾，一往真、俗分門，言方不同。一云：真無名故寄，俗有名故不寄也。二云：真名寄，俗名不寄名。所以然者，真空非名，俗有有名，故有寄不寄。若爾，非止是寄真名在俗，亦是寄真在俗。所以然者，真不真，故真在俗也。亦有人言，不以真寄俗，但以真名寄在俗中也。問：若然，真非名耶？答：真非名也。問：若爾，真非字耶？若[三七]真非字也。問：若爾，苦、樂非名不？汝若苦、樂是名者，真何不名？若爾，真亦得寄也。還就俗中復有寄與不寄。若約八法之中，七法寄名，色法不寄名。所以然者，一切法名皆是色故也。若還就色中，凡有十五種色。若此一化門，三色有寄、不寄。若是十二色，一問[三八]是寄名，十二色不詮辨故。三色有寄、有不寄。何者？三色之中，各説三色，此則不寄；若隨一色之中説三色，則兩色是寄。故言三色有寄、不寄也。約三色中，還自説三色，復有寄、不寄。若黑色還説黑者，此則非寄；若就黑色中，説青、黃等色，是寄也。四聲、五音、冷煗等觸凝然也。

又彼師等云：真一向是借名，俗不借名。所以然者，真無名無相故。就俗借真以目真，故説無生爲真也。若爾，如實際等詺皆是借也。又俗中亦有互[三九]借名，如因中説果，果中説因，如斯之類，悉是借名。如黑者説白，白者説黑，短者説長，長者説短等，並是借名也。今謂如《佛藏經》云：以無名相中爲[四〇]名相説。如經言，無爲法中而有差別，並有此義，而不如彼存法多種相説。今意望彼，彼皆是有所得斷、常，理外，心相顛倒也。一家意：説真爲俗，説俗爲真，説境爲智，説智爲境，説黑爲白，説白爲黑等。如空中識羅、虚中識絞等，無有蹤跡。故《大品經・句義品》云：如鳥飛空，跡不可尋。又云，無句義爲菩薩句義等也。《般若經》云：凡所有相，皆是虚妄。若見諸相非相，即見如來也。

第四，有、無，自有兩：第一，明奢論有、無；第二，明功論有、無。

第一，明奢論有、無。成論等師云：一切諸法雖曠而無邊，深而無底，以有、無往收，罄無不盡。有則四有爲，無則四無爲。

四有爲法者，謂色、心、無作、衆生也。色，或有十四種，或十五種色，並有形方，故有質礙。質礙故，如爲釋摩男説，色當體惱壞，如癰，如瘡，如病等，故須厭離也。心者，能緣爲義，能緣爲體。無作者，數論解不同。數云：色入所攝。故彼云：十種隨色，無作、無教假色也。《成論》云：無作，非色非心法，明其一作已，復更作，非身、口動，心作而常生，故言無作也。衆生者，數論解不同。數云：衆生無別用，但有名字。如黑中兑[四一]白等也。成論師云：三聚法共成一假用也。

四無爲者，謂虚空、非數緣、數緣、妙有也。虚空無爲，數論家解不同。數云：無爲虚空，謂大虚也；有爲虚空，井穴門向空，色入所攝也。成論師云：虚空，一向無爲法；井穴門向等，並是有異[四二]法，色入所攝也。今謂如《中論》説，虚空非有亦非無也。非數緣無爲，亦數論不同。《毗曇》云：未來緣差，爲非數緣。成論師云：同數者，舊五方便，以解所得以非數緣也。數緣無爲，又數論解不同。數云：真慧數治道所得善有法，爲數緣無爲。論云，真解所得無爲，爲數緣無爲也。妙有無爲者，《毗曇》義正申小乘宗，故末及妙有常住。論云，統解大乘，故妙有常住無爲也。數云：三無爲並本有，各體各得，得繫屬行人，數緣無爲是善，有法、二無爲是無記，非善也。成論師云：三無爲爲一體，一虚空無爲爲體。無爲實不當善、惡緣，由不無善、惡。虚空通本、始，二無爲但始有也。亦不明得繩不相應行法也。

今大乘明義：所明顛倒，欲拔出虚妄衆生，隨緣説，從多名之，亦可有此義，語同而意大異。但大異爲無爲是因緣義，是有爲無爲，無爲有爲，離有爲無別無爲，離無爲無別有爲。故《大品・三假品》云：離有爲，無無爲。《中論》常結云，因有爲説無爲等也。有爲、無爲，不曾一異。有爲空有爲，無爲空無爲，空有爲故生而非有，空無爲故滅而非無也。

成論師有得家義：生死是有爲，涅槃是無爲。從多爲論，世諦是有爲，真諦是無爲。此則離有爲有無爲，離無爲有有爲。如斯義意，並是二見有所得，不離斷常心也。今無所得義，生死、涅槃但是有爲，非生死，非涅槃，乃名無爲。真之與俗並是有爲，非真非俗乃名無爲。故《大品經・序品》云：到有爲、無爲彼岸。又《法稱品》云：有爲法者，謂有漏、無漏，乃至世間、出世間；無爲法者，不生不滅，非世間非出世間也。《中論・涅槃品》云：有無是有爲也。又往往云：有爲空故無爲亦空也。《十二門論》有果無果門末云：有爲空故無爲亦空也。

問：無漏、出世間自通，有爲生死與無爲涅槃，寧得此經證耶？答：彼宗涅槃、生死，有爲、無爲爲異，法別體，故勉三相惑，爲無爲、涅槃；有三相惑，有爲、有漏。作如此心者，並有所得斷、常心。今明無別生死、涅槃、有爲、無爲異，只悟生死、涅槃爲無爲，畢竟不起無蹤跡名爲無爲故。若生死，若涅槃，則名世諦；非生死，非涅槃，乃名真諦。真、俗有、無，有是無有，無是有無，故假有以明非有，假無以明非無，若一而二，其文有似而不同。若苟欲令其同，即不異而無同；若苟欲令其異，則無同而不異。故今果有，其所以不有而明有；亦果無，其所以不無而明無。不如數論師等義，有不關無，無不關有。今明無無可異有，無有可異無。故借有以明無，借無以顯有，故真、俗之名，寄有、無明之。故《大品經》云，非有爲，非無爲，有爲、無爲皆不可得，所以要因有故説無爲，要因無故説有爲。

數論、《地論》等義：有爲、無爲異。此則離有爲有無爲，離無爲有有爲。既離無爲有有爲，故則是離無相有有相；既離無爲有有爲，故即是離有相有無相，離無相有有相。今大乘明義：因緣義，離有爲不得説無爲，離無爲不得説有爲，故以有爲、無爲爲世諦，非有爲非無爲名爲第一義諦。故世諦則有成有得，第一義諦則無成無得。所以成、得是無得，是無得是成、得。無得之僞號有成、得，成、得之真號爲無得。故得而無得，僞號，故假而非無；無得而得，真號，故實而非有。故非僞非真，供[四三]顯法實也。

第二，功辨有無。數論、地論等義，彼云：一刹那明之，因緣合故諸法有，因緣離故諸法無。云刹那者，此云急促，是時節之名。明時與法俱，法與時俱，明一刹那時中法合則有，一刹那時中法離壞則無。此是即法沙門義。彼見因緣合故是有，見因緣離故是無，所以彼見無異有之無，見有離無之有，有作有解，無作無解也。此中廣解折[四四]法觀義，而二觀中廣釋也。今大乘明義：有、無是因緣義辨也。假無故有，假有故無。假有故無，得以有待無；假無故有，得以無待有。以無待有故，得無爲有；以有待無故，得有爲無也。數論等義：有、無既異，故則不得以無爲有，亦不得以有爲無，亦離合有離，異離異離[四五]有合。

彼雖云不合，不合即是離；彼雖云不離，不離則是合。合不得名離，離不得爲合。今明既以有爲無，以無爲有，故以合爲離，以離爲合。既以有爲無，豈得離有有無？既以無爲有，豈得離無有有？乃至既以合爲離，豈異合有離？又以雖爲合，豈得離離有合？既不得異離有合，豈得即離有合？乃至既不得離有有無，豈得即有有無？即故有、無、合、離，不得是一，亦不得是異。故合、離不得各行，亦合、離不得合行，但明假名，故云離。既假云其離，豈真、俗有異哉？亦假名言合，豈真、俗有合哉？故假一、異、合、離，共顯正法實也。

問：諸有爲有，諸無爲無，復有何妨，而言有爲無、言無爲有耶？答：得意無二，爲言迷得。但有所得家言，有爲世諦，有此虛假理，無爲真諦，有此無名、無相理，遂成拔，故今欲拔此病，展轉抖擻，乍離乍合。今彼心無蹤跡，顯於正法，故復此說也。

第五，明中道。解中道義，略據有三家。

一者，外道辨中道，如《百論》云，迦毗羅弟子誦《僧伽經》云，泥團非瓶、非不瓶者，泥團異於瓶故非瓶，而不離於泥團有瓶故非不瓶，故言非瓶非非瓶，名爲中道；亦得泥團不則瓶故非有，不離泥團有瓶故非無，非有非無，名爲中道。同開善，俗諦中道則因非果，故非有，非無作果，故非無，此非有非無，俗諦中道也。優樓伽弟子誦《衛世師經》云，聲非大、非小，如順大質所出故言大聲，順小質所出故言小聲也。勒沙婆弟子誦《尼健經》云，光非明、非闇也。

二者，成實論師解中道，略據有三家。一，延祚定法師云：八法爲中道。於八法家，有、無用爲二諦，如鳥身爲中道，兩翅爲二諦故。二諦，一中道爲體也。何者？彼云：通是中，用通非中；別是中，事別非中。何者？有、無是通，於諸法而用，故而非中。色、心等是中，而別事，故非中。所以非通非別、平、正，是中道也。

問：平、正是中，平、平、正何物耶？答：色、心等是平、正。問：若色、心等八法是平正者，色、心等八法是中道耶？答：舉法明之，色、心等八法是中，故前云別是中；而功論之，非中，故前云別事非中也。至論八法家平、正、通義是中，如正因佛性義也。問：色、心等八法家，平、正是中者，平、正是色等家用。若然，中用色、心等八法是體，豈非倒耶？答：非倒。似如《毗曇》義，色、心等是。若空、無常、無我用，而此用爲理，以色、心等爲體，而用此體名爲事也。問：行人心會平、正時却惑，用有無用時除惑？答：會有無之時斷惑。問：若爾，體翻成不反用也？答：法相如磬，如心是體，而體上解用能斷惑。若然，豈言用勝體弱耶？故此義宗中道有別彰。白馬報恩法師並傳此説也。

二，龍光云：二諦二體，故《論·十號品》云：佛不説世諦爲第一義諦，不説第一義諦爲世諦。論既云二諦理，寧非二體也？故法師云：約兩理，明二中；合而論之，一中也。

三，開善云：假自無體，故生而非有，俗即是真；無體故可假，真則是俗。真則是俗，離無無有；俗則是真，離有無無。故真、俗不二，不二而二，二則不二。不二而二，二諦理明；二則不二，是一中道也。諸學士法師傳述開善意：二諦，一中道爲體。而明二諦者，對世諦開立爲真諦，故爲真、俗二諦。故龍樹觀性門第八《十二門論[四六]》云，因世諦得説第一義諦，若不因世諦，即不得説第一義諦文，即是待假義。至論第一義空，何曾是有、無？何曾是待、不待？絶待絶絶，故言語道斷，心行處滅。是淨亦淨，則是一真中道。如虚空，因長短故虚空有長短，至論虚空何曾是長、短？今亦相由説故二諦，至論，何曾是兩？故一真中道也。故開善意，慧受會一真中道時遣惑，雖言契中時却成，而真則中道，故亦得會真諦斷惑。故中道無別境，無別彰，還是真空之彰，亦可別彰也。

此三師五説，義望大乘意，並是有所得斷、常，心行自是顛倒，豈能遣惑也。第一家平、正是中道，既言中道不能却惑，復此中道何爲？經云，中道第一義諦，寧言平、正是耶？

第二家，《大經》自明聲聞、緣覺但見空，不見不空，所以不行於中道，不見不空，故不行中道，故不見佛性。若爾，豈有兩理二體？若合而明之爲中道者，兩理終是二片，云何一中道？一中道安何處？安真上，爲安俗上？安真上，非中道；目俗上，亦非中道；合，則如上非也。又假自無體，故生而非有者，生是有，是無？若言是有，有自有故，不得言生者[四七]；若言是無，無法本不起，故非生。生[四八]體故可假，亦然。真即是俗，離無無有者，兩理不相離離無無有，即是之是離無無有耶？若言兩理明之，終是相離也；若則是之是者，照真是照俗，照俗是照真，若異，則是二照兩境，終是二片物，寧言一中耶？故《菩薩瓔珞本業經》第二卷《集散品》敬首菩薩問佛云：二諦法性爲一，爲二，爲有，爲無？第一義諦復云何？佛答云：隨有諦、無諦、中道第一義諦，一切諸佛、菩薩智母，乃至法亦是諸佛、菩薩智母。所以者，諸佛、菩薩須法生故。佛子，二諦者，世諦有故不空，真諦空故不有，二諦常爾故不一，聖照空故不二。有佛、無佛，法界不變故不空，第一無二故不有。有佛、無佛，法界一相故不一，諸法常清淨故不二。佛還爲凡夫説故不空，無無故不有，空實故不一，本際不生故不二。不壞假名説諸法相也。是二理者，豈是中道耶？

第三家，不二而二，二諦理明。既云兩理明，寧復言一中道耶？若一中道理，雖無名無相，洞遣百非，而不得云無此理。若無，此則是撥無邪見。有此理故，智契會時，隔凡成聖，於是不勉有所得心也。《妙勝定經》佛自云：我昔作多聞士時，共文殊諍有、無二諦，文殊言有，我言無也。同此諍論，故而不能定二諦有、無。死，墮三惡道，復服熱鐵丸，逕無量劫，從地獄出，值迦葉佛，爲我解説有、無二諦。佛言，一切法皆無性，汝言有、無，是義不然。何以故？若一切萬法，皆悉空寂，此二諦者亦有亦無。汝今解者，但解文字義，不解深義。若爾，豈言兩理二體，侈一理一體也。

今明中道義，有兩意：一，論得、失大意；二，正明中道也。明得失大意者，《涅槃經》云：諸佛性中道，遠離二邊而説真法。《大品經》云：諸法實性，不生不滅，不增不減。《中論》云：因緣所生法，我説即是無，亦爲是假名，亦是中道義。其文甚多，今略舉之，欲明諸法非有非無，聖人於假名中道説有、無。衆生不解意，多生執著。聞有言定有，有即是常見；聞無言定無，無即是斷見；乃至六十二見，因此而生，失於中道，亦復迷於假用。《大經》言，聲聞、緣覺但見於空，不見不空，不行中道，不行中道故不見佛性。此文證失中道。又言：我於一時，與彌勒菩薩共論世諦，五百聲聞了然不解世諦。近事尚自不解，真諦深遠，豈此識之？則證迷假名也。若迷中或假，即有五失：一失，諸法不二成二義；二失，諸法假名成性實；三失，諸法相待成自性；四失，諸法皆空成性有；五失，中道成邊見。若人久脩方便，了非有非無之道，六識所行處，知有是不有、無是不無，非有非無，二不二，始是至道。故《大經》云，智者見空及與不空，行中道，見佛性。既解中識假，還有五得對前失：一，解諸法不二也；二，知諸法假名也；三，解諸法相待也；四，悟諸法皆空；五，見於中道也。山門義，即是無所得觀行，小是大、小，如《百論》所明大、小乘觀行。此是正法，非大非小，故假名相待，明於大、小也。若非大非小，而大而小者，此則是竪論之；若待小故大，待大故小，此即是横論。所以大名小大、小名大小，亦待有故無、因無故有，有名生在於無名，無名生在於有名。是故有、無名爲無、有也。以無有名爲世諦，有無名爲真諦，此二諦假名有、無，而衆生顛倒，於不有有作有有解，既隨有是有，則見色是色，乃至見心是心。既見色有色，心則爲色(四九)心，諸有所傳，若正著有顛倒時，不可化也。但著有勞役，後時厭苦，欲求出離時，佛乃爾云，有本不有，其始得悟不有，得離心、色有等，一重轉也。次，復隨諸法無有，即成斷見，故二乘著空，凡夫滯有，今更爲説空、不空，彼乃得悟一色乃至一香，須本已來，非有非無，悟中道正觀。今約觀悟，宜作觀名，不名中道也。次，非有非無而假名無、有，名爲世諦，明假有不有不名有，假有不名不有，只明世諦假有，非有非不有，備截斷、常二見，名爲世諦觀也。次，因世諦故名真諦，因假有故真諦名假無，假無不名無，假無不名不無，故真諦假無觀，亦備截斷、常兩見，假名真諦。真諦既爾，乃至假名佛性、涅槃等類然却截，故名中道。中道約法則有無量。然中道尚不可一，豈可有多師？今約法明中道，明一切諸法假名類此。既明真、俗觀物，隨應有二諦中道觀。今明俗真尚自非真非不真，真俗尚非俗非不俗，真、俗尚無，豈有二諦中道可得？故非真非俗，故實無三觀義。故《大品經・平等品》云：諸法平等相，一切聖人皆不能行，不能到。故《仁王經・菩薩教化品》云，世佛出世前，無名字，無義名，無體相，無三界名字、善惡六道等，但佛出世爲衆生，故説三界六道等。若爾，何處有二諦理天然耶？

第六，二諦相即。二諦相即，備出衆經。如《大經》第十二卷，佛答文殊云，世諦者即第一義諦。《大品經・奉鉢品》云：色即是空，空即是色。餘經相即義可尋。次，若言真即俗、俗即真者，此是奢論；若言色即是空、空即是色，此即是切論。雖復奢、切，同辨相即義。

但成論師解相即，有兩種：一云，二諦異體而同處，故名相即；二云，一體，故言相即，即是即是之即也。故開善云：假自無體，生而非有，俗即真；無體故可假，真即是俗也。今謂不然。二諦既言一體，七地已還，寧有出、入觀耶？八地已上，寧有二諦可竝觀耶？又若爲因緣生者，即是相即；若不須因生，即不相即。若順虚妄因生，則有相即；若爲真實因所辨，則不相即。

如莊嚴家云：涅槃妙有，出二諦外，此妙有不即於無，虚空不爲業因所得，常爾具遍，故不即於有也。開善等云：佛果，二諦所攝，猶是讀待二假成，故得云相即。今謂不然。兩因所成法，寧得非因所成因體相即耶？又俗即真，若猶有俗者，俗便出真外，那得即真？若即真，與真不異者，寧復得强分别有俗？若强分别真爲俗者，便以空分别色、色分别空。若然，豈不乖經耶？今隨假名名有，此是不有之有，故名爲俗諦也；假名名無，此是不無之無，故爲真諦也。有，既是不有之有，故非是離無之有；無，既是不無之無，故非是離有之無。無，既非是離有之無，故無有外之無；有，既非異無之有，故無無外之有。無無外有，有則是離無無。有有外無，無則是離有無。無，既離有無，無即有，亦無無。離無既無，有即無，亦無有。故非無非有。非真非俗，而明真俗，俗是真俗，真是俗真，故無即於有。非是雖無之有故，有即於無。既非離有之無故，名爲有無。非是雖無之有故，名爲無有。若無非有，即是離有之無。若有非無，即是離無之有。如三假之有，即是離無之有。虚空等無，即是異有之無也。今謂，有既是不有之有，故有即是無；無既是不無之無，故無即是有也。若他有異無之有、異有之無，異有之無，故用有分别無；是異無之有，故用無分别有。無，既是離有無，故無名但生在於無；有，既是異無之有，故有名生在於有。有、無二名既其不通，真、俗兩體豈得相即耶？故真、俗，名一用一，則不論相即；名異用異，亦不論即也。

今大乘無所得義：一而異故，所以論即；異一而故，所以論則。若一而有異，二諦一體二用，則不論則；若有異而一，如二用一體，亦不論即。何者？體一，無即義；二用理異，亦無有即義也。今謂名一而用異故即，用一而名異故即。此是名用、用名，一、異相即也。若有可有，有不即空；空若可空，空不即有。此則空、有，名、用俱異。今明相即者，須洗前令盡淨，然後可説之。若色與空相即義彰，餘法類可尋。何者？言色非色，故色非色之空色；空非空，故空非空之色空。故空、色可相即也。有不有，故有有可即空；空是不空，空空可即有。可即有故名爲空有、有可即空故名爲有空者，有空故異有無空，空有故異空無有。若有非空有，有不即空；空不有空，空不即[五〇]有。不即有，則不得辨相即；有不即空，亦無有相即。故空、有既異，則無相即義也。

成論師等云：因緣即體不可得，名爲真。真即俗，俗即真，離真無俗，離俗無真也。今謂不然。汝真即是俗者則失真，俗即是真則失俗。真、俗互相失者，復有何俗可即也。又無相爲真、有相爲俗者，今問：汝有非空有，有則離空；空非有空，空則離有。空既離有，有出空外；有既離空，有出空外。有出空外，云何相即？若不出外者，七地已還，何勞出入觀耶？有、無既異，故不得相即也。

今無所得義：空不自空，故名爲有空；有不自有，故爲爲空有。既是空有，故離空無有；空是有空，故離有無空。離有無空，故有即是空；離空無有，故空即是有。故言色即是空，空即是色，離色無空，離空無色也。舊釋《淨名經》《大品經》，色則是空，非色滅空，色性自空，云色即體是空，非是壞色得空，明此色本性即於空。如色是好，而好非色，屬法塵。今謂不然。色即是空如色塵、法塵者，燒色等時，法塵應不燒。若二並被燒者，據此爲例，若色、空二者，一燒，一不當燒、不燒。又二種悉是色故也。今明此經文，直是正義。色即是空，非色滅空者，此色是空色，空是色空。色空，故色性自是空；空色，故空性自是色，名爲空色。空與色，非一非異，非有非無，假名開爲空、色，故名空爲色，目色爲空，故色即是空，空即是色，非色滅爲空，故色性自空也。

問：俗即真者，如車輪轉時，真亦被轉不？答：舊云俗車時，真不當轉、不轉也。問：若然者，不明相即。既言相即，是則應被轉。一轉、一不轉，即不即是也。又如色等本有今無時，真空亦始有之。若真空本有者，此空何所空？亦不相即是。若言真空不當本、始者，亦不當即不即、理不理、諦不諦等。寄諸諦等，本、始相即者，寄等言前本空有，色等始後有，故不相即等也。今謂空、色、真[五一]空不相妨，故無礙也。

第七，辨體相。所言二諦體，師説不同，具如五重中道中説也。今更明之。一云：二諦以有爲體，空是其義。所以然者，緣有故空，豈非就有上論空？空以有爲其體，有以空爲義用，故《居士經》云，五受陰洞達空是苦義也。今謂不然。若言以有爲體，則應以有爲理。若不是理，空則非理。亦應有是諦，無非無諦也。二云：二諦以空爲體，有是義用，故《大品經》《淨名經》等，空爲諸法本也。今亦不然，亦類破之。亦有、無既異，常無常異，寧得爲體也。三：二諦各有體，有以有爲體，空以空爲體。今隨[五二]不然，各有二諦體，則成兩理别異，不應相即。而今經中言，色即是空，空即是色，那得有兩體也。四：二諦共一體，隨兩義取。若將有來約，則以有爲體；若將無來約，則以無爲體也。今謂不同[五三]。若言一理隨兩義約者，爲是一理而兩義約，爲是兩理而兩義約？若是一理，則成一諦；若有二理，則應兩體也。五，二諦，中道爲體，有、無爲義。今謂不然。爲當合此中道之體而有有、無兩用，爲當離此中道而有有、無兩用？若合此中道，唯應有一用，不應二用；若離此中道爲兩用者，中道既被離，即非復中道，故二諦自有二體，何得同以一中道爲體？雖有五解，終在四句。第一，即是有句爲體；第二解，即以無句爲體；第三解、第四解，是半有半無，是第三句亦無爲體；第五解，是以非有非無是第四句爲體。今明二諦體，豈是以四句往求得也。

今大乘明義：二諦體，此是假爲作名，如坧羅波夷實不食油，强名食油。今明假名二諦體亦然也。關河相傳：明二諦方便者，本爲顯一道故耳。若不爲顯一道，則無所論也。《華嚴經》云，如難陀龍王，以憐愍衆生故，從大海出，雨於大雨，今佛世尊亦然，從慈悲大海出，雨大法法[五四]雨者，即是二諦教門，能諦爲諦也。若常途師等所説，有是有，故有有還表有；無是無，故無還表無。無還表無，故無名在於無；有還表有，故有名唯在於有。此有、無既自還表有、無，故有、無則不能表道。不能表道故，則不名理教。今時明無别二諦體。二諦體，經中無别説，而今須辨者，爲他明二諦體，故今對彼論也。今謂二諦名是假名，名無得物之功，亦假名體。名、體無應名實，故非名非體。但由用故明體假[五五]，因體故辨用。假名名有，假名名無。假名名無，名爲有無；假名名有，故名無有。無有非有，有無非無，非有非無，假名爲體，乃明有、無假名爲用，欲以表非真非俗，非真非俗，强假名爲體，可得有耶？故因緣有、無教，乃表非有非無之道。所以説有，爲表非有；説無，爲表非無。故有、無兩教門，表非有非無之道也。若因有、無得悟非有非無道者，則有、無二教，眇然無蹤跡，假名爲理，惑名中道，乃至正觀等種種名，豈復别非有非無理爲二諦體也。爲因有、無，悟非有非無，則名爲中道正觀。《中論》辨中觀者，即是明有、無，顯非有非無正觀，故名爲正觀。故名爲正觀[五六]，約此正觀，明昧等三種勢，假名説爲十地勝劣等。若始破斷常，即名爲初地；若斷、常畢竟不起，名正觀觀；若淨，乃名第十地也。今明有、無二教，表非有非無之理，故得言二諦一體。舊師等有、無既是二，故不得辨一體也。故今明二諦以不二爲體，二諦是有、無，不二是非有非每[五七]。但二，非二故二，此二是不二二，故是二諦[五八]不二之用；不二，非不二故二故[五九]不二，此不二是二不二，故不二是二諦之體。此即是體，亦言理，亦言中，亦言本也；用亦言教，亦言假，亦言末。各有所對，所以立名。名是，則體非有爲有體，體非無爲無體。將二來約體，亦言兩體，以非有爲一體，非無爲一體；若將一體來望用，亦言一用，同是假名用也。

問：何文證二諦是教耶？答：《十二門論》觀性門云：因世諦得說第一義諦，若不因世諦則不得說第一義諦，若不得說第一義諦則不得涅槃。又云：欲[六〇]知世諦，則知第一義諦；知第一義諦，則知世諦也。又云：諸佛因緣法，名爲甚深第一諦，是因緣法。故知二諦是教也。又《四諦品》云：諸法雖無生，而有二諦。又經云：如來常行中道，爲衆生說有也。

問：二諦，中道爲體，出經論耶？答：《菩薩瓔珞本業經》下卷云：二諦義者，不一亦不二，不常亦不斷，不來亦不去，不生亦不滅，而二相即，聖知無二[六一]，故是諸佛菩薩知母也。又《大經》云：涅槃之體，非有非無，亦有亦無。故今明，不但二諦以中道爲體，涅槃、佛性等悉以中道爲體。《中論》青目序云，末世衆生，聞不生不滅畢竟空，便失二諦，故知論主悟解不生不滅，即具二諦。又《論・四諦品》云：諸法雖無生，而有二諦也。肇師《論》云，當其未有則非有非無，非有非無而爲有、無之體，立一切法，是則二諦相待得名，非相待得體。名是有、無，故可論相待；體非有、無，所以不論相待也。今據三文爲證：一，《淨名經》云：法無有比，無相待故；法無屬因，不在緣故。此即是明中道法也。二，《大經》云：譬如大空不因小空名爲大空，涅槃亦爾，不因小相名爲大相。即是名體，爲大涅槃也。三，《中論・燃可燃品》云，若法因待成，是法還成待，此還據用；今則無因待，亦無所成法，此據體也。

雖復一往大判如斯，若更論其義，復有四句：

第一，用有待、有不待者，復有四句：一者，二則論具待，不二則不待。如色、空爲二，論其待；色、空不二，不論其待，論其相即，没其待義。二者，還就二中復有待、不待義。若作有、無兩名，則是相待；若作色、空兩名，則不相待。何者？正言有必因無、無必待有。若作色名，未必因空，亦可因心等法；作空名，未必因色，亦可因心等也。三者，若言空待不空，此即是待；若言空待於有，則翻成不待。所以爾者，正言相待假名，一切法上皆得於待。若必以有待空者，一切法上未必盡有，别名相對，如常、我、瓶、衣等名則無别對。若作空待不空、有待不有，即無法而不得者，常則待於不常，乃至衣[二]不衣也。四者，若言空待成空之不空，此即是待；若直云空待不空，此即非待。故自有未必相待者，如言衣待不衣，何必是成衣之非衣？今道相成者方得相待。所以加之成字，此字方得足言也。此四種皆是明用中有待、不相待。若中道體，非二不二、空不空，所以非待非不待也。

第二階云：用中有待、有不待，相與并是待中也；體中非待非不待，相與并不待。所以爾者，用中待既待不待，不待還是待，待、不待相與，成大待。體中既非待非不待，即無待之[三]不待，無不待之待，體相與，成大不待也。

第三階云：將用未[四]望體，體、用皆是待；將體來望用，用體皆不待。所以爾者，既論其待，待不可自待，必須待於體，體、用悉是待。體既言不待，即不待於用。用雖言是待，此待竟待誰？所以用、體皆不待也。

第四階云：雖復體、用悉是待，待名終在用；雖復體、用悉不待，不待終在體。所以爾者，恒將用義來約體，所以言體待，體何曾是待？故待名終在用。恒將體義約用，故言不待，用何曾不待？所以不待終在體也。

問：若真、俗無二體者，寧得出入觀耶？答：我正觀非有非無道者，則名入觀；若在斷、常心不作觀者，名出觀。《十地經》云，愛佛功德不名無煩惱者，至七地也。若無差别爲差别，約語嘿、動静爲出、入觀者，從初發心經〔六五〕佛辨出、入觀也。

問：他有二諦者，可有並觀；汝無二諦理，寧得並觀耶？答：我約二緣並觀有、無二教，故名爲並。又今大乘明義，非真無以明俗，非俗無以明真，故名説俗已辨真，説真已明俗，故了俗即悟真，了真即明俗，故可名並觀，俗是真俗、真是俗真故。如《成論》等宗，真、俗既異，了真知終不解俗，悟俗知終不解真，真、俗既不相關，何有並觀義也。此悟非有非無道者，復有何並與不並也。

問：説有令悟非有，説無令悟非無，非有非無之道復無有無者，與梁武天子義〔六六〕，夢虛空華、至覺則無虛義，何異？何者？彼明生死以還，唯是大夢，故見有森羅萬像；若得佛時，譬如大覺，則不復見有一切諸法。汝今説俗諦於凡是有，若得聖時了此有畢竟不有，即名爲第一義諦者，與彼何異耶？又山門義，凡本謂有，聖本謂無，今凡悟有表不有，聖悟無表不無，名爲中道第一義諦，則畢竟無復有、無者，此與彼悟第一義諦無，復有世諦，何異耶？答：舊解不同。惑云：雖得第一義，猶不失世諦，但世諦是假，無復有實，如鼠婁栗也。或云：有、無二諦，舉體論，類如安瓜，舉體出，舉體没。後廣明諸師説也。今大乘義，二諦似語〔六七〕而意不同，超然迥出其外。何者？梁武云：金剛心以下有虛妄病，故有世諦諸法；以得佛時，則唯真而無俗。今謂不然。若得佛果唯真無俗者，流來之初，但俗無真耶？若至佛唯真，真諦非果，寧得萬行感耶？若佛果唯空，空無應照之能，則化道所也。今明，凡謂實有此，得聖已，即悟有畢竟不有。此處如同，而亦不失假有，故異彼也。

問：若爾，彼亦説有何異耶？答：彼明假名有是有，今謂假有不有，何得類耶？只此諸語，則簡異諸家也。今明，本爲凡謂有，故説不有；爲聖謂無，故説不無。如凡不了無夢，得聖爲覺，比悟有不復有，亦悟無非是無，故因有、無得非有非無、非凡非聖、非夢非覺之道，乃識有、無方便之教，故不同他釋也。

問：若欲令衆生悟非有非無之道故説有、無者，何故非直説非有非無之道，而方便説有、無耶？答：前釋名中已有此問，今更説之，前釋名不定，今明體不定，故來意各異也。何者？明聖人説教緣由及具、不具。何者？明凡本謂有是有，及聖人謂諸法是無，今且同其説有、無。次，令其悟有非是有，有而是無，悟無不是(六八)無，而是有，無而是有故非有，有而是無故非無，始可得悟非有非無之道也。

問：他有三種中道，應是三諦，今真、俗表非真非俗道者，亦應三諦耶？答：三種中道，如八不義中説。但彼有真、俗二諦理，復有非真非俗中道理，義論有三諦。今明真、俗是教，以表非真非俗之道，無別二諦理，豈有三理？又二教秤諦時，理猶未諦；此所表理受諦名時，二教諦名癈已，何事三諦？而隨緣説，亦得三諦。故《菩薩瓔珞本業經》下卷云，慧有三緣，一照有諦，二照無諦，三照中道第一義也。

問：世間樂小法者，鈍根之人，好問大乘二諦，與開善何異耶？答：此是無識人也。未入大乘甘露法門，苟執其非，只言是也，如私ㄐ格官解；若悟大乘味，還嗤昔癡也。開善二諦理是天然境。今明二諦是教。彼宗二諦是理，一者相、一無相，一名生、一亦無生；今謂兩俱生、兩俱不生、一生一無生、一無生一生四句。彼義，二諦是一説、一不説；今意，二諦亦得四句説、不説也。彼義，真無名、俗有名；今謂，俱名等四句也。彼宗，二諦一是假、一不假；今明，俱是假也。彼宗，二諦是理；今謂，一諦是事。彼義，二諦一借名、一不借名，二諦一寄名、一不寄名；今明，當體名也。彼宗，聖智契真境時，至忘而彌存，故只得心生苦，不得稱真理生惱用，能逼、所逼，知、不智異。故彼論云，聖人入滅盡定，蹔息勞務也。今謂，能、所俱寂，非能非所，故經云，知苦非苦名苦聖諦等。何處彌存性二也。彼宗，真理是真，虛通理是俗，兩理定處死故；今謂，說真爲俗，說俗爲真，說境爲智，說智爲境。彼宗，有此無名無相理，若無此理即是撥無邪見，決不得秤無有無生理，如言樹上有神，而不得定莖、枝、葉處有；今謂，因事故明理，何處有如彼理。若爾，言同開善二諦者，豈非無識人乎哉？又開善等衆師異口同說：至理是非有非無。今大乘明義，非有、無是理。若理是非有、無，即有理之可理。今明非有、無是理，則無理之可理。若有理之可理，理是理故理也。故云，無理之可理，是理非理之理。若理是理故理，則有理異非理、有非理異理也。今明理是不理理，無非理異理、無理異非理。若有理異非理、非理異理，則非有不關有、非無不關無也。今謂無理異非理、非理異理，非有即是有、非無即是無也。

無依無得大乘四論玄義記卷第五

第八，辨絶名。

顯慶三年歲次戊午年十二月六日，興輪寺學問僧法安，爲大皇帝及内殿故敬奉義章也。

校勘記

〔一〕「宗」，疑爲「宋」。

〔二〕「西」，疑爲「栖」。

〔三〕「永」，底本原校疑爲「乖」。

〔四〕「之」，疑衍。

〔五〕「表無」，據《二諦義》（《大正藏》本），疑爲「無表」。

〔六〕「非」，底本原校疑衍。

〔七〕「智」，疑前脱「境」字。

〔八〕「其」，《大方廣佛華嚴經》作「皆悉」。

〔九〕「有」，底本原校疑衍，下一「有」字同。

〔一〇〕「則」，底本原校疑衍。

〔一一〕「口」，底本原校疑爲「取」。

〔一二〕「永」，底本原校疑爲「乖」。

〔一三〕「入」，底本原校疑爲「入」。

〔一四〕「聞」，底本原校云一本作「於」。

〔一五〕「云開宗」，疑爲「開宗云」。

〔一六〕「須」，疑爲「從」。

〔一七〕「伐」，底本原校疑爲「代」。

〔一八〕「永」，底本原校疑爲「乖」，下一「永」字同。

〔一九〕「造」，底本原校疑爲「告」。

〔二〇〕「如榛」至「爲實」，《百論》（《大正藏》本）作「譬如一柰，於棗爲大，於瓜爲小，此二皆實」。

〔二一〕「謂」，底本原校云一本作「隨」，下一「謂」字同。

〔二二〕「定」，疑爲「聖」。

〔二三〕「伐」，疑爲「代」，下二「伐」字同。

〔二四〕「悟」，底本原校疑後脱「俗」字。

〔二五〕「説」，底本原校疑爲「論」。

〔二六〕「列」，疑爲「例」。

〔二七〕「施」，疑爲「絶」。

〔二八〕「鈍」，底本原校云一本作「純」。

〔二九〕「凡」，底本原校疑後脱「爲」字。

〔三〇〕「非」，底本原校疑後脱「聖」字。

〔三一〕「二諦」，疑衍。

〔三二〕「以」，疑爲「與」，或疑衍。

〔三三〕「有」，疑爲「無」或「不」。

〔三四〕「名」，底本原校云一本作「證」。

〔三五〕「假」，疑爲「體」。

〔三六〕「施」，底本原校疑爲「絶」。

〔三七〕「若」，疑爲「答」。

〔三八〕「問」，疑爲「同」。

〔三九〕「互」，底本作「牙」，據文意改，下七「互」

字同。

〔四〇〕「以無名相中爲」，《佛藏經》（《大正藏》本）作「於無名相法以」。

〔四一〕「兑」，底本原校疑爲「説」。

〔四二〕「異」，疑爲「爲」。

〔四三〕「供」，疑爲「共」。

〔四四〕「折」，疑爲「析」。

〔四五〕「異離」，底本原校云一本無。

〔四六〕「觀性門第八十二門論」，疑爲「十二門論觀性門第八」。

〔四七〕「者」，底本原校云一本無。

〔四八〕「生」，疑爲「無」。

〔四九〕「色」，疑衍。

〔五〇〕「即」，底本原校云一本後有「空」字。

〔五一〕「真」，底本行間有夾注「空」。

〔五二〕「隨」，疑爲「謂」。

〔五三〕「同」，疑爲「然」。

〔五四〕「法」，疑衍。

〔五五〕「假」，疑衍。

〔五六〕「故名爲正觀」，疑衍。

〔五七〕「每」，疑爲「無」。

〔五八〕「是二諦」，疑爲「二諦是」。

〔五九〕「二故」，疑衍。

〔六〇〕「欲」，《十二門論》（《大正藏》本，下同）作「若」。

〔六一〕「二」，《菩薩瓔珞本業經》後有「無二」二字。

〔六二〕「衣」，疑後脱「待」字。

〔六三〕「之」，底本原校云一本作「待」，下一「之」字同。

〔六四〕「未」，疑爲「來」。

〔六五〕「經」，疑爲「至」。

〔六六〕「義」，疑衍。

〔六七〕「似語」，疑爲「語似」。

〔六八〕「是」，底本原校云一本作「定」。

無依無得大乘四論玄義記卷第六

感應義有四重：第一，大意；第二，釋名；第三，明體相；第四，廣簡。

第一，大意。夫感應義者，正談衆生與佛有相會通、相關之義，正是興顯佛法爲宗也。故至人雖絶名相，而機動必赴，隨其所宜，麤妙之色、無盡之形，不以寂絶失於應化，亦不以滅迹虧於法身也。故《涅槃經·四相品》云：我已久住是大涅槃，種種示現神通變化。如《首楞嚴經》中廣説。斯則久證涅槃，方垂無盡之化，故真、應兩明，方顯中道正法也。故肇師云：非本無以垂迹，非迹無以顯本，本、迹雖殊，不思議一也。而經云，感應之名不同。《阿惟越致遮經》上卷，舍利弗及阿難問佛所見光明等，此何感應也。餘經或單導感，或單導應。《華嚴》第五十卷云：無心於彼此，而非[二]應一切。《金光明經》云：佛真[三]身，猶如虛空，應物現形，如水中月也。《瑞應經》云，吉祥感徵，亦不言應，但徵只是應義，徵即是徵兆也。若感應宗致説，二乘賢聖爲物良田，而小乘俱意求自廣，非爲含識。含識求道，必附舟航。舟航之大，唯在菩薩。菩薩多諸善巧，隨機濟度，故種種垂應，生於勝善。菩薩成佛，垂迹殊勝，故能垂丈六等。故《大經·四相品》云，垂[三]涅槃船，入生死，納耶須陀羅、生羅睺羅，能建大事，即是入生死。雙林捨化，而歸依無失，爲明斯意，故開感應義也。不同常途，雖遣百非，而存爲真、應二身。今明兩身，非百非所遣，亦非百是所是，因緣假名二身也。

但感應有三雙：一，通、别感應；二，相感應、不相應感應；三，理、事感應也。

言通、别感應中，通感應者，不有衆生而已，有衆生必有佛；不有佛而已，有佛必有衆生。必因佛故有衆生，必因衆生故有佛；無佛即無衆生，無衆生即無佛。何以故？有病即有藥，有衆生必有佛，若無衆生則無佛。佛何意出世？爲有衆生故出世。是故無應則無有感。亦復不知若箇衆生前感佛，亦未知若箇佛前應衆生。是故言通感應，無的所屬也。復有通感應義。何者？前既道由佛故有衆生，亦得言由衆生故有佛。若無衆生則佛不出世，是故言由衆生故有佛。既有兩互相由，則有兩互相感應。前言佛應衆生，今亦得道衆生應佛。亦復不知若箇衆生前應佛，若爲[四]佛前感衆生。故是通漫。故通感應義，取何物通感應，取前通感應義，佛是應，衆生是感也。

問：若言衆生應佛，佛感衆生，互相感應者，若爾，衆生是感，佛是應。此義可解；然佛是非感，衆生是應者，應有三難。一難者：既有衆生來應佛，佛應有苦羅，故須衆生來應救之；佛既無罪苦，何須衆生應之？若有罪苦，則自有縛，那能解他縛也。答：有二義。一者，道何必赴難感應。若佛應衆生，則是赴難救苦感應；若言衆生來應佛，非謂赴難救苦。如《大經》第一云，佛欲入涅槃，放光召有緣衆生。佛即是感衆生，衆生即來應佛。如斯感應，非是赴苦難之感應也。二者，答後難佛有縛何能解彼縛耶。此是對治悉檀，度衆生。佛，非縛非不縛，非縛非不縛，而有時作縛，度衆生，故如《大論》第九卷云，我受九種非報也，耆婆針佛頭。亦如《成論》：我受五陰身，如受熱鐵丸，須臾不可堪忍也。如斯等，皆是佛有苦。此是爲緣，故言有縛。於緣是縛，然佛不曾縛，無縛作縛，如無名相作名相，令衆生識無名相也。亦有時於緣道不縛，然佛不曾是不縛。何以故？佛若有縛，可言不縛；不曾有縛，云何有不縛也。

二難者：衆生應佛，即衆生作佛；若衆生不作佛，衆生不應佛也。答：亦有此義，無方假答，難無礙也。若常途義云，悉達太子王宫生，此即衆生作佛也。今謂，此是佛作衆生，故王宫生。若佛作衆生，示同衆生，那得道衆生作佛？衆生示同佛，佛則八十種好，衆生亦應八十種好、十八不共法也。衆生作佛者，即是佛出城四門外，不識老、病人等，車匿示言是沙門等，此是衆生作佛也。

三難者：若衆生應佛者，雖衆生具足一切智、十八不共法，佛應不具一切智。既不具一切智，何謂是佛？衆生應是常住，得常住涅槃，佛應是苦、空、無常、生死也。答：亦是有例之。若《成論》等義，決定不得。今則無礙，佛非常非無常，而常而無常，佛非具智非不具智，而具智而不具智，故《釋論》云：我坐道場時，智慧不可得，空拳誑小兒，已度於一切。此是佛無智者。《釋論》云，菩薩令得一切種智，佛在王宮生，雙樹滅，此是佛無常、生死、苦、空，佛遍入六道生死受身也。又如《瑞應經》云，不識城門外老、病人，三年乳哺不語。此等並是佛無智慧，不如車匿智慧。佛是無常無智慧，即體此是常、無常；智慧、愚痴，此是涅槃、生死。言衆生智者，如上云，車匿既是佛所師，故云衆生具智慧。既具智慧故，亦得言即是涅槃，此是愚癡、智慧，乃至生死、涅槃。然佛若愚若智，並爲智；衆生若愚若智，皆是愚。當緣之愚、智，非是愚非是智也。

言別感應者，衆生本有還源之性，故能排惡以脩善業，脩善惡藉勝緣，開示正道，令物稟教，必得還源。内因、外緣，唯此爲大，故脩善。然感極聖，極聖垂應成妙善也。但爲緣不同。若應生善者，佛則的應之，餘衆生則不見之。如王舍城有十二億家，四億家不聞不見佛，四億家聞而不見，四億家亦聞亦見。此則別應。若作善有緣者，佛則應則度；若無緣之者，佛則不應不度之。

問：有緣脩善，其自然得度，何用以爲緣？若衆生無緣，佛則不應者，何謂佛大慈悲周普，無緣衆生皆應，六道、四生、八苦中不教救者，復亦皆四弘誓願？若爾，何謂佛耶？答：如斯義，如《大論》廣明之。喻如風摇菓樹，熟者前墮，生者則不墮也。亦如城東老姥，左右化之不得也，非佛無慈悲也。

言相應、不相應感應者，若善因與善果相應，惡因與惡果相應也，不就此明之，今明相應感應，能感、所感，能應、所應，並與法相相應。何以故？衆生所應，此衆生達法相，體解深義，與薩婆若相應，所行所學皆與法相相應，佛亦通達法相，此是能應、所應皆與法相相應，故相應感應也。言不相應者，顛倒衆生，迷於正道，故不與法相相應，唯佛法相相應。衆生顛倒，故沉滯在諸二十五有中。而佛大慈悲，念衆生不知諸法空，不知自身空，而横計有我、我所見，起煩惱，故佛慈念此等衆生，故來應之也。

問：既與佛同知諸法，與薩婆若相應，此則是佛，何須佛來應化也。答：如太子猶依天子，諸大菩薩具知諸相，而猶依佛，是故須應之也。

問：《大品經·三慧品》云，佛五眼所不見，云何道佛來應之？既應即是應見也。答：此義具四句。一，感而不應；二，應而不感；三，亦應亦感；四，不感不應。如後别釋。但今化顛倒衆生，佛隨顛倒應亦得應也。既言衆生倒佛隨倒，隨其緣實非倒也。佛五眼所不見者，破衆生相，但非彼所見，故言不見。隨其見，故亦得見，不見見不應應故。《法華經》云：我以佛眼觀，見六道衆生，貧窮無福慧。但非彼所見也。

言理、事感應者，理感應，則父、子天性相關，故不得相離，離父無子，離子無父也，佛與衆生，亦同共一源，同在清淨大源中，但衆生横起倒，成六道别實，故佛大悲愍衆生，入生死拔也，故感應義是相關爲宗。佛所以得與衆生得論感應者，一切衆生既與佛道源是同，必有可反本義，故非感佛，以衆生同根本，故衆生有佛性。衆生有性，故衆生能感佛；衆生皆是佛子，故佛應衆生。乃是感應，必是性類相關，佛與衆生氣類，衆生是佛氣類，故此是佛衆生，此是衆生佛。是佛衆生故，衆生感佛；是衆生佛故，佛應此衆生。是衆生佛故，佛是衆生父；是佛衆生故，衆生是佛子。是爲父、子渡時，便得付家業；若是路人，天性不相關者，豈得可付家業那？今明衆生與佛亦爾，道源是同，一切衆生不出法性，性類相關，故得論相感。此一節語，對他大乘也。

事感應者，衆生既在六道中顛倒隨類，無知反歸，受種種身，佛即其隨受種種身，或作牛王、餓鬼，或作鵞王像等，佛如斯等事，來應衆生，具如《觀音經》普門示現三十三身。如此權反，是隨情，如長者脱珍御服，執持糞器，來應窮子也。

此三雙感應義，攝感應罄無不盡。問：三雙六隻明感應，一切衆生悉皆有此感應義不？答：一往論之，一切衆生通有之。若再往別而爲語，即有兩雙屬別感應。理興[五]通感應，還屬通感應也。

問：此三雙感應爲是一，爲當異耶？答：若《成論》與《地論》等義，事異理，理異事，相應異不相應，不相應異相應，通即異別，別異通，如斯等義，並是二見斷、常之執，是戲論也。今謂理不異事，事不異理。此理是事理，此事是理事。丈六千尺，此則指理爲事；指事爲理，如指丈六釋迦即是法身。只此法身、應身，法、應不二，亦復不一也。相應、不相應，亦不異亦復不一，無有相應異不相應，無有不相應異相應，只相應是不相應，只不相應是相應，不一不異。通、別不二，此別是通別，此通是別通，通不異別，別不異通，通、別不二不一也。此是因福[六]僞[七]名中道正法。若爲緣説，亦得是一是異也。若道理、事是異，理者不生不滅，不可取，不可持；若道事生滅，六道受身猨、猴、鹿、馬等也。相應、不相應亦然。若道不相應，即是顛倒忘相，愚迷衆生；若相應者，即是不顛倒，與薩婆若相應。分別相應、不相應相菲[八]也。通、別亦爾。通則普感，不的簡擇，有善因則應，無善根則不應，皆悉應之。若論別應者，有緣則應，無緣則即不應。此則通、別爲二也。此則爲緣説異，亦得爲緣説一。理、事是一，即事是理，即理是事，即相應是不相應，即不相應是相應，通即是别，别即是通，此則爲緣故説，此一是不一一，此異是不異異。隨緣一非是一，隨緣異不是異，亦不是不一，亦不是不異也。言其一異者，此則不異異；言異一者，是不一一也。

問：於緣邊解不一一、不異異，於説者邊解不一一、不異異耶？答：於緣邊，則不知是僞[九]名因緣[一〇]，其只作一一解、異異解，不知是不一一、不異異；若是聖人説邊，了知是不一一、不異異也。

第二，釋名。開善感應義云：所以名感者，懸相扣召爲義也。應者，逗適無差以爲義也。爲感之功在於衆生，爲應之能必在聖人也。此釋亦非。但不離斷、常二見之徒。何者？佛聖在於金剛心後，衆生則在于生死，彼此二義，故二見之徒也。大乘明義，感應應感，言方雖爾，須得其意。感，本感於應，無應義，感則不成；應，本應於感，無感，應義則不成。必由應方感，故道此是應感、此是感應也。故言感是應義、應是感義。感不自感，由應故感；應不自應，由感故應。若無有應，即不得言感；若此無感，即不得道應。何異無生則不得道滅，無滅則不得言生。既言應藉感起，感藉應起，此是互相由，故得互爲義。是故言感是應義、應是感義也。

山中舊説：感應者，非感無以説應，非應無以説感，感、應親切相成，其由天性父、子義也。唯得佛、菩薩説感應，凡夫衆生但慈悲化被，非相應感應。欲疎論亦得，亦是一宗致也。亦得感是不感義，不感是感義，應是不應義，不應是應義。何意如斯者，横、竪釋義故爾。此釋名一切皆盡也。理論之，如此等是正釋名義。若隨緣就情釋名字，義則不然。感是何爲義？感是感召爲義。應是何爲義？應是應容爲義。此感召復何爲義？感召是感義。此應容復何爲義？應容是應義。類如《成論》等釋識，識是了别義，只了别是識，心是能緣爲義，只能緣是心也。

第三，辨體。問：《成實論》等師言，第一釋大意，第二釋名，第三出體，第四簡科，與彼何異耶？答：語言雖同，其意大異，實録語言亦不同。但一往明之，言同也。他家義宗有字可名，此是名名，非謂無名名；有體可體，此是體體，非謂無體體。此名、體皆不可得，如虚空。故經云，是字不住，亦非不住文字相得解脱也。故今三種四節明義，虚架就情，割折虚空，虚空非丈尺，丈尺約虚，故道虚空有丈尺，實非虚空有丈尺等。諸法三節四重等，亦復如馨[二]，諸法自無有，何處有名、體？但僞名名，體如虚空，手畫虚空，故《大品經·句義品》云，無句義爲句義，猶如鳥飛虚空，虚空之鳥跡，菩薩句義亦復如是也。實録是名、體義等，並是諸佛、菩薩所設之。但二乘、凡夫得此名、體義，名執不同，著名成相，諸佛聖人還取其所執諸法，示之無所有。故《大品經·三慧品》云，凡夫著名取相，聞苦著苦相，乃至聞空無相、無作著空無相、無作，諸佛弟子，不著名，不隨相。又《頂王三昧經》云，迷名生法癡，解名滅法癡。又《天王問經》云，是名字一法，然[三]覆一切法也。釋法[三]亦云，但用差病而已，不可分別藥是葱等草，但用病差也。

有昔諸師釋體相不同。

第一，大亮法師云：惡機也。惡非感佛。何者？惡將欲滅時，爾時能感聖，聖人應之即非滅。聖人知其惡可滅，即便應之，即是惡能感也。如病須藥，衆生起煩惱諸惡病，是故須佛來應，由有惡故所以感佛也。

第二師云：善能感佛，我脩無量善根功德所感佛，如今時衆生脩諸善根，未來得值彌勒等也。

第三，靈味師云：法性理是機也。此理通有諸法，故得言法性與善、惡俱，感佛。惡將滅、善將生，爾時能感佛，爲其惡將正滅、善將生，爾時能見佛，故佛便應之。單善不能感，單惡亦不能感，單法性亦不能感，必須具善、惡、法性三種方能感。何以故？佛有二種濟衆生，一者慈能與樂、二者悲能拔苦者，即是救其難、即滅惡也。慈能與樂，是故增善根，令其快樂，即由法性之即滅惡生善。故善、惡等三俱感，故世王罪將欲滅、善將生，是感佛也。

第二家難第一家云：汝言惡感佛，闡提猶如枯木，雖遇甘雨，不能生牙。又《法華經》第三卷《藥喻品》云，無根之樹，雖有雨潤，終不能生菓。又犯四重，如斷多羅樹頭，更復不生。亦如黑瘡，不復更論須治。如《大經》言，阿闍世病，醫拱手，畢死之人，醫不非[四]治，犯惡之人亦復如是，雖有諸佛，不能救濟，猶如枯木不能生牙，是惡不能感佛也。

第一家復難第二家：汝若言善能感者，衆生若有病，可用佛救；彼既無病，何須佛救？衆生無縛，何須解？既無縛不得有解，亦不得無緣有教。教之本教緣，無緣無教。藥必治病，無病無藥也。

第三家難第二家、第一家：汝等若言用單善、惡各感則不然，如車一輪則不行，如鳥一翅不能飛行，是故善感亦非，惡感亦非，必須善、惡俱能感，如車有兩輪則任載也。

前三師雖各各執不同，而未的約三世而明之。

第四家云：用過去善感。何以故？即由遇[五]去宿習善根，故今得值佛，故《法華經》云：我等宿福慶，今得值世尊。此猶是久植多積方得值佛也。

第五師云：用現在善感。何以故？感應是因緣義，現在有善，能扣聖，聖人便應之。故經云：即命是醫。此即是現在即能感義。故《夫人經》云：即生是念時，佛於空中現也。

第六，莊嚴家云：但用過去、現在善感佛也。

第七師云：通取三世善備方能感。必須過去善作習因，現在善爲緣發，未來善復有可生之義。必須此三種具足，聖人能乃應，故言通取三世善感也。故《夫人經》云：我久安立汝，先世已開覺，今復攝取如[一六]。此解，似開善解，而不異也。

第八，開善師云，公自手書出感應義道。若大而言之，三世善皆有感義。何者？以衆生過去善能爲習因之力，此習因有生後種類之能。捉現在已生善亦有習因力，能發生於未來善。若就習因相生力，三世善皆言能感佛義。何者？三世既有習因力，聖人出世，本爲生物未來善，即是欲遂衆生習因之用。若爾，三世善皆有感義也。但的論感體，唯收未來善爲義。何以故？以未來善是應生之理，須聖人爲其作緣。若無聖人爲緣者，此善則不生。或此善任置[一七]亦生，生不熾盛，要須聖人爲作緣生，則力用增强，是故聖人出應爲作生善之緣。若爾，即正談能感之體，是當生善也。若用已生善爲感體者，理則不可。何者？聖人出世，應此善，欲何所作？本以衆生善有可生之理，須聖人爲緣，是故出應；此過去善已生，聖應何益耶？若言爲欲增長此善故出應者，所增長者猶在未來，是則爲猶用未來當生善爲感正體也。正以與未來善有可生之理，須聖人爲作生緣，此善雖未有，而聖人已能懸見，此善有可生之義了然，故名聖人知機。機者，取際會機微之義。

問第一家：若言惡能感佛者，一切起惡衆生，何故不見佛也。又若言惡能感者，瑠璃珠釋種七萬二千死決定業故，佛那不來救，寧不感佛？故知惡不感佛也。亦是惡能感，多起惡則感佛；諸菩薩唯脩習善，無有惡，則不見佛。

難第二家善能感佛：衆生既有善根，自能得道，何用佛爲？如無病何用藥爲？善何必感佛？自有人雖種善，若不種見佛因緣，終不能得見佛。如鈂扶盧梵志，在山中學道十二年，求佛應之。或云七年，或云五載，不見佛，如參、高[一八]不得相見。若爾，善何必感佛也。

難第三家善惡俱感者：一切衆生皆有善、惡，寧不感佛？在六道受苦，而佛不來應，故知善、惡未心[一九]感。且如前惡、善各感不立，共感自難解也。

難第四家過去善感者：過去是已謝滅法，無復善用，何得感佛？有善用感，則不名過去也。

難第五家現在善感佛者，如開善難：已有現在善，來應何所以[二〇]？若言爲欲增長此善故出應者，所增長者猶在未來，是則猶用未來當生爲感正體也。

難第六家用過去與現在善感佛者，如前難兩家難也。

難第七家用三世善具方能感者，如論破三時責善根，已生生、未生生、生時生，又爲四句生，自生、他生、共生、無因生等破也。

復有師云：用惡爲感因，用善爲感緣，有因有緣，方得感佛，非是正用善、惡感佛。此亦例前難破也。

第八家開善云：雖有多句惡者，約論體，唯收未來善爲義。何以故？未來若有應生之理，須聖人爲其作緣。若無佛爲緣者，此善即不生。或此善任宜[二一]亦生，生不熾盛，必須聖人爲作緣生，則力用增强，是故聖人出應爲作生善之緣。若爾，即正談能感之體是當生善也。今謂不然。汝言未來善，若有應生之理，是有，是無？若言是有者，四有中何有收耶？又已有收，有故不應更起。若爾，起復起，生復生，則無窮過。若言是無，此無於三無爲中，何無爲所收？無法是常故，不應作有法也。既有、無所不攝，指何法爲當生理而能感佛？汝未來善未起，應同菟[二二]角之無，有何物感佛耶？

且前八家、九家所執，並是有所得見心作義，終不離斷、常見，故《中論・成壞品》云：若有所受，皆墮斷、常也。故《仁王經》云：若有若無，但生衆生憶念也。又云，大王見境、見知、見說者，例[二三]相，凡夫，非聖人。故論中三時責破，自、他等四句生亦破。《大經》亦破云，非自非他之所作，亦非無因、共因作也。今大乘明感應義則不然，不用前八、九家明應感體也。應感者，且更序往大意也。感應義者，可謂心生於有心，像出於有像。但衆生心水若淨，菩提顯影便現其中。心水濁便不見佛，心水淨便見佛。而此佛不從外來，亦復不内出，但心淨因緣故，便見佛事。如鏡淨，像非是外來，亦非内出，但此像與鏡非一，亦復非異。若言鏡與像一，有鏡便應有像，不俟須淨；若言異，此是鏡像，復豈得異耶？是故此像非内出，非外來，非一，亦復非異，鏡淨因，故像現。鏡淨譬於感，像現譬於應也。感應大意如此。得此大意，即闕本、迹義，此兩科必須相隨，亦闕理内、外義，或復理外感理内等開，此大有所得闕。前八、九家感應義，此並是理外義，餘皆破之，而亦得取。是故一家有破有取義。興皇大師，即破取，即治護，治護、破取猶是一意耳。言治護者，只治護令耶義令正義也。一家意，無感無應是感應義。何故？然求衆生畢竟空不可得。既無衆生，誰有善、惡？是故無感。既無感，即無能應。是故無感無應始是好，假名感應義也。今謂約情明感應義，如前父、子天性相關，不得相離，衆生、佛同源皆清淨故。而衆生流入六道，起諸顛倒煩惱事，而佛如大悲牛，不捨犢子，故常理應義應衆生義[二四]，理應感應衆生，此爲正因也；若言善、惡等，此是緣因。是故理應爲感應正體，善、惡爲用，緣感，而非感正體。就緣應感中，通爲言，三世善並爲感；別，則當生善爲緣應宗也。

問：理應正法爲體者，理感復何爲體？答：亦有此義，正法非凡非聖，而將聖表，爲聖正法；舉凡明之，爲凡正法。故還是正法爲理感。何者？凡背正法，流浪六道，故聖應之，令得正法。若爾，聖意正爲正法，故正法，理感體得也。故《大經》云，一切衆生壽命歸如來壽命中，譬云八大河歸入大海。十八不共法中，果地欲無減。又似如正法，非因非果，而兩望正因正果，一正法義開因果，但非感應正宗也。若道法身者則非真非應，若道真、應則屬應身。何以故？若真若應，並是名相事故也。若道法身是應[二五]空，是非虚空，亦屬應身。若言法身，非空、非不空，不有、非不有，非生、非不生也。若道法身寂滅，是不寂滅，是屬應也。若言法身，百是所不是，百非所不非也。若就情語，即非真非應，非爲真身。若真若應，非爲應身。非真非應，則有理感，即有理應。若真若應，則是事應事感，此真應異他家，他家真身只是應身義。若真若應，皆屬應身。非真非應，皆屬真。亦得言非真非應悉是應，非非真非非應皆爲真身，如斯無窮轉也。

問：爲即善、惡感，爲離善、惡感耶？答：不即不離，不即善、惡，不離善、惡感也。

問：惡是任運顛倒起，故如山崩，若水東流，衆生那得此善根能感佛？又定善感，爲定惡感耶？答：既作惡如崩，爲善如蹬登。又諸佛、菩薩知此衆生顛倒源未[二六]，故同類愍想善，細細歸本源也。通而爲語，善、惡皆非[二七]感佛。故《大論》云，聖人出世，非無因緣。若善將生而惡將滅，滅惡生善，爾時聖應，故知通感。若別而明之，惡、法凡有兩義，但得感緣。一，與法身非其同類，善、惡隔故；二，將滅向無，無無正用。爲無兩義，但爲感緣。若論善法，則備二能。一，與法身同類，同類相關，故得相感，如銅山崩而鐘鈴應也；二，將生之善向有，有力用彰故。爲此兩義，所以正感宗。

問：亦得云善、惡各自感佛，不相關不？答：有師云：理而論之，難知，若就事而明之，必須相帶。何者？如流來衆生，唯惡，不能見聖，知單惡不感；又如登極聖，不須見聖，故知單善不感佛。問：若然，佛應不見應佛。彼答：非機感見，但境界通，故得見也。今大乘不爾，有善必有惡，因緣義故，得有相化。又同源故得見也。問：汝初流來衆生無善，終不見聖耶？答云：用當生善感，故得見。今謂不然，汝當有善都無，云何由此見耶？又有所得善，非其類故，佛不正應此善也。

問：有漏、無漏善，並能感聖不？答：開善

云：並能感，凡、聖得見佛故。故假空前但有漏善，感感見聖，爾時生有漏善；七地已還，有漏、無漏善感感聖，得具生兩善；八地已上，但無漏善感，感見聖故，生無漏善，念念入法流也。今謂，發心十信已上，生無漏善，而不妨有有漏善。問：十信前一向有漏善不？答：如偏行六度菩薩與二乘人，亦得假無漏善也。問：金剛心見佛，應便以佛感耶？答：現佛爲緣生當故佛也。

問：若言善、惡緣同俱感佛，惡則顛倒，善亦應是顛倒不？答：必有衆生，而已有此善、惡衆生，自然有此善、惡，於兒愛[二八]婦之善，如毗曇家生得善義也。若有生得善，便得此身，則得此善，亦是顛倒。隨有衆生處則有善、惡，如衆生出生則業知飲食、貪、婬欲、瞋恚，無人教者，自然有衆生出而有善、惡，不關遇緣起，亦復遇善、惡緣起，善、惡出生。自有善、惡，惡既是顛倒，善亦是顛倒也。問：一切衆生出生時，皆有此善、惡，何故不併感佛，而有感、不感者？衆生應有此善、惡者，有無善、惡者，那惚併有善、惡也？答：感語即通，應語即別。諸佛觀緣，應即利益，諸佛即應，若應無利益即不應，如衆生不宜見佛即不住。如《淨名經》，須彌入芥子，有緣之者即見，無緣之者不見，是故佛應衆生亦類也。有緣即應，無緣不應也。其雖俱善、惡，若過[二九]佛，則脩善轉多，惡則少；若不遇佛，造惡則多，善則少也。

第四，廣料簡。

問：機是何物耶？答：《成實論》等師皆云，以善爲機，所以能感。所以然者，佛是善聚，衆生有一念之當善，此性類相關，寔招於大聖，是故佛即應之。故開善感應義云：當生善爲感正體，正以未來善有可生之理，此善雖未有，而聖人已能懸見此善有可生之義，故名聖人知機。機者，取際會機微之義也。故引《周易》言，機者動之微，吉之先現也。又言：知機者其神乎。法師明言，書中此言，闇著於理，吉者則善也。先現者，善事雖未萠，而有必然之理。以顯現故，言吉之先現也。必然之理，妙絶難知，而聖人能豫察。豫察必然，故言知機者其神乎。動之微者，不可言已動而微也。但以必動之理微妙，故言動之微也。故有解者言，理而未形，豈非應有之理先現耶？

今大乘意不然。必然之理有何異相？若纖、豪有異相，異於無者，可言必然之理；既無有者，何謂必然之理，聖所照境？如前破也。今謂，緣正感應緣感是善、惡用也。但緣感應，聖應善、惡感是傍，理應正體也。機是何義者，機是須宜義。須佛身宜，或須菩薩二十〔三〇〕身宜，或須辟支佛身宜，或須聲聞身宜。如《觀音經》，須世三身，但須佛，不須餘身。如須跋陀羅，須阿難身，不須佛身等。今聖人知所須身，故現三十三身，各爲不同也。知此所須之須、所宜之宜微妙，故言機者微也。如知脉須冷熱藥等，亦如言須而非倒等四句也。問：須是機者，此須是當善將生之須，爲當欲滅惡之須，爲欲心中生善之須耶？答：通義，三須並是；別，即宜據當生善須也。故從來一云機爲宜爲義。《地持經》云，機以機關爲義也。

問：傍感何以得知善、惡體耶？答：《大論》龍樹云：聖人不以無因緣出世，若有衆生罪將滅，福將生，爾時聖人則出。既言福將生，豈非就當生善與應滅惡爲傍感體也？又《大經》云，若有衆生，性戾自具，須人教訶，然後調伏者，聖人爾時爲此人故，常隨住之，爲作調伏因緣。若爾，寧非爲生未來善故應以衆生耶？

問：經中亦言多種善根故，生生世世，不離見佛。若爾，寧非佛應已生善耶？答：此意猶是習因用，非正宗也。又如現在斷善成闡提，此人現在必不生善，而聖人爲現，此人見佛者，豈非爲生當生善作因緣耶？又如成實論師云，流來衆生滅聖，有何已生而感聖，故知未來善爲便。此舉非顯是也。又如七、八地上菩薩不曾起惡，復成就煩惱，於道不妨，而佛來應此菩薩等者，寧非爲生善應之情？故知雖以善、惡爲緣感，而應生善正宗也。問：若未來善有緣感者，同開善義。答：語雖同，意大異。彼謂有當生之理定在未來，今謂只名字假所設，如書虚空名字亦如虚空也。此差別差別中，應生善爲便也。

問：凡、聖相背，昇、沉永隔，寧得相感耶？答：所以得與法身通者，實是法身妙絶，出塵垢之上，諸衆生凡品，即處重恨之下，則事而言，清、濁有殊，而所以得與法身相通者，如前佛與衆生同源不二爲本，有衆生已則有佛，有佛已即有衆生，故得與聖相召也。又如來往昔初發心，求佛道之時，行慈悲心，廣發四弘誓願，若我得佛時，必當救拔一切衆生。今得成佛，則體無異。或與萬物通同，無有隔礙。而今衆生在於衆苦，理應救拔。衆生既有善應生，而要須聖人爲作緣，此將滅之惡，與應生之善，仰開大聖。大聖有慈悲本願，與此應生善無隔礙，故相通感應也。

問：當生善爲緣感體，一切衆生應生善悉爲感不？答：開善云：未必皆感。何者？若未來善，若迴向三有，於佛果紆回者，此善雖未來發，而聖人不爲生此善故出也。又未來善應生，若直任置生則熾盛，若聖人爲出生則微弱者，聖人亦不爲此出，故不得云未來善悉爲感應體也。今大乘明義，彼家三有善與向菩提善，普是理外善，聖人亦爲出，亦不爲出。何者？若漸欲拔，如桐出桐，亦爲出也。若任置生則熾盛，聖人爲作緣微劣，故是不出。復有因微弱而悟道熾盛，何必悟道則不出也。雖爾，聖人出應，正爲無所得，迴向三有善，與向菩提善，故出故[三]理外具一切善，理内亦具一切善故。波若受生三有善，並是無得善，聖人正爲此故出也。故《思益經》第二卷《分別品》云：一切法正，一切法耶也。故《華嚴經》云，菩薩遠離三界而莊嚴三界。《大經》云，彌勒菩薩在第四天名勝命色，並勝餘天也。

問：迴向三有鄣道善，得作一乘感佛果不？若得作者，何意不爲感體耶？答：開善等云：迴向三有善，得爲一乘體，感我當成佛果。此善非則感聖乃有乖，終得作佛果故入一乘義。何者？惡資生出世善根，此之善力則非通法身，故入一乘體。迴向三有善，既順生死，與法身隔，故聖人不應此善出也。今謂不然。如《大品經》明，有得理外善。莫問三有與菩提，並非正應，故非正感體，無得理内善，不同〔三二〕三有與菩提皆是正應，故是正感體也。此意斥舊定言三有善非感佛善也。

通論感應，有情、無情等四句：一者，無情感有情；二者，有情感無情；三者，無情感無情；四者，有情感有情也。何者？無情感有情者，如名山美水必致勝人也。有情感無情者，如寡婦坐，長城頹，寡婦哭，深水開中也。如虎嘯長風起、人叫谷嚮應也。無情感無情者，如銅山崩，鍾鈴應也。此終取其類相關，鐘鈴已是銅故應，鐵石等終不應也。若有情感有情者，正是感應宗，如積善之家至人必應也。

問：理内、外，得、無得異，若爲得相感，如方蓋應圓疷，豈得相稱耶？答：今以方感圓，令方者圓，以無所得應有所得，令有得作無所得，則是有得感無得也。

通而明之，有多種四句。第一，明感、應四句：一，應而不感；二，感而不應；二〔三三〕，亦應亦感；四，不應不感也。此四句異第二四句者，今明初兩句，初一〔三四〕往不感應而後必感應，第二四句，初兩句，始終無感應明之，故成兩四句異也。應而不感者，諸佛、菩薩出現於世，而一切衆生生善，而衆生不生善根，故須拔陀羅等也。感而不應者，一切衆生欲見，佛、菩薩而不值見。又如釿扶盧梵志等，亦如理外感理内，此何必相應應耶？後兩句可尋也。

第二，明應、現四句者：一，應而不現；二，現而不應；三，亦應亦現亦〔三五〕；四，不應不現也。

應而不現者，如聞佛、菩薩出現而不見，亦未生無得善根也。如城中四億人，城東老姥也。現而不應者，如見佛、菩薩，不爲其故，而不生善根也。後二句，可知之。

第三，明應、分四句者：一，應而不分；二，分而不應；三，亦應亦分；四，不應不分也。應而不分者，逢佛、菩薩，不生無得善根分，亦不見神力，一中解無量等義也。又如佛、菩薩一身以應物，何必分身應也。分而不應者，不見佛、菩薩，而生無所得微善分，亦解一中解無量等義，與亦解分身義，亦可分身而不應彼也。後兩句，可尋之也。

第四，明應、變四句者：一，應而不變；二，變而不應；三，亦應亦變；四，不應不變也。應而不變者，如諸佛、菩薩直以本身應物，何必變身應也。變而不應者，如初地等身轉爲二地等身也。此亦是變事，何必是應？如水涕變爲蚯蚓，可是應耶？後二句，可類尋之也。

第五，明變、分四句者：一，變而不分；二，分而不變；三，亦變亦分；四，不分不變也。變而不分者，如佛一身應猿、猴、鹿、馬，隨作一身則是變，而不分作多身也。分而不變者，如分作釋迦身，以應衆生，而於是釋迦佛不變爲異道身，故是分不變事。如分身作此量，釋迦佛受純陀供等也。亦分亦變、不分不變，可知也。

第六，明本、迹多少四句者：一，本多迹少；二，本少迹多；三，本迹俱多；四，本迹俱少也。言本多迹少者，如十方世界無量百千本身，只共同起一迹身也。言迹多本少者，如釋迦一本身，迹身則無量遍滿恒沙世界故。《法華經》云，有分身千釋迦。《釋論》三十五云，十方世界淨穢土遍滿中皆是釋迦等也。言本、迹俱多者，本、迹兩身周滿恒沙世界也。言本、迹俱少者，一本身起於一迹身也。

第七，應、感多少四句者：一，少感而應多；二，多感而少應；三，少應而小[三六]感；四，多應而多感也。少感而多應者，如一人脩行，能感十方諸佛也。多感而少應者，如衆人同感一佛出世，利益無盡衆生也。後兩句，可知之也。

第八，明利益少、多四句也：一，應多益少；二，應少益多兩[三七]；三，俱多；四，俱少也。應多而益少者，今略舉一事，如栴檀德王佛起無量應佛，應長壽童子，而彼但得初果，未能得深悟，亦如無量劫化一衆生或得發心等也。應少而益多者，如或一化一菩薩，應之而彼多有所悟，或發心乃至得初心，或二心等也。後二句，可尋也。

第九，明久、近，亦名長、短，四句者：一，本久迹近；二，迹久本近；三，本迹俱久；四，本迹俱近也。言本久迹近者，本身住世無量千萬劫，迹則暫起而滅度如近。依一解，如迦葉佛本身久，迹身留住七日不久也。言本近迹久者，如須扇多佛本身出世不久見衆生，無一乘之緣，速入涅槃，則留化佛住世半劫，則迹久也。言本、迹俱久者，如西方淨土如蓮華藏世界等，諸佛本身住世無量，不可惻[三八]，壽無窮盡，迹身壽命亦無窮盡本身同等也。言本、迹俱不久者，如釋迦本身八十年，迹身亦然，本去世，迹亦隨去。即是穢土中佛也。

第十，明麤妙感、應，四句者：一，應妙而感麤；二，應麤而感妙；三，俱麤；四，俱妙也。應妙而而[三九]感麤者，如丈六善客但生天、人，世間善也。應麤而感妙者，如現猿、猴、鹿、馬等形，而非爲生三乘善根，能爲三尺瞿師羅之身，能生無漏之解也。後二句，可知之也。

第十一，明麤、妙四句，亦名優、劣四句者：一，本妙迹麤；二，迹妙本麤；三，本迹俱妙；四，本迹俱麤也。言本妙迹麤者，諸佛妙本常住微妙寂滅；若起迹，無常相、好麤影則易得見，或可丈六，或見猿、猴、鹿、馬事也。言迹妙本麤者，下地菩薩或初心菩薩，則能化作佛，以八相成道，遍入六道，應衆生；若論本，只是初心菩薩，此極麤隨而能作微妙法身，相、好端嚴也。亦如魔王已能爲優婆掘多化作佛身，即三十二相、八十種好，目連在左，阿難在右，釋梵等衆前後導從，優婆掘多不覺爲作禮，此亦是本麤迹妙也。又如龍能化作人身，入佛法出家，是善慧龍王子，其乞食前，得還房而眠，後伴還，則見是龍子驚怖，龍眠亦覺，還復是人也。亦如野狐等悉非作人也。言本、迹俱妙者，本、迹微妙，相好光明智慧勝。本、迹具四德，常住嶷然，真智寂然也。言本、迹俱麤者，本身亦入六道受身。此義即彼地本、迹義他[四〇]。本一向是常，是具四德；迹無常，不具四德。本不入得六道，迹能入六道。故今迹無常、無我、若[四一]、空，本身亦無常、無我、若、空，四句並通。何者？如舊義，有二法，故不得通；今明點空假名名義，故無往不通。故《中論·涅槃品》云，因無常説常，故常亦是有爲。如斯義，永異《成實論》等義宗也。

第十二，明動、不動四句，亦名常、無常四句也。一，本不動，迹則動；二，迹不動，本即動；三，本、迹俱動；四，本、迹俱不動。言本不動、迹動者，如法身是垂迹，動也。言跡不動、本動者，如須扇多佛，留化佛常在世間，本身滅度，無常也。又如迹身留在不動，而本師隨入六道等也。言俱動者，兩身墮緣行化。言二身俱不動者，本、迹常在故不動，兩佛空身故無所動也。問：一感應亦應得四句不？答：欲亦作亦得也。

第十三，説、不説四句者：一，本不説迹説；二，本説迹不説，故論云，應化非真佛，亦非説法者也；三，本、迹俱説；四，本、迹俱不説。如俗説真不説，俗不説真説，真、俗俱説，真、俗俱不説也。問：有應少善多不？答：有如釋迦佛，現一身，生無量善。或應多善少，如栴檀德王佛，爲長壽童子現無量眷屬，但生初果善也。

第十四，明圓、偏感應四句：一，圓感偏應

者，一切善根扶理利他，無得善故，不問大小，悉皆能感佛，所作一念善皆能感一切佛，從初發心乃至金剛心以來，並能通感一切佛，而未必盡見一切佛，或但見釋迦一佛，或復但見彌勒一佛等，而始終盡見諸佛義也；二，偏感圓應者，如一人但願見一彌勒，而一切十方諸佛皆應也，行者雖欲一佛，而諸佛四弘誓願無隔，故悉應知之也；三，偏感偏應者，如彼只願一釋迦，還只見釋迦佛也；四，圓感圓應者，如三業一切善根，能感十方諸佛也。此四句語雖同舊途，説無差別。差别明之，亦得用也。

問：約竪論之，正法定是圓應，亦是偏應耶？答曰：望緣應明之，爲圓應。亦得言偏應，一道即是偏，比此多爲偏。如對偏爲中，而言圓爲宗者，正法不二，故圓應，故《華嚴經》云，文殊一道出生死，更無異趣。若爾，正法不二一道，無在、不在，遍滿圓應，故《大經·如來性品》云，中道佛性，猶如虚空月，取圓滿無偏也。

然就他家明感應宗，佛出家累之表外，衆生則在於顛倒，此則凡、聖分隔，衆生與佛，頓永玄絶，有兩神明有際故也。彼云：衆生有善，扣大聖，佛便從金剛後心，入生死，應衆生。如此府[四三]仰，豈非二見之徒也。今明還就彼語治護，令得正感應義也。彼意不得根本，所以落於二見中也。今明感應此是相關義，佛所以得與衆生得論感應者，一切衆生與佛道源是同，但衆生虚妄顛倒故，成六道。雖成六道，而其根本是同，故必有可反本之義，故能感佛。以衆生與佛根本是同故，衆生有佛性。衆生有佛性故，衆生能感佛；以衆生皆是其子故，佛應衆生。是感應，必是相類相關。佛與衆生氣類，衆生是佛氣類，是故此是佛衆生，此是衆生佛。是佛衆生，故衆生感佛；是衆生佛，故佛應此衆生。是衆生佛，故佛是衆生父；是佛衆生，故衆生是佛子。是爲父子，故後時便得付家業；若是路人，天性不相關者，豈可付與家業耶？今明衆生與佛亦爾，道源是同，一切衆生不出佛性，性類相關，故得相感也。此一節對他異也。

問：有待有明空、有不待有明空者，亦得言有相待明感應、有不相待明感應不？答：具有之。何者？理感應則不待明感應，緣感應是待感應也。如空有是相須，非空非有非相須。故《大經》云，不因小空名爲大空也。

問：感、應具論疎、密不？答：約宗途明之，不例。感、應相待，相須義論，必由感故應、因應故感也。疎、密乃通能、所，而亦論佛作教被緣，本令緣得悟，故悟、不悟并在緣，不在乎佛也。若通例疎、密，且通感應、能所也。問：感、應具論疎、密者，爲當得就感上明疎、密，約應上釋疎、密〔四三〕耶？答：具通感、應，能化、所化，如佛作教被緣，令悟，悟則亦應，且通能、所，故悟、不悟但在禀教之緣，亦疎、密但在感也。

問：就空、有釋感、應應〔四四〕不？答：感、應非空、有，亦得是有非空，又亦得約空、有也。

問：因緣空論感應空，因緣論感、應？答：就因緣空則感應，非感應空因緣，非感應感應也。今時明員〔四五〕、偏義，即開橫、竪義，俱通四句。自有竪通橫別，或復橫通而竪別，或復橫竪俱通，或復橫竪俱別。論此員、偏感應，即闕竪橫通別。

今合釋員偏、通別感應者，前須得其根本員正無差別大意，次後方得論差別感意等也。今言根本員正大意者，明十方諸佛共同一法身，亦是十方諸佛同一應用；十方諸佛應用不同，亦十方諸佛法身不同。此義具如淨土科中廣明兩本迹也。非但佛如此，菩薩、衆生亦然。就一切菩薩亦同一法身，一切衆生同一佛性，即是同一法身義也。今先須如此混通之意。

次論其差別。差別者，則開橫、竪等四句，或復通感別應，乃至别感通應也。今先論通感者，明一切衆生悉與佛道原是同，無不應反本者，是故悉皆感佛。如斯義無隔，此即是通感應。通者，諸佛法身，皆悉應物恒爾，未嘗暫癈，無有一佛法身但應此衆生而不應彼，應義無隔，是故應義亦通。此即是感、應俱通。然此中言感通有二種：一，通者，一切衆生無不反本，一切衆生并感佛，故言通；二，只一衆生通感諸佛，故言通。應亦然：一者，一切諸佛皆應，此是通義，應通無隔；二者，一佛通應一切衆生，故言應通也。

次，明感通而應別。

就此通中復有別、別中復有通義。今舉事來顯，如千萬人營一佛，此即是感通，而其人人心所祈名異，彼見釋迦，此見彌勒，雖復同爲一業感義乃通，而得應各不同，即是應別；然此得是應通而感別，約彼人人各所祈不同，即是感別。同爲一業故招通應，故應通感別。是故雖言感通，而即有感別義；雖言應通，即有應別義。然此通是就横爲語。然通、別復有多種，自有横通而竪別，自有竪通而横別。然横[四六]通而竪別，此只是横感通而竪應別；竪通而横別者，只是竪應通而横感別。言横通而竪別者，如人具行一切萬行，但願見佛，或願見一，發心菩薩等，願見一十地菩薩，後佛、菩薩隨願一人應之，此即是横感通而竪應別也。問：同造萬行感乃當是横感通，而佛、菩薩隨願一人應故竪別者，何故一人是別，復何故言是竪別耶？答：初發菩薩乃十地，乃至佛，此階位是自同。若並應，即是竪通。而今竪位中佛、菩薩一人應，故言竪別也。問：既言唯得見一佛、求一菩薩應是別感，那言通耶？答：言通者，一人通脩萬行，行皆共感，故言通。一人異伴人故别者，亦得但一人萬行中，一佛或一菩薩應，故言別也。

次，釋竪通而横別者，此只是竪應通、横感別也。自有一行通得見諸佛、菩薩聖人，如持或氣業通，願見初發心菩薩，乃至佛等也，次後則登位諸聖人、初發心菩薩乃至佛皆應有，此即竪應通而横感別，故道竪通横別。此感中雖有通、別，此皆是横論之，是故感邊論横通，或論横別。應皆論竪，故論竪通、竪別。然應邊亦應具論横通、别，今直作一種勢語耳。雖言竪通横别、横通竪别等，此實是竪應通、横感别，亦是横感通、竪應别，此則是竪，就感論横通、别，應中論竪通、别。然就感中，復應論竪通、别，應中復應論横通、别也。今既釋感中横通、别，准例，此則應中横通、别亦可知；既釋應中竪通、别，則准例此，感中竪通、别亦可知。不復具出也。

問：前言通感而别應者，如多人共爲一會業者，此意乃是感别？何者？彼等既人人心願不同，祈名異，還復如彼所祈而應者，此豈非别感應耶？答：今謂不然。據彼所造業同，故言感通；而隨其各欲見不同而應之，故是應别也。

問：感應義，爲當作心方能感，爲不作心能感耶？應亦爾，聖人作心方能應，爲不作心能應耶？答：古來解不同。一，生法師云：照緣而應必在智，此言應必在智，此即是作心而應也。今時諸論師並同此説也。二，安、肇二師與摇法師云：聖人無心而應，應不必在智乎。此兩教碩相反，今一家傳同後説。故《華嚴經》第五十卷云：無心於彼此，而[四七]應一切也。《無量義經》云，聖人識滅意忘也。往往大乘經論，並據云譬如幻化事故也。理而論之，若心意□不滅，終落二見中故。《中論·成壞品》云，若有所受，則墮斷、常見也。但照緣者不必在智，如數論師，定有此心法，直是任照，不無所知，如幻化人照境，故言任照緣也。不在智者，亦是智而無知，不如木石無知也。然怜怜世諦中有此心法，用心知者，亦多妨。如當生善感當生義聛未有，寧得非作心方能感耶？過去久習善根已滅，今能感聖，豈能得章作心感耶？現在心能作祈求，復已有知，故能感體也。今時釋感應意，具如前説，但約緣感。遠明之，亦得作心義。何者？若就事釋感者，必須遠前方便，作心祈請至誠，方能感聖。雖爾，作意祈求者，作意能所無所也。故經云，觀於諸法不生不滅，諸佛現前也。若就理明之，一切衆生與佛道源是同，悉當反本。天性相關，任運自感佛，何必須作必耶？應中亦然。就聖人方便應物，即爲作心。雖爾，不如二乘、凡夫有相，故聖人無心於彼此，而能應一切。是故如谷嚮鏡中像應也。但釋應不同。莊嚴云：應法起。開善云：不起。如法身義中釋也。

問：感應義爲當理外感理内，爲當理外感理外耶？答：具有四句。一，理外感理内；二，理内感理外；三，理内感理内；四，理外感理外也。理外感理内者，有二種。一者，如今博地凡夫，但知須衣覓食之人，此感佛者，此只是遠感佛，亦但遠應物。何故言遠應者，此衆生去道既遠，未能得即令其悟道，是故未與出世之法，且與其世間之樂，或復令其勉難離苦等事。譬如盲人雖不見日月，而恒蒙日月之利益，若無日月則不能得有衣食事。今具縛凡夫亦爾，雖盲無知，目去道遠，而恒爲諸佛、菩薩遠利益，所謂與其世間樂也。二者，約有得、無得交接明之正宗也。如前是傍義，如此遠感等義，並未是感應正宗，如後則釋也。理内感理外者，如佛感得衆生，衆生皆是佛之所感，此衆生是應佛，如《大經》召聲聞中聲而來等也。理内感理内者，此即是應感義生於相應善根也。理外感理外者，欲是四句耳，寧非感應義也。今言感應宗，本意有二種。一者，凡入聖者，相應不相應感應者，取第一句爲正宗。何者？理外人將欲悟而未悟者，此人能感佛，佛正應此人。所以然者，將欲悟故能感聖，佛即應之，故彼便得悟，設不應之則必不悟，是故佛正應此將欲悟人，故亦轉成理内，即爲例。是故今論感應，正取接際人，此正意感之本也。二者，相應感應者，理内入理内，此是切相成因緣感應也。此意不可失也。若論理外感理外、理内感理外兩句，則是傍義也。

一家感應意，只爲衆生與佛道源是同，故得論感應，此處永異於他家也。問：若言衆生與佛道源同故感應者，一切衆生既與佛道源同故，一切衆生並應感佛，那忽有感、不感佛者？若一切衆生有感佛、有不感佛者，當知衆生與佛有同源、有不同源也。若是他家義，不論源同事故感應義，衆生有善者則能感。何故然？善是清昇扶理，故有善者則能感，無善者則不感。自可解。今家，同源故能感，則不可解也。答：一切衆生雖與佛源同，而復藉緣方能感，若無緣則不非感，故《大經》迦葉與師子吼並作此難：若一切衆生有佛性，自應感佛，何用修道？佛答，如恒河中七人，雖并具足手，而有習浮有不習浮，故出、没不同。今明雖與同源，而必須藉緣故致感也。問：必須緣者，何者是緣耶？答：惡必可滅，善則必可生，此則是緣。若有此緣，則能感佛。以衆生并未具此緣，故有感、不感也。問：若一切衆生悉佛同源者，一切衆生悉應惡可滅，善應可生，無有衆生惡不可滅、善不可生者，若然，則衆生悉應具此緣，便應並能感佛，還著前難也。又既道源同者，便應任運惡自滅、善自可生，不符應也。答：實是一切衆生，惡悉可滅，善皆應可生，俱不無奢切近遠。今[四八]惡則可滅善則可生，是時能感，此則是將悟之時，聖即應，即便能悟，正是滅惡生善，正是接際之時，已如前釋也。遠者，當來惡有可滅義，善有可生義，此則當來方應也。若不爲悟則未必應之，惡方滅、善方生時未必一向應之也。如闡提亦有怜兒、婦之善，何必是聖人應之方生也。大乘明義，必是無所得善能爲菩提因者，此善必須聖應方生，不應則不生。亦是必能鄣道之大惡，必須應方滅，不應則不滅。若顯，爾小小之惡，彼或能息，此亦未必須應也。問：聖人應者，必是菩提因者耶？答：如五戒、十善亦是應生者，而前善道者，感應宗致明也。

問：理內、外相望滅，應得有傍、正不？答：有之。何者？理外因感理内亦具傍、正，理内感理外亦具傍、正，理内感理内亦具傍、正，理外感理外亦具傍、正也。今言傍、正者，取其生解悟爲正，感菩薩佛義爲傍也。一切衆生悉有佛性，故悉應令正悟，故爲正也。望感佛、菩薩爲傍。雖然今山門宗，有所得，不得作無所得習因，而道源同故，會當反本，是故得有得轉作無所得義，故得有傍、正之説。

問：前云有緣無緣者，引《大經》中河中七人有習浮、有不習浮明之，未猶[四九]解，等是同源衆生，何意有前習浮、有不習者耶？又有緣者，衆生曾以衣服、飲食奉供菩薩者，如此名爲有緣，無如此名爲無緣耶？答：理而明之，實未知何意有緣感、無緣不感，有緣方應、無緣不應耶？世間大地，尚不道道[五〇]我能載、不能載，日、月亦不偏照此、不照彼，況於佛、菩薩有彼、此耶？而凡所作一念善，即扶理虗通，并能扣一切佛、菩薩，是故能感一切佛、菩薩，豈當有一佛、菩薩而與我無緣者也。應亦佛、菩薩慈悲並赴一切衆生，豈當有與我無緣不應哉乎？且衆生與諸佛、菩薩道源是同，並應反本，寧得言有緣無緣也。一家意，先須得此通意。然别意明之，不無有緣、無緣義。若菩薩初造發心時，供養三世十方諸佛，願度一切衆生，願學一切諸法，並通一切諸佛，悉有緣無緣者，但行之時，不能得通遍。或經遊爾許世界，供養若干佛，教化爾計衆生，其餘諸佛未得供養，其餘衆生未得教化，此取所供養佛，諂作菩薩有緣，亦隨所曾供養佛、隨所教化衆生等，名爲於佛、菩薩有緣。於佛、菩薩有緣，諸佛、菩薩悉來應也；亦於菩薩有緣衆生，菩薩應此衆生。是故經云，菩薩成佛時，隨所調伏衆生，於菩薩有緣衆生，悉來生其國等。然此室得定有之緣、無緣，但衆生有受化者、未受化者，已受化者心水淨故，得見菩薩，便名有緣；未受化者，心水未淨，故不見菩薩，便名爲無緣也。

問：佛來應衆生令悟道者，外草等亦得道來應，衆生不亦得化草木等不？答：此問意者，猶未得開合之意也。今不二而二，開爲境、智。智中未悟者爲衆生，已悟者爲佛，悟之緣爲境，作三種開，故已悟佛來應未解衆生，令悟，故佛來化衆生。所迷悟之境，未曾迷、悟，那作佛來應，復寧得是感那？若無方僞僞名詺[五二]之，亦有此義。又諸法不二，即是空義，亦得是佛，而感應宗即非也。

問：遺法中經像關感應不？答：論師有三說。一云，是傳應，能應本雖滅，而傳應尚存也；二云，猶是感應，於昔感餘勢，今云猶存也；三云，此宣是以福善力生值於時，此非開感應義也。今大乘明義，言方並有前三釋，但須得意，非如彼義理有此義也。

問：感應義是因果不？答：亦得、不得義也。得者，凡感聖應，爲通增上緣，因果義得，但有二種因果，或因前果後，復果前因後義也。不得者，約生習明之，果來酬因，此永屬彼人，不失感應，則暫來訓其感，令其脩善，不永屬其也。問：佛、菩薩爲作緣生彼善者，爲生習、報善不？答：通爲生二種也。問：若通爲生者，何意非兩耶？答：佛、菩薩雖具二種因果，而於他衆生爲作緣義，并屬通增上緣用，故非也。若生習義宗，約自前後明之，故非也。問：報、習兩因，悉有感力相與，是善能出昇故。答：無差別。差別明之，報因但爲感緣，別脩習，復後招生果，故習因別脩習。既其出昇，有正感用，但此兩因復有各傍、正。何者？習因，正感當果，傍能感應用；報因，正感生果，傍感依報也。問：習因、習果悉感耶？答：通論之，亦得此義。而不二而二論之，因是正感於果，非正感應。但習果應生起時，假聖應緣發，所以得起，故習果爲正感。乃至金剛心當起善，此是習果作緣，由因感此義。最後切論之，但以義感，不辨因、果，如但以善爲因，不論報習、因果。亦如解故能斷，亦不論因、果。何以故？然望前即是果，望後即是因故。問：上言感緣，何者？答：如身等三業善是感緣，以應生善法生爲機感也。

問：感應亦通三聚、空、有耶？答：大乘明義，無差別明差別，故並通也。如感通三業皆感，應則六塵悉應。空、有、色、心並應也。色、心並應者，色通內、外，內、外色皆應，則心通於善惡、解惑。言內、外色皆應者，內色應者，或丈六千尺，或人、天六道等身也；外色應者，如作地、水、火、風、樹木、藥等也。心應者，心通善、惡，解、惑並應也。空、有應者，如前三聚等也。空應如空，應如空爲佛事等也。只以空爲有，只以有爲空，故只以有處能令空以應物，只以空爲有能令有以應物也。又以有爲空應物者者[五二]，如人在囚獄，墻壁、枷鏁甚自牢嚴，無由得去，而觀音力能令豁然，無復墻壁等者，此即是有爲空。空爲有等者，且非有爲有，何意不得空爲有等，即如逈絶無人處，觀音力能令宛然有城邑、人物一切皆滿也。數論、有得大乘家，有筒有無筒[五三]，無有無二法，故不得論如斯義無。今明義，無二法，點空爲義，故無往不得，但間中開、合用，與有便、不便，不無强、弱也。大乘明義，如此處求異他家，第一須得此意也。他家明形、聲兩種應物，聲應義則能令得悟解，形應義則能令生善。何者？聞説法能令得悟解，見佛色身等形但能生善法。今謂亦通，聞説法既得悟解，見形亦能得悟解。見形既生善，聲應何容不能生善？故今明雖通能，亦無不强、弱，聞説法得悟義則强，見形得悟義則弱也。

問：何故須聖應耶？答：他云無不皆言爲欲滅惡而生善，是故聖人應物也。今明此乃當然，而頗有出應，令滅善解而生惡。或者不者，亦有此義。如善非惡，能善能惡等也。

問：始信終大謗者，應之不？始不信而終信，復應不？始、終俱信，始、終俱不信，應不？答：並有之。如善星初入佛法，誦得十二部經，乃至得禪定，而後大生誹謗，成闡提，乃至入阿鼻，然佛亦然[五四]之。初謗後信者，如十仙外道逐六城應之。初、後俱信，可解。初、後俱不信，佛亦應之。如經言，今雖無益，作後世因緣，故須應之。

問：自有隱信而顯不信，自有顯信而隱不信

不？答：有之。有人佛在世時不信，而佛滅後方生信；自有人佛在世時大信，而佛滅後不復生信。隱、顯俱信，可知。上三句並應之。第四句隱、顯俱不信者，亦應、不應。應者，爲後世因緣有此義；不作因緣者，不應也。

問：衆生感佛，得有損佛義、益佛義不？佛應衆生，得損衆生義、益衆生義不？答：亦有此義。何者？諸佛本是逍遥物外，獨出三界，絶有無之表，超真俗之外，名相之所不能名，形像之所不能惻〔五〕，身非量與無量，智非邊與無邊，形非相好與非相好，身非丈尺所能量也。但爲衆生故，作丈六之身，受九種罪報，爲穢土衆生，取色身智慧，王宫生，别婦出家，踰城學道，漫踰山谷，不擇山林，六年苦行，成佛之後，踱乞食，隱其福德、智慧、神力、淨土，作如此事，并是損佛義。又如長者脱珍御，服著弊壞衣，執持糞器，身同衆生，作爲如此事，豈非損佛義？九種罪報者：一，孫陀梨謗佛；二，稱遮婆羅女帶捺作腹；三，提婆達多推山窜佛傷足大指；四，迸木刺佛脚；五，毗留璃太子興兵煞諸釋子，于時佛頭痛；六，受阿祇達多婆羅門請而食馬麥；七，冷風動故背痛；八，六年苦行；九，入婆羅門聚落，乞食不得，空鉢還也。言益佛者，佛與菩薩，在因時，行四弘誓願，願度一切衆生，若一切衆生不成佛，我終不取正覺。若無衆生能感菩薩，則不增菩薩行，亦不得滿本願。若無衆生起惡煩菩薩，那得增長菩薩忍辱度，而得諸行成就？若無破戒諸惡，那得顯釋持戒品人也。故菩薩若見衆生來惱打拍，我即作是念，此衆生欲增長我功德，衆生來惱不瞋，可謂滅惡忍辱成就。若不煩菩薩，何事知菩薩精進？何事應起瞋，得堪任事？故《淨名經》云，雖在五欲而禪行，是可謂齊有。何以故？此五欲來煩菩薩，菩薩則不生著。在六塵境，能不爲六塵所染，此事是齊有，是爲菩薩所行。故此土是脩善一日，當他方百千日再脩，日復倍是。何故然？他方無有惡，故不增進菩薩行。是故道諸惡衆生感佛，故令佛增長滿願，如金數數練治，轉更明淨。故《釋論》云：如猪楷[五六]摩[五七]金山，轉益明淨，若衆生謗佛起惡向，菩薩等不瞋、不憙，生忍，知更轉益增菩薩諸行。若爲八風所動轉，此菩薩還是凡夫衆生，不名菩薩也。

問：佛在益中住、損中住？答：佛不在益中，亦不在損中。何以故？若作住損、益之中，則爲損、益所轉，亦不損、益外也。他家云：佛不在損中，而佛在益中；佛不在惡中，佛在善中；佛不在亂中，佛在靜中也。今明佛非靜非亂，能靜能亂，佛非善非惡，能善能惡；非有非無，能有能無中行；非真非俗，能真能俗中行；非增非損非利衰，能爲增、損、利衰中行也。佛應衆生有損益者，就心則爲兩：一者，世間損益；二者，出世間損益也。言世間損益者，佛在世應衆生，開道衆生，令遠離罪，脩善福，説三歸、五戒，衆生從佛悟解，依佛教而脩行，即得生人、天中，得勝妙果報。此是益衆生也。言損衆生者，若佛不在世，不造寺造等，則無經像，亦無所謗毁；既佛出世，衆生即造寺塔、造經像等，衆生或因汙慢佛殿塔寺，或剥佛像，或偷經反賣，或謗諸佛，不生信受，如此等事，皆因有佛出世，起如是罪，並令衆生墮三途義。此是損衆生義。問：若爾者，衆生起惡多者，如《大品經》第九云，閻浮提人，信般若者少，不信者多。若爾，一切衆生起謗，不敬信，並令悮墮惡道，有敬信三寶者少不足言。此益小，不[五八]無[五九]補損，如得功德天，復直黑闇女，此是無益，何用佛道耶？答：有二義：一者，若佛不在世間，如櫝子失母必死，不於衆生無明黑闇中行，如群盲臨坑，如盲入刺林，難可得出。今佛爲導衆盲，皆悉引其從大路而行，如闇得燈，貧人得寶，如盲得眼，如鳥得翅。此益衆生事大，無量恒河沙世界衆生，皆因佛出世，得悟道，無有悮衆生墮地獄者。是故佛出世，三惡道損感[六〇]，增益天、人衆也。二者，非佛悞入地獄，但衆生癡起，謗毀聖人。若從佛教，則不復招此等罪也。如父母教兒子，汝無作偷，無作劫，其亦出路即犯宫法，傳之都市，此罪豈關父母與[六一]耶？衆生亦爾，不從佛經，而自造罪，得入地獄，何關佛與其罪令入地獄？是故佛非咎也。

問：若言不因佛法墮地獄者，即不爾。《釋論》十七卷云，一比丘得四禪，謂是阿羅漢，臨死見於中陰相成，即起謗佛言，佛張[六二]我，我常聞佛説得阿羅漢果，不復受生，今那見中陰相成。因爾起謗，即墮泥犁地獄。又《大品經》云，若謗般若人，從一大地獄，至一大地獄也。《救疾經》云，三人犯觸三寶，金剛密迹，唾面即生瘡。若著屐入寺舍，則生馬蹄國。若唾佛殿地，即生蚰蜒中。此皆因佛出，悞衆生，致如此罪入地獄。此即佛損衆生，何處有益衆生也。答：此須一往反折。如無佛處，衆生起邪見，罪網捕魚，如海邊兒，及作諸罪人，其不因佛起罪，應不墮地獄。其實墮者，何關謗佛、般若故入地獄耶？又《釋論》第七[六三]卷云，勝意、憙根兩菩薩，一人行十二頭陀，一人體達大乘三毒即是道也。行頭陀者，起謗大乘，不信，則墮地獄；復還聞法，故出地獄，得成佛。何故然？得與聖人共論法相，雖起誹謗，終爲利益也。如今《成論》等與三論，雖有是非，而後終因此得解脱。故《大集經》，我滅後，當有諸弟子，雖共鬪諍，不損法相。何以故？其終論是佛法，不論俗事鹽貴米賤事故也。如鬱鉢羅比丘尼，往昔因破戒故，入地獄，復還因此，得出地獄，即得三明、六通大阿羅漢也。一往雖道佛是損衆生，終令利益，是故終須佛出世也。言出世間有損有益者，佛令衆生脩善學道，能體達諸法清淨、無依、無得、畢竟空，故能損顛倒也，即增益六波羅蜜。一切萬行，損之有損之，終至於無損益，故六度如虚空增故。是爲出世間增、損衆生也。此等並是各論正道，除世間增、損，除出世增、損，二際皆空，無二不二雙捨，乃是正道也。

大乘三論感應義第四

無依無得大乘四論玄義記卷第六

顯慶三年歲次戊午年十二月六日，興輪寺學問僧法安，爲大皇帝及内殿故敬奉義章也。

校勘記

〔一〕「非」，底本原校云一本作「然」。

〔二〕「真」，底本原校疑後脱「法」字。

〔三〕「垂」，底本原校疑爲「乘」。

〔四〕「爲」，疑爲「箇」。

〔五〕「興」，疑爲「與」。

〔六〕「福」，底本原校云一本作「緣」。

〔七〕「僞」，疑爲「假」。

〔八〕「菲」，底本原校疑衍。

〔九〕「僞」，疑爲「假」。

〔一〇〕「緣」，底本原校云一本作「約」。

〔一一〕「謦」，底本原校疑爲「是」。

〔一二〕「然」，底本原校云一本作「非」。

〔一三〕「法」，疑爲「論」。

〔一四〕「非」，底本原校疑爲「能」。

〔一五〕「遇」，底本原校疑爲「過」。

〔一六〕「取如」，《勝鬘師子吼一乘大方便方廣經》（《大正藏》本，下同）作「受汝」。

〔一七〕「置」，底本原校疑爲「運」，下二「置」字同。

〔一八〕「高」，底本原校疑爲「商」。

〔一九〕「心」，疑爲「能」或「足」。

〔二〇〕「以」，底本原校疑爲「益」。

〔二一〕「宜」，疑爲「運」。

〔二二〕「菟」，疑爲「兔」。

〔二三〕「例」，底本原校疑爲「倒」。

〔二四〕「常理應義應衆生義」，疑衍。

〔二五〕「應」，疑爲「虚」。

〔二六〕「未」，底本原校疑爲「本」。

〔二七〕「非」，底本原校疑爲「能」。

〔二八〕「兒愛」，疑爲「愛兒」。

〔二九〕「過」，疑爲「遇」。

〔三〇〕「二十」，疑衍。

〔三一〕「故」，疑衍。

〔三二〕「同」，底本原校云一本作「向」。

〔三三〕「二」，疑爲「三」。

〔三四〕「兩句初一」，疑爲「四句初兩句」。

〔三五〕「亦」，底本原校疑衍。

〔三六〕「小」，疑爲「少」。

〔三七〕「兩」，疑衍。

〔三八〕「惻」，疑爲「測」。

〔三九〕「而」，疑衍。

〔四〇〕「他」，疑爲「也」。

〔四一〕「若」，疑爲「苦」，下一「若」字同。

〔四二〕「府」，底本原校疑爲「俯」。

〔四三〕「密」，底本作「蜜」，據文意改。

〔四四〕「應」，疑衍。

〔四五〕「員」，底本原校疑爲「圓」，下四「員」字同。

〔四六〕「横」，底本作「構」，據文意改。

〔四七〕「而」，《大方廣佛華嚴經》後有「能」字。

〔四八〕「今」，底本行間有夾注「者近」。

〔四九〕「未猶」，疑爲「猶未」。

〔五〇〕「道」，底本原校疑衍。

〔五一〕「僞僞名諂」，疑爲「假名」。

〔五二〕「者」，底本原校疑衍。

〔五三〕「筒有無筒」，疑爲「同有無同」。

〔五四〕「然」，疑爲「應」。

〔五五〕「惻」，疑爲「測」。

〔五六〕「楷」，《大智度論》作「揩」。

〔五七〕「摩」，據《大智度論》，疑衍。

〔五八〕「不」，底本原校疑衍。

〔五九〕「無」，底本行間有夾注「以」字。

〔六〇〕「感」，疑爲「減」。

〔六一〕「興」，疑爲「與」。

〔六二〕「張」，據《大智度論》，疑爲「誑」。

〔六三〕「七」，據《大智度論》，疑爲「六」。

無依無得大乘四論玄義記卷第七

佛性義。有四重：第一，明大意；第二，論釋名；第三，辨體相；第四，廣料簡。

第一，明大意者，興皇大師云：必須語無依無得□□所住爲宗。故《大品》□□□□□發初云：以不住法住般若波羅蜜中。故關中僧叡法師《大品疏》中云：啓彰玄門，以不住爲始；以無得[二]爲終。故若有一豪可得，並須破洗。何以故？若留一微豪，則非無得宗致。故《大經》云，佛性者，非有非無，非因非果，非內非外，非常非斷等，離四句，絶百非。雖然爾，復得言凡一切衆生皆有佛性，而亦得言無。言有之興[三]無，約得失之情，分之爲□，即是有所得、無所得也。故《大經・梵行品》云，有所得者，生死二十五有；無所得者，名大涅槃也。經既言有所得者名爲生死，故無有佛性；無所得者名爲涅槃，故有中道佛性，更無別物也。但失之者，佛性爲生死二十五有；得之者，生死二十五有爲佛性。故失者即是理外，得者即是理內。故一家義宗，顛倒、不顛倒，無豪末差別。故《大經・如來性品》云：猶如甘露，亦如毒藥。或有服爲甘露長生，或有服毒藥傷命而早夭。《仁王經》云，菩薩未成佛時，菩提爲煩惱；成佛已時，煩惱爲菩提。《中論・涅槃品》云：涅槃實際，與世間際，無豪釐差別。如斯多文，即是理內、外意也。故言理外衆生，無有佛性；而此顛倒衆生，復有入理還源之義，故亦得言有佛性。故經云：凡有心者，皆得阿耨多羅三藐三菩提也。故《仁王經・受持品》云：大王，是波若波羅蜜，是諸佛、菩薩、一切衆生心識之神本也。若然者，豈非還源本淨義也。

問：五時，《波若》者，第二時教等經，云何引此，證佛性義？答：彼自作五時、四時等，非經論意。今依經中半、滿教意辨之也。

問：何因緣說於佛性？答：《大論》云，諸

佛不以無因緣及小因緣而説，説必有因緣説。今如《法華經》云，爲大事因緣故出現於世。大事者，所謂開佛知見，乃至欲令衆生入佛知見道故説。今佛性亦然，知見即是佛性也。

問：佛性何法而名佛性耶？答：大師云，三世諸佛以此爲性，故名佛性。即是三世十方諸佛之源本，十方三世諸佛由此而成佛，故言源本。欲令一切衆生因悟佛性皆成佛，故説佛性也。

無差別中差別説佛性，藏公開爲八種故説於佛性。何者？一，爲對昔三乘性故説佛性。昔三乘性者，謂菩薩、辟支、聲聞，皆有此三性，此三藏教中意也。今爲破如此等計，故明唯有一佛性，無二乘。以是因緣故説佛性也。二者，爲對保自守之源故説佛性也。明二乘四知究竟，自言是極，守自而住，不復進求佛果。今爲破此等計，故云汝等皆有佛性，悉當作佛，云何守於小乘不了義經意。所以説於佛性也。三者，爲發菩提心衆生，故云汝當皆作佛，有佛性，若能發心行必得成佛。若無佛性，何能發心脩行成佛？猶如乳有酪性，攢搖成酪；若無酪性，攢搖終不得成酪。今亦爾，衆生皆有佛性，發心脩行，即得成佛。爲是義故説佛性也。四者，爲下劣衆生説於佛性，汝等皆有佛性，當得作佛，莫生下劣之心，應生尊勝之心、主導之心。爲此等事故説於佛性也。五者，爲憍慢自高卑他之人故説於佛性。自言己勝，言他鄙劣，故説佛性，明一切衆生皆有佛性，皆當作佛，佛性無有高下，云何得尊卑耶？六者，爲好作罪衆生，故説汝是一切衆生同源，寧得相煞？即是煞害者，説於佛性，汝若煞者，便煞佛等。一切衆生皆佛性，當作佛，故説於佛性也。七者，小乘人、一闡提，斷於善根，畢竟無得佛理。如言《大經》，本未至時，嚴、觀等法師皆云一闡提無佛性。爲破如此等計，故説於佛性也。八者，爲三脩比丘封執無常，脩三法印，定謂有爲法無常、一切法無我，唯涅槃寂滅。爲破此執，故説佛性，明諸法何曾有我及無我義耶。爲破我故，說一切法無我，其通計皆言無我。爲破無我，故說有佛性我。即是有我破無我，乃識佛性真我。故經言，空者生死，不空者大涅槃。爲破此等計，故說於中道佛性義也。今謂大意亦不出前八種說。而今依《大經》云，五名中，波若與佛性，眼、目異名。并《大經》《大論》說波若，意開佛性，有十意也。一者，爲究竟至菩薩行故說；二者，爲十方諸佛諸母故說；三者，爲大、小兩乘異故說；四者，爲破三乘三性別故說；五者，爲二乘永究竟四智，不復進求尊勝道故說；六者，爲分別生、法二身供養故說；七者，爲破二邊令住中道故說；八者，爲破一闡提不成佛故說；九者，爲二乘令信正法故說；十者，成就萬行故說佛性也。

問：即此顛倒衆生有佛性不？答：既言顛倒衆生，故無也。如此義，大異《地》《攝》兩論與《成》《毗》二家，彼宗八識、七識即有真如性故。翻《攝論》等崑崙三藏法師明言：真如性於八識煩惱中有，而不爲煩惱所染，亦非智慧所淨，自性清淨，故非淨非不淨。體既無染，不須智慧所淨，故名非淨；非非淨者，斷除虛妄，體方顯現，故曰非非淨。即自性清淨心也。彼論三種佛性中，自性住佛，如從凡夫，乃至金心，所有淨識，未離煩惱，於煩惱中住。若爾，豈非惑識中有真如性也。論師真諦即惑下有可類攝也。但此間攝論師，偷誦三論義疏意，安置彼義中，輕毛之人信從之，非吴、魯師意，所謂是章甫安編髮文身頭戴也。問：即此衆生無佛性者，《涅槃論》云，云何衆生是佛耶？答：正是此意，若約道明之，即此衆生畢竟不可得，故言衆生是佛。故彼論云，非衆生內有佛，亦非外有佛，亦非非有，非非無也。此意即是假亦中。若言顛倒衆生，那得已者耶？故言無佛性，非如虛妄。惑中有真如性者，此真如，虛妄等不能染也。

第二，釋名。諸法師釋名不同，今且前明得名不同。古舊一言：佛與性，並在因中之目，一切衆生有靈知覺性，得佛無改，簡異木石等無性，故《大經》云，一切衆生皆有佛性也。二，龍光法師云：佛之與性，在當果地。所以然者，佛名覺了，因無其義，故性本不改，佛即嶷[三]然，故受性稱。因中無常，故性義不定。而今因中並稱佛、性者，皆從果爲名。論師取彼師意云：欲示果之二種，必是心因所得。亦斥小乘與外物虚妄等也。此意後簡之。三，開善知藏法師云：果地是佛非性，因中是性非佛也。所以然者。佛名覺了，常住爲宗，因無其義，故果但是佛也；性者，不改爲宗，因中得佛之理，此無改易，故是性義也。果不感果，無有其非，因則非至果，故因但是性。而今果亦名性，是從因爲名；因亦稱佛，是從果受稱。所以兩相從者，欲示因、果之理必然，相開[四]有在，即斥昔日教與木石、虚空等也。第四家，今大乘無所得義則不勝，何得分派？緣種種釋，終不離斷、常二心有所得也。經自説，佛性非有非無，非内非外，非因非果非[五]等。至論佛性，非在非不在，無所的當，一道清淨，無在無不在。雖無在無不在，而假名説在、不在。無在，則不在因果已性；無不在，遍在因果已性。如天女問舍利弗：汝身色相，今何所在？舍利弗曰：身色相，無在無不在。天女曰：善哉，無在無不在，佛所説也。若具足言之，無在、不在，無在無不在，具足中、假也。故今佛性，非因説爲因，非果説爲果，故在因名爲佛性，在果名爲涅槃。故佛性、法性、法界、真如等，並是一物，種種名不同，亦名佛性、如來性、三寶性，故言佛、法、僧三寶性，無上第一尊。至論佛性，皆非而無所當。雖非因、果，而能爲因、果之本。不唯爲因、果作本，亦爲一切清[六]法作本也。此即不當當佛果而名爲因者，則非佛性爲因性也；不當當涅槃而名爲果者，即非涅槃爲果性也。故雖非因而爲因本，故佛性非因，亦爲二因。佛性非果，能爲果本，故非果爲二因。佛性非果，能爲果本，故非果爲二[七]果。此即二果、二因，是因果、果因，以非因非果爲本，本故爲正因也。

用故爲傍，傍以因正爲名，正以因傍得稱。然待傍爲正，此未是好正；能無傍無正，乃名爲正。此正不可復言，言正則屬傍，言體即屬用。故佛性一道清淨無二，無二而爲二，故有因果、果因相待得名。

但此相待，有横、竪不同，有三種釋名：一者，表裡釋名，即是竪而論之。因以不因爲義，果以不果爲義，佛以不佛爲義，性以不性爲義，即名爲義，即義爲名，此是竪表釋名。故《居士經》云：五受陰洞達空無所起是苦義，不生不滅無常義。本以生滅爲無常，而無生滅爲無常義，即是表裡釋名也。二者，開發釋名，即是佛以法義，法以佛義，横而明也。如因以待果得名，果以待因得名，故因則非因因，果則非果果，故假名説因果，假因説果，須果説因。若有因可因，因是自因，何須於果；有果可果，果是自果，何須於因也。今謂假故無自義，因他無自體故假名所待因果非因果。待假因果非因果，假名方便因緣待説相因。無自性故無法，無法則無所有。無所有，所以相因而説一切法無二無所有義。故因得以果爲名，即以果爲義；果得以因爲名，以因爲義。故《大經》云，欲令衆生深識世諦故説第一義，欲令衆生深識第一義故説世諦也。則名義亦然也。此則自、他釋名開發義也。三者，當體釋名，佛是覺了爲義也。今明性亦有三種勢，例佛可知也。性以不性爲義，不性則苞一切法，皆無性、空、無所有、清淨，隨緣假名説不性爲性。隨緣所明，欲辨何性？論佛性，但假名佛爲性，故名爲佛性。故佛性、法界、法性，只論一道，更無别法。故性以不性爲義，不性以性爲義，則達此不性性，性爲不性，則達非性非不性。了此性不性，則此人有佛性；不了，則無佛性。故云，凡有心者皆有佛性。何得以即時不了，語衆生等皆有佛性正因耶？

次，約經，開五種佛性釋名，師説不同。開善智藏法師云：正，是專當不偏義。衆生神明與如來種智，雖復大、小之殊，而同是慮智，性相感召故，謂名正因，正感佛果，對緣因爲名，非傍助義。緣因者，緣由爲義。雖有正因，不脩萬行，終不能得果，由藉萬善脩行故得佛果，對正因爲緣名。亦名境界，如草木、虚空等，其不能了出佛果，但爲觀智所緣，爲心作境，故名境界也。了因者，照了爲義。萬善之類，顯出佛果，故名了因。如燃[八]照物，譬其對境明了也。果者，以酬因爲義。果果者，謂從果生果，故名果果也。今謂三種意如前，正是遠離爲義。故《華嚴經・性起品》云：正法遠離一切趣不趣也。《大品經・無生品》云，何等波若波羅蜜，答云遠離故名般若波羅蜜。何等法遠離，遠離陰、界、入等乃至一切法内空、外空等也。正是中實爲義，如《正觀論》也。亦得不偏釋也。因者，本義、由義也。故經言，無住爲本，般若非生一切法等也。緣因者，亦得如舊釋名得也。了因者，了因者[九]，了不二爲義，亦如常釋得也。果與果果，亦類釋得。雖爾，意永異諸師也。至論佛性，佛窮四句、百非，故佛也。性是正義，正是實義，窮正實性也。

第三，論體相。佛性禮[一〇]相，故舊師執解，有三家不同，《涅槃》宗體，要是佛性義也。一，道生法師執云：當有爲佛性體。法師意：一切衆生即云無有佛性，而當必淨悟，悟時離四句、百非，非三世攝；而約未悟衆生，望四句、百非，爲當果也。二，曇此遠[一一]法師執云：本有中道真如爲佛性體也。三，於生、遠[一二]之間執云：得佛之理爲佛性，是望法師義也。

於三師宗本中，未執不同，略有十家。第一，白馬愛法師執生公義云：當果爲正因，則簡異木石無當果義。無明初念不有而已，有心則有當果性，故脩萬行尅果，故當果爲正因體。此師終取《成論》意釋，生師意未必爾。法師既非凡人，五事證知故也。非法師亦有同此説，正言，顯即是果，隱即爲因，只是一切轉側以爲同果也。第二，靈根令正執望師義云：一切衆生本有得佛之理爲正因體，即是因中得佛之理。理，常也。故兩文爲證。一者，《師子吼品》云：佛性者，十二因緣名爲佛性。何以故？一切諸佛以此爲性。此明正因性，而言諸佛以此爲性，故證知因中有得佛之理也。二者，亦師子吼菩薩問言：若一切衆生已有佛性，何用脩道？佛答：佛與佛性，雖無差別，而諸衆生悉未具足。此正自有性而無佛，故言未具足，亦簡異木石等無性也。此性也。此兩師異者，愛公約玄常住果明之，令正約即因中得佛之理常也。第三，靈味小亮法師云：真、俗共成衆生真如性理爲正因體。何者？不有心而已，有心則有真如性上生，故平正真如，正因爲體；苦、無常爲俗諦，即空爲真諦。此之真、俗，於平正真如上用。故真如出二諦外。若外物者，雖即真如，而非心識，故生已斷滅也。第四，梁武蕭天子義：心有不失之性，真神爲正因體，已在身内，則異於木石等非心性物。此意：因中已有真神性，故能得真佛果。故《大經·如來性品》初云：我者即是如來藏義，一切衆生有佛性即是我義。即於木石等爲異，亦出二諦外，亦是小亮氣也。第五，中寺小安法師云：心上有冥轉不扚[一三]之義爲正因體。此意：神識有冥傳用，如心有異變相至佛，亦簡異木石等，一其日而已[一四]，亦出二諦也。第六，光宅雲法師云：心有避苦求樂性義爲正因體。如解皆或[一五]之性向菩提性，亦簡異木石等無性也。故《夫人經》云，衆生若不猒苦，則不求涅槃。義釋云：以此心有皆[一六]生死之性爲衆生之善本故，所以爲正因，亦是出二諦外。又于時用師亮師義云：心有真如性爲正體也。梁武等三師義宗，諸師云：只一心神，名[一七]執一義爲分三寶之也[一八]。第七，河西道朗法師、末莊嚴旻法師、招提白琰公等云：衆生爲正因體。何者？衆生之用，總御心法。衆生之義，言其處處受生，令説御心之主，能成大覺。大覺因中，生生流轉，心獲湛然，故謂衆生爲正因，是得佛之本。

故《大經・師子吼品》云：正因者，謂諸衆生也。亦執出二諦外也。第八，定林柔法師義，開善知藏師所用，通而爲語，假、實皆是正因。故《大經・迦葉品》云，不即六法，不離六法，別則心識爲正因體。故《大經・師子吼品》云，凡有心者皆得三菩提。故法師云：窮惡闡提，亦有反本之理，如草木無情，一化便罪[一九]，無有終得之理；衆生心識，相續不斷，終成大聖。今形[二〇]彼無識，故言衆生有佛性也。故《迦葉品》亦云，非佛性者，墻壁、瓦石無情，則簡草木等。此意：有心識靈知，能感得三菩提果，果則俱二諦也。第九，地論師云：第八無没識爲正因體。第十，攝論師云：第九無垢識爲正因體。故彼兩師云：從凡至佛，同以自性清淨心爲正因佛性體，故彼云自性住佛性、引出佛性、得果佛性也。此引出、得果兩性，彼師解不同。一云：三性並是正因性。一云：自性住是正因性，餘二性非。何者？果與果果兩性，是得果性；引出性，即是十二因緣所生法[二一]觀知了因性；自性住，是非因非果佛性正因性也。地論師云：分別而言之，有三種，一是理性，二是體性，三是緣起性，隱時爲理性，顯時爲體性，用時爲緣起性也。《地》《攝》兩論義玄同，昔時曇無遠[二二]師義也。今謂此十師等說，並自心依經度，可謂如《大經》云，競投瓦礫，謬傳羊角之刀，如師子吼中咴咴，故須一一破之。

問：十家亦引經，汝亦據經，何獨汝是他非耶？答：此事如世娘、婢二子，諍父家業，爲豈相類也。又今家稟南天竺學摩訶衍龍樹之風，彼依霄貟[二三]學小乘訶梨之論，又《地》《攝》兩論學有得大乘師宗，已是懸絶，汝學《成》《訖[二四]》與《地》《攝論》，我學三論。我論初命章《十二門論》云，今當略解摩訶衍。《中論》初亦云，如摩訶般若波羅蜜中說。汝論初命章云：何故造此論？我欲正論三藏中實義。若爾，豈[二五]懸絶？故《法華經・安樂行品》云，莫親近三藏學者。又

《大品・邊[三六]學品》云，十地爲戲論，乃至一切戲論。故彼義宗，無没識爲解惑之本，至金心無没盡顯無垢，豈非二見之徒？故經言，諸有二者，有所得，亦是從冥生覺，同外道義。何者？無没無明上脩習十地，解起，豈非從冥生學義也。是故師徒異，教門亦異，豈得相比耶？故《大經》云，亦名甘露，亦名毒藥也。今明西種彈佛性，豈開心、非心？乃至八、九識亦然。故今非心、不心，是故得辨心、不心並是佛性。今若明佛性，無所而不非。如《大經》下文云，非有非無，非有爲非無爲，非常非無常，乃至非斷非不斷。是故佛性，非非所不非，是是所不是，是非亦不非，非是亦不是，百非所不非，百是所不是，横絶百非，竪絶四句。横絶百非者，如前説，佛性非有非無，非常非無常，非心非色，如是一切皆非，如此皆非，何但於百非乃至百千萬非，乃至無量非也。竪絶四句者，如言佛性，非心非不心，非亦心非心，非非心非非不心。如是四句並絶，一切皆非，百非乃至千萬非，無量既非，即召無量是，前既百非乃至萬不[三七]非、無量非，一切皆非者，今論是即百是、萬是乃至一切皆是。若善若惡，若色若心，一切皆是佛性。如《大經》下文明煩惱是佛性，色亦是佛性。如釋空空云，是是非是，是名爲空空。非則並非，是則雙取。是故是是非是，是皆是空空。是是非是是，而是是非是；非非非非，而非非不非也。

第一家、第二家，當果理與得佛理爲正因體者，今三義破之。一者，無責之，如破三世也。此兩理，爲是有，爲是無？理若是有，異於無者，理則應生已異於無，即是已有，故屬現在；理若是無，無則無理也。又爲是已理爲理，未理爲理，理時爲理？已理爲理者，即應已生爲生，已生不應更生，亦不得已理爲理；若未理，則無理；理時，則此理是事也。又此理是空，爲離空耶？即是空，空則無理；離空，則無理也。第三家，真、俗平正真如性爲正因體者，如二諦中破。色性是空〔二八〕，初念始明正因，此正因即始生，真則有初。若未有衆生時，復誰作正因？若言初念衆生生於真如上者，如空中生萬物，萬物寧得虚空爲體，如器中有物也。此師最傳也。第四家，似外道義也。既言真神性爲正因體，已在身内，異於木石等，豈非是神我邊，在二十四法中耶？第五，小安師云：即心有冥傳不扔〔二九〕之用爲正因，故真如性爲正因體。又云，同照提義也。第六，光宅云：心有真如性，故有避苦求樂用，真性爲正因體。今雖意同第三家，無明初念始有，真如性亦〔三〇〕始有。既始有，云何心滅，而真如性脱心有爲，出在常住性？若爾，不開心法。若然，豈是正因體？又云：避苦求樂性，亦是開善亦無一〔三一〕一類也。第七家，召提等云，衆生是正因體者，經中已破，如《波若經》説，若有我相、衆生相，即非菩薩。又如《金光明經》云：善女當觀，何處有人〔三二〕、衆生，本性空寂，無明故有。若爾，豈非以無明所謂見衆生而爲正因佛性耶？若以衆生爲正因性者，見衆生即見佛性耶？若御心之主，非成大覺，故言衆生爲正因，是得佛之本者，衆生本是處處生，故名衆生，三聚等成，故衆生是因成假，因假極至，三聚等成，所得佛果非處處生。又非因成假，因、果不相稱，當云何得正因名？終是即因非正因體也。又衆生不當知與不知，寧得以覺知佛作正因耶？又文云：衆生佛性住五陰中。若害五陰，名爲煞生。衆生可煞，佛性便應可煞可斷。衆生既無常，佛性亦無常也。又文云：佛性非陰非衆生，故佛性非開〔三三〕衆生，寧得以衆生爲佛性？故知佛性非衆生，非不衆生，是故衆生不是佛性。問：若然，河西那云衆生是佛性？答：法師意，恐如《涅槃論》云衆生是佛性也。第九、十兩家執正因，差前諸師，而不離斷、常過，亦是因中有果過。隱隱有箇理如俗，即有真諦理氣過，亦是二諦中破之。《地》《攝》兩家，妄與真一，妄與真異，二俱有過：若一，妄覆真，令真隱，名藏者，真亦應覆妄，真應常顯，名法身；若妄與真異，則各體二義，故墮二見。亦是於一家虛、實二諦僞上明之即涉，故《中論》《十二門論》云，有爲空故無爲亦空也。故彼《地》《攝》兩論意，金心以下是有爲，無垢識是無爲，故虛、實兩識故被破也。第八家，開善述用定林寺柔法師義，心爲正因體者，今依論七句撿責心爲正因。爲生，爲不生？若生爲正因，如論破生，自生、他生、共生、無因生、三時求生、已生、未生、生時生，此七句求生不可得，何有此心識爲正因佛性耶？《大經·師子吼》第二云，約五陰明之，色非佛性，識非佛性，如是五陰一一並非佛性。又云：心非佛性。何以故？心是無常，佛性常恒無變故。又《華嚴經》云，佛性者，非心識之所識，亦非境界也。又《金剛波若經》云，佛説諸心皆爲非心。如是諸經並云心非佛性，云何定説心法爲正因耶？又經云，不即六法，六法既非。佛性不離六法，何得用六法是佛性？六法既是佛性者，何以故六法非即？六法則非即，亦無用，故今明非即六法，六法既非，不離六法，六法亦非，則即、離皆非佛性也。今觀此十説，皆有體之可體，於今所説畢竟無此義。今時無所得意，求此有所得，十説可得，可明佛性體相；求之既不可得，不知以何爲體相？故經云：當觀諸法，何處有人反[三四]衆生，本性空寂，無明故有也。又《大品經·三慧品》云，佛言，吾以五眼，尚不見衆生，豈況菩提可得，而無因[三五]衆生，而欲得菩提？今雖言即因所見爲世諦，即不可得爲真諦，故彼所明皆是二義，故無正，何得爲正因耶？

問：前十師説，並爲護過，故被破者，今時此間寶憙淵師、祇洹雲公，作真如爲正因性，復云何耶？答：一往觀述彼師義宗，似落治域素[三六]法師義宗，并莊嚴義，及《地論》，無一而非正宗。亦是彼師不識大乘論中因中有果、無果等被破，故私心卜著作義，不足及破限，如躭羅刀忄利等人，非禮樂所被也。

今大乘明義，正以中道爲正因體，故正因佛性是正法。故經云，正法、正道本不二也。從來所説皆是二義。何者？空、有，生死、涅槃，凡、聖等，一切法無非是二也。《大品經・三慧品》云，諸有二者有所得，無有二者無所得也。《大品經》二十二卷《邊〔三七〕學品》云，有二相者，無有檀波羅蜜，乃至般若波羅蜜，無有道，無有果，乃至無有順忍，何況見色相乃至一切種智相。若無脩道，云何得須陀洹，乃至阿羅漢果、辟支佛道、阿耨多羅三藐三菩提，斷煩惱及習也。又一切法二，皆是有法，有法便有生死起，不得離生、老、病、死、憂、悲、苦惱也。問：無有二者，定是無所得耶？答：《大品經》第十一卷《照明品》云，若菩薩作是念，波若波羅蜜，無所有，如虚空，不堅固，是菩薩，遠離般若波羅蜜。若爾，若有所念，即非如。《中論》云：若有所受，即墮斷、常也。《大經》第十五《梵行品》云：無所得者，名爲大乘。菩薩不住諸法，故得名大乘，是故菩薩名爲無所得也。有所得者，名爲聲聞、辟支佛道。菩薩求〔三八〕斷二乘之道，故得佛道，是故名爲無所得也。故義家云：有所得者，無道無果；無所得者，有道有果故。若爾，尋此十説義宗，無非二義，豈是得正因佛性耶？故十説畢竟有無所〔三九〕故。有所得者，於今皆無，故畢竟空，盡淨一切法，是淨亦淨，盡亦盡，故今中道爲正因體。中道體清淨而明佛性體者，無體爲體。故《大品經》第十二卷《嘆淨品》云：是一切法性，亦是〔四〇〕無性，是無性即是性，不起不滅。故佛，無體爲體，即是以淨悟爲體，故中道正法爲正因佛性體也。

問：更何文證？答：文甚多。《大經》第二卷末，亦得明佛性，如瑠璃寶珠，正譬中道佛性，亦可譬明緣果也。又《如來性品》亦舉譬行明中道佛性。佛性性實非隱、顯，約迷、悟明隱、顯。失者成隱，得者顯。亦是緣、正兩性，傍、正論也。一體三寶，明中道佛性非三一故有三一。此兩意，明佛性意猶未足是[四一]。若廣明中道佛性，如下文。如經云：明與無明，愚者謂二，智者了達，知其無二，無二之性即是實性，乃至隱之與顯，愚者謂二，智者了達，知其無二，無二之性即是實性。三之與一，愚者爲二，智者了達，知其無二，無二之性即實性。如是廣明中道佛性也。又《迦葉品》文，佛呵迦葉，汝今何故失意作如此問，我先不説中道爲佛性耶。又《師子吼》文，凡有六問。初問，云何爲佛性。佛答，佛性者，即是第一義空。又云何言空者，不見空與不空，聲聞、緣覺但見於空，不見不空，故不行中道，故不見佛性；智者見空與不空，行中道故，見於佛性。下文結言，第一義空即是佛性，佛性即是中道也。又佛答第一問言，汝問以何義故名爲佛性者，佛性謂阿耨多羅三藐三菩提中道種子。下文結言，如是中道名爲佛性。又下文云，佛性者，非內非外。又云：非因非果，名爲佛性。非因非果，故常、恒、無反[四二]。其文甚多，皆以中道爲佛性也。若如前十家所執，並須破之。如上所説，今則皆是佛性，即是就理假用明佛性義。故經言：正因者，謂諸衆生。此意者，衆生實是緣因性，但約能御、所御明之，衆生是能御，故名爲正因。如對偏明中，實非正中，非偏非中，乃名爲正中，非邪非正，方是正中。今衆生亦爾，能御故名正因。實論，非能御，非所御，乃名爲正因性。亦可如《涅槃論》，衆生是佛也。又經云，凡有心者皆當成佛者，亦是理假用明之。是故假中亦是佛性，即是正因之體；中假亦是佛性，即是正因之用也。今以悟爲體，故佛名爲覺，對此明法名不覺之稱，至論佛性，非覺非不覺，乃名爲正法體。故一家言，只指法性爲三寶，待不覺言覺，待覺言不覺。待不覺言覺，以覺爲佛寶；待覺言不覺，以不覺爲法寶；覺與不覺不二故同，同是僧寶。若爾，豈得復有一圓真體而説爲三？此一不復是一，故無一；此三不復是三，故無三。故强名三一、一三，無三無一。以覺爲佛，故言佛即是如來性也。前言盡淨，是淨亦淨，無所覺體亦無，無皆名爲覺者亦覺，此無所覺，名爲佛性，故未有此覺則無佛性。故言凡有心者有佛性，性爲有也。又木石外物等，本來清淨，未曾病故，不言有佛性。唯有有心者，亦如對偏明中，唯心是能起顛倒妄情，横謂心，此心還[四三]能悟不二清淨，故就有心者得菩提。至悟時無内、外相，故言佛性者非内非外、非因非果等，一切得淨也。又亦得言，破外道木石等有情，故約情明之，凡有心者也。又片破一闡提不成佛，故言凡有心者有佛性，成菩提，非石壁瓦礫等也。故勸令自覺悟心。若悟心本來清淨，名爲佛性，爾時不曾有拄木等法殊别，但約知、不知明差别故。《菩薩頭陀經》云：照明菩薩問心王菩薩云：觀煩惱性内度脱衆生，其相可解，外法何。心王菩薩答云：内、外法不異。雖復不異，要先觀内，一煩惱淨，衆多法淨。何以故爾？内是外之根，衆生聖之源，得斯妙法，法度衆生，衆生無盡，佛身無盡，衆生無邊，佛身無邊，衆生性即是虚空，虚空即是佛性也。故一家明之佛性體，以悟爲體，此悟悟一切皆非，而悟是觀解心，即是内法。若爾，何得言佛性非内非外者？觀解是内，此仅[四四]非仅，故非内法，亦非外法。故悟時不見内外、生死、涅槃、凡聖、有無、解惑二法，故菩薩行般若時，一切皆非行。故心、心數法不行爲行波若，波若即是佛性。所以佛性、法性、法界、如如，亦是正道，更無二别也。

第四，廣料簡，有八：一，辨宗途；二，明證中道爲佛性體；三，論尋經佛性名；四，明本、始有義；五，辨内外、有無；六，論見、不見佛性；第七，料簡；第八，會教。

第一，辨宗途。三論一家，得辨涅槃義宗，故《德王》文亦可是具論佛性。而《師子吼》文正意乃顯，亦得言方具足也。

問：第二卷《純陀品》，正開宗辨常，可非涅槃義耶？《哀嘆品》明圓伊三點，豈非論涅槃耶？

第三卷《金剛身品》，遣百非，非涅槃佛性耶？第四卷明顯納妃生子等皆是涅槃義，何意非涅槃義？又《如來性品》明佛性，佛性亦是中道，如來三轉明佛性，最後以中道結成辨如來性，豈非是明佛性？而《師子吼》文方顯明佛性具足，此文明涅槃義恃[四五]是於汝義便，故作此説也。答：不然。未悉經之大宗，故作此語也。前多文雖明涅槃佛性，而來意各異，直是答問意，未是正釋涅槃佛性等義。若玄悟之人，於乃足之，而文意宗途，猶是未足。彼問：云何作善業果？佛答：由佛性故能作善業。次問：云何諸菩薩非見難見性？佛答：明菩薩髣髴見宣是。答問而已，未是正解佛性義。答言，玄悟之者，亦得此是了教；若論言方宗致，未具足也。下《師子吼》之明義，正明體用，有六問。一問：言何名佛性？二問：以何義名佛性？三問：何故復名常、樂、我、淨？四問：一切衆生何故不見？五問：菩薩住以何法故不了了見佛性，佛何法故了了見？六問：佛以何眼而得了了見，菩薩以何眼見故不了了見耶？故如此解釋名義，乃是具足故。一家相傳云：仅佛性，《師子吼》文方具足也。《純陀品》舊雖云開宗常辨[四六]，文意片破三脩比丘，故辨常非正宗也。故《大論》釋《大品・如化品》云，爲新發意菩薩説涅槃是真實善妙有也。此《大經》後《迦葉品》亦云，爲假名菩薩説常、樂、我、淨，聞佛涅槃，謂空脩行，故爲説四法。此言合釋意也。前《哀嘆品》明三點四德涅槃義而斥破昔日無法涅槃意故來。何者？明三點涅槃，直是秘藏義，對昔不具足明，今方具足明，昔解脱非究竟，今具足解脱故。又此解脱無般若故也。今時明脩三點四德究竟具足，故來意也。故復《嬰兒行品》云，常、樂、我、淨亦是嬰兒行，菩薩、二乘亦是嬰兒行，一切衆生亦如是也。第三卷《金剛身品》遣百非來意酬前問，問云何得及復以何因緣得等故意來，非正明中直佛性，亦是假上百非爲弼[四七]也。故下文云：佛告迦葉，如來身者是常住身、不可壞身、金剛之身等，即是法身也。迦葉問，如佛所説，如是等身，我悉不見，唯見無常、破壞身等，何以故，如來今當入涅槃故。佛則舉百非答之，故爲答問意故來也。第四卷，雖明住涅槃，能建大義，此亦是答，云何開微密等。問云，三密中身密開秘藏義，昔所作並是涅槃方便用，未是正解涅槃義。故下文佛嘆云，汝今欲盡如是大乘大涅槃海，汝復值我能善解，故未是正解涅槃義也。

問：《師子吼品》明佛性，爲第八卷明佛性，并《師子吼》明中道，《如來性品》亦明中道，若爲異？答：他家未見有釋之，今謂異也，故變釋之。第八卷爲答作善業問也，明於佛性，故始復非作善業。若不見佛性作善業，不成善業，此是空脩梵行，如《小般若經》明，值八百四千萬億諸佛，悉承事，無空過者，猶是空脩梵行，至見燃燈佛散五華，始得無生忍，復行立可名是菩薩行。今答迦葉問意，亦勝見佛性，故非作善業也。次問意，作善業猶如佛者，云何得見此難見之性。若爲作善業，得見此難見性耶。即次答，難見性，佛性力故得見，如彼文説。今《師子吼》文中明佛性，正佛性體用因緣正義也。若《迦葉品》正明佛性，乃方便用，如二十七賢聖等。又能滅惡生善，復非有善、惡妙用，如善星、調達、羅睺、阿難等人也。故一家相傳云：《師子吼品》正明平正中道義，經名涅槃，而具論佛性，佛性即是涅槃義。既辨佛性，應云佛性品，而從能論之人爲名，故言師子吼品也。故《涅槃》一部，有四大士言論涅槃佛性正道。若爲異者，一家相傳云：初《迦葉》正論因果常無常義，若《德王》正論涅槃體用常無常義，《師子吼》正論佛性緣正兩性常無常義，下《陳女[四八]》即論生死涅槃常無常義，故彼經云，捨無常色，獲得常住之色，受、想、行、識亦復如是也。雖復具辨常、無常義，而常、無常不同，雖復明因果、佛性等，而常、無常不同，而用[四九]顯正道，更無異也。然《純陀》

雖因戲[五〇]供爲開秘之端，及興文殊言論，而正意但明片倒，更相倒寫治病，明涅槃佛性正意未足，但爲開涅槃、佛性之緣由方便，即是開路義也。今謂五大士開説《涅槃》一部五種之異也。《純陀》興[五一]《文殊》共爲一大士，因獻供爲開密之端，即是因供約有爲無爲常無常倒寫，更相治病，略開涅槃門。《迦葉》因問，答約常、無常，廣開涅槃。《德王》約體用明常、無常方便脩成門。《師子吼》約不思議中道佛性緣正常無常門。《陳如》約生死涅槃耶正不二常無常門也。《大經疏》中具説之。《大經》明百非有三一[五二]處説：一者，《金剛身品》明法身離四句、百非，一切皆非，而假法身上論百非，正意望正法爲傍也。二者，第十九卷《德王品》明離四句、百非，亦是假上百非爲正，正法爲傍也。三者，《師子吼品》明佛性離四句、百非，正就中道正法、法身、涅槃、佛性同明正道不二。不二而二，故非因而因。因有二：一，境界因，即是二諦；二，了因，即是觀智，觀智即是般若，般若即是二智，非果而果。果有別、總：總而名別，爲菩提果；別而用總，涅槃爲果果。此四明傍，傍而非傍，所以爲正。故正因，非因非果，則應非體非不體。而爲體者，以佛性義爲體。以何爲佛性義？以佛性體爲義。此爲一蜜也。而經言，佛性者，阿耨多羅三藐三菩提中道種子者，即明中道爲佛性種子，種子爲中道佛性。何者？如方便説空，以有爲種子；説有，以空爲種子。今不二中道爲佛性，則以中道爲佛性種子。故中非佛性，稱爲佛性[五三]，故以中道爲佛性種子。故説中道以爲佛性，故佛性爲中道種子；説佛性以中道，故佛性爲中道種子。境、智，智、境，緣、正，正、緣，非如是等，皆得種子，處處説如，假名義也。又如非有非無，而稱佛果爲妙有，則此有，以非有非無爲種子；又非有非無而無，此無，以非有非無爲種子。有、無既爾，則非因非果而因而果，則因、果以非因非果爲種子。故佛性惑爲二因本，成爲菩提、涅槃本。故今欲識佛性，則須識境、智，達境、智則了佛性，唯佛性爲二因、二果爲本也。

但立佛性，少多不同。古來河西朗法師、壹法師云立四種：一，正目[五四]；二，緣因；三，果性；四，果果性。莊嚴法師等又同此説也。二、治城索[五五]法師，亦立四種性，而與前異，謂三因一果。三因者：一，正因；二，緣因；三，境界因也。一果者，即是三因所得一果也。以因有境、智差別，故開爲三也；果唯一相，故但爲一也。其文證者，引下答師子吼問，因開爲三，果唯一，故有四性。若引《師子吼》文中因興[五六]因因者，此自引明十二因緣有資發義，非是制性之少多。此文別立果果者，則依此文亦別立有因因，是其異義，其體即了因者[五七]，我亦果果，是異義者，其體即果性也。三，制旨義，有六種佛性，謂三果、二果及興本有佛性正因也。五性可明，而別有本性者，正因也。引《如來性品》云：我者，即是如來藏義，一切衆生有此佛性即是我義。故立有六種佛性也。四云，立五種性：一，正因；二，了因；三，緣因；四，果；五，果果性。諸師多同此説也。五，開善云：廣論因果，共有四名、各有四名也。共有四名者：一，因；二，因因；三，果；四，果果也。各有四名者，因四者：一，正因；二，緣因；三，了因；四，境界因也。果四者：一，三菩提；二，涅槃；三，第一義空；四，智慧也。直名因者，謂十二因緣，因緣之體，唯觀智作因，無所有更因，故單受因名也；因因者，謂觀智心是了因體，以因前境，復爲三菩提因，故受重因稱也；果者，以三菩提，衆因所得，前來有果，宜單受果名也；果果者，謂大涅槃，此是斷德，不由斷得智，而由智故斷，即涅槃義是果，果果，故重名果果也。因有四者，三是經有之，境界之有，相傳師説。何者？尋因義，唯應緣、正二種，而今因性乃有四者，緣因義則廣。觀智境者，束爲緣因，此之緣因，故是緣緣之義，故境界因名，經文無也。直是先輩諸師釋緣因，謂諸法體義，爲心作境界緣，了非境界，異緣因也。正因者，謂心是覺知，非招大覺，氣類無差，至當無偏故，名爲正因也。緣因者，善及衆義，助發正因，傍相緣由，故曰緣因。若因無二，則招果不成。故緣、正二種，明其必用苦、果無二，則智斷不圓，便非超果表，無足可慕。故明三菩提，顯智周滿。次提涅槃，滅累都盡，故因、果各二，以明理勝可得。故開佛之性，略有四，謂因與果，各有其二。因二者：一，正因；二，緣因。果二者：一，智；二，斷也。此是智藏法師自手書佛性義作此説也。

問：何故因中而名正緣，不作因與因因名説？及論於果，便言果與果果，不作正果、緣果説耶？答：龍光傳開善釋通論盡得，故《大經·師子吼》文云，佛性者，有因，有因因，有果，有果果。而今不作此立名，爲有便、不便。心識望於種智是因，無類正相滅召，故宜立受正名；萬善但是相緣由而已，故受緣名。及證果體並是正，酬前因故，不得言正果、緣果，但立智、斷，兩德體雖一時，義其前後，要是由智故斷，不由斷故智，所以智受果，斷稱果果，其義便也。三義取捨者，若便因中，以神明爲正因，善爲了因。所以緣爲境界者，對而爲語，果上亦得有三果：佛地神明，此爲正果；果地之善，此爲了果；果上有生心之義，即境界果。而今因立三，果地不然者，開善釋云：因中神明是得佛之本，故宜立爲正因；而必藉萬善方現，故須立善爲了因。善心由境發，故復立境界，乃至果中三義非要。所以然者，心通因、果，未足爲德，果地不須了出。又果之境義，非學者所求，故並不分立。但就善中不出智慧、涅槃。以智慧故，無明永滅；涅槃極果，故生死報已。既果中要不出斯兩，故即立爲二性，以智爲果，涅槃爲果果也。又不例者，在因之時，先有於心，後方習善，故前善心已是正因，後善方爲了因；若論果地起之時，即心即善，無善心後善之義，故不可分爲兩果也。

問：既不立果上之境爲境界果，今此義定屬何性？若便屬境界因，則了因所不照，云何是境界？若言屬果性，則果中復無其名也。答：開善云：屬果無嫌，以因中智不知，不可是境界因攝；而佛果之知，此能反照，即境是智故，宜屬果性也。名之興奢〔五八〕者，前言心是正因、善是了因，然無心不得佛果，無善亦不得佛，而今心名正因者，心爲得佛之本，善爲得佛之末。所以然者，昔時有心未起於善，然得佛之理，其義爲足，非是待後起善，方此理生。故兩法相比，心宜名正因也。又無心，果不生；無善，果不起。而今善名了因者，有二義：一者，以了因之能，本是斷惑顯果，心非別慧，無斷惑之功，善知非斷，故宜名了因也。二者，了因爲用，本是始起，而了昔有法，若論神明與佛理，本來俱有，何所論了？故復起善法，得言了昔神明也。且神明即是了因，還用後經《師子吼》文言若乳中有酪□〔五九〕是了因。若是了因，復何須了也。境界因名者，從了因而立。所以然者，正因之心，不明習學，故無勞説境；了因既明脩習，必託境而生，故境界名從了因而立。果與果果，即是智、斷，況〔六〇〕義有前、後，故説此二名。自此所乱也。今謂此師亦是一往好，但不離斷、常心。何者？多因多果，並是體義，俱有處所，故成有所得。雖然，而無所得義，横論欲作此説，亦得，但未必就智、斷明，明約總、别方圓論之，不無此説，斷德蘊在其中也。今謂，開佛性只應二性也：一，正；二，緣。非因果名爲正，是因果即是緣。是故緣、正兩性也。但就緣性更開立因、果，就正因即成三也。復緣因中，更開因與因因，緣果中更開果與果果。此則緣中有四，足正因，則成五性。然緣中雖有四句，開於緣、正，以因果爲緣、成因果之名則定也。因中不得安果名，果中不得安因名。是故雖無差别，而因中開但作因與因因，果中開但作果與果果之目，此是因緣方假明故也。

今明，一往正法佛性是正因性。若至論明之，佛性不當因果，而能起因果用，故非因非果。爲正法佛性而非生偏用，偏用故有因布〔六一〕果。非因而因，因布二，謂因興因因；非果而果，果有二種，謂果興果果。非因而因，因有二種，謂因是即境界，因因即是觀智也；非果而果，果有二種，果興果果，果即是菩提，果果即是大涅槃。兩因爲傍，二果爲傍。是傍而正，正故非因非果也。故《華嚴經》云，十方諸如來，因共一法身。即是正法法身也。又經《寶王如來性起品》實慧，《如來性起品》云佛性，非爲因果體，即是佛性。非因非果，而能爲因果等用也。大師于時直云：非因非果爲正性、正法、佛性。若非因非果，結爲正因，則將因怗正，謂爲正因也。

問：非因非果結爲心〔六二〕因，亦應非果非因結爲正果，便應有六種佛性，何心〔六三〕五佛性耶？

答：通論因、果有五種。正因對傍明五種性，正果對傍亦應有五，故明因必對果爲傍，明果必對因亦爲傍。傍、正得有五，而今爲五種佛性者，明佛性本不二，正道、正法無二故，所以爲一。故開傍、正爲二，有因、果。果有二果，因有二因，故傍因傍果。因布〔六四〕因因，果有果果，爲四。四爲傍，傍而爲正，則非因非果，不被開故，唯是一故，成五佛性。又非因非果，所以爲因。此結獨無二故，而建立因，故得以正因，而不得更明於果。又佛性明珠，一道清淨，無有二故。在因爲因，在果爲果。今正因不明正果，正因本不對果故。何者？正因正果無别法，故《大品・三慧品》云：彼〔六五〕若波羅蜜，無色、無形、無對，一相，所謂無相也。而性怗爲正，故非因非果，所以爲正因，故明佛性，不明性佛，故唯一不二也。又兩望明之，得有因、果義；而同是一道，無有二故，唯五非六。若開緣因、境界因得爲六性，而合明故五也。故一家言：方開性五種佛性者，若論根本，但有緣、正兩性，即是中假緣、正者，只是傍、正相對明之。正性者，正法之異因，正道之別名。正法未曾因之興果，未曾真之與俗，而於無名相中假名説。非因果中開於因果，因則緣因，果則緣果，即成三性：一，緣同[六六]性；二，緣果性；三，非因非果正性。若爾，本是一正性，開爲緣、正兩性，開爲三性，與四性、五性合，則五成四，四成三，三成二，二成一，一成爲無也。

問：一性、無量性，與五性何異？答：異也。一性無量性，是則差別、無差別語。亦可一性無差別語，無量性差別語也。五性則無差別、差別語也。

問：五性中，正性因怙名正因，果怙名正果，應有七種、六種。若言正因、果無別體故成五性者，亦應言正果，不應爲正因。若不爾者，則成七、六種也。答：亦得正果，而今立正因，不明正果者，正明從涅槃船入生死，無性立一切法義明之，故正因，不正果也。故正性，非因非果。因帖估名正因，則無果亦無因，故非因果。若果名帖估名正果，則此因亦無果，故非因果。唯有五性，無七、六性也。

問：可得言正性中有正因此[六七]正果，有正果無正因者，緣性中有緣因無緣果，有緣果無緣因。若緣因對緣果，則正因對正果，遂成七、六性。若正因此正果，緣因無緣果，不對唯有三種性。若對，則有六、七性也。答：非並難。如前説正性，只是强假名，諸正法、正道、正性、正因果等無量名，猶如《大經》三十一卷云，天主隨義作名十一：一，名帝釋；二，名憍尸迦；三，名婆嗟婆，此云爲好嚴餝，色心好、疰嚴好，功德智真嚴餝也；四，富蘭陀，此云爲調伏諸根也；五，佉婆，此云身無勝也；六，因陀羅，此云光明具足也；七，千眼，實是二眼，但釋不同，一云，共修羅戰時，能作千眼，令怖修羅也，云二[六八]，天主能於一時中作一千事，如千眼見；八，舍脂，夫從婦作名，舍脂，此爲悦可言也；九，金剛者，有二義，一云，形體堅固如金剛，二云，手執金剛杵也；十，寶頂，智慧之衆寶之上故寶頂；十一，寶幢，内有智慧之寶，非有所建立義也。又如涅槃，一名隨義無量也。今開五性者，取異名之正因名，足緣性中四種，爲五性、四性差别。差别名故，不得如帝釋多名也。

問：正性非因果，結爲正因，因名起何處？結名果，果名起何處？答：明正性非因非果，非對非不對，百非不能非，百是不能是，是、非所不是、非也。緣性不得例，緣性有淺深差别義故。有因、果相對起，正因假令對，則無對爲對。如真俗相因起，真如對虚妄相由也。佛性，隱即名如來藏，顯則名法身。如此名隱名爲正因，顯名爲正果。此則迷、悟也。望理外明之，如此義，緣、正二因，並隱悉顯，非正因、緣因宗也。今論緣、正二義，如中假體用，並阸理内明也。須知正法建立緣因、緣果義名爲正因。若緣因、緣果，則名爲緣果。又此緣果能表正因義，則正因義説正果。只此一正法能建義，是正因所表義，是正果一正法，兩望明之。復緣因、緣果，望正因而立，即是緣果。此緣果復能表正因義，名爲緣因也。就緣因、緣果自相望萬行能辨萬果義，亦是緣因。萬德酬萬行義，亦是緣果義。但正因、正果、緣因、緣果，竪論是正宗；萬行、萬德相望，是傍義，非正宗。但欲成四句，故正因隱時名爲正因，顯時名爲正果。一正法，兩義分之，亦有此義。而緣因因、果，開兩法二義論之；正因因、果，一法一體，兩望明之。故唯立五性，不開六性也。緣因、果與正因、果，如中假體、用，能、所一列。若四性的約假上開之，故不例。隱、顯義，望理外爲宗，明也。望理外者，緣、正兩因、果，並有隱、顯也。但藏有二義，一是隱未顯爲義，二是苞含藴爲藏也。

第二，明證中道爲佛性體。

問：前出體中，據《大經》四文證中道爲體，爲一意，爲異耶？答：通論不異。細而論之，不無體、用殊别。何者？前兩、後一正明佛性用中問，一文正明佛性體。所以然，《哀嘆品》意失瑠璃珠譬，正況失佛性，故云：乘船遊，失瑠璃，没深水中，是時，人入水覔是寶珠，競提〔六九〕瓦礫等，歡喜持出，乃知不真。是時，大衆見珠在水下。時有智人，以巧方便，安徐入水，即便得珠。此明得失義。以三脩比丘所脩三品爲觀，有所得，動於心水，故失中道正觀圓珠佛性，而謂爲得，以失道謂是道也；時有智人，即是菩薩，正觀不動心水，得佛性珠。以四句無可爲動者，故云，不動心水得圓珠也。故佛性即是衆生心水，得、失爲二。故經云：菩薩未得菩提時，菩提爲煩惱；菩薩得菩提時，煩惱爲菩提。此得、失亦是隱、顯佛性之體。此亦緣有得、失，至論佛性，不關得、失。雖然此文終時，正欲辨得、失義，此亦不異《如來性品》。《如來性品》亦爾，諸譬正論隱、顯義，故經云：其餘力士，角力相撲，是額上珠尋没膚中，不自覺知是珠所在。此即是失時。明醫執鏡照面，珠於鏡中明了顯現。乃至以雪山甘藥爲譬，是藥真味停留在山，隨其流處，有種種味，以心水清淨故，得於佛性真味，故此真味在不二正觀之心，但失人種種，謂爲佛性，故使佛性上味不得知。故知前十家所明佛性，豈非是謂情所見説故有諸味不同也。此品答「云何作善業，大佛〔七〇〕今當説」問，以因佛性作善業則爲佛因，而失佛性行善故非佛因。若爾，流出義則失佛性，故流轉六道，非作因；得真味，則入内，佛性不流出，方能作善業，爲佛因。此品正論佛性得、失義成，以斥三脩比丘所行，失於正道謂爲道，故以醉人譬，譬於比丘也。又訶云，未求大乘法食來，爲大乘除諸結使，心猶未染大乘正法，即是付例故説。至論佛性，清淨稱圓珠也。《師子吼品》正論佛性體，如後廣釋也。《迦葉品》明佛性用，即是善、惡用也。如調達、善星，惡用；羅睺、阿難，善用。故廣明善、惡。善、惡人有佛性，佛性非善、惡，故能善、惡二用也。然實論，明用，四處文同辨用；論體，四處皆明體。一往從多明之，作之分也。勝〔七一〕《哀歎品》舊云，琉璃珠譬，譬於常住果，故言此珠是常住果珠也。今謂正明佛性之常、無常，有方便用，無方便得、失義，故今謂此珠非常非無常，非因非果，中道珠也。而今衆生深識常、無常用，故文言以珠力故水皆澄淨。即是以珠制常、無常也。《如來性品》作善業，乃善反惡用也。亦是舉珠爲譬云：其人眉間有金剛珠。既在眉之中間，即譬中道。又言此珠在水，如虛空月形端正，譬中道，此偏虛空，亦是非有非無，故得云譬中道兩捨也。

問：既言非常非無常，經文何故言是常耶？

答：只爲體非常非無常，所以識常、無常，此常是非常，此無常是非無常，乃至無苦無樂，乃名大樂也。正意，由佛性力，故得作善業，故答上「云何作善業」問也。

《師子吼品》，正明佛性體之非因非果也。《迦葉品》明能作善、惡業用，而明佛性之力，故能生善根，故文言闡提斷善根，遂得還生善根，即是由佛性力故也。故一家相傳云：從多約經時之涅槃，上帙正斥昔明義爲宗，未得任道論佛性，中、下兩帙正明佛性也。《師子吼品》第二十五卷，具明佛性禮〔七二〕，答師子吼問云：汝問云爲何佛性者，善男子，佛性名第一義空，空名爲智慧。所言空者，不見空與不空。智者見空與不空，廣歷諸法，明空、不空，我、無我等，行〔七三〕二乘人。二乘人但見空，不見不空，故不行中道，無中道故不見佛性。此即二乘不見佛性，佛性即於此人是無佛性也。以無所得，知人見空是不空，不空是空，故行中道，行中道故即見佛性也。但解第一義空名智慧義，開善云：第一義空，則佛果之時與法性冥一，故《大經·大衆問品》偈言：若非〔七四〕計三寶，常住同真諦也。下地諸智但非會不寘，如來非會非寘，如從境爲名目，言第一義空也。言智慧者，明此則真，不同草木雖復即真而至忘彌存，故言智慧也。此師終是二見之徒，故作此說，智、不智，作、不作實，故落被見也。

今云第一義空名爲智慧者，此無所得空，即智爲空，即空爲智，即是亦假，亦假亦中義也。故所言空者，不見空與不空，則此明空是非空非不空，而有空、不空用，故智人達此空、不空是非空非不空，得有空、不空用。我、無我等皆然。二乘不了，故不見空、不空，對此爲言，亦應云不見智與不智。則非空、不空爲第一義空，則非智、不智故爲第一義智故。以空爲智，何得是智？以智爲空，何得爲空？故非空非智爲第一義空，爲佛性，爲中道。第一義空爲佛性耶？中道爲佛性種子，即種子爲中道也。智者則不動〔七五〕切者，不見空與不空，以爲智者。又既言見空與不空，即得言以不見空與不空，即非空非不空，而有空、不空用。故以非空非不空，故非見空、不空。而空，以空不空，不空空，故有非空非不空，因非空非故〔七六〕不空故，非見空、不空，假名我、無我等也。諸佛〔七七〕亦然，以佛性爲本，故法界、法性、真如、般若、涅槃辨分因果等也。故經明正法體，非不有用，明非不有體，而必須得意逐義强分，故有所屬，故有不二而二也。言又念佛性、涅槃、法身此不異，故經中說此三種，以明百非，百非即是中道不二之體，但此體非禮，故體乃是用故體；所以百是文用，此用非用，故用乃體故用〔七八〕也。

開善云：經言阿耨多羅三藐三菩提，此土翻云無上正遍知道，此與智慧辨義是一。故《大經》言，智者見空與不空。至如遍知，亦有亦無悉了。但舉智慧對第一義空，爲明智體本來無相；說無上正遍知以對涅槃，爲讚智功圓極，餘累都盡。顯智、斷二德，爲翻生死之要。然賓云：果中諸德悉名爲佛性，故經言如來藏者即我義也。今謂横論相對明義，名字中亦有此義。但斷德爲大涅槃者太涉，如涅槃義中說也。又一家約經相待門明車輪，三世車輪四句也。《大經》從初至《德王》已還，通論一切衆生悉有佛性，而未明其少多。至《師子吼品》明佛性有兩種四句，初四句云，因興因因，果與果果也。次四句云，是因非果，是果非因，亦因亦果，非因非果也。《師子吼品》云，十二因緣是因，亦因因，是果，亦果果。無論二因、五果、三因、二果互相生，故是車輪。無明當體是因，而生行因，故言因因。識是果，而説行果生，故識是果果。故言彼無明體，亦因，亦因因；識，亦果，亦果果。生緣老死、老死緣生亦然。故是知現在五果，只如未來生、老死。欲知過去二因，只如現在愛、取、有。故因能生果，果已復是遠因，爲車輪故。無明爲因，而生生行因，故無明得因因名；行是無明果，而生識果，故得果果名。於識果中有爲因，得生老果，於生死死更爲因，此是車輪名。則觀智生菩提，菩提生涅槃，爲果果。則於涅槃果果更應有因，即十二因緣。十二因緣生觀智，觀智生菩提，則車輪此始終義也。佛性亦有因，有因因，有果，有果果。因者，所謂十二因緣也；因因者，所謂十二因緣所生觀智也；果者，所謂三菩提也；果果者，無上大涅槃也。今十二因緣爲境界因，此明八不爲因緣。故十二因緣義，不生不滅，不常不斷，不一不異，不來不出，具《中論》説，菩薩坐道場時，觀十二因緣不生不滅，如虚空。此爲境界因性，能生觀智。觀智從境界因生，爲因因。隨從境界因生，爲果。而望菩提，爲了因。出菩提果，故言因。菩提爲觀智所生，爲果。菩提果上説大涅槃，涅槃爲果果。此四句車輪，未明正因。又次經云四句者，是因非果，如佛性；是果非因，如大涅槃；亦因亦果，如十二因緣所生觀智。是三句未正明正因也。第一句，境界因性也。第二句，明果果性也。第三句，明觀智者，解不因[七九]。一云：是了因性，了因從前因生，是復能生爲菩提果，還是因，故言亦因亦果也；二，今謂亦因是了因，亦果是果性，因、果雖殊，而同是智慧故，又攝性盡故也。第四句，云非因非果名爲佛性者，正因性也。若爾，因則境界性，因因則是觀智。雖有兩性，並是因門。果則菩提智性，果果即是大涅槃，揔億或可是斷德，雖有二性，並是果門也。因中判境、智，果中判智、斷也。開善云：因、果更非異法。若本有是常果，非始造，非終成，故非生非滅，此常果爲本有，而於必得，故在因中說，說因爲果，果在因中。故衆生佛性住五陰中，而無別一法道因果，即是因望果，果在因中。但彼執因中定無，故說本有。破定執有，故說因中無也。如衆生佛性，非有非無，亦無別性，非因非果亦爾。何者？在因說佛，非已是佛；在果說有，非始是有。則因中已說佛性，故涅槃之體本自有之，非適今也。如初《德王》說也。

今大乘意，非因非果佛性者，此始明正性，足前三句，成四句，爲五種佛性也。非因非果者，非因，非向者境界與觀智兩因也。非果，非向者菩提與涅槃兩果也。此論正法不當因、果，明因取正，名爲正同〔八〇〕。明果取正，名爲正果。論佛性正，不當因、果。論佛性體，則第一義空名爲智慧，所言空者，不見空與不空，智者見空與不空，廣歷諸法我、無我等，用此片〔八一〕二乘有所得，但見空，不見不空，不行中道，故不見佛性。則智佛性，何但不當因、果而爲因果本？亦不當空、不空而能爲空、不空本，故能起空、不空，乃至不當我、無我，能爲我、無我等用作本也。

問：何故就正同明中道，不約餘四明中道耶？答：通而論之，皆有之，故一家明義，用中興體中也。而四是中道用，用則用正爲體，故四是非正中也。前云是果非因，如大涅槃。此據始終爲論，復言涅槃爲因。此據無始終義，果還復爲因。始終、無始終，並是中道之用，假名中道義也。

問：《大經》云，十二因緣不斷不常，乃至不因不果，是何性？答：亦可是正因性也。

問：正因非因果而帖爲正因者，緣性可得言怗爲因果耶？答：是因果，何須沾之正立假體故。

問：若緣性不須怗，正因可怗者，正因是

中，緣因非中；若緣、正俱是中者，緣、正俱怗。答：望理外性實者，亦有此義。俱理内中立中、假，假則是因果，中則非因果，强怗爲正因、正果也。

問：正同非因非果，怗爲因、果者，緣因是因是果，亦應怗爲非因非果。若緣因是因、果故不得怗非因非果者，正因非因、果，亦不得怗爲因果也。答：從淺向深，故不例。若無方通義，亦有此義，但從假入中不例也。

第三，尋推佛性名〔八二〕。

顯慶三年歲次戊午十二月六日，興〔八三〕輪寺學問僧法安，爲大皇帝及内殿故敬奉義章也。

無依無得大乘四論玄義記卷第七

校勘記

〔一〕「以無得」，底本行間有夾注「妙歸三慧」。

〔二〕「興」，底本原校疑爲「與」，下二「興」字同。

〔三〕「嶷」，疑爲「凝」。

〔四〕「開」，疑爲「闢」。

〔五〕「非」，底本原校疑衍。

〔六〕「清」，底本原校疑爲「諸」。

〔七〕「因佛性非果能爲果本故非果爲二」，疑衍。

〔八〕「燃」，底本原校疑爲「燈」。

〔九〕「了因者」，疑衍。

〔一〇〕「禮」，疑爲「體」。

〔一一〕「此遠」，據《大乘玄論》（《大正藏》本，下同），疑爲「無識」。

〔一二〕「遠」，疑爲「識」。

〔一三〕「轉不扐」，據《大乘玄論》，疑爲「傳不朽」。

〔一四〕「一其日而已」，疑爲「無性也」。

〔一五〕「皆或」，疑爲「背惑」或「惑」。

〔一六〕「皆」，底本原校疑爲「背」。

〔一七〕「名」，疑爲「各」。

〔一八〕「梁武」至「之也」，底本原校云一本無。

〔一九〕「罪」，疑爲「斷」或「盡」。

〔二〇〕「形」，疑爲「對」。

〔二一〕「法」，底本原校云一本無。

〔二二〕「遠」，疑爲「識」。

〔二三〕「霄肩」，疑爲「罽賓」。

〔二四〕「訖」，疑爲「毘」。

〔二五〕「豈」，疑後脱「非」或「不」字。

〔二六〕「邊」，據《摩訶般若波羅蜜經》，疑爲「遍」。

〔二七〕「萬不」，據文意，疑爲「千萬」。

〔二八〕「色性是空」，底本行間有夾注「無明初念衆生」。

〔二九〕「抸」，疑爲「朽」。

〔三〇〕「亦」，底本原校云一本後有「應」字。

〔三一〕「無」，底本原校云一本無。

〔三二〕「何處有人」，《金光明經》（《大正藏》本，下同）作「諸法如是何處有人及以」。

〔三三〕「開」，底本原校疑爲「闕」。

〔三四〕「反」，據《金光明經》，疑爲「及」。

〔三五〕「因」，據《摩訶般若波羅蜜經》，疑爲「目」。

〔三六〕「素」，底本原校云下文作「索」。

〔三七〕「邊」，《摩訶般若波羅蜜經》作「遍」。

〔三八〕「求」，底本原校疑爲「永」。

〔三九〕「無所」，疑爲「所得」。

〔四〇〕「切法性亦是」，《摩訶般若波羅蜜經》作「法性是亦」。

〔四一〕「是」，底本原校疑衍。

〔四二〕「反」，《大般涅槃經》作「變」。

〔四三〕「還」，底本行間有夾注「横謂」。

〔四四〕「仅」，底本原校疑爲「彼」，下二「仅」字同。

〔四五〕「恃」，底本原校疑爲「特」。

〔四六〕「常辨」，疑爲「辨常」。

〔四七〕「弨」，疑爲「絶」。

〔四八〕「女」，底本原校疑爲「如」。

〔四九〕「用」，底本原校疑衍。

〔五〇〕「戯」，底本原校疑爲「獻」。

〔五一〕「興」，底本原校疑爲「與」。

〔五二〕「一」，底本原校疑衍。

〔五三〕「爲佛性」，底本行間有夾注「中道種子」。

〔五四〕「目」，疑爲「因」。

〔五五〕「索」，底本原校云上文作「素」。

〔五六〕「與」，疑爲「與」，下二十四「與」字同。

〔五七〕「者」，底本原校疑衍。

〔五八〕「與奢」，底本原校疑爲「與奪」。

〔五九〕「口」，據《大般涅槃經》，疑爲「性」或「者」或「即」。

〔六〇〕「沉」，底本原校疑爲「既」。

〔六一〕「布」，疑爲「有」，下一「布」字同。

〔六二〕「心」，疑爲「正」。

〔六三〕「心」，疑爲「止」。

〔六四〕「布」，疑爲「有」。

〔六五〕「彼」，據《摩訶般若波羅蜜經》，疑爲「波」。

〔六六〕「同」，疑爲「因」。

〔六七〕「此」，疑爲「對」，下一「此」字同。

〔六八〕「云二」，疑爲「二云」。

〔六九〕「提」，底本原校疑爲「捉」。

〔七〇〕「佛」，《大般涅槃經》作「仙」。

〔七一〕「勝」，底本原校疑爲「然」。

〔七二〕「禮」，底本原校疑爲「體」，下一「禮」字同。

〔七三〕「行」，疑爲「別」。

〔七四〕「非」，《大般涅槃經》作「能」。

〔七五〕「動」，疑後脱「一」字。

〔七六〕「故」，底本原校疑衍。

〔七七〕「佛」，底本原校云一本作「法」。

〔七八〕「故用」，底本原校疑衍。

〔七九〕「因」，疑爲「同」。

〔八〇〕「同」，疑爲「因」，下一「同」字同。

〔八一〕「片」，疑爲「別」。

〔八二〕底本原校云：「此一行可安次卷首歟。」

〔八三〕「與」，底本作「與」，據前文卷末「與輪寺」改。

無依無得大乘四論玄義記卷第八

經說佛性不同。《大經・師子吼品》云，首楞嚴三昧，有五種名：一，首楞嚴三昧；二，般若波羅蜜；三，金剛三昧；四，師子吼三昧；五，佛性。隨所在處處得名。如一三昧得種種名，禪名四禪，根名定，力名定，覺名定，正定[一]等也。又《聖行品》云：如來即是虛空佛性，虛空佛性即是如來。此三法，四句不可得，不生不滅、不青不黃等故也。尋□□□□既云佛性如虛空者，涅槃、般若，皆如虛空。不如《成實論》等師云，大虛之空理有，此空世諦法。都似外道所計五是常，即是《百論》所破也。今謂虛空，離四句、百非，故《中論・六種品》云：虛空，非有亦非無等。難四句爲虛空，空只如空，故空、有並離四句。所以經云，形遍十方而不動，言滿十方而無所說。故淨名杜口義，非是不口不言名爲杜口也。故《大經》云：若知如來常不說法，是菩薩具足多聞也。《哀嘆品》《如來性品》《德王品》《師子吼品》《迦葉》等品所明佛性，具如前說。《華嚴經・寶王如來性起品》云，從寶王如來性起，諸佛如來以此爲性，非因非果，而非起因果等。又《初發心品》云，菩薩初發心，不斷三世諸佛性也。七局[二]《金光明經》云：真實說如來性、如來藏也。《夫人經》云：如來藏爲生死作依持建立，即是佛性也。

第四，明本有、始有義，諸師說不同。

一云：本有佛性，則無生無滅，故本來是常，井始造，非終成也。故經云：本自有之，非適今也。力士額珠、菩薩[三]中七寶、闇室瓶瓮已有，經文甚多，故衆生身已有佛性也。但解本有兩家。一云：本有於當，謂衆生本來必有當成佛之理，非今始有成佛之義。成實論師宗也。二云：本有藏識心性之體也。但客塵煩惱隱覆此心，不顯不照。若除煩惱，本有之心顯了照用，爾時名佛，不以成佛時方名佛性。正以本有藏心今顯成佛，其本性不改不失，故名常住佛性也。故彼云，息忘顯真。正是《地》《攝》等論所執也。此説《大經》第三十三《迦葉品》中佛已破之云：若有人言，一切衆生定佛性常、樂、我、淨，不作、不生，煩惱因緣故不可見，當知是人謗佛、法、僧也。又《大品經》第十一《隨喜品》問彌勒菩薩云，未來有當果，脩行得，汝所念得此果不，菩薩答云不得也。

二、始有義。開善，果體生、不生義云：尋佛性本有必得義，故本有，而本時是未得，得時是始得，實是生義，生故續金剛，是衆生不斷成佛，成佛得涅槃，理實皎然。若佛性不生，是實已本有義。已本有，無續金剛義，金剛若滅，實便斷竟，誰成佛，誰得涅槃？故云佛性雖無，不同菟角。何以故？菟角，雖以善巧方便，不可得生，佛性可生也。又《小本》云，佛性從妙因生，及施、戒等三十七品，作不生生因也。斯則文理顯然，義實應爾。而經深諱生者，復有二義，不得是生俱，此之不生，不傷向生耳。二義者：一，以當果性是理本應有故，佛體理極，爾時佛是理本有，非始有，故非生也；二，體理時無生死，故生死非理本有，所以虛妄流轉，萬化所遷，正以由有佛性義，故有生死相因果，亦言由因有果，是緣由佛性耳。亦以生死中生，生便是動，以其體有初、中、後，生、住、滅、異果。佛果常，法無初、中、後。既體無中、後，待誰爲始曰生耶？是故帶衆生語，可言本未得、今始得以爲生，生故續金剛、成佛，如上。但據佛體語，是二種無義不生，故是常，佛自皆然矣，此是開善法師明言也。後諸師復云：佛果生者，是帶因明義，以因時無果，因謝果生，故爲生；言不生者，是廢因明果，此之果體與法性冥一，法性不生，此果寧生，故言不生也。今謂不然。理體本有故非始生者，理體本有，異於無不？若言異，則已生，故非始有；若言不異，則無，無法不起，如前破也。又言果體與法性冥一者，則失世諦最儜也。

今謂，佛性何關本始佛性？經既言非因非果，非内非外，則非本非始。而經復云本自有之者，無所得義，洗淨彼之本、始義，空架本、始義，本、始亦不定。或以般若爲本、涅槃爲始，或以涅槃爲本、波若爲始，或以佛性爲因爲本、涅槃爲果爲始。此義如新、故義，初念爲新、次念爲故，因次念故説初念[四]次念爲新、初念爲故。又初念先起久故，是故第二念始起爲新。又初念新，第二念亦新，則初、後亦新。故《大經·德王》云，諸法新新生滅。又初念爲故、第二念亦故，則初故後亦故。故論云：是故，初故後亦故。故《淨名經》云，是故，比丘，汝今即生即老也。故新、故遍通始終、初後，本有始有亦通初、後，故新、新故無定。以其無定故，所以無新無故。故《大經》云：上者名新，士者云故，諸佛世尊體大涅槃無新無故。涅槃無新無故，無本無始。體大涅槃無本無始，則體佛性何得有本、始？故佛性非因非果，非内非外，非本非始。而經説有本、始者，二文，此是無本無始，假名説本、始，故不失本、始二用。何者？今以對生死辨涅槃，初流來始起爲始，則爲新佛果，在後爲故，此是初新後故。今又佛果在後，始起爲新，無明始起以爲故，是則向者無明在初起爲新，今稱爲故，向者佛果在後起爲故，今稱爲訢[五]，故無定。所以相因而説新、故，或初故後新，或初新後故，亦初故後亦故，終是無新無故，所以説新故也。若無明説新，佛果涅槃即説故；若説涅槃爲新，即流來無明説故。今故爲本，以新爲妃[六]。若説無明爲始有，則説涅槃爲本有；若説生死爲本有，則説涅槃爲始有。故《大經》偈説，本有今無，本無今有，三世有法，無有是處。釋偈者：本有者，本有無量煩惱；今無者，今無大涅槃；言本無者，本無煩惱；今有者，今有大涅槃。是則若説煩惱爲無，則説涅槃爲有；若説煩惱爲有，則説涅槃爲無。然此有無本非有非無，故言三世有法，無有是處。則本、始是二方便，說無定故。《大經・德王》云，或說涅槃爲本有，如井中七寶、貧女寶藏；或說涅槃涅槃[七]爲始有，故《小本》云，涅槃妙因生。此本始、始本，起自不二，非本非始，方便待說本始、始本。不如《成實論》說，正因爲本有，了因爲始有。此論正因，種種釋不同，如十家，此皆是謂所見，非經之意也。今謂本、始，正是涅槃用，是涅槃本始、始本，如常、無常、苦、樂、我、無我、淨、不淨、定、不定等，此是智人所見，非二乘、凡夫所知，爲兩用不相離，二鳥相遊，而經牙[八]說生、死是二，故有始、終；涅槃不二，故無始、終。本、始故體大，涅槃無新無故，無本無始，而說本、始不同，以生死對涅槃明也。又諸師明之般若爲因、涅槃爲果。因、果明本始、新故義，般若非本非始而爲始，涅槃非本、始而爲本，此一往爲言。二往，則本始、始本互通。何者？未應般若則不得涅槃，應般若則得涅槃。則見般若爲

始，如初念爲新；既應般若故得涅槃，則見涅槃在後爲故，如第二念爲故。然涅槃今始得，爾時前未得，此始有爲新；般若前時久有，此爲故。故爲本有，新爲始有。則見初新後亦新，初故後亦故。故、新既無定，則本、始亦無定也。般若爲本有，則涅槃爲始有；涅槃爲本有，波若爲始有。則無本無始，說本說始，何異非常非無常爲常，有常有無常爲無常？故經明本有故常，始有故無常，此明習應用義。非本非始，說本說始，如非常非無常，說常說無常，此二鳥用義也。

第五，論內外、有無。先明理內、理外義，次論約內、外佛性有、無無[九]。成論師不說理內、理外，但依彼論云內凡、外凡夫也。今謂理外行心爲外道，理內行心爲內道。以扶理者爲理內行心，乖理者爲理外行心。然理內、外義，無的所出。而攝嶺師恒道理內、外義，經中有所得、無所得語多也。故《大經・梵行》文中，十雙明有所得、無所得，分大乘、非大乘義，分生死、涅

槃不同，廣歷諸法，明知彼經説也。今明理内、外者，須深識理内、外義。若識此義，則識佛性内外有無；若不明理内、外義，則於佛性有、無不了。故今欲明佛性有、無故，先分内、外不同。今明《大經》第二十五卷云：道有二種：一，内道；二，外道。外道者名爲無常，内道者名爲常。又云：菩提有二種：一，常；二，無常。二乘菩提名爲無常，諸佛菩提名爲常。解脱亦然，二乘解脱名爲無常，諸佛如來解脱名爲常。此三句據道分理内、外也。

問：諸論師明道諦是常，是無常？若言是無常，則同外道。若[一〇]言道是所行，菩提非行，故分内、外者，則不然，諸佛如來所有道、菩提、解脱，本是清淨，不生不滅故常，外道生滅故無常。故二乘菩提、解脱皆無常，則同外道。故二乘菩提、解脱爲理外，諸佛、菩薩菩提解脱爲理内，理内爲内道也。諸論師明道諦義，不問大、小二乘，道諦與十地並是無常也。今謂大乘説，波若無漏法，本不生不滅，故心、心數不行，以其本不生不滅故所以不行，故不生不滅爲真波若，此爲真道菩提。何但所行是不生不滅，非行亦不生不滅，解脱亦然。本來清淨，不生不滅，不有不無，此爲真解脱，即是理内。何但此三不生不滅？一切萬法並不生不滅。故知有生滅、無常、有依有得悉爲理外，無生滅、無依無得爲理内也。故經云，第一義名爲道，亦名菩提，亦名涅槃。更無異、同，一實諦爲第一義，不異而異故。亦得道即所行，菩提指人，人是能行。故菩提智目人爲覺者，覺者行道得涅槃，涅槃是所得，此亦得理内、理外異也。

次，明佛性有、無者，此明内外論佛性得布[一一]四句也。一，理外人、法無佛性，理外衆生五眼所不見故。既無無[一二]衆生，故無佛性，故經云，有所[一三]者，二十五有生死也。有人問云：理外衆生有佛性，此佛性者[一四]？此不成問。何者？炎水從河海來東海，西、南非等海，若言炎本無水，何所責來處者，理外本無衆生，何得問有佛性、無佛性？亦如問石女何時有子，問答那[一五]。今謂理外無有一法故無有佛性。此則對理外無，故說理內爲有。理內既有，即是假名幻化衆生，因緣衆生故有佛性也。亦得，何但是衆生數有佛性，依報草、木等亦有佛性。如《花嚴經》云，善財童子禮彌勒樓觀，得爾許法門三昧。《無量壽經》云，寶樹說法，蓮花世界海水寶樹皆能說法。故亦得云有佛性，是波若用故。此是一往相對明義耳。二往爲言，理內無佛性，理外有佛性。何者？如《波若經》云，菩薩有我相、人相、衆生相，即非菩薩。則洗淨一切盡淨，名爲理內。理內淨淨，無衆生等諸[一六]，故無佛性也。理外情謂有衆生，緣此謂情，故言有佛性。向者外無，故云內有也。本論盡淨外爲內，外既無，內何得有？故內亦無。而說外有者，逐情爲有。然謂有，竟何所有？則理內既[一七]無，理外亦不有。即理內、外皆無佛性，是真[一八]故佛性非內非外。向者云外無內有、內無外有，皆互相捨明義。破洗外，故云外無內有；又洗內，故言內無外有。悉是有所以[一九]。至論佛性，非有非無，非內非外，則內外、有無皆捨。故內既無，外何得有？一切皆洗，所以外無，五眼所不見故；所以外有，隨情故說[二〇]；所以內無，正觀不見故；所以內有，假名說故。至論佛性，非內、非外、有、無，故《大經》三十二云，若言佛性定在內外，皆名謗佛、法、僧。若便內外說[二一]，謗佛、法、僧。則定依報，定正報，亦謗佛、法、僧。若爾，經云正報有佛性而佛性非正報，亦得言依報有佛性而佛性非依報故。今謂佛性不定四句故，佛性非有非無，非內非外，亦非依非正。而誰能如此悟解者，唯心是能悟，能迷之主故。經云，衆生等有佛性，非衆生則非也。如前出體中具說之。亦得言度空衆生、不度空草木等。故度幻夢衆生，衆生有佛性；不論草木，草木無無[二二]佛性故。今既以衆生得悟爲佛性，則悟時豈見有內、外異？故知佛性非内非外，而約情爲内、外，故内有外無也。如乳生酪，破乳中有酪無酪。言非内非外，則乳無酪性，此則乳不生酪；而不生生者，得言酪從乳生，故言酪從乳生，不説水生，故水無酪，所以乳爲酪因，水則非因。佛性亦然，於内、外求之，則不見佛性，佛性非内、外。而衆生心識非如此語解，故言非衆生數。斯本來淨故，不非如此觀解。唯言凡有心者得三菩提、衆生有佛性也。然佛性非有非無，則雖有無、内外四句，而得言所歸中道爲佛性。但此中非復是中，强名爲中，故説中道爲佛性。故佛訶迦葉「非有無、内外」問云：何失意作如是問耶？我不説中道爲佛性耶？然而佛性雖非有非無，非内、外，而説有爲内，故言衆生佛性住五陰中。有時説外爲法性。理論之，佛性、法性，非但在内，亦遍於外。故至論，佛性、法性，本非有，非内外。故《大經》云，聲聞、緣覺但見於空，不見不空，不見不空故不行道，不行道故不見佛性。見一切空，不見不空，不行中道；見一切有，不見不有，亦不行中道，故不見佛性。故前説佛性有、佛性無，皆非佛性。故經云：佛性非内外、有無，而説有須識不有，説無須識不無，則此有此無，未始非佛性。何者？不有衆生而已，有衆生則有佛性；不有佛性而已，有佛性即有衆生。即衆生之有如佛性之有、佛性之有如衆生之有，故衆生如佛性、佛性如衆生。無可有異，則無可爲同。而衆生、佛性非有、無，佛性、衆生是有是無，故隨其流處，有種種味。而是藥真味，停留在山，猶如滿月。既云不有衆生而已，有衆生即有佛性，不有佛性而已，有佛性即有衆生，而復云隨其流處有種種味者，今明佛性得云有衆生，亦得言衆生無佛性。何者？佛性有衆生，佛性爲衆生依持建立故。又衆生無佛性，以衆生失佛性故。衆生有佛性、佛性無衆生，以衆生依佛性故。衆生有佛性無衆生。何者？五眼不見衆生，故言無。是則衆生無佛性，明失故。佛性無衆生，五眼不見衆生。衆生有佛性，衆生依佛生故；佛性有衆生，佛性持衆生故。至論佛性，非有非無，非見非不見，非依非不依，本來清淨。故《涅槃論》云：衆生内有佛性，非蜜外有佛性，亦非蜜亦有亦無，非蜜非非有非非無，亦非蜜衆生是佛是蜜也。今謂如前説四句，衆生無佛性，佛性無衆生，此是同無也；衆生有佛性，佛性有衆生，此是同有也。雖開有、無，而不即不離，故《大經》明佛性、法身、涅槃三種不異，故同離四句，絶百非。以百非爲中道，則以對治爲明假名。百非爲體，故非時無所而不非。所以佛性雖四句、百非，法身、涅槃皆然。是時有是有不是，此以非爲是。相待門説，故有是、不是。以二非結爲正性，兩是結爲假名衆生，故云是則有是、不是。然雖云是非，未始爲一，未始爲異。故雖云非時無所不非，此非若可非，則爲非非之所非；雖是，此是可是，則爲是是所是。若爲非非之所非，此則害是；若爲是是之所是，此則害非。今以無非之可非，故此非不害是；無是之所是，此是不害非。以是不害非，故雖是須識非；非不害是，故雖非須識是。是不害非，故雖以兩非以爲佛性，而須識兩是爲衆生；雖以兩是爲衆生，須識兩非爲佛性。故此衆生佛性、佛性衆生，此是無所可爲是，此非無所可爲非，故佛性無是無非也。

第六，明見佛性、不見佛性。簡見、不見義者，尋佛性是諸佛中道之性，非諸聲聞、緣覺所知，因中諸菩薩爾未證知，唯佛能洞了，故是難見之性，所以甚深是諸佛境界也。今無差別差別，約知見性開三位明之。一，佛眼了了見；二，十地菩薩少分慧見；三，九地已還，名爲聞見，亦名信見，則未了也。此意《師子吼品》説也。若作差別無差別明之，初發菩薩已少分見，亦可了了見。此義非《地》《攝》有所得大乘，與成論師等行處，亦是其所迷没義也。具如十地義中説。《大經·如來性品》云：十地菩薩非見難見性，九地已下明未見，則是未與慧見之名，故品云，譬說見不具明了，譬如蒙朧不見道路也。又《師子吼品》云，十二因緣正因性，如來見始見終，十地菩薩見終不見始。又《迦葉品》云，十地菩薩唯見自身成佛，不見一切衆生成佛，故不明了，所以少分見。又云：十地菩薩見法無性，得見佛性；九地菩薩見法有性，不見佛性也。通釋多經文，龍光傳開善云：《如來性品》明十地菩薩難見非見，九地已下明未見，則是未與慧見之名，以其去佛尚當遠故。何者？佛地果與[三]果果，是智、斷具足，一體圓明，衆惑皆盡。爾乃如來證得三菩提，證大涅槃，故明證見，則得果成。故佛了了分明，亦名佛眼，非見佛性，而一切衆生有正因，必得此果，則佛眼悉見明了，乃至未來衆生得佛之理，則見一切衆生得佛，一切照境周也。十地菩薩智隣佛地，而猶未明了，未及佛果圓明，除[四]惑猶在，所以少分慧見也。

今大乘明義，不二而二明横辨，總、別明之，亦有此義，而意大異，非但無性實高下，亦無安置處所，故大實也。《迦葉品》云，十地菩薩唯見自身成佛，不見一切衆生成佛，故不明了，所以言少分見。亦如《師子吼品》說十因緣爲正爲境，如來見始見終，十地菩薩見終不見始，故未明了，故少分見。故《如來性品》云，不明了，譬如蒙朧見道路也。《迦葉品》云，十地菩薩見法無性，得見佛性；九地菩薩見法有性，不見佛性。何者？彼家有三說。一云：佛妙有，若非智一切法皆空者，乃得見、修妙有，妙有即無性，非但知空，知空之妙有，乃見佛性；九地菩薩未能知佛果，即空知空未足，故與見法有性之名，則未非見佛性果也。二云：佛性即第一義空，此即法性、無性，非備達一切法空，佛冥同無生性，故得見之；九地未見一切法空，亦未知佛果空，故不見佛性也。三云：合用兩釋，並有其義也。而下論初發心亦信心見，見未成，未與信見名。若性地，信在而解行未立，解行地後二十心是信解，而此初地亦未真成。真成四句，信是真解，乃信見、聞見名也。今謂並不同三説，有依有得故。若無依無得，無差別差別，假名橫之，亦有此義。經意正是中道佛性，竪明之也。

問：佛眼見則了者，《獅子吼品》亦云，十地菩薩爲眼見，亦應是了了見耶？答：佛眼是果故，則非了見。以十地對九地，即十地爲眼見，九地聞見；若以十地對佛，佛眼見十地聞見，是相形集爲明之也。而《如來性品》尚説九地未見慧，是未隣佛故，不與慧見而信解，是聞見也。《如來性品》明難見非見，唯有十地，所以不説聞見，故九地以還皆未見也。《師子吼品》通論之，别則分别説也。

問：《大經》云，十地菩薩得首楞三昧，則了了見，云何少分見？若總説十地未見，見亦未了。經中或可竪明了了見，或是首楞嚴三昧，明隣佛果，當分明了，故了了見定也。故《迦葉品》云，四千二百首嚴[二五]嚴三昧，即佛地之智德，則是佛了了見。窮學菩薩得此定，故照少分，與佛同，所以其少分了了。《大經》三十二卷云：十地菩薩得首楞嚴三昧三千法門，是故了了自知當得阿耨三菩提，不見一切衆得[二六]阿耨三菩提。以此義故，説十地菩薩少分見佛性，未得了了。此得首嚴定者，猶未了了也。若論明昧，窮學未明佛果，乃了了。故《本業經》云，金剛心爲等學[二七]地，粗得佛地法，是分外解與[二八]等名，其實未等佛名；妙覺地則最深妙，但窮學亦得金剛三昧，故説等也。若一切惑盡鄣離，離盡乃等，而金剛心三昧本性清淨，故經云，金剛心所有智慧如空中月，所有煩惱如烟微鄣。故知猶有惑鄣佛果性，便令不顯現餘一輕品，故未得明淨了。若觀圓惑盡乃成佛，成佛見佛性，得此[二九]上菩提，横、竪亦得，故亦是假入中也。故《師子吼品》第二十六卷云，明持戒生不悔心，乃至得解脱，得大涅槃。大涅槃常、樂、我、淨，不生不滅，乃見佛性也。今無差別差別明義，初地見始不見終，後身十地菩薩見終不見始，佛則見始見終。若就正法明之，非初非後，非見始、見終，有四句也。義次第論之，初地始悟佛性，故見始不見終；十地定盡淨故，見終不見始。此約明昧觀行明也。雖念無初異於後，無後異於初，但平心昧明，故有見有不見。若差別無差別義，初地見始即是十地見始，十地見終即是初地見終，有初地不見終即是十地不見終，十地不見始即是初地不見始，佛地見始見終即是初地與十地見始見終，三種見與不見等，即是正法，非初非後，故論云亦假亦中也。又云，慧眼見不明了，佛眼見得明了。又住十住則不明了，無所住則得明了。有因果故，見不明了；無因果行，即得明了。了此皆無差別，假名差別，示不同，至佛性非内非外，非有非無，則不了非不了，畢竟清淨也。

諸師云：十地菩薩斷無明空盡，近故見終；無始無明去我遠，故不見始。今不知此是佛性始終爲無明，而云近、遠耶？若見佛性始終，則不應言源品無明或是終近無明、初起爲遠耶？若言我斷或盡應故見佛性者，則是十地終心斷無明始或惑者，則是佛性始近，佛性終遠，何得返言終近始遠耶？又言十地伏惑，以同故見終，無明源品鄣佛性，故不見始者，終亦應不見也。又若言十地見佛性終，自身佛性爲近，不見始，則不見他身佛性爲遠，自身何故言終，他身何故言始耶？佛圓滿，故始、終非見。今則不然，佛性清淨，無始無終，故初發心、畢竟不二別，初、後同見。何者？佛性與法性則一道，清淨不二，不二而二，故佛性非因爲因，非果爲果，以非因爲因，故開因爲十地，淺深不同，初地不知二地法門，乃至十地不知佛舉足下足，故《花嚴經》云，如鳥於空則不遍。今所説法，如大地一塵，見十地不同。第十地在終，故言見佛性之終，不見始。正意平心深〔三〇〕故盡始之他不切，不與見名也。初地在始，故見始不見終。佛果不二，道無淺、深不同，故言始、終悉見也。十地終心，破無明之始，故金剛始治源品之惑。初地始破無明之終，即見諦故。四十二賢聖第十一地，名爲等覺地。中道第一義山頂，破無明父母，故此地爲金剛心，始得源品無明破伏；二乘不斷此無明，故云四住地不究竟也。今明不二正觀破此心，故是究竟，盡淨源本之始故新，見佛性之終故〔三一〕也。諸佛體性，無初無後，無新無故，所以然者，初後、後初，始、終同見也。

第七，雜料簡。

問：經云一切衆生悉有佛住，今四性、五性，有幾性？問意：因與因因、果與果果四性，爲共幾性？若數論師與〔三二〕《地》《攝》，不見料簡。唯河西道朗師云：從有識已上論，至九地已還，但有因性；若至十地，有因因性；至佛，有果與果果性。問：佛地正遍知道爲菩提智性，衆類〔三三〕永盡，大涅槃斷德性，此事何爾？云何知從有識至九地爲因性，十地因與因因性？彼文答云：凡引三文經故證識知。一者云，九地菩薩聞見，十地菩薩眼見。以聞見故，照觀義不顯，故與其境界性；以眼見故，與其觀照性。二者云，九地菩薩不見始、終，十地菩薩不見始見終，故與境界性，十地見終，故與其觀智性。三者云，九地菩薩一切法無常、樂、我、淨見，非一切亦爾；十地菩薩見一切法無常、樂、我、淨，於非一切法分見常、樂、我、淨。以九地菩薩不見非一切法常、樂、我、淨故，唯餘境界性；以十地菩薩非一切法分見常、我、淨故，與觀照智性也。問：朗師説同不？答：何兩師觀對識師飜經，不可不信承。但無差別差別中，約觀道明昧，復何妨有此意？故《夫人經》云，有漏業爲因，四取爲緣，而生三有；無漏業爲因，無明住地爲緣，而生聲聞、辟支佛三種意生身，大力菩薩〔三四〕也。而《大經》云亦因亦果。十二因緣所生法者，通果地也。

問：九地等但因者，唯有境無智，十地有智無境？答：只十二因緣境即是智。何者？所觀即境，與觀即智，不斷不常，相續感佛，即是因性也。又約明昧有異。何者？以觀明、昧故。即是智境觀味[三五]，明即是境智，更無差別有兩法也。

次，明五種佛性多少。相傳解云：通約有身識衆生，不出善、惡所攝，無不盡也。今就斷善根與善根人明之。善即善根人，惡即闡提。約此兩人，辨有、無四句。善根人有，闡提人無，俱有無[三六]，乃至俱無也。

善根人有：一云，有善境界，無惡境界；二云，有了因性也。闡提無：有惡境界，無善境界。十二因緣道善、惡故也。二人俱有者，俱有正因性，明二人俱有心識，相續不斷，並得感佛，故俱有正因性也。二人俱無者，俱無果與果果性，此兩性唯佛地有也。若是緣因性，唯善根人有，一闡提無也。

興皇大師有時云：假名差別亦得。但如彼所解，則非也。

河西云：前兩句無異。二人俱有無記性。俱無，俱無果與果果性也。二人俱有無記性，如經云，善法、惡法、無記法性並是佛性故也。又經云，善五隱，不善五隱[三七]，無記五陰，界、入等亦然。善根人有善五陰，無不善五陰；闡提人有不善五陰，無善五陰。無記五陰通善、惡，故二人俱有無記性也。無記得佛性者，明闡提有心識，相續不斷，得作佛，善根人善心，得菩提，故言兩人俱有也。經中明四句，並是如來隨自意語。

釋佛性有無等四句，隨自意語，即隨緣說一語爲二語，二語爲七語，七語還卷一語，舒還七語等，即是如《華嚴·德王》等意，一句爲無量句，無量句爲一句。一句若定一句，則不得爲無量句；無量若定無量，無量即不得爲一句。以無量句一句故，所以一句爲無量句；以一句無量句故，所以無量句爲一句。今亦然，一語爲無量語，無量語爲一語。無量語者，初一語爲一，一爲四，四語爲七諸[三八]。一語者，即是如來佛性爲一語也。一語爲二語者，即是佛性有、無。有即無所有，無即有所無。無所有，有一切功德；有所無，無一切累。故經云：是名如來佛性有無，一闡提人亦復如是。一闡提亦復如是者，闡提亦有兩種，有所無、無所有。反前無所有，有一切累；用有所無，無一功德也。二語爲四語者，即是善根人有、闡提人無四句。四句爲七語者，即是涅槃河中七種衆生，從初常没，訖至第七度彼岸人。而河中七人，《師子吼品》云：一，常没人；二，暫出還没人；三，五方便人；四，四果人；五，辟支佛；六，菩薩；七，佛也。後《迦葉品》云：初兩人，如前；三，念處煗法人也；四，從頂法已上初果人也；五，從斯陀含果與向那含人也；六，那含果人；七，阿羅漢、辟支佛、菩薩、佛四人也。此種經自云，或一作七，或七作一也。七語爲一語者，雖有七種，只是一佛性。善根人及闡提人有無四句：第一，常没，即是闡提人；從二至七，即是善根人。雖有四句，還成有、無二句。二句，還成佛性一句也。故言：一語無量語，無量語一語。《花嚴經》亦云：一中解無量，無量中解一。如是轉轉生非實智者，無所畏也。

上雖出四句，未釋之，今次第釋之。此亦多名種勢，今直一種勢釋之。雖有四句，只是有、無兩句。第一釋云：或有佛性，闡提人有，善根人無者，明闡提人有，有惡佛性；善根人無，無惡佛性。善根人有，有善佛性；闡提人無，無善佛性。二人俱有者，闡提有惡佛性，善根有善佛性。二人俱無者，闡提人無善佛性，善根無惡佛性也。

二者，約理內、外，得、無得，論四句有、無。明有所得者，即是理外闡提人。何者？若決定有所得，破於無所得善，有所得善未是善，故無所得善方是善也。故有所得即是理外闡提人也。言闡提有、善根人無者，闡提有，有所得理外佛性；善根人無，無有所得理外佛性。善根有、闡提人無者，善根人有，有無所得理內佛性；闡提人無，無無所得理內佛性也。二人俱有者，闡提有，有〔三九〕所得佛性；善根人無，無有所得佛性。二人俱無者，闡提人無，無〔四〇〕所得性；善根人無，無有所得性也。

三者，合就理內明有、無四句。佛性凡有三人相對，即是後《迦葉品》明佛性非善非惡，而善、惡爲佛性方便用，明如來非善非惡，兩兒二弟爲善惡方便用。二兒兩弟爲善惡方便者，善星、調達是惡中之極惡，羅睺羅、阿難是善中之最善。以此善、惡方便，顯如來非善惡也。開爲四句者，經文云，或有佛性，闡提人有者，則是善星有惡佛性。佛性之惡，故言惡佛性。善根人無者，無善星惡佛性。善根人有者，即是羅云有善佛性。佛性善，故言善佛性。闡提人，無有羅云方便善。佛性二人俱有者，善星有善惡佛性，羅云有惡善佛性。善星善惡，非善惡而已有惡即有善；羅云惡善，非有善而已，有善即有惡。則二人各有善惡，故言二人俱有也。二人俱無者，善星之惡，此惡善惡；羅云之善，此善惡善。惡善非善，善惡非惡。非善非惡，唯在於佛。故言二人俱無也。

次更就理內、外釋有無四句佛性。初句云：或有佛性，闡提人有，佛性人無者，言闡提人有，此是理內無所得闡提，故有佛性；善根人無者，此是理外有所得善根，故無佛性。舉證，猶如勝意與憙根，憙根則形無定方，行無常准，或人酒肆家，乍遊婬舍，勝意則形有定方，行有常准，威儀清肅，持戒脩善，來往寺舍，時入邑堂，故憙根則有，勝意則無，故各據一邊，故言闡提人有、善根人無也。第二句云：或有佛性，善根人有，闡提人無者，善根人有此理內無所得善根，故有佛性；闡提人無者，此是理外有所得善根，故闡提人無佛性。二人俱有者，俱是理內方便善、惡佛性，非善非惡善，並是佛性方便用，故言二人俱有也。二人俱無者，俱是理外無方便善、惡，故言二人俱無也。又更一種勢論之。第一句言，或有佛性，闡提有，善根無者，此就抑引門說，抑善根引闡提。何者？明善根人持戒行善，好見他過惡，謂是斯下之人無有佛性，如此見者，則美已惡人。爲有此見，故說闡提人有善根人無也。明闡提今雖作惡，若一發心，則趣佛道，猶如快馬，一擲千步也。故言闡提人有、善根人無也。第二句云，或有佛性，善根人有，闡提人無者，此就誡、勸兩門説。勸善戒惡。何者？若能一念低頭舉手合掌，則皆成佛道。若謗法作惡，則輪廻三趣，無成佛期。故言善根人有、闡提人無。二人俱有者，此就平等門説。一切衆生悉有佛性，故經言，凡有心者皆得三菩薩也。二人俱無者，此就因果門中説。雖有善、惡，皆是因中，未有果性，故言皆無，故經云，以當得故名之爲有，望未來故言無。前句明當得有，故二人俱有。今句即未有，故二人俱此[四二]也。

問：五性中，何者正是佛性？答：論師等舊云：五性中的取菩提果性是佛，餘四非也。何者？佛以覺爲義，故果性是正，是佛性；因性是境思[四三]，故非佛性；涅槃是斷德，故亦非佛性。故今的取菩提果智爲正佛性也。今謂差別、無差別義明之，無非佛性。故《大經・四相品》云，或説三爲一，或説一爲三。又如説常爲無常，説無常爲常等。亦如一爲無量，無量爲一等義。又正因性中，開立四性，將四性還表正覺，四性悉是涅槃體用，故五性並是佛性。若二門明義，亦如彼説，不無去取也。

問：五種佛性得爲一性不？答：亦得五性爲一性。何者？如亦假亦中故。又今明一五、五一義故。若一非五一，一不得成五；若五非一五，五亦不得爲一。良由一是五一，一得成五；五是一五，五得爲一。此則因緣明之。又竪論之，如《大經・師子吼品》云，若不一、二，云何知非一非二。又《仁王經・二諦品》云：若菩薩見衆生見一見二，即不見一不見二，一二者，第一義諦也。則例云，若不説非一非二，云何識一二等也。又如經云，一多，多一。若非一多，一多不得成一，只爲一多，故一多成於多一，多一成於一多，如斯無窮也。故經開五種性，因與因因，果與果果，非因非果等，即是四一、一四佛性故。

舒一爲五，卷五爲一，無舒卷方便。舒手法界，卷則泯無蹤跡，雖開未曾舒，雖合未曾卷，本自不舒，今亦未曾卷，舒之不曾有，卷之未曾無也。

問：乳有酪性，衆生有佛性，得例不？答：亦得是例義，故乳是正因，醪燸爲緣因，即以經云，正因者謂衆生，緣因者謂六波羅蜜，此亦得合齊義也。問：衆生是正因，六波羅蜜是緣因，緣、正既並名佛性者，醪燸及乳，緣、正皆得名酪性不？答：亦得是例義。問：乳是因，酪是果，何得言乳名酪性耶？答：此是因戴果名，亦得果戴因名，如爲《百論》云食金、見書即見好其手也。又得言因緣，故得之也。

問：若爲十二因緣爲五性？答：取其能發生觀智，取是境界性；取其能觀義，名觀智性；觀行明淨，爲菩提智性；斷、常二見畢竟永盡，爲涅槃果果性；即此十二因緣未曾是因、果，即是正性也。

問：開五性，明因與因因，果與果果，因中開境、智，果中開智、斷，亦可爾總、別，亦得言因中開智、斷等，果中開境，智不？答：牙[四三]得，因中既開境、智，果中亦得開境、智；果中施[四四]開智、斷，總別因中亦得開智斷。何者？若是因中，十二因緣是所觀之境，即名爲境；能發生歡[四五]智，即是智。此因中境、智。果中境、智者，菩提智照涅槃境，涅槃即是所照，菩提智即能照，故涅槃即是境。如五分法身中解脱、解脱知見，知見者即知見解脱，解脱[四六]所照，知見即能照，解脱只是涅槃也。故果中亦得名境、智。因中亦名智、斷者，明了十二因緣不生不滅，得無生正觀，即名爲智；斷、常煩惱畢竟不生，即名爲斷。故因亦名智、斷。而經中，因中開境、智，果地名智、斷者，此無階級無淺、深，爲衆生假名方便，作階級淺、深説。何者？明菩薩稟十二因緣不生不滅教，發生智慧，十二因緣教即轉名爲境。如《中論》云，爲久習行大乘者，説十二因緣相，所謂不生不滅也。而今從正法，建立四性，體、用並得説五性，正以境、智開佛性，故初明境、智也。如此明不生不滅觀了，能得菩提，故第三有菩提智性。既得菩提，則一切斷、常畢竟淨，故第四有涅槃果果性。如此四種性，並是因、是果、是境、是智。至論正往，未曾因、果、境、智，非因、非果、非智、非斷，故名正性。雖非因、果、境、智，爲緣方便，假名説也。

問：佛性三世、非三世義。何者？若佛性三世、非三世義，約佛及十地已下，作兩種位明之。若是佛，佛性有三世、有非三世義，即是本有今無偈也；若是十地已下，唯有三世，無有非三世義。如來性中，復有具三世、不具三世。何者？若果地起，佛性具三世、非三世；若因佛性，唯有三世，無非三世，故經云，如來佛性，因則三世，果則不爾，或是三世，或非三世。言果具三世、非三世者，就本、迹兩身明之，弁本迹故是三世，迹本故非三世，常無常故無三世三世，無常常故三世無三世。然如來佛性，未曾無常與常，而能常能無常；未曾是三世不三世，而能三世能非三世。故果佛性，或是三世，或非三世。經偈云，本有今無，本無今有，此即是無三世三世故；三世有法，無有是處，即是三世非三世故。言因佛性但是三世者，約常、無常判因、果明之。因是無常，故是三世，即是本有今無上半偈也。次，明十地已下，至初地已上，並是三世，無非三世者，如經云：因亦三世，果亦三世。因、果俱無常故，並是三世也。次，明十地有，兩文不同。前云，後身菩薩現在、未來。後文又云，後身菩薩因亦三世，果亦三世。何者？釋云：以少見故，故言現在；而見未具足，轉身方具足見，故言未來也。因、果三世者，就位判之，十地是無常位故。何者？前念爲過去，現念現在，後念爲未來，此是並無常，故皆是三世也。次釋《大經》三十卷云佛性少多，約四位明之：一，如來佛性，有七種佛性；二，十地、九地，有六種佛性；三，八地、六地，有五種佛性；四，五地至初地，亦有五種佛性，而善不善實也。言如來有七種佛性者，謂四德並真實善三義。然佛性具足萬德，而今略舉四德、三種要也。問：此七佛性，與《德王》中如來八種涅槃何異？答：七名是同，唯有盡相大異耳。何者？涅槃正明無果，故有盡相也。十地、九地，有六種佛性，無有我、樂，唯常、淨，真實善少見。然十地、九地，雖同有六種，六種不同，十地少見，九地可見，此則有異。言少見者，明十地現在少見佛性。可見者，九地現在不見，而未來有可見之義，故異也。問：十地、九地既有常、淨，云何不與其我、樂？答：一云，此之常、淨，非四德中常、淨。何以知之？若是四德常、淨者，云何復言因果三世非三世？故知非四德中常、淨。此言常、淨者，常者，見菩薩常用二慧化物，無有一念休廢，故言常；若佛常，則常住之常。淨者，當分無煩惱故言淨；若佛果，則結業並盡，故稱淨。又眼見淨慧，眼見淨，故異也。問：既與其當分常、淨，何不與其當分我、樂？答：藏云，通而明之，皆得，此文互舉一邊也。又[四七]責等牙舉，何意不我、樂？答：藏云，俱不勉難故也。而今此中無有我、樂者，其猶有無常識謝，三苦之中猶爲行苦所逼，故無我、樂也。二云，未必爾，如九地雖不免三相，而見聞分，故九地聞常，故立常。又十地等中不立我、樂兩德者，三相是法體之患，猶含三相，故不立我德；既含三相故，未足立樂德，故無樂。如淨德，十地下當分無生觀盡淨用，故立淨德也；亦未必是二慧常用，故常。亦有此義，而未必一向耳。八地至初地，雖同五種佛性，而兩位不同：八地至六地，同有五性，唯闕猶常餘五同九地真實淨善可見，不能常用二慧化物，故無有常也。五地至初地，亦有五性，而與八地異，八、六地直善，若五地已下有善、不善。何者？六地菩薩，名爲現前地，以斷三界正便[四八]思惟盡，般若常現前，故唯有善。若五地下，三界思惟便未盡，般若下[四九]常在前，故有善、有不善也。

問：五性緣因、緣果中，有闊挾〔五〇〕長短不？答：無差別差別明之，有也。前辨緣因，有因與因因，緣因亦有通、別。通而爲語，若行若境，悉是緣由義，並是緣因；別而爲語，別收衆行，以爲了因性。是因因但收境界，以爲緣因性，了因性通而爲語，萬善皆是了因性。故經云，低頭舉手，皆已成佛道。就別而語，唯觀智性，不取善，靜觀智對境明，故取之。

問：五乘有取、不取耶？答：論師云，五乘之善中，但取菩薩大乘之善，不取餘四。所以然者，人、天兩乘是報因，善一報便盡，豈了出於佛？聲聞、緣覺二乘，乃是習因，理而爲語，亦終至等覺，但今據教明之，此善但斯〔五一〕結盡，應是泥洹，不階種智，故非了因體。今明有所得五乘善並非了因性，無所得善並是了因性，但不無傍、正。理而論之，無所得五乘善並是般若方便，故經言漏盡阿羅漢信解般若故，如經云低頭舉手已成佛道意也。若果與果果者，開善云：果性，正取菩提智；若果果性，正取大涅槃。涅槃即是斷德，即智體無累，此體歸乎衆德，故謂大涅槃也。今謂總別別總，爲果果，斷德偏故。明闊夾者，若約因性明之，龍光傳開善云：三因性中，若緣因中，境界因性最長廣，始自流來，終至佛果，皆是心所緣，是長義；若空若有，若真若俗，悉爲境界，是廣義。若是了因，最短最夾，初流時未經起善，此無了因，即是下不通流來，上不至佛果。雖復相續道中，作解脱道斷義，而今論是果，没其因義，但取無礙道智以爲了因，是即上不談佛果。既上、下並非，故其最短。言其夾者，二諦中但是俗諦，有爲、無爲則非，但是有爲也。有爲三聚，但取心與無作，不取於色。四心之中，少〔五二〕乘爲語，但取行心；大乘，則通四心三性之中，但是善法，以此而尋，最短也。正因之性，比〔五三〕此兩因並名處中，始自無明初念，復是正因，但終至金心，不通佛果。下即長於了因，上則短於境界，故長短處中也。通論則取兩聚，別語唯是心法。又通於四心，亦亘[五四]於三性。若此於了因，了因但是行是善，此義爲廣。形境界不聚[五五]真諦無爲，此義即夾也。今大乘明義，無有如彼説長短闊夾義，而無差別差別辨之，有横、竪異之。横論通義，則無非是緣因與了因。何者？相由悉顯果與果果，無非緣義故。若別而論之，緣因，則長而復闊；了因，則對境心行明之，則夾而短。若竪義論，表顯正道義者，因若果與境、智，無非是了因與緣因也。若對境明之，了因則夾與短，果與果果亦復爾。正性則不當闊狹長短。若義説有者，少多有便、不便也。三因與兩果體同、異者，龍光傳開善義：有同有異。就因中明之，有時同體，有時異體。言異體者，又復不同。有境界異於正因、緣因，無有正因、緣因異於境界。其事何者？如虛空、真諦以爲境界，此境界非是二因，故有境界異於二因；若論心是正因，萬善爲緣因，兩因體自異，而可爲緣因，則是境界，故無別兩因異於境界性也。言同體者，正因、緣因既恒，即可緣因則恒與境界同體故。就正、緣兩因，復有時同、異。何者？若初流來爲正因，亦前三心與惡、無記行爲正因，此則但是正因，不與緣因共體。若即取善性行心，此亦正因，即緣因同體也。果與果果，體恒是一，但舉其兩義以爲二性也。今明義則不爾，亦無如其所執義。若不二而二明之，假名説二因、兩果即正因，故論云亦假亦中也。若不兩而二論之，體與用開，故亦言異。若二因、兩果相望，有同有有[五六]異。二果相即故同也。既假名分爲兩果，寧得同？故亦同亦異。又既開兩因，何得同？而境、智無復異相，何得異耶？亦是亦同亦異也，而假名説爲兩因異。若爾，境、界則通有心、無法心，了因則對境明之，但有心明之故異也。開二果者，開善等云：果性，是智，即習因果；果之果，即是斷，即功能之果。言果性是習因果者，明果正體本是智慧，因中既有於智，能脩習證果，故果性是習因果也。

問：前云三因中無習因，而寧今言果性便云習因果耶？答：前雖無習因之名，若論其體，了因即是習因，故前明了因有兩用。一者，斷惑用；二者，得果之功。若論習因取其得果之義，不明斷惑之功也。果果，是果功能果者，智，能斷惑，故得涅槃。所以斷惑之功，言是功能果也。

問：即智能斷，智既習果，斷云何非耶？答：若合體爲論，亦得説習果。但因中有智，故所明習果；因中未有涅槃，故斷非習果也。此意涅槃義中具釋也。今謂不二而二明之，亦有如斯義。但一家相傳，總別別總，爲涅槃，則異永異也。又二果攝諸德者，開善云：明佛果之中有萬德，而二果收攝諸德，不出二釋。一云，作兩義往取，若便萬德有顯於智義，即屬果性，若便萬德有顯涅槃義，則屬果果，兩義牽之。二云，明佛果之上不出有、無兩德，凡是有義，悉爲果性所攝，一切無義，皆爲果果所收，法師多用此説也。今謂不然。既不用斷德爲涅槃，故諸德並是果性收之。因不唯取一智行，諸行出果義，並是了因所顯之果理，是諸德果性收之。但偏舉一智德明之，實論總、別兩德，悉屬正法涅槃體、用故也。

問：佛果無義，不出子、果兩累。涅槃既通，無子、果兩縛，復有何無義，而爲果果所攝耶？答：於師釋不同。一云：習因功用圓智，將境約智，故諸智不同，如長短約虚空，虚空有長短異。若言諸智有異者，則數量法無常法。南磵師用之。二云：果地實有諸智，雖有兩智，並是常法。開善、龍光多用此説，如十地義中説。若爾，一云諸智無義屬果果性云云，屬果性。今謂不然。別家總故，總家別屬果性。若實，於無義解或相劫[五七]義，智之功能而無累義，法身正無累。何者？一切惑等，本係屬心法，心法是法身所收故。雖爾，並屬正法涅槃，亦是本末故也。又果性與果果性義屬人者，開善等云：二果同屬一人，師是佛人。

問：佛本名覺果性，是智，此可受佛名；果果性是斷，此非智性，寧得亦名爲佛？若開善等，解不同。一云：果性是智，故宜名佛；果果性雖斷德，而其是智，今以義從體，故亦名爲佛。二云：佛雖備衆德，不出智、斷。今明佛體謂爲覺者，此是人名，但略以智目人，不以斷目人，故理論，智、斷並屬於佛也。今謂不然。佛人者，即覺者，人、法爲別，涅槃爲總，屬果性也。若目涅槃爲佛人等者，即屬果果性。此總、別兩，並是正法涅槃用，故亦屬體。涅槃若假上相屬者，如無累也。説二果意者，直正法果，此義自足。又直云，金心後一果亦自足，而今明二果者，正欲奪二乘，欲表正法。所以然者，二乘所執，謂有智、斷兩德謂究竟，今奪彼智、斷並未是滿足，故説佛體有智、斷二果，令物慕果，而脩因倒寫也。

問：又明二果所屬者，佛果有真、應兩身，此二果爲屬何身？答：龍光傳開善云，但屬正法身，正是因之所趣，丈六應身乃是法身垂迹，不明二果故。

問：如三寶明義，一體三寶，自就法身，明別體三寶，此就應身，今二果何不例？答：開善云，三寶兩義。若便其如歸反本，則宜指法身；若欲免即施脩行，則宜指應身。今明二果本是爲因所趣，若得妙果，則應現自能，故唯屬法身也。

問：若二果唯指法身，得法身時，自然應現，不假説應爲果者，亦應得一體時自能應現三寶，亦不假説異體三寶也。答：綽師述藏師云，應身三寶爲依物歸依説，應身二果則無所爲。且別體三寶，佛是應身，法是應説。僧本學人，不開佛。今明二果無有別義，故非例也。今明義不然。二果亦得言屬法身，亦得言屬應身。何者？真、應兩身並屬正法身故。故肇師云：非本無以垂迹，非迹無以顯本，本、跡[五八]雖殊，不思議一也。而今兩教起意者，外道計自身有常，故如來出世破云，身、知盡滅，方是涅槃。此意猶是未究，而二乘計爲至極，如來復説三點四德，始是涅槃。經論涅槃，非有非無，正法涅槃，故昔涅槃只是無累，非明菩提智。今對明之，非唯有智，亦是大無涅槃，故存果與果果，故得言二果屬法身，不屬應身。若至論應身，亦有二果，即智、辨兩果。問：若爾，既得論二果，亦得已明常耶？答：一家明義，因無常故明常，因常故明無常，實是非常非無常，故論云，因無常故明常，故常與無常並是有爲也。今明一體與三體亦爾，並是因緣假用，非一體與別體，而能三，能佛能法能僧。若爾，亦得相開，亦得不相開也。

問：正因感果用云何？答：龍光云，正因之用，通於假、實；及論得果，必賴假名。所以然者，凡是心識便有得佛之理，出是刹那而無其義，實法既有相續理然，故正因用通於假、實；及論得佛，必是以果續因，故賴假名。故《夫人經》云：生死者依如來藏。故知若假若實，悉是正因。《般若經》亦云，非初心得菩提，不離初心；非後心得菩提，不離後心。非初非後，此就實法爲論；不離初、後心，此是假名爲言也。今謂正因無有如無義，猶尚非正因，强假名正因。何處有如是其説義？今言假、實等，並緣因明之。了因用者，龍光傳開善等義：若便[五九]斷或之用，則分分中有；若便出果之用，此是始終方有。所以然者，初地解起，已稍遣或，故斷或之功，分分中有；從初習解乃至金剛，佛果方現，故出果之功，始終方有。然論斷惑，雖分分有功，然要就相續方有其用，以實法中無斷或義也；出果之功德，是始終方有，則理是假名也。

問：始解有受種功用，自有斷結之功，有賴相續照境之用，實法中有，今何不了因斷惑乃賴相續出果之能，實法有耶？彼答云：非例。出果之功，令昔隱者今顯故，此用是相續照境之能，非是令不可照者而今照，以天下境界常自可照故，此用是實法也。境界因用，乃實法自有。今苦[六〇]以境約智，亦得兩説。若約斷或之用，亦得言分分有用；若約出果之能，亦得言始終有用也。今大乘明義則不然。了因有兩義：一，竪論了，於不二亦得，約地分之分分，亦得此了因故；横論出果者，亦得通假、實兩道。若爾，兩用通假、實，大乘明義假實實假故。又續故斷，續斷續斷。雖爾，大乘經中，似用補處相續而理内因緣明義，並有兩意也。又昔隱今顯，著不照今照，齊義也。

問：三因、兩果性，增長、不增長云何？

答：龍光述開善云，若果與果果兩性體極，理無增長也。了因，萬善，本是脩習之法，理可增長，此衆師共説。若是境界因，有生長者、不生長者，若六行爲緣因，理是生長義。若正因長、不長，師説不同。一云：因正無有增長。所以然者，明流來初一念神命明爲佛正因，其義已是〔六一〕，云何更增長耶？如更增長，則前時應未足，故不可如阿脩羅大神明亦不大，如塵少虫神明亦不出〔六二〕也。二云：正因可長。所以然者，正因之體有了因用，本以了因於正因。了因既長，正因寧得不長？若便正因不長，則了因無用也。問：若正因逐了因長者，亦應正因逐了因斷。答：不例。斷或之用，正就了因。正因直是神明，故不談其斷功能。而所以長者，以其體上者了因用了故長，是爲了因能斷故長，正因被了故長也。例如彼若能導故忘，五度被道故忘，不得責其五度，若忘則應能導也。又問：正因、了因既其並長，其名有習因不耶？答：習因爲語，説體上之用，則但是了因。正因直以知性，不語體上異能，故無别習因，是爲立正因。前云不長義者，正爲正因，無别習因義故。第二云：長義，有二説不同。一云，正因亦有習因，而但平品相生，無長品生習因義；二云，無習因，而言增長者，正謂其體上有習因用，用長，故令其體亦逐長也。

問：正因無增長者，初念寧得漸漸點耶？答：只爲心轉點，故心强瘀〔六三〕弱，逐得生執相汝心，心不增者總癈。復非是知性，云何令心法稍强，分别前境？故難解也。今明正因，百非所不非，百是所不是，云何言增長與不增長論之？二因、兩果，於無差別差別之，亦有長、不長等義，但語同意異。無有長異於不長、不長異於長，假名方便，得説長、不長，即是無長、不長，非無長非長，畢竟淨也。

問：五種佛性，有幾生？有幾不生？答：龍光云開善義，五性之中，境界緣因，通生、不生義也。若約萬行論，緣、了兩因，無常之法，故生也。果性生、不生者，《大經》自有兩文，一文言不生，即是《金剛身品》云，非始造、非終成，及下《師子吼品》云，佛性如虚空，非三世攝，寧得生。二文言生，即是《小本》中云，從妙因生，及施、戒等三十七品作不生生因，又《大本》言，佛性雖有，不同虚空，佛性雖無，不同菟角，雖以百方便，不能令生佛性可生也。此兩文，似如相反，而實名據。所以然者，言其生者，是帶因明義，以因時無果，因謝果生，故謂爲生；言不生者，是癈因明果，此之果體，與法性冥一，法性不生，此果寧得生，故言不生也。今謂正因百非，云何生？不生是淨，生亦不淨。餘二因、兩果，並得生，亦得不生。何者？既言假果，寧不生？無生可生，何曾有生也？故經云，或言生，或不生，生是不生，不生生也。

問：三因、二果性，有前後次第不？答：論師云：三因各前，二果在後。何者？先因後果，道理應然。三因之中，境界緣因本是有之，有佛、無佛性相常住，此應在前。衆生流來，始有正因。而今不然，先説正因者，此逐義者親、疎。何者？衆生神明，方作種覺，此義則親，所以義宜先説；而衆生雖有得佛理，若不脩行，終不非得，故次明了因；了因之生，必託境界，故次説緣因；二果之中，體乃一時，義有前後，故果性爲前，果果在後也。今謂不然，緣、正三因、二果，非前非後，亦復非一時。但無差別差別説，從本出末者，從正因出緣因，緣果入正因，就緣因、緣果中，從緣因出緣果。若境界相發，亦從境發智。雖然，有緣有正，有正即有緣，緣因、緣果，境、智、果性、果果性亦復然。又欲伏不二而二，明三如常途，師説亦得也。

第八，會教[六四]。所以會教者，如今時所説，不應有所會。何者？經論文不同，與義不相稱，云何可會？又諸義論，或以論就經，或用經會論，種種不同，今時依文説法，任自是道理，何須會耶？而今會者，正有前來所説十師，解佛性不同，各有所報，亦引經文，而今明中道爲佛性故，第一義空名爲佛性，所言空者，不見空與不空，非空非不空，爲中道第一義空，爲正因佛性也。他亦言，正因者，謂心是也。或言：正因者謂諸衆生，緣因者六波羅蜜。又云：佛性者，不即六法，不離六法，凡有心者皆得三菩提。如此等並出經文，各有所執不同。前師等自謂，此説是今時自以中道第一義爲正，别是一説，餘則非是。爲此義故，次解釋之。今時無别一説。何者？雖一往反十師所説，彼以衆生等爲佛性，今明非衆生等爲佛性，乃至真諦爲佛性。今非真諦等爲佛性，故往經云，佛説一切衆生即非衆生，佛説一切諸法即非諸法。凡夫自見有衆生，言是衆生，自隨所見，謂言是佛。見非衆生爲衆生，則非六法爲六法，非心爲心。此等無一法而非正因，何異第一義空，不見空與不空，不空爲正因，則不見衆生、不衆生，而説衆生，故不衆生即因，心識等亦然。若直於十説，自爲正因，故以道望，無一爲是。善方便望之，十説無一爲非故。故未解中道之前，雖有諸説，則皆非佛性義。若以正道望，則雖種種異不同，皆是佛性。爲此故望聖人，反常合道。故《思益經》云：一切法正，一切法邪也。又淨名訶斥須菩提云：耶見六師，是汝大師，汝師若墮，汝亦應墮。經意，若見汝是持戒外道非者，則是二見人，則不得此食。若爾，但正而不邪，則不成正因緣；但邪而不正，亦不成因緣。耶正、正耶相因緣，始得平等爲正。以此而言，十説雖不同，如《大經》二十淨論，若得方便，無非佛性正道。但諸法師名有所見，自成不同。是爲於於實，故成十説不同，去道遠之。今十方三世佛道，何曾不同？但爲一道，種種方便不同故，或示爲王，或爲眷屬，助顯於王，王則無有二。如一寶，種種説不同。若爾，則明佛性善有惡無，惡有善無。善要二人同有，二人因無。若不明善惡、有無，何以得知此有非有、無非無、惡非惡、善非善以爲正性？故前十説以非爲是，故無一説而非正性者也。不如諸師爲非爲是，故非正性也。此是佛隨自意説，衆生不得一向作解，故訶迦葉，汝何故失意作此問[六五]，我不説中道爲佛性耶。而諸師不以道望，故失意也。又《大經》三十二云恒河中七衆生，廣釋後云，《大經》中從一闡提，上至諸佛，雖有異名，然不離佛性水，故七種衆生，有善、不善法，方便道、解脱、次第，若因若果，悉是佛性。故佛性望一切法，無非正道，悉爲佛性。次云，佛性者，非是一法，非是十法，非是百[六六]法，非是千法、萬法。佛未得菩提時，一切善、不善、無記法，悉非佛性。則前明一非，一切皆非。故一法、十法至百法、萬法一切皆非，明非爲是，則一切皆是。所以列善、不善、無記等諸法皆是，故佛性非而爲是，以是而爲非。此明如來隨自意。隨自意語，則是無礙之説，不得一向作解。如是會教，何但釋迦一教門得如此，則十方三世諸佛所説亦得收。同時，則是於法性無可爲二也；若是非時，則間如不容物，故天雨無私，終不潤於枯木，二乘行於別異善根，終不入於佛性水，非但報因，習因亦然。論師云：二乘等所行，皆入一乘。此義即不然，經自自[六七]二乘不行[六八]第一義空故，不行中道故，不見佛性。凡夫不解世諦，二乘不解真諦，此則二乘、凡夫不行二諦境。二諦以佛性爲本，既不行二諦，豈行佛性耶？故非但未曾時不取，會時亦究竟不入。何者？經云：汝等所行，是菩薩道。此人行菩薩道，方入一乘；既不行菩薩道，云何得入一乘？且《法華論》云汝等所行是菩薩道者，並是性地菩薩行，故無所得，汝等行也。又不見第一義空，寧得行菩薩道也。

問：中道爲佛性者，則昔小教中已明中道，則已明佛性。何者？如梵王請佛説法，佛爲梵王法[六九]云，善男子，破諸法，非不能破，非破不破，是名中道。若昔教中已明中道，若爾，初教中已明佛性也。答：兩種意釋之。一答：此問須反質答，汝或以衆生爲佛性，或以心爲佛性等，若爾，初教已明衆生與識等，則應初教中已明佛性。若便昔教明衆生心等，而未明佛性，至今始説衆生等爲佛性者，我亦昔雖明中道，而未明中道即是佛性，今時始明中道是佛性也。二答：此問，昔日説中道，是真、俗二諦教明之，俗非中道真是，是破假明中則淺，故聲聞等所行中，非正法中也。故經三獸度河譬之。又行亦不受，不行亦不受，乃至非行非不行亦不受，不受亦不受，不與二乘共也。又《大論·釋累教[七〇]品》云，須菩提，所得空如毛穴之空，菩薩空如十方空也。相傳云，如成實論師，真諦淺空，釋大乘正法空。及《地》《攝》等兩有得大乘論師，虚空實二諦，釋無得正法，豈此人得去不，非唯大罪故，亦是非佛弟子故。如此師等，並失經論宗致。彼言百非，洞遣應是一種，故亂真法寶。百非，外道亦有，如《百論》三外道所説，《毗曇》亦事理論之，亦明百非，《成實》真諦中百非，《攝論》三無性中亦論百非，而意大異。唯廣習遍智之者，簡別之是非也。故吴、魯兩國大德常云：有二種破佛之正法。一，藉聰明，不就學廣問大、小經論，漫融通用，故失經論旨趣，故名爲破法人也；二，雖熟聽聞一部論旨，而不廣習餘論，故一論意致，通釋諸論意，復是滅佛法人也。後學諸人，故須慎之慎之也。

無依無得大乘四論玄義記卷第八

顯慶三年歲次戊午十二月六日，興福寺學問僧法安，爲大皇帝及内殿故敬奉義章也。

校勘記

〔一〕「根名定」至「正定」，《大般涅槃經》作「根名定根，力名定力，覺名定覺，正名正定」。
〔二〕「局」，底本原校疑爲「卷」。
〔三〕「菩薩」，底本原校疑爲「井」。
〔四〕「初念」，疑衍。
〔五〕「訢」，底本原校疑爲「新」。
〔六〕「妃」，底本原校疑爲「始」。
〔七〕「涅槃」，底本原校疑衍。
〔八〕「牙」，疑爲「乎」。
〔九〕「無」，疑爲「義」。
〔一〇〕「若」，疑爲「答」。
〔一一〕「布」，底本原校疑爲「有」。
〔一二〕「無」，底本原校疑衍。
〔一三〕「所」，疑後脱「得」字。
〔一四〕「者」，疑後脱「何」字。
〔一五〕「那」，疑後脱「成」字。
〔一六〕「諸」，疑衍。
〔一七〕「既」，底本原校云一本作「洗」。
〔一八〕「真」，底本原校疑衍。
〔一九〕「以」，疑爲「得」。
〔二〇〕「説」，底本原校云一本作「洗」。
〔二一〕「説」，底本原校云一本作「洗」。
〔二二〕「無」，底本原校疑衍。
〔二三〕「與」，底本作「興」，據底本原校改。
〔二四〕「除」，疑爲「障」。
〔二五〕「嚴」，疑爲「楞」。
〔二六〕「衆得」，《大般涅槃經》作「衆生定得」。
〔二七〕「學」，疑爲「覺」。
〔二八〕「與」，底本作「興」，據底本原校改。
〔二九〕「此」，疑爲「無」。
〔三〇〕「深」，底本原校云一本作「源」。
〔三一〕「故」，疑後脱「故」字。
〔三二〕「與」，底本作「興」，據底本原校改。
〔三三〕「類」，疑爲「累」。
〔三四〕「三種意生身大力菩薩」，据《勝鬘師子吼一乘大方便方廣經》，疑爲「大力菩薩三種意生身」。

〔三五〕「即是智境觀味」，疑爲「觀味即是智境」。

〔三六〕「無」，疑衍。

〔三七〕「隱不善五隱」，疑爲「陰不善五陰」。

〔三八〕「諸」，疑爲「語」。

〔三九〕「有」，疑前脱「有」字。

〔四〇〕「無」，疑後脱「無」字。

〔四一〕「此」，疑爲「無」。

〔四二〕「思」，疑爲「界」。

〔四三〕「牙」，疑爲「亦」。

〔四四〕「施」，疑爲「既」。

〔四五〕「歡」，底本原校疑爲「智」。

〔四六〕「脱」，疑後脱「即」字。

〔四七〕「又」，疑爲「問」。

〔四八〕「便」，疑爲「使」，下三「便」字同。

〔四九〕「下」，疑爲「不」。

〔五〇〕「挾」，疑爲「狹」。

〔五一〕「斯」，疑爲「斷」。

〔五二〕「少」，疑爲「小」。

〔五三〕「比」，疑爲「以」。

〔五四〕「亘」，疑爲「但」。

〔五五〕「聚」，疑爲「取」。

〔五六〕「有」，疑衍。

〔五七〕「劫」，疑爲「對」。

〔五八〕「跡」，底本作「亦」，據《注維摩詰經》（《大正藏》本，下同）改。

〔五九〕「便」，疑爲「使」。

〔六〇〕「苦」，疑爲「若」。

〔六一〕「是」，疑爲「足」。

〔六二〕「出」，底本原校疑爲「少」。

〔六三〕「瘀」，疑爲「於」。

〔六四〕「教」，底本原校云上文作「釋」。

〔六五〕「問」，底本作「同」，據上文改。

〔六六〕「百」，底本作「有」，據《大般涅槃經》改。

〔六七〕「自」，疑爲「云」。

〔六八〕「行」，疑爲「得」。

〔六九〕「法」，底本原校疑爲「説」。

〔七〇〕「累教」，疑爲「囑累」。

（接下册）